전면개정판 제36회 공인중개사 시험대비
방송대학TV 무료강의 | 첫방송 2025.7.7(월) 오전 7시

박문각 공인중개사

합격예상문제 2차

부동산공법

박문각 부동산교육연구소 편

브랜드만족
1위
박문각
근거자료
후면표기

2025

동영상강의
www.pmg.co.kr

합격까지 박문각
합격 노하우가 다르다!

이 책의 머리말

제36회 공인중개사 시험을 준비하고 계신 수험생 여러분!
부동산공법은 공인중개사 시험에서 많은 수험생이 어려움을 느끼는 과목 중 하나입니다. 방대한 법령과 복잡한 규정들로 인해 부담을 느끼는 분들이 많지만, 핵심을 정확히 이해하고 반복 학습하면 충분히 극복할 수 있습니다.

이 문제집은 그러한 고민을 덜어드리기 위해 최신 개정 법령을 반영하고, 출제 가능성이 높은 문제들을 선별하여 구성하였습니다. 또한, 문제 풀이만으로도 자연스럽게 핵심 개념을 익히고 실전 감각을 기를 수 있도록 상세한 해설을 제공합니다. 특히 문제집의 특징을 알고 공부방법 및 활용법을 이용해 어려운 법령도 자신 있게 접근할 수 있도록 했습니다.

01 ㅣ 문제집의 특징

1. 최신 개정 법령 반영

2. 출제 가능성이 높은 문제 중심 구성

3. 실전 대비를 위한 난이도 조절 및 상세한 해설 제공

02 ㅣ 공부 방법 및 활용법

1. 문제를 먼저 풀어본 후 해설을 확인하는 방식 권장

2. 반복 학습과 오답 정리를 통한 실력 향상 강조

공부는 단순한 암기도 중요하지만 이해와 반복이 더 중요합니다. 문제를 풀고 해설을 확인하며, 틀린 문제는 다시 풀어보는 과정을 반복하세요. 그러다 보면 자연스럽게 실력이 쌓이고, 자신감이 생길 것입니다.

여러분의 노력은 반드시 좋은 결과로 이어질 것입니다. 흔들리지 말고 끝까지 포기하지 마세요. 이 문제집이 여러분의 합격에 도움이 되기를 바랍니다.

쫄지 말고, 끝까지 가자!

2025년 4월
편저자 씀

공인중개사 시험정보

1. 시험일정 및 장소

구 분	정기접수	빈자리접수	시험시행일	합격자발표
일 정	2025. 8. 4. ~8. 8.	2025. 9. 29. ~9. 30.	2025. 10. 25.	2025. 11. 26.
장 소	원서 접수시 수험자가 시험지역 및 시험장소를 직접 선택			

TIP 1. 제1·2차 시험이 동시접수·시행·발표됨
2. 빈자리 접수는 정기접수 환불로 발생한 수용인원 범위 내에서 선착순으로만 이루어져 조기 마감될 수 있음

2. 시험시간

구 분	교시	시험과목 (과목당 40문제)	시험시간	
			입실시간	시험시간
제1차 시험	1교시	2과목	09:00까지	09:30 ~ 11:10(100분)
제2차 시험	1교시	2과목	12:30까지	13:00 ~ 14:40(100분)
	2교시	1과목	15:10까지	15:30 ~ 16:20(50분)

* 수험자는 반드시 입실시간까지 입실하여야 함(시험 시작 이후 입실 불가)
* 개인별 좌석배치도는 입실시간 20분 전에 해당 교실 칠판에 별도 부착함
* 위 시험시간은 일반응시자 기준이며, 장애인 등 장애유형에 따라 편의제공 및 시험시간 연장가능(장애 유형별 편의제공 및 시험시간 연장 등 세부내용은 큐넷 공인중개사 홈페이지 공지사항 참조)
* 2차만 응시하는 시간연장 수험자는 1·2차 동시응시 시간연장자의 2차 시작시간과 동일 시작

TIP 시험일시, 시험장소, 시험방법, 합격자 결정방법 및 응시수수료의 환불에 관한 사항 등은 '제36회 공인중개사 자격시험 시행공고'시 고지

1. 응시자격: 제한 없음

다만, 다음의 각 호에 해당하는 경우에는 공인중개사 시험에 응시할 수 없음

① 공인중개사시험 부정행위자로 처분 받은 날로부터 시험시행일 전일까지 5년이 경과되지 않은 자(공인중개사법 제4조의3)
② 공인중개사 자격이 취소된 후 합격자발표일까지 3년이 경과하지 않은 자(공인중개사법 제6조)
③ 이미 공인중개사 자격을 취득한 자

2. 합격자 결정방법

제1·2차 시험 공통. 매 과목 100점 만점으로 하여 매 과목 40점 이상, 전 과목 평균 60점 이상 득점한 자

TIP 제1차 시험에 불합격한 자의 제2차 시험은 무효로 함
* 제1차 시험 면제대상자: 2024년 제35회 제1차 시험에 합격한 자

시험과목 및 출제비율

구 분	시험과목	시험범위	출제비율
제1차 시험 (2과목)	부동산학개론 (부동산 감정평가론 포함)	부동산학개론 • 부동산학 총론[부동산의 개념과 분류, 부동산의 특성(속성)] • 부동산학 각론(부동산 경제론, 부동산 시장론, 부동산 정책론, 부동산 투자론, 부동산 금융론, 부동산 개발 및 관리론)	85% 내외
		부동산 감정평가론(감정평가의 기초이론, 감정평가방식, 부동산가격 공시제도)	15% 내외
	민법 및 민사특별법 중 부동산중개에 관련되는 규정	민 법 • 총칙 중 법률행위 • 질권을 제외한 물권법 • 계약법 중 총칙·매매·교환·임대차	85% 내외
		민사특별법 • 주택임대차보호법 • 집합건물의 소유 및 관리에 관한 법률 • 가등기담보 등에 관한 법률 • 부동산 실권리자명의 등기에 관한 법률 • 상가건물 임대차보호법	15% 내외
제2차 시험 1교시 (2과목)	공인중개사의 업무 및 부동산 거래신고 등에 관한 법령 및 중개실무	공인중개사법	70% 내외
		부동산 거래신고 등에 관한 법률	
		중개실무	30% 내외
	부동산공법 중 부동산중개에 관련되는 규정	국토의 계획 및 이용에 관한 법률	30% 내외
		도시개발법	30% 내외
		도시 및 주거환경정비법	
		주택법	40% 내외
		건축법	
		농지법	
제2차 시험 2교시 (1과목)	부동산공시에 관한 법령 및 부동산 관련 세법	부동산등기법	30% 내외
		공간정보의 구축 및 관리 등에 관한 법률 제2장 제4절 및 제3장	30% 내외
		부동산 관련 세법(상속세, 증여세, 법인세, 부가가치세 제외)	40% 내외

TIP 답안은 시험시행일에 시행되고 있는 법령을 기준으로 작성

공인중개사 개요 및 전망

"자격증만 따면 소자본만으로 개업할 수 있고
'나'의 사업을 능력껏 추진할 수 있다."

공인중개사는 자격증만 따면 개업하고, 적당히 돌아다니기만 해도 적지 않은 수입을 올릴 수 있는 자유직업. 이는 뜬구름 잡듯 공인중개사가 되려는 사람들의 생각인데 천만의 말씀이다. 예전에도 그랬고 지금은 더하지만 공인중개사는 '부동산 전문중개인다워야' 제대로 사업을 유지할 수 있고 괜찮은 소득도 올릴 수 있는 최고의 자유직업이 될 수 있다.

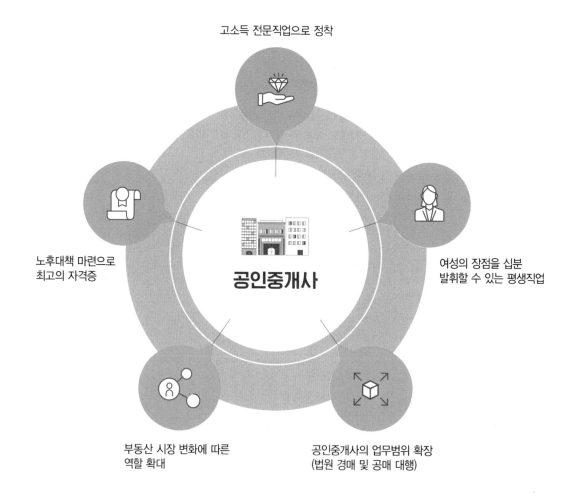

고소득 전문직업으로 정착

공인중개사

노후대책 마련으로
최고의 자격증

여성의 장점을 십분
발휘할 수 있는 평생직업

부동산 시장 변화에 따른
역할 확대

공인중개사의 업무범위 확장
(법원 경매 및 공매 대행)

"자격증 취득하면 무슨 일 할까?"

공인중개사 자격증에 대해 사람들이 가장 많이 궁금해하는 점이 바로 '취득 후 무슨 일을 하냐'이다. 하지만 공인중개사 자격증 취득 후 선택할 수 있는 직업군은 생각보다 다양하다.

개업공인중개사로서의 공인중개사 업무는 알선·중개 외에도 중개부동산의 이용이나 개발에 관한 지도 및 상담(부동산컨설팅)업무도 포함된다. 부동산중개 체인점, 주택 및 상가의 분양대행, 부동산의 관리대행, 경매 및 공매대상 부동산 취득의 알선 등 부동산의 전문적 컨설턴트로서 부동산의 구입에서 이용, 개발, 관리까지 폭넓은 업무를 다룰 수 있다.

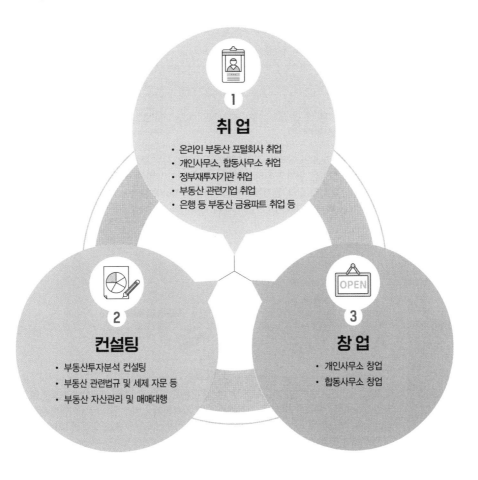

1 취 업
- 온라인 부동산 포털회사 취업
- 개인사무소, 합동사무소 취업
- 정부재투자기관 취업
- 부동산 관련기업 취업
- 은행 등 부동산 금융파트 취업 등

2 컨설팅
- 부동산투자분석 컨설팅
- 부동산 관련법규 및 세제 자문 등
- 부동산 자산관리 및 매매대행

3 창 업
- 개인사무소 창업
- 합동사무소 창업

공인중개사 공략법

📖 **학습 정도**에 따른 공략법

type 01
입문자의 경우

공인중개사 시험 준비 경험이 전혀 없는 상태라면 먼저 시험에 대한 전체적인 파악과 과목에 대한 이해가 필요하다. 서점에서 공인중개사 관련 서적을 살펴보고 공인중개사 시험에 대한 대략적 지식을 쌓은 후 학원에서 수험상담을 받는 것이 좋다.

type 02
학습경험이 있는 경우

잠시라도 손을 놓으면 실력이 급격히 떨어질 수 있으므로 문제풀이를 통해 학습한 이론을 정리하고, 안정적 실력 향상을 위해 꾸준히 노력해야 한다. 강의 또한 평소 취약하다고 느끼는 과목에 대해 집중 심화학습을 해야 한다. 정기적인 모의고사를 실시하여 결과에 따라 약점을 보완하는 동시에 성적이 잘 나오는 과목에 대해서도 소홀하지 않도록 지속적인 복습을 해야 한다.

type 03
시간이 부족한 직장인 또는 학생의 경우

시험에 올인하는 수험생에 비해 절대적으로 학습시간이 부족하므로 시간을 최대한 아껴가며 효율적으로 공부하는 방법을 찾는 것이 무엇보다도 중요하다. 평소에는 동영상 강의 등을 활용하여 과목별 이해도를 높이고 자투리 시간을 활용하여 지하철이나 버스 안에서 자기만의 암기카드, 핸드북 등을 보며 학습하는 것이 좋다. 주말은 주로 기본이론보다는 주중에 학습한 내용의 심화학습 위주로 공부해야 한다.

🎯 **학습 방법**에 따른 공략법

type 01
독학할 경우

신뢰할 수 있는 기본서를 선택하여 기본이론을 충실히 학습하면서 문제집 또는 모의고사집을 통하여 실전에 필요한 문제풀이 방법을 터득하는 것이 관건이다. 주기적으로 모의고사 등에 응시하여 자신의 실력을 확인하면서 체계적인 수험계획을 세우고 이에 따라서 공부하여야 한다.

TIP 관련 법령 개정이 잦은 공인중개사 시험의 특성상 시험 전 최신 수험정보를 확인해 보는 자세가 필요하다.

※ 최신 수험정보 및 수험자료는 박문각 홈페이지(www.pmg.co.kr)에서 박문각출판 참고

type 02
학원강의를 수강할 경우

보통 학원에서는 2달을 기준으로 기본서, 문제집, 모의고사 등에 관련된 강의가 개설·진행되는데 그에 맞춰서 수험 전체의 일정을 잡는 것이 좋다. 학원수업 후에는 개인공부를 통해 실력을 쌓아 나가고, 쉬는 날에도 공부의 흐름을 놓치지 않도록 그 주에 공부한 부분을 가볍게 훑어보는 것이 좋다. 학원 내 스터디 모임과 학원의 전문상담원을 통하여 수험정보를 빠르고 쉽게 접할 수 있는 장점도 있다.

type 03
동영상강의를 수강할 경우

동영상을 통하여 이론 강의와 문제풀이 강의를 동시에 수강할 수도 있고, 단원별로 이론강의 수강 후에 문제풀이 강의로 즉시 실력을 점검할 수도 있다. 그리고 이해가 안 되거나 어려운 부분은 책갈피해 두었다가 다시 볼 수 있다. 패키지 강좌, 프리미엄 강좌 등을 이용하면 강의료가 할인된다.

※ 공인중개사 동영상강의: www.pmg.co.kr
   박문각 공인중개사 전화문의: 02-6466-7201

제35회 공인중개사 시험총평

2024년 제35회 공인중개사 시험
"전년도에 비해 난이도가 상승하였다."

제35회 공인중개사 시험에서 1차 과목인 부동산학개론은 지엽적이고 어려운 문제가 앞부분에 집중 배치되었고 계산문제와 2차 과목의 문제도 다수 출제되어 전년도에 비해 어려웠고, 민법은 예년보다 다소 쉽게 출제되었지만, 최근 판례들을 응용한 문제들이 출제되어 체감 난이도는 전년도와 비슷하였다.
2차 과목은 전반적으로 어려웠으나 부동산세법은 기본개념, 논점 위주로 출제되어 기본서를 바탕으로 꾸준히 학습을 했다면 충분히 합격할 수 있을 난이도였다. 반면 공인중개사법·중개실무, 부동산공법, 부동산공시법령은 고난도 문제와 생소한 유형의 문제가 대거 출제되어 수험생들의 체감 난이도는 예년에 비해 훨씬 높아졌다고 할 수 있다.

제35회 시험의 과목별 출제 경향은 다음과 같다.

1차

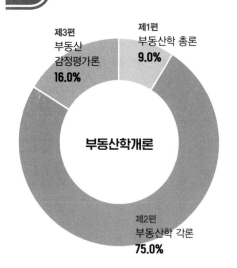

부동산학개론

제3편 부동산 감정평가론 16.0%
제1편 부동산학 총론 9.0%
제2편 부동산학 각론 75.0%

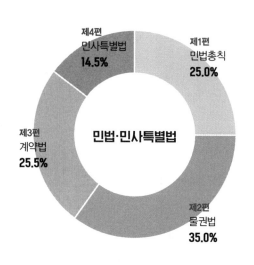

민법·민사특별법

제4편 민사특별법 14.5%
제1편 민법총칙 25.0%
제3편 계약법 25.5%
제2편 물권법 35.0%

부동산학개론은 계산문제, 2차 과목 문제 등 지엽적이고 어려운 문제가 다수 출제되어 작년보다 어려운 시험이었다.

민법·민사특별법은 최근 판례들을 응용한 문제들이 다수 출제되어 체감 난이도가 다소 높았던 시험이었다.

2차

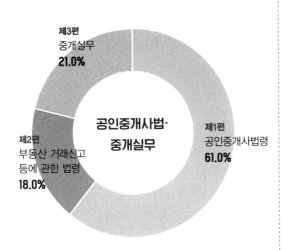

공인중개사법·중개실무

- 제3편 중개실무 **21.0%**
- 제2편 부동산 거래신고 등에 관한 법령 **18.0%**
- 제1편 공인중개사법령 **61.0%**

공인중개사법·중개실무는 전반적으로 전년도와 비슷한 난이도로 출제되었으나, 시험범위를 벗어난 문제가 다소 출제되어 체감 난이도가 높아졌다.

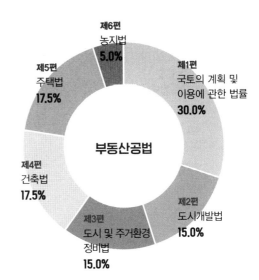

부동산공법

- 제6편 농지법 **5.0%**
- 제5편 주택법 **17.5%**
- 제4편 건축법 **17.5%**
- 제3편 도시 및 주거환경 정비법 **15.0%**
- 제2편 도시개발법 **15.0%**
- 제1편 국토의 계획 및 이용에 관한 법률 **30.0%**

부동산공법은 일부 법률에서 최근 출제된 적 없는 계산문제와 매우 지엽적인 문제가 출제되어 전체적인 난이도가 많이 상승했다.

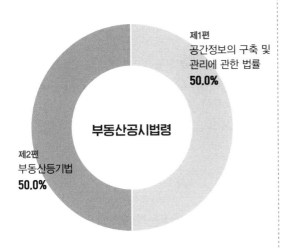

부동산공시법령

- 제1편 공간정보의 구축 및 관리에 관한 법률 **50.0%**
- 제2편 부동산등기법 **50.0%**

'공간정보관리법'은 몇 문제 외에는 비교적 평이한 난이도를 유지했고, '부동산등기법'은 지금까지 출제된 적 없던 유형의 문제들이 절반 가까이 출제되어 어려웠다.

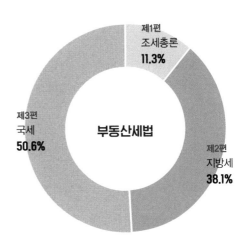

부동산세법

- 제1편 조세총론 **11.3%**
- 제2편 지방세 **38.1%**
- 제3편 국세 **50.6%**

부동산세법은 기본개념을 이해하였는지를 중점적으로 물어보았고 단순 법조문을 묻는 문제, 사례형 문제, 계산문제를 혼합하여 출제하였다.

출제경향 분석 및 수험대책

🖥 어떻게 출제되었나?

1. 부동산공법의 출제비율

구 분	제31회	제32회	제33회	제34회	제35회	총 계	비율(%)
국토의 계획 및 이용에 관한 법률	12	12	12	12	12	60	30.0
도시개발법	6	6	6	6	6	30	15.0
도시 및 주거환경정비법	6	6	6	6	6	30	15.0
건축법	7	7	7	7	7	35	17.5
주택법	7	7	7	7	7	35	17.5
농지법	2	2	2	2	2	10	5.0
총 계	40	40	40	40	40	200	100.0

2. 총평 – "이제는 버릴 줄 아는 것이 실력이다."

그런데 버릴 때 주의할 사항은 법률 전체를 버려서는 아니 되고 해당 법률 중에서 어려운 논점만 버려야 한다는 것이다. 각 법률마다 아주 쉬운 논점의 문제가 50%는 꼭 있었다.

"체계와 원리 중심의 학습"과 "아는 것은 꼭 맞힌다."는 "선택과 집중"이 필요하다.

이번 제35회 부동산공법은 일부 법률에서 매우 지엽적인 문제가 출제되어 수험생들이 까다롭게 느꼈을 것이다.

서술형 문제가 20문제, 단답형 문제가 12문제, 박스형 문제가 8문제(괄호 넣기 문제가 3문제)로 출제되었다. 전혀 풀 수 없는 극상 문제가 14문제, 상 4문제, 중 10문제, 하 12문제, 긍정형 21문제와 부정형 19문제의 비율로 출제되었다. 전체적인 난이도는 많이 상승했으며, 어려운 14문제를 패스하고 수업시간에 강조한 중요 논점인 26문제 중 중·하급 문제인 22문제에 집중했다면 22~26개 정도의 합격점수가 가능하도록 출제된 문제였다.

3. 출제경향 – 선택과 집중이 부동산공법의 핵심이다.

최근 출제경향을 분석해 보면, 시험의 방향이 종합적인 사고와 원리를 요구하는 방향으로 전환되고 있으며, 매우 지엽적인 문제가 제35회 시험에서 18문제 정도가 출제되어 부동산공법을 고득점 하는 것은 어려웠지만 합격하는 점수에는 영향을 주는 정도는 아니었다. 그러므로 꼭 암기가 필요하다고 강조되는 부분을 제외하고는 전체적인 체계와 기본적인 원리를 학습하는 것이 중요하다. 앞으로의 시험은 선택과 집중이 합격의 당락을 좌우할 것으로 예상된다.

📋 이렇게 준비하자!

▶ **제1편 국토의 계획 및 이용에 관한 법률**

이 법은 12문제가 출제되며, 부동산공법 중 가장 중요한 법률로서 다른 법률을 이해하기 위해서는 선행적으로 학습이 이루어져야 하는 법률이기도 하다. 전체적인 법률의 체계를 잡은 후 개별적인 내용을 정리하면서 학습하는 것이 효율적인 법률이다. 이 법에서 특히 비중을 두고 공부하여야 할 부분은 광역도시계획, 도시·군기본계획, 도시·군관리계획의 수립, 용도지역의 지정 특례, 용도지역에서의 행위제한, 용도지구의 의의, 용도구역의 지정권자, 도시·군계획시설사업의 시행, 장기미집행 도시·군계획시설부지의 매수청구제도, 지구단위계획구역 지정과 지구단위계획, 개발행위허가, 성장관리계획, 개발밀도관리구역, 기반시설부담구역, 청문에 관한 부분이다.

▶ **제2편 도시개발법**

이 법은 6문제가 출제되며, 도시개발사업의 시행절차에 관한 절차법이기 때문에 전체적인 체계를 정리하고 세부적인 사항으로 정리하는 학습방법이 필요한 법률이다. 이 법에서 특히 비중을 두고 공부하여야 할 부분은 개발계획 수립, 도시개발구역의 지정과 도시개발사업의 시행, 도시개발조합, 실시계획, 수용·사용방식, 환지계획, 환지예정지, 환지처분, 체비지, 청산금, 도시개발채권 등에 관한 부분이다.

▶ **제3편 도시 및 주거환경정비법**

이 법은 6문제가 출제된다. 최근에 다소 난이도가 높게 출제되는 경향으로 심화학습이 필요하다. 전체를 학습하는 것보다는 자주 출제되는 중요 논점만 정리하는 것이 객관식시험 대비요령이다. 정비사업의 개념과 전체적인 정비사업의 체계를 먼저 정리한 후 용어정의, 정비기본계획, 정비구역해제, 정비사업조합, 정비사업 시행방법, 사업시행계획, 사업시행을 위한 조치, 관리처분계획, 준공인가등에 관한 부분을 중심으로 정리하는 것이 효율적인 학습방법이다.

▶ **제4편 건축법**

이 법은 7문제가 출제되며, 다른 법률을 이해하기 위한 기초적인 내용이 많이 포함되어 있어 기본적인 개념을 중심으로 학습하고, 암기도 요구되기 때문에 전체적인 체계를 잡아서 숫자중심으로 반복적인 학습이 이루어진다면 고득점이 가능한 법률이라고 할 수 있다. 이 법에서 특히 비중을 두고 공부해야 할 부분은 용어정의, 건축물, 건축물의 건축, 대수선의 개념, 건축물의 용도분류, 건축허가, 건축물의 대지 및 도로, 면적과 높이제한, 건축협정, 특별건축구역, 이행강제금에 관한 부분이다.

▶ **제5편 주택법**

이 법은 7문제가 출제되며, 특히 비중을 두고 공부해야 할 부분은 용어정의, 등록사업자, 주택조합, 사업계획승인, 사용검사, 주택상환사채, 분양가 상한제 적용주택, 공급질서 교란금지, 투기과열지구, 전매제한의 예외에 관한 부분이다. 또한 주택법은 다른 법률에 비하여 자주 개정되기 때문에 개정되는 부분에 대해서도 관심을 갖는 학습방향이 필요한 부분이라 할 수 있다.

▶ **제6편 농지법**

이 법은 다른 법률에 비하여 출제빈도가 낮은 법률로서 2문제가 출제되며, 심화학습보다는 간단히 개념정리한다는 생각으로 정리하면 충분히 해결할 수 있다. 이 법에서 특히 비중을 두고 공부해야 되는 부분은 농지의 개념, 농지의 소유제한과 소유상한제도, 농지취득자격증명, 위탁경영 사유, 농지의 임대차, 농업진흥지역, 농지의 전용, 농지대장을 중심으로 정리하는 것이 효율적인 학습방법이다.

이 책의 구성 및 특징

01 | 실전에 강한 기출·예상문제

실전예상문제

철저한 최신출제경향 분석을 통해 출제가능성이 높은 문제를 수록함으로써 실전능력을 기를 수 있도록 하였다.

대표유형

단원 내에서 키워드가 유사한 문제를 모아 테마를 만들고, 그 테마를 대표하는 문제를 통해 시험에 자주 출제되는 문제의 유형을 제시하였다.

난이도·핵심키워드· 포인트 표시

난이도를 3단계로 표시하고 포인트와 핵심키워드를 통해 보다 정확한 문제 분석을 제시함으로써 수험생 스스로 셀프테스트가 가능하도록 구성하였다.

Chapter 04 도시·군관리계획

대표유형

국토의 계획 및 이용에 관한 법령상 도시·군관리계획에 관한 내용이다. 옳은 것은?

① 기반시설부담구역의 지정 또는 변경에 관한 계획은 도시·군관리계획의 내용이다.
② 주민은 도시·군계획시설입체복합구역의 지정 및 변경과 도시·군계획시설입체복합구역의 건축제한·건폐율·용적률·높이 등에 관한 사항을 입안을 제안할 수 있다.
③ 도시·군관리계획 결정은 그 고시가 된 날부터 5일 후에 그 효력이 발생한다.
④ 도시·군관리계획을 조속히 입안하여야 할 필요가 있다고 인정되더라도 광역도시계획을 수립할 때에 도시·군관리계획을 함께 입안할 수 없다.
⑤ 시가화조정구역 중 국가계획과 연계하여 지정 또는 변경이 필요한 경우에 시가화조정구역의 지정 및 변경에 관한 도시·군관리계획은 시·도지사가 결정한다.

해설 ① 기반시설부담구역이나 개발밀도관리구역의 지정에 관한 계획은 도시·군관리계획의 내용이 아니다.
③ 도시·군관리계획 결정의 효력은 지형도면을 고시한 날부터 발생한다.
④ 도시·군관리계획을 조속히 입안하여야 할 필요가 있다고 인정되면 광역도시계획이나 도시·군기본계획을 수립할 때에 도시·군관리계획을 함께 입안할 수 있다.
⑤ 시가화조정구역 중 국가계획과 연계하여 지정 또는 변경이 필요한 경우에 시가화조정구역의 지정 및 변경에 관한 도시·군관리계획은 국토교통부장관이 결정한다. ◆정답 ②

Point 01
도시·군관리계획의 내용

국토의 계획 및 이용에 관한 법령상 도시·군관리계획으로 결정하여야 하는 사항만을 모두 고른 것은?

㉠ 도시·군계획시설입체복합구역의 지정 또는 변경에 관한 계획
㉡ 개발밀도관리구역의 지정
㉢ 도시개발사업이나 정비사업에 관한 계획
㉣ 공공공지의 설치·정비 또는 개량에 관한 계획

① ㉡
② ㉢, ㉣
③ ㉠, ㉡, ㉢
④ ㉠, ㉡, ㉣
⑤ ㉠, ㉢, ㉣

Part 01 국토의 계획 및 이용에 관한 법률

02 | 정확하고 명쾌한 정답 및 해설

제1장 총칙

Answer

01 ②   02 ④   03 ②   04 ②

01 ① 광역도시계획은 광역계획권의 장기발전방향을 제시하는 계획이다.
③ 도시·군기본계획은 도시·군관리계획 수립의 지침이 되는 계획이고, 광역도시계획은 도시·군기본계획 수립의 지침이 되는 계획이다.
④ 도시·군계획시설은 기반시설 중 도시·군관리계획으로 결정된 시설을 말한다.
⑤ 강화(×) ⇨ 완화(○). 공간재구조화계획이란 토지의 이용 및 건축물이나 그 밖의 시설의 용도·건폐율·용적률·높이 등을 완화하는 용도구역의 효율적이고 계획적인 관리를 위하여 수립하는 계획을 말한다.

02 ① 도시·군계획은 도시·군기본계획과 도시·군관리계획으로 구분한다.
② 공공시설은 도로·공원·철도·수도, 그 밖에 대통령령으로 정하는 공공용 시설을 말한다. '도시·군계획시설'은 기반시설 중 도시·군관리계획으로 결정된 시설을 말한다.
③ 도시·군기본계획은 특별시·광역시·특별자치시·특별자치도·시 또는 군의 관할 구역에 대하여 기본적인 공간구조와 장기발전방향을 제시하는 종합계획으로서 도시·군관리계획 수립의 지침이 되는 계획을 말한다.
⑤ 용도구역은 토지의 이용 및 건축물의 용도·건폐율·용적률·높이 등에 대한 용도지역 및 용도지구의 제한을 강화 또는 완화하여 따로 정함으로써 시가지의 무질서한 확산방지, 계획적이고 단계적인 토지이용의 도모, 토지이용의 종합적 조정·관리 등을 위하여 국토교통부장관(수산자원보호구역의 지정: 해양수산부장관), 시·도지사, 대도시 시장이 도시·군관리계획으로 결정하는 지역을 말한다.

03 ② 옳은 것은 ⓒⓔ이다.
㉠ 지구단위계획은 도시·군계획 수립 대상지역의 일부에 대하여 토지이용을 합리화하고 그 기능을 증진시키며 미관을 개선하고 양호한 환경을 확보하며, 해당 지역을 체계적·계획적으로 관리하기 위하여 수립하는 도시·군관리계획을 말한다.
ⓒ 개발밀도관리구역은 이미 개발된 지역에 지정하고 기반시설부담구역은 개발밀도관리구역 외의 지역 중 개발이 예상되는 지역에 지정하므로 서로 중복 지정될 수 없다.
ⓜ 용도지역과 용도지역은 중복지정이 안 된다. 그러므로 관리지역과 농림지역은 중복지정이 불가능하다.

01 효율적 지면 구성

문제풀이에 방해되지 않도록 문제와 해설·정답을 분리하여 수록하였고 편리한 학습을 위하여 책속의 책 형태로 구성하였다.

02 상세한 해설

문제의 핵심을 찌르는 정확하고 명쾌한 해설은 물론, 문제와 관련하여 더 알아두어야 할 내용을 제시함으로써 문제풀이의 효과를 극대화하고자 하였다.

CONTENTS

이 책의 차례

PART 01

국토의 계획 및
이용에 관한 법률

제1장 총 칙	···· 22
제2장 광역도시계획	···· 25
제3장 도시·군기본계획	···· 29
제4장 도시·군관리계획	···· 33
제5장 용도지역·용도지구·용도구역	···· 45
제6장 기반시설과 도시·군계획시설	···· 63
제7장 지구단위계획구역과 지구단위계획	···· 76
제8장 개발행위허가 등	···· 81
제9장 개발밀도관리구역 및 기반시설부담구역	···· 90
제10장 보칙 및 벌칙	···· 96

PART 02

도시개발법

제1장 개발계획의 수립	···· 100
제2장 도시개발구역의 지정	···· 103
제3장 도시개발사업의 시행자	···· 109
제4장 실시계획	···· 114
제5장 도시개발사업의 시행방식	···· 116

제6장 수용 또는 사용방식 · · · · 118

제7장 환지방식의 사업시행 · · · · 123

제8장 비용부담 등 · · · · 130

제1장 총 칙 · · · · 134

제2장 기본계획의 수립 · · · 137

제3장 재건축진단 · · · 139

제4장 정비계획의 수립 및 정비구역의 지정 · · · 141

제5장 정비구역 등의 해제 · · · · 145

제6장 정비사업의 시행방법 · · · · 147

제7장 정비사업의 시행자 · · · · 149

제8장 조합설립추진위원회 및 조합의 설립 · · · · 152

제9장 사업시행계획 · · · · 159

제10장 정비사업시행을 위한 조치 · · · · 160

제11장 관리처분계획 등 · · · · 163

제12장 이전등기 및 청산금 · · · · 169

PART

03

도시 및
주거환경정비법

CONTENTS

이 책의 차례

PART 04

건축법

제1장 총 칙	···· 174
제2장 건축과 대수선	···· 177
제3장 용도변경	···· 180
제4장 건축물의 건축 등	···· 184
제5장 건축물의 대지와 도로	···· 192
제6장 건축물의 구조 및 재료	···· 198
제7장 지역 및 지구 안의 건축물	···· 202
제8장 특별건축구역	···· 209
제9장 보칙 및 벌칙	···· 214

PART 05

주택법

제1장 총 칙	···· 218
제2장 주택의 건설	···· 224
제3장 주택조합	···· 227
제4장 주택건설자금	···· 231
제5장 주택건설사업의 시행	···· 233
제6장 주택의 공급	···· 241

제1장 총 칙 · · · · 256

제2장 농지의 소유 · · · · 258

제3장 농지의 이용 · · · · 264

제4장 농업진흥지역 · · · · 267

제5장 농지전용 · · · · 269

제35회 기출문제 · · · · 276

▶ 방송시간표 · · · · 292

PART
06

농지법

부록

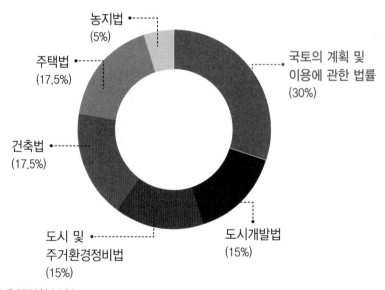

국토의 계획 및 이용에 관한 법률 (30%)

도시개발법 (15%)

도시 및 주거환경정비법 (15%)

건축법 (17.5%)

주택법 (17.5%)

농지법 (5%)

📎 최근 5개년 출제경향 분석

부동산공법 중 가장 중요한 법률로서 출제비중이 가장 높고 다른 법률을 이해하기 위하여 선행적으로 학습해야 하는 법률이다. 이 법에서 특히 비중을 두고 공부하여야 할 부분은 광역도시계획, 도시·군기본계획, 도시·군관리계획의 수립, 용도지역지정 특례, 용도지역에서의 행위제한, 용도구역의 지정권자, 최대건축 연면적 산정방법, 장기미집행 도시·군계획시설부지의 매수청구제도, 지구단위계획구역지정과 지구단위계획, 개발행위허가, 이행강제금, 과태료 부과대상 등에 관한 부분이다.

PART

01

국토의 계획 및 이용에 관한 법률

제1장 총 칙

제2장 광역도시계획

제3장 도시·군기본계획

제4장 도시·군관리계획

제5장 용도지역·용도지구·용도구역

제6장 기반시설과 도시·군계획시설

제7장 지구단위계획구역과 지구단위계획

제8장 개발행위허가 등

제9장 개발밀도관리구역 및 기반시설부담구역

제10장 보칙 및 벌칙

총 칙

대표유형

국토의 계획 및 이용에 관한 법률의 내용으로 옳은 것은?

① 도시·군계획은 특별시·광역시·특별자치도·특별자치시·시 또는 광역시 관할 구역의 군에 대하여 수립하는 도시·군기본계획과 도시·군관리계획을 말한다.

② 지구단위계획은 도시·군계획 수립대상지역 전부에 대하여 체계적 관리를 위해 수립하는 도시·군관리계획을 말한다.

③ 도시·군계획시설사업은 기반시설을 설치·정비 또는 개량하는 사업을 말한다.

④ 국가계획은 도시·군관리계획으로 결정하여야 할 사항이 포함되지 않은 계획으로서 중앙행정기관의 장에 의해 수립되는 토지계획을 말한다.

⑤ 기반시설부담구역은 개발밀도관리구역 외의 지역으로서 개발로 인해 기반시설의 설치가 필요한 지역을 대상으로 특별시장·광역시장·특별자치도지사·특별자치시장·시장 또는 군수가 지정하는 구역을 말한다.

해설 ① 도시·군계획은 특별시·광역시·특별자치도·특별자치시·시 또는 군(광역시의 관할 구역에 있는 군을 제외한다)의 관할 구역에 대하여 수립하는 공간구조와 발전방향에 대한 계획으로서 도시·군기본계획과 도시·군관리계획으로 구분한다.
② 지구단위계획은 도시·군계획 수립대상지역의 일부에 대하여 토지이용을 합리화하고 그 기능을 증진시키며 미관을 개선하고 양호한 환경을 확보하며, 해당 지역을 체계적·계획적으로 관리하기 위하여 수립하는 도시·군관리계획을 말한다.
③ 도시·군계획시설사업은 도시·군계획시설을 설치·정비 또는 개량하는 사업을 말한다.
④ 국가계획은 중앙행정기관이 법률에 의하여 수립하거나 국가의 정책적인 목적 달성을 위하여 수립하는 계획 중 도시·군기본계획 또는 도시·군관리계획으로 결정하여야 할 사항이 포함된 계획을 말한다. ◆정답 ⑤

PART 01

Point 01
용어정의

국토의 계획 및 이용에 관한 법령상 용어정의에 관한 설명이다. 옳은 것은?

① 광역도시계획은 광역시의 장기발전방향을 제시하는 계획이다.

② 도시혁신계획이란 창의적이고 혁신적인 도시공간의 개발을 목적으로 도시혁신구역에서의 토지의 이용 및 건축물의 용도·건폐율·용적률·높이 등의 제한에 관한 사항을 따로 정하기 위하여 공간재구조화계획으로 결정하는 도시·군관리계획을 말한다.

③ 도시·군기본계획은 광역도시계획 수립의 지침이 되는 계획이다.

④ 기반시설은 도시·군계획시설 중 도시·군관리계획으로 결정된 시설을 말한다.

⑤ 공간재구조화계획이란 토지의 이용 및 건축물이나 그 밖의 시설의 용도·건폐율·용적률·높이 등을 강화하는 용도구역의 효율적이고 계획적인 관리를 위하여 수립하는 계획을 말한다.

02
용어정의

국토의 계획 및 이용에 관한 법령상 용어에 관한 설명으로 옳은 것은?

① 도시·군계획은 광역도시계획과 도시·군관리계획으로 구분한다.

② 공공시설은 기반시설 중 도시·군관리계획으로 결정된 시설을 말한다.

③ 도시·군기본계획은 시·군·구의 관할 구역에 대하여 기본적인 공간구조를 제시하는 계획이다.

④ 기반시설부담구역은 개발밀도관리구역 외의 지역으로서 개발로 인해 기반시설의 설치가 필요한 지역을 대상으로 특별시장·광역시장·특별자치시장·특별자치도지사·시장 또는 군수가 지정하는 구역을 말한다.

⑤ 용도구역은 용도지역의 행위제한을 강화하기 위하여 시장·군수가 도시·군관리계획으로 결정하는 지역이다.

03

용어정의

다음 중 국토의 계획 및 이용에 관한 법령상 옳은 것을 모두 고른 것은?

ⓐ 지구단위계획은 토지이용을 합리화하고 그 기능을 증진시키는 등 일정한 지역을 체계적ㆍ계획적으로 관리하기 위하여 수립하는 도시ㆍ군기본계획을 말한다.

ⓑ 전기ㆍ가스ㆍ수도 등의 공급설비, 통신시설, 하수도시설 등 지하매설물을 공동 수용함으로써 미관의 개선, 도로구조의 보전 및 교통의 원활한 소통을 위하여 지하에 설치하는 시설물을 공동구라고 한다.

ⓒ 개발밀도관리구역과 기반시설부담구역은 서로 중복 지정될 수 있다.

ⓓ 도시ㆍ군관리계획을 시행하기 위한 도시ㆍ군계획시설사업, 도시개발법에 따른 도시개발사업, 도시 및 주거환경정비법에 따른 정비사업을 도시ㆍ군계획사업이라고 한다.

ⓔ 국가균형발전을 위하여 필요한 경우 관리지역과 농림지역은 중복지정이 가능하다.

① ⓐ, ⓓ   ② ⓑ, ⓓ

③ ⓑ, ⓔ   ④ ⓐ, ⓑ

⑤ ⓒ, ⓔ

04

계획의
체계적 지위

국토의 계획 및 이용에 관한 법령상 각 계획의 체계적 지위에 관한 사항이다. 틀린 것은?

① 도시ㆍ군기본계획의 내용이 광역도시계획의 내용과 다를 때에는 광역도시계획의 내용이 우선한다.

② 특별시장ㆍ광역시장ㆍ특별자치시장ㆍ특별자치도지사ㆍ시장 또는 군수가 관할 구역에 대하여 다른 법률에 따른 환경ㆍ교통ㆍ수도ㆍ하수도ㆍ주택 등에 관한 부문별 계획을 수립하는 때에는 도시ㆍ군관리계획의 내용과 부합되게 하여야 한다.

③ 도시ㆍ군계획은 특별시ㆍ광역시ㆍ특별자치시ㆍ특별자치도ㆍ시 또는 군의 관할 구역에서 수립되는 다른 법률에 따른 토지의 이용ㆍ개발 및 보전에 관한 계획의 기본이 된다.

④ 광역도시계획 및 도시ㆍ군계획은 국가계획에 부합되어야 하며, 광역도시계획 또는 도시ㆍ군계획의 내용이 국가계획의 내용과 다를 때에는 국가계획의 내용이 우선한다.

⑤ 도시ㆍ군관리계획은 도시ㆍ군기본계획에 부합하여야 하며, 도시ㆍ군관리계획의 내용이 도시ㆍ군기본계획의 내용과 다를 때에는 도시ㆍ군기본계획의 내용이 우선한다.

대표유형

국토의 계획 및 이용에 관한 법령상 광역도시계획에 관한 설명으로 옳은 것은?

① 동일 지역에 대하여 수립된 광역도시계획의 내용과 도시·군기본계획의 내용이 다를 때에는 도시·군기본계획의 내용이 우선한다.

② 광역계획권은 광역시장이 지정할 수 있다.

③ 도지사는 시장 또는 군수가 협의를 거쳐 요청하는 경우에는 공동으로 광역도시계획을 수립할 수 있다.

④ 광역계획권을 지정한 날부터 2년이 지날 때까지 관할 시·도지사로부터 광역도시계획의 승인 신청이 없는 경우에는 국토교통부장관이 직접 광역도시계획을 수립하여야 한다.

⑤ 도지사 또는 국토교통부장관은 단독으로 조정신청을 받은 경우에는 기한을 정하여 당사자 간에 다시 협의를 하도록 권고할 수 있다.

해설 ① 동일 지역에 대하여 수립된 광역도시계획의 내용과 도시·군기본계획의 내용이 다를 때에는 광역도시계획의 내용이 우선한다.

② 광역계획권은 국토교통부장관 또는 도지사가 지정할 수 있다. 따라서 광역시장은 광역계획권을 지정할 수 없다.

③ 도지사는 시장 또는 군수가 협의를 거쳐 요청하는 경우에는 단독으로 광역도시계획을 수립할 수 있다.

④ 광역계획권을 지정한 날부터 3년이 지날 때까지 관할 시·도지사로부터 광역도시계획의 승인 신청이 없는 경우에는 국토교통부장관이 직접 광역도시계획을 수립하여야 한다. **◆정답 ⑤**

01

하
광역계획권
지정

국토의 계획 및 이용에 관한 법령상 광역계획권에 관한 다음 설명 중 틀린 것은?

① 광역계획권이 둘 이상의 시·도의 관할 구역에 걸쳐 있는 경우에는 국토교통부장관이 지정할 수 있다.

② 광역계획권이 도의 관할 구역에 속하여 있는 경우에는 도지사가 지정할 수 있다.

③ 광역계획권의 지정은 국토교통부장관 또는 도지사가 도시·군관리계획으로 결정한다.

④ 광역계획권은 인접한 둘 이상의 특별시·광역시·특별자치시·특별자치도·시 또는 군의 관할 구역 전부 또는 일부를 대상으로 하여 지정한다.

⑤ 중앙행정기관의 장, 시·도지사, 시장 또는 군수는 국토교통부장관이나 도지사에게 광역계획권의 지정 또는 변경을 요청할 수 있다.

02
광역도시계획의
성격

국토의 계획 및 이용에 관한 법령상 광역계획권 및 광역도시계획에 관한 설명으로 옳은 것은?

① 광역도시계획은 특별시 또는 광역시의 장기발전방향을 제시하는 계획을 말한다.

② 광역도시계획은 10년 단위로 수립하여야 한다.

③ 광역도시계획을 수립·변경하려면 공청회를 개최하여야 하나, 경미한 사항은 생략할 수 있다.

④ 국토교통부장관은 광역계획권을 지정하거나 변경하려면 관계 시·도지사, 시장 또는 군수의 의견을 들은 후 지방도시계획위원회의 심의를 거쳐야 한다.

⑤ 국토교통부장관 또는 도지사는 광역계획권을 지정하거나 변경하면 지체 없이 관계 시·도지사, 시장 또는 군수에게 그 사실을 통보하여야 한다.

03
광역도시계획의
수립권자

국토의 계획 및 이용에 관한 법령상 광역도시계획의 수립권자에 관한 다음 설명 중 틀린 것은?

① 광역계획권이 같은 도의 관할 구역에 속하여 있는 경우에는 관할 시장·군수가 공동으로 수립하여야 한다.

② 국가계획과 관련된 광역도시계획의 수립이 필요한 경우에는 시·도지사와 국토교통부장관이 협의하여 수립하여야 한다.

③ 광역계획권이 2 이상의 시·도의 관할 구역에 속하여 있는 경우에는 관할 시·도지사가 공동으로 수립하여야 한다.

④ 도지사는 시장·군수가 협의를 거쳐 요청하는 경우에는 단독으로 광역도시계획을 수립할 수 있다.

⑤ 국토교통부장관은 시·도지사가 요청하는 경우와 그 밖에 필요하다고 인정되는 경우에는 관할 시·도지사와 공동으로 광역도시계획을 수립할 수 있다.

04 국토의 계획 및 이용에 관한 법령상 광역도시계획 수립시 기초조사에 관한 내용이다. 틀린 것은?

기초조사

① 국토교통부장관, 시·도지사, 시장 또는 군수는 광역도시계획을 수립하거나 변경하려면 미리 인구, 경제, 사회, 문화, 토지 이용, 환경, 교통, 주택, 그 밖에 대통령령으로 정하는 사항 중 그 광역도시계획의 수립 또는 변경에 필요한 사항을 대통령령으로 정하는 바에 따라 조사하거나 측량하여야 한다.

② 국토교통부장관, 시·도지사, 시장 또는 군수는 관계 행정기관의 장에게 기초조사에 필요한 자료를 제출하도록 요청할 수 있다.

③ 국토교통부장관, 시·도지사, 시장 또는 군수는 효율적인 기초조사를 위하여 필요하면 기초조사를 전문기관에 의뢰할 수 있다.

④ 국토교통부장관, 시·도지사, 시장 또는 군수가 기초조사를 실시한 경우에는 해당 정보를 체계적으로 관리하고 효율적으로 활용하기 위하여 기초조사정보체계를 구축·운영하여야 한다.

⑤ 국토교통부장관, 시·도지사, 시장 또는 군수가 기초조사정보체계를 구축한 경우에는 등록된 정보의 현황을 10년마다 확인하고 변동사항을 반영하여야 한다.

05 국토의 계획 및 이용에 관한 법령상 광역도시계획 수립시 공청회에 관한 내용이다. 틀린 것은?

공청회

① 국토교통부장관, 시·도지사, 시장·군수는 광역도시계획을 수립·변경하려면 공청회를 열어 주민과 관계 전문가 등으로부터 의견을 들어야 하며, 경미한 사항은 생략할 수 있다.

② 공청회에서 제시된 의견이 타당하다고 인정하면 광역도시계획에 반영하여야 한다.

③ 국토교통부장관, 시·도지사, 시장 또는 군수는 공청회를 개최하려면 공청회의 개최목적 등을 일간신문, 관보, 공보, 인터넷 홈페이지 또는 방송 등의 방법으로 공청회 개최예정일 14일 전까지 1회 이상 공고해야 한다.

④ 공청회는 광역계획권 단위로 개최하되, 필요한 경우에는 광역계획권을 수개의 지역으로 구분하여 개최할 수 있다.

⑤ 공청회는 국토교통부장관 또는 시·도지사, 시장·군수가 지명하는 자가 주재한다.

06 국토의 계획 및 이용에 관한 법령상 광역도시계획의 내용이다. 틀린 것은?

광역도시계획의
내용

① 경관계획에 관한 사항

② 광역시설의 배치·규모·설치에 관한 사항

③ 광역계획권의 녹지관리체계와 환경보전에 관한 사항

④ 광역계획권의 공간구조와 기능분담에 관한 사항

⑤ 광역계획권의 지정에 관한 사항

07

광역도시계획

국토의 계획 및 이용에 관한 법령상 광역계획권 및 광역도시계획에 관한 내용이다. 틀린 것은?

① 광역도시계획을 공동으로 수립하는 시·도지사는 그 내용에 관하여 서로 협의가 되지 아니하면 공동 또는 단독으로 국토교통부장관에게 조정을 신청하여야 한다.

② 광역계획권을 지정한 날부터 3년이 지날 때까지 관할 시장 또는 군수로부터 광역도시계획의 승인 신청이 없는 경우에는 도지사가 수립하여야 한다.

③ 국토교통부장관은 광역계획권을 지정하거나 변경하려면 관계 시·도지사, 시장 또는 군수의 의견을 들은 후 중앙도시계획위원회의 심의를 거쳐야 한다.

④ 시·도지사가 공동으로 광역도시계획을 수립하려면 미리 관계 시·도의 의회와 관계 시장 또는 군수의 의견을 들어야 한다.

⑤ 광역도시계획에 관한 기초조사로 인하여 손실을 받은 자가 있는 때에는 그 행위자가 속한 행정청이 그 손실을 보상하여야 한다.

08

광역도시계획
내용

국토의 계획 및 이용에 관한 법령상 광역도시계획에 관한 내용이다. 틀린 것은?

① 광역도시계획을 수립하는 경우 미리 인구·경제·사회·문화 등 해당 광역도시계획의 수립에 관하여 필요한 사항을 조사하거나 측량할 수 있다.

② 광역계획권이 같은 도의 관할구역에 속한 경우에는 시장·군수가 공동으로 광역도시계획을 수립하여야 한다.

③ 시장·군수가 협의를 거쳐 요청하여 도지사가 광역도시계획을 수립하는 경우 도지사는 국토교통부장관의 승인을 받지 아니한다.

④ 광역계획권을 지정한 날부터 3년이 지날 때까지 관할 시장 또는 군수로부터 광역도시계획의 승인 신청이 없는 경우에는 도지사가 수립하여야 하며, 도지사가 광역도시계획을 수립하는 경우에는 국토교통부장관의 승인을 받아야 한다.

⑤ 협의 요청을 받은 관계 중앙행정기관의 장은 특별한 사유가 없는 한 그 요청을 받은 날부터 30일 이내에 국토교통부장관에게 의견을 제시하여야 한다.

도시 · 군기본계획

국토의 계획 및 이용에 관한 법령상 도시 · 군기본계획에 관한 설명으로 옳은 것은?

① 생활권계획이 수립 또는 승인된 때에는 해당 계획이 수립된 생활권에 대해서는 도시 · 군관리계획이 수립 또는 변경된 것으로 본다.

② 도시 · 군기본계획의 내용이 광역도시계획의 내용과 다를 때에는 국토교통부장관이 결정하는 바에 따른다.

③ 수도권정비계획법에 의한 수도권에 속하지 아니하고 광역시와 경계를 같이하지 아니한 인구 7만명의 군은 도시 · 군기본계획을 수립하지 아니할 수 있다.

④ 시장 또는 군수는 3년마다 관할 구역의 도시 · 군기본계획에 대하여 그 타당성 여부를 전반적으로 재검토하여 이를 정비하여야 한다.

⑤ 특별시장이 도시 · 군기본계획을 수립하려면 국토교통부장관의 승인을 받아야 한다.

해설 ① 생활권계획이 수립 또는 승인된 때에는 해당 계획이 수립된 생활권에 대해서는 도시 · 군기본계획이 수립 또는 변경된 것으로 본다.
② 도시 · 군기본계획의 내용이 광역도시계획의 내용과 다를 때에는 광역도시계획의 내용이 우선한다.
④ 시장 또는 군수는 5년마다 관할 구역의 도시 · 군기본계획에 대하여 그 타당성 여부를 전반적으로 재검토하여 이를 정비하여야 한다.
⑤ 특별시장이 도시 · 군기본계획을 수립하는 경우에는 국토교통부장관의 승인을 받지 아니하고 확정한다.

◆ 정답 ③

01

❸

도시 · 군기본계획

국토의 계획 및 이용에 관한 법령상 도시 · 군기본계획에 대한 설명으로 틀린 것은?

① 도시 · 군기본계획은 도시 · 군관리계획 수립의 지침이 되는 계획이다.

② 광역도시계획의 내용과 도시 · 군기본계획의 내용이 다를 때에는 광역도시계획의 내용이 우선한다.

③ 시장 또는 군수가 도시 · 군기본계획을 변경하려면 미리 해당 시의회 또는 군의회의 의견을 들어야 한다.

④ 시장 또는 군수는 지역여건상 필요하다고 인정되면 인접한 시 또는 군의 관할 구역의 전부를 포함하여 도시 · 군기본계획을 수립할 수 있다.

⑤ 도시 · 군기본계획을 변경하는 경우에는 공청회를 개최하지 아니할 수 있다.

02

도시 · 군기본계획의
수립권자

국토의 계획 및 이용에 관한 법령상 도시 · 군기본계획 수립에 관한 설명이다. 틀린 것은?

① 도시 · 군기본계획은 원칙적으로 특별시 · 광역시 · 특별자치시 · 특별자치도 · 시 또는 군의 관할구역 및 생활권 단위로 수립한다.

② 수도권에 속하지 아니하고 광역시와 경계를 같이하는 시로서 인구 10만명 이하인 시는 도시 · 군기본계획을 수립하여야 한다.

③ 관할 구역 전부에 대하여 광역도시계획이 수립되어 있는 시 또는 군으로서 해당 광역도시계획에 도시 · 군기본계획에 포함될 사항이 모두 포함되어 있는 시 또는 군은 도시 · 군기본계획을 수립하지 아니할 수 있다.

④ 특별시장 · 광역시장 · 특별자치시장 · 특별자치도지사 · 시장 또는 군수는 지역 여건상 필요하다고 인정되는 때에는 인접한 특별시 · 광역시 · 특별자치시 · 특별자치도 · 시 또는 군의 관할 구역의 전부 또는 일부를 포함하여 도시 · 군기본계획을 수립할 수도 있다.

⑤ 인접한 관할 구역을 포함하여 도시 · 군기본계획을 수립하려면 인접 특별시장 · 광역시장 · 특별자치시장 · 특별자치도지사 · 시장 또는 군수와 공동으로 수립하여야 한다.

03

도시 · 군기본계획의
수립절차

국토의 계획 및 이용에 관한 법령상 도시 · 군기본계획의 수립절차 중 기초조사에 대한 설명으로 틀린 것은?

① 도시 · 군기본계획을 수립하거나 변경하는 경우에는 광역도시계획의 기초조사의 내용을 준용한다.

② 시 · 도지사, 시장 또는 군수는 기초조사의 내용에 토지적성평가와 환경성검토를 포함하여야 한다.

③ 도시 · 군기본계획 입안일부터 5년 이내에 토지적성평가를 실시한 경우에는 토지적성평가를 하지 아니할 수 있다.

④ 다른 법률에 따른 지역 · 지구 등의 지정이나 개발계획 수립 등으로 인하여 도시 · 군기본계획의 변경이 필요한 경우에는 토지적성평가를 하지 아니할 수 있다.

⑤ 도시 · 군기본계획 입안일부터 5년 이내에 재해취약성분석을 실시한 경우에는 재해취약성분석을 하지 아니할 수 있다.

04 국토의 계획 및 이용에 관한 법령상 도시·군기본계획의 수립절차에 대한 설명으로 옳은 것은?

도시·군기본계획의
수립절차

① 도지사가 도시·군기본계획을 승인하면 관계 행정기관의 장과 시장 또는 군수에게 관계 서류를 송부하여야 하며, 관계 서류를 받은 시장 또는 군수는 그 계획을 공고하고, 일반인이 14일 이상 열람할 수 있도록 하여야 한다.

② 도시·군기본계획을 수립하고자 할 경우 경미한 사항은 기초조사와 공청회 개최를 생략할 수 있다.

③ 도시·군기본계획을 수립하려면 미리 관계 시·도의 의회, 시·군의회와 관계 시장 또는 군수의 의견을 들어야 한다.

④ 특별시장·광역시장·특별자치시장·특별자치도지사는 도시·군기본계획을 수립하여 국토교통부장관의 승인을 받아야 한다.

⑤ 특별시·광역시·특별자치시·특별자치도의 도시·군기본계획의 공고는 해당 특별시·광역시·특별자치시·특별자치도의 공보와 인터넷 홈페이지에 게재하는 방법으로 하며, 관계 서류의 열람기간은 30일 이상으로 하여야 한다.

05 국토의 계획 및 이용에 관한 법령상 도시·군기본계획의 내용에 관한 설명이다. 틀린 것은?

Point

도시·군기본계획
내용

① 지역적 특성 및 계획의 방향·목표에 관한 사항

② 생활권의 설정과 생활권역별 개발·정비 및 보전 등에 관한 사항

③ 기후변화 대응 및 에너지절약에 관한 사항

④ 방재·방범 등 안전에 관한 사항

⑤ 기반시설의 설치·정비 또는 개량에 관한 사항

06 국토의 계획 및 이용에 관한 법령상 도시·군기본계획에 관한 다음 설명 중 옳은 것은?

도시·군기본계획
내용

① 수도권정비계획법에 따른 수도권의 시로서 인구 9만명 인 시는 도시·군기본계획을 수립하지 아니할 수 있다.

② 시장·군수는 인접한 시·군의 시장·군수와 협의를 거쳐 그 인접 시·군의 관할 구역 전부를 포함하는 도시·군기본계획을 수립할 수 없다.

③ 도시·군기본계획의 입안일부터 3년 이내에 토지적성평가를 실시한 경우에는 토지적성평가 또는 재해취약성분석을 하지 아니할 수 있다.

④ 특별시장·광역시장·특별자치시장·특별자치도지사는 반드시 도시·군기본계획을 수립하여 한다.

⑤ 시장 또는 군수는 3년마다 관할 구역의 도시·군기본계획에 대하여 그 타당성 여부를 전반적으로 재검토하여 이를 정비하여야 한다.

07

도시 · 군기본계획
내용

국토의 계획 및 이용에 관한 법령상 도시 · 군기본계획에 관한 설명으로 옳은 것은?

① 수도권 내 시 · 군에서 수립되는 도시 · 군기본계획의 승인권자는 시 · 도지사이다.

② 도시 · 군기본계획의 수립기준 등은 대통령령이 정하는 바에 따라 시 · 도지사가 정한다.

③ 특별시장 · 광역시장 · 특별자치시장 · 특별자치도지사 · 시장 또는 군수는 생활권역별 개발 · 정비 및 보전 등에 필요한 경우 대통령령으로 정하는 바에 따라 생활권계획을 따로 수립할 수 있다.

④ 계획의 안정성과 연속성을 위해 인구 및 토지이용특성 등을 종합적으로 고려하여 구체적이고 상세하게 수립해야 한다.

⑤ 시장 또는 군수는 10년마다 관할구역의 도시 · 군기본계획에 대하여 그 타당성 여부를 전반적으로 재검토하여 이를 정비하여야 한다.

08

도시 · 군기본계획과
광역도시계획의
비교

국토의 계획 및 이용에 관한 법령상 도시 · 군기본계획과 광역도시계획에 관한 설명이다. 타당한 것은?

① 광역도시계획과 도시 · 군기본계획은 10년 단위의 장기적인 발전방향을 제시하는 계획이다.

② 광역도시계획은 광역계획권에 대해, 도시 · 군기본계획은 특별시 · 광역시 · 특별자치시 · 특별자치도 · 시 또는 군의 관할 구역 및 생활권에 대해 수립한다.

③ 도시 · 군기본계획 수립시 기초조사와 공청회에 관한 규정은 광역도시계획 수립시에도 준용된다.

④ 도시 · 군기본계획과 광역도시계획 수립시 의견청취의 상대방은 관계 시 · 도의회와 관계 시장 또는 군수이다.

⑤ 도시 · 군기본계획과 광역도시계획의 승인권자는 도지사 또는 국토교통부장관이다.

도시 · 군관리계획

국토의 계획 및 이용에 관한 법령상 도시·군관리계획에 관한 내용이다. 옳은 것은?

① 기반시설부담구역의 지정 또는 변경에 관한 계획은 도시·군관리계획의 내용이다.

② 주민은 도시·군계획시설입체복합구역의 지정 및 변경과 도시·군계획시설입체복합구역의 건축제한·건폐율·용적률·높이 등에 관한 사항을 입안을 제안할 수 있다.

③ 도시·군관리계획 결정은 그 고시가 된 날부터 5일 후에 그 효력이 발생한다.

④ 도시·군관리계획을 조속히 입안하여야 할 필요가 있다고 인정되더라도 광역도시계획을 수립할 때에 도시·군관리계획을 함께 입안할 수 없다.

⑤ 시가화조정구역 중 국가계획과 연계하여 지정 또는 변경이 필요한 경우에 시가화조정구역의 지정 및 변경에 관한 도시·군관리계획은 시·도지사가 결정한다.

해설 ① 기반시설부담구역이나 개발밀도관리구역의 지정에 관한 계획은 도시·군관리계획의 내용이 아니다.
③ 도시·군관리계획 결정의 효력은 지형도면을 고시한 날부터 발생한다.
④ 도시·군관리계획을 조속히 입안하여야 할 필요가 있다고 인정되면 광역도시계획이나 도시·군기본계획을 수립할 때에 도시·군관리계획을 함께 입안할 수 있다.
⑤ 시가화조정구역 중 국가계획과 연계하여 지정 또는 변경이 필요한 경우에 시가화조정구역의 지정 및 변경에 관한 도시·군관리계획은 국토교통부장관이 결정한다.　　　　　　　　　◆ 정답 ②

Point

01

도시·군관리계획의 내용

국토의 계획 및 이용에 관한 법령상 도시·군관리계획으로 결정하여야 하는 사항만을 모두 고른 것은?

㉠ 도시·군계획시설입체복합구역의 지정 또는 변경에 관한 계획
㉡ 개발밀도관리구역의 지정
㉢ 도시개발사업이나 정비사업에 관한 계획
㉣ 공공공지의 설치·정비 또는 개량에 관한 계획

① ㉡　　　　　　　　　　　　　② ㉢, ㉣
③ ㉠, ㉡, ㉢　　　　　　　　　④ ㉠, ㉡, ㉣
⑤ ㉠, ㉢, ㉣

02

도시·군관리계획의
특성

국토의 계획 및 이용에 관한 법령상 도시·군관리계획에 대한 설명으로 틀린 것은?

① 복합용도구역의 지정 또는 변경에 관한 계획과 복합용도계획은 도시·군관리계획의 내용이다.

② 도시·군계획은 도시·군관리계획과 도시·군기본계획을 말한다.

③ 국가계획과 관련된 경우에는 국토교통부장관이 직접 도시·군관리계획을 입안할 수 있다.

④ 도시·군관리계획은 계획의 상세 정도·기반시설의 종류 등에 대하여 도시 및 농·산·어촌 지역의 인구밀도, 토지이용의 특성 및 주변환경 등을 종합적으로 고려하여 차등하게 입안하여야 한다.

⑤ 도시·군관리계획은 생활권계획에 부합하지 아니하여도 된다.

03

도시·군관리계획
입안

국토의 계획 및 이용에 관한 법령상 도시·군관리계획 입안에 관한 내용이다. 틀린 것은?

① 도시지역의 축소에 따른 용도지역의 변경을 내용으로 하는 도시·군관리계획을 입안하는 경우에는 주민의 의견청취를 생략할 수 있다.

② 국토교통부장관, 시·도지사, 시장 또는 군수는 도시·군관리계획을 입안하려면 해당 지방의회의 의견을 들어야 한다.

③ 도시·군관리계획을 입안하는 경우에는 공청회를 개최하여 주민의 의견을 청취하여야 한다.

④ 도시·군관리계획의 수립기준 등은 대통령령으로 정하는 바에 따라 국토교통부장관이 이를 정한다.

⑤ 도시혁신구역의 지정에 관한 계획과 도시혁신계획은 도시·군관리계획으로 결정한다.

04

도시·군관리계획
수립

국토의 계획 및 이용에 관한 법령상 도시·군관리계획에 관한 다음 기술 중 옳은 것은?

① 도시·군관리계획의 입안권은 시장·군수·구청장의 고유권한이다.

② 시가화조정구역의 지정에 관한 도시·군관리계획 결정 당시 이미 사업에 착수한 자는 해당 도시·군관리계획 결정에 관계없이 그 사업을 계속할 수 있다.

③ 광역도시계획이 수립되어 있는 시·군에서는 도시·군관리계획을 수립하지 아니할 수 있다.

④ 해당 지구단위계획구역 안의 나대지 면적이 구역 면적의 2퍼센트에 미달하는 경우에는 기초조사, 환경성 검토, 토지적성평가 또는 재해취약성분석을 하지 아니할 수 있다.

⑤ 도시·군관리계획의 내용 중에 일부를 주민이 입안할 수 있다.

05

도시·군관리계획
내용

국토의 계획 및 이용에 관한 법령상 도시·군관리계획에 관한 설명으로 틀린 것은?

① 인접한 특별시·광역시·특별자치시·특별자치도·시 또는 군의 관할구역에 대한 도시·군관리계획은 관계 특별시장·광역시장·특별자치시장·특별자치도지사·시장 또는 군수가 협의하여 공동으로 입안하거나 입안할 자를 정한다.

② 도시·군관리계획의 입안권자가 작성하는 도시·군관리계획도서 중 계획도는 축척 1천분의 1 또는 축척 5천분의 1의 지형도(수치지형도를 포함한다)에 도시·군관리계획사항을 명시한 도면으로 작성하여야 한다.

③ 시·도지사(대도시 시장 포함)는 개발제한구역이 해제되는 지역에 대하여 해제 이후 최초로 결정되는 도시·군관리계획을 결정 또는 변경하고자 하는 때에는 미리 국토교통부장관과 협의하여야 한다.

④ 시·도지사는 국토교통부장관이 입안하여 결정한 도시·군관리계획을 변경하려면 미리 국토교통부장관과 협의하여야 한다.

⑤ 시·도지사가 용도지역 또는 용도지구의 지정 및 변경을 결정하려면 「건축법」 제4조에 따라 시·도에 두는 건축위원회와 도시계획위원회가 공동으로 하는 심의를 거쳐야 한다.

06

도시 · 군관리계획
수립기준 고려대상

국토의 계획 및 이용에 관한 법령상 국토교통부장관이 도시 · 군관리계획의 수립기준을 정할 때 고려하여야 하는 사항이 아닌 것은?

① 공간구조는 생활권단위로 적정하게 구분하고 생활권별로 생활 편익시설이 고루 갖추어 지도록 할 것

② 녹지축 · 생태계 · 산림 · 경관 등 양호한 자연환경과 우량농지, 국가유산 및 역사문화환경 등을 고려하여 토지이용계획을 수립하도록 할 것

③ 수도권 안의 인구집중유발시설이 수도권 외의 지역으로 이전하는 경우 종전의 대지에 대하여는 그 시설의 지방이전이 촉진될 수 있도록 토지이용계획을 수립하도록 할 것

④ 도시의 개발 또는 기반시설의 설치 등이 환경에 미치는 영향을 미리 검토하는 등 계획과 환경의 유기적 연관성을 높여 건전하고 지속가능한 도시발전을 도모하도록 할 것

⑤ 광역계획권의 미래상과 이를 실현할 수 있는 체계화된 전략을 제시하고 국토종합계획 등과 서로 연계되도록 할 것

대표유형

국토의 계획 및 이용에 관한 법령상 주민이 도시 · 군관리계획의 입안을 제안하려는 경우 요구되는 제안 사항별 토지소유자의 동의 요건으로 틀린 것은? (단, 동의 대상 토지 면적에서 국 · 공유지는 제외함)

① 도시 · 군계획시설입체복합구역의 지정에 관한 사항: 대상 토지 면적의 5분의 4 이상

② 기반시설의 정비에 관한 사항: 대상 토지 면적의 3분의 2 이상

③ 지구단위계획의 수립에 관한 사항: 대상 토지 면적의 3분의 2 이상

④ 산업 · 유통개발진흥지구의 지정에 관한 사항: 대상 토지 면적의 3분의 2 이상

⑤ 용도지구 중 해당 용도지구에 따른 건축물이나 그 밖의 시설의 용도 · 종류 및 규모 등의 제한을 지구단위계획으로 대체하기 위한 용도지구의 지정에 관한 사항: 대상 토지 면적의 3분의 2 이상

해설 ② 기반시설의 설치 · 정비 또는 개량에 관한 사항: 대상 토지 면적의 5분의 4 이상 토지소유자의 동의

◆ 정답 ②

07 국토의 계획 및 이용에 관한 법령상 산업·유통개발진흥지구의 도시·군관리계획 입안제안에 관한 설명으로 틀린 것은?

산업·유통개발
진흥지구

① 산업·유통개발진흥지구의 지정을 제안할 수 있는 대상지역의 면적은 1만m² 이상 3만m² 미만이다.

② 주민은 상업지역에 산업·유통개발진흥지구를 지정하여 줄 것을 내용으로 하는 도시·군관리계획의 입안을 제안할 수 있다.

③ 산업·유통개발진흥지구의 지정 및 변경에 관한 사항에 대한 도시·군관리계획의 입안을 제안하려는 자는 국·공유지는 제외한 대상 토지 면적의 3분의 2 이상 토지소유자의 동의를 받아야 한다.

④ 지정 대상 지역의 토지특성이 과도한 개발행위의 방지를 위하여 국토교통부장관이 정하여 고시하는 기준에 적합하여야 한다.

⑤ 산업·유통개발진흥지구의 지정을 제안할 수 있는 대상 지역의 전체 면적에서 계획관리지역의 면적이 차지하는 비율이 100분의 50 이상일 것. 이 경우 자연녹지지역 또는 생산관리지역 중 도시·군기본계획에 반영된 지역은 계획관리지역으로 보아 산정한다.

08 국토의 계획 및 이용에 관한 법령상 주민 등의 도시·군관리계획 입안제안에 관한 설명으로 틀린 것은?

주민 입안제안

① 주민은 용도지구의 지정과 변경에 관한 사항에 대하여 도시·군관리계획의 입안권자에게 그 입안을 제안할 수 있다.

② 주민은 도시·군관리계획도서와 계획설명서를 첨부하여 공원의 설치에 관한 도시·군관리계획의 입안을 제안할 수 있다.

③ 도시·군관리계획입안의 제안을 받은 국토교통부장관, 시·도지사, 시장 또는 군수는 제안일부터 45일 이내에 도시·군관리계획입안에의 반영 여부를 제안자에게 통보하여야 한다. 다만, 부득이한 사정이 있는 경우에는 1회에 한하여 30일을 연장할 수 있다.

④ 국토교통부장관, 시·도지사, 시장 또는 군수는 제안을 도시·군관리계획입안에 반영할 것인지 여부를 결정함에 있어서 중앙도시계획위원회 또는 지방도시계획위원회의 자문을 거칠 수 있다.

⑤ 도시·군관리계획의 입안을 제안 받은 자는 제안자와 협의하여 제안된 도시·군관리계획의 입안 및 결정에 필요한 비용의 전부 또는 일부를 제안자에게 부담시킬 수 있다.

대표유형

국토의 계획 및 이용에 관한 법령상 국토교통부장관이 결정해야 하는 도시·군관리계획의 내용이 아닌 것은?

① 국가계획과 관련된 경우로서 국토교통부장관이 입안한 도시·군관리계획
② 개발제한구역의 지정 및 변경에 관한 도시·군관리계획
③ 도시·군계획시설입체복합구역의 지정 또는 변경에 관한 계획에 관한 도시·군관리계획
④ 도시자연공원구역의 지정 및 변경에 관한 도시·군관리계획
⑤ 시가화조정구역 중 국가계획과 연계하여 지정 또는 변경이 필요한 경우에 시가화조정구역의 지정 및 변경에 관한 도시·군관리계획

해설 ④ 도시자연공원구역의 지정 및 변경에 관한 도시·군관리계획은 시·도지사, 대도시 시장이 결정한다.
③ 도시·군계획시설입체복합구역의 지정 또는 변경에 관한 계획에 관한 도시·군관리계획은 국토교통부장관, 시·도지사, 대도시 시장이 결정한다.

☆ 도시·군관리계획의 결정권자

원 칙	시·도지사가 직접 또는 시장·군수의 신청에 따라 결정한다. 다만, 서울특별시와 광역시 및 특별자치시를 제외한 인구 50만 이상의 대도시의 경우에는 해당 시장('대도시 시장')이 직접 결정하고, 다음의 도시·군관리계획은 시장 또는 군수가 직접 결정한다.
	1. 시장 또는 군수가 입안한 지구단위계획구역의 지정·변경과 지구단위계획의 수립·변경에 관한 도시·군관리계획 2. 지구단위계획으로 대체하는 용도지구 폐지에 관한 도시·군관리계획[해당 시장(대도시 시장은 제외한다) 또는 군수가 도지사와 미리 협의한 경우에 한정한다]
예외: 국토교통부장관 (4는 해양수산부장관)	1. 국토교통부장관이 입안한 도시·군관리계획 2. 개발제한구역의 지정 및 변경에 관한 도시·군관리계획 3. 시가화조정구역 중 국가계획과 연계하여 지정 또는 변경이 필요한 경우에 시가화조정구역의 지정 및 변경에 관한 도시·군관리계획 4. 수산자원보호구역의 지정 및 변경에 관한 도시·군관리계획(해양수산부장관)

◆ 정답 ④

09

상
도시·군관리계획
내용

국토의 계획 및 이용에 관한 법령상 도시·군관리계획에 관한 내용이다. 옳은 것은?

① 입안권자는 기초조사의 내용에 도시·군관리계획이 환경에 미치는 영향 등에 대한 환경영향평가, 토지적성평가와 재해취약성분석을 포함하여야 한다.
② 도심지의 상업지역에 지구단위계획을 입안하는 경우에는 환경성 검토를 실시하지 아니할 수 있다.
③ 주민은 녹지지역의 지정과 변경에 관한 계획에 대하여도 입안을 제안할 수 있다.
④ 개발제한구역의 지정 및 변경에 관한 도시·군관리계획은 시·도지사가 결정한다.
⑤ 도시·군관리계획 결정의 효력은 지형도면을 고시한 날의 다음 날부터 발생한다.

10
도시 · 군관리계획
환경성 검토

국토의 계획 및 이용에 관한 법령상 도시 · 군관리계획으로 입안하려는 지역이 도심지에 위치하거나 개발이 끝나 나대지가 없는 등 다음의 요건에 해당하면 환경성 검토를 하지 아니할 수 있다. 이에 해당하지 않는 것은? (단, 법령에서 정한 경미한 사항을 입안하는 경우가 아님)

① 개발제한구역 안에 기반시설을 설치하는 경우

② 해당 지구단위계획구역안의 나대지 면적이 구역면적의 2퍼센트에 미달하는 경우

③ 기존의 용도지구를 폐지하고 지구단위계획을 수립 또는 변경하여 그 용도지구에 따른 건축물이나 그 밖의 시설의 용도 · 종류 및 규모 등의 제한을 그대로 대체하려는 경우

④ 해당 지구단위계획구역 또는 도시 · 군계획시설부지가 다른 법률에 따라 지역 · 지구 등으로 지정되거나 개발계획이 수립된 경우

⑤ 해당 도시 · 군계획시설의 결정을 해제하려는 경우

11
도시 · 군관리계획의
결정절차

국토의 계획 및 이용에 관한 법령상 도시 · 군관리계획의 결정절차에 관한 사항이다. 틀린 것은?

① 시장 또는 군수가 입안한 지구단위계획구역의 지정 · 변경과 지구단위계획의 수립 · 변경에 관한 도시 · 군관리계획은 해당 시장 또는 군수가 직접 결정한다.

② 시 · 도지사가 지구단위계획을 결정하려면 시 · 도에 두는 건축위원회와 도시계획위원회가 공동으로 하는 심의를 거쳐야 한다.

③ 시 · 도지사는 도시 · 군관리계획을 결정하려면 중앙행정기관의 장과 미리 협의하여야 한다.

④ 협의요청을 받은 기관의 장은 특별한 사유가 없는 한 그 요청을 받은 날부터 30일 이내에 의견을 제시하여야 한다.

⑤ 국토교통부장관이 도시 · 군관리계획을 결정하려면 중앙도시계획위원회의 심의를 거쳐야 한다.

12

도시 · 군관리계획

국토의 계획 및 이용에 관한 법령상 도시 · 군관리계획에 관한 설명 중 옳은 것은?

① 주거지역 · 상업지역 또는 공업지역에 도시 · 군관리계획을 입안하는 경우에는 환경성 검토를 실시하지 아니할 수 있다.

② 도시 · 군관리계획을 열람하고자 하는 자는 고시일부터 30일 이내에 이를 신청하여야 한다.

③ 특별시장 · 광역시장 · 특별자치시장 · 특별자치도지사 · 시장 또는 군수는 10년마다 관할 구역의 도시 · 군관리계획에 대하여 그 타당성 여부를 전반적으로 재검토하여 이를 정비하여야 한다.

④ 시가화조정구역의 지정에 관한 도시 · 군관리계획 결정 당시 이미 사업에 착수한 자는 해당 도시 · 군관리계획결정에 관계없이 그 사업을 계속할 수 있다.

⑤ 대도시 시장은 지형도에 도시 · 군관리계획사항을 명시한 도면을 작성한 때에는 도지사의 승인을 받지 아니한다.

13

도시 · 군관리계획
결정

국토의 계획 및 이용에 관한 법령상 도시 · 군관리계획 결정의 효력에 관한 사항이다. 틀린 것은?

① 대도시 시장이 아닌 시장이나 군수로부터 지형도면의 승인 신청을 받은 도지사는 그 지형도면과 결정 · 고시된 도시 · 군관리계획을 대조하여 착오가 없다고 인정되면 30일 이내에 그 지형도면을 승인하여야 한다.

② 도시 · 군관리계획 결정의 효력은 지형도면을 고시한 날의 다음 날부터 발생한다.

③ 적법절차를 거쳐 주택건설사업을 시행하고 있던 지역이 자연환경보전지역으로 지정된 경우에 이미 적법절차를 거쳤으므로 별도의 허가나 신고 없이 주택건설사업을 계속할 수 있다.

④ 수산자원보호구역의 지정에 관한 도시 · 군관리계획의 결정 당시 이미 사업 또는 공사에 착수한 자는 수산자원보호구역의 지정에 관한 도시 · 군관리계획결정의 고시일부터 3개월 이내에 신고하고 그 사업이나 공사를 계속할 수 있다.

⑤ 국토교통부장관은 관계 중앙행정기관의 장의 요청이 있는 경우에 한하여 국가안전보장상 기밀을 지켜야 할 필요가 있다고 인정되면 중앙도시계획위원회의 심의를 거치지 않고 도시 · 군관리계획을 결정할 수 있다.

14

도시 · 군관리계획의
입안 · 결정절차

국토의 계획 및 이용에 관한 법령상 도시 · 군관리계획의 입안 · 결정절차에 관한 다음 설명 중 틀린 것은?

① 도시 · 군관리계획을 입안하는 경우 기초조사 내용에 환경성 검토, 토지적성평가와 재해 취약성분석을 포함하여야 한다.

② 도시 · 군관리계획을 입안하려는 지역이 개발이 끝나 나대지가 없는 경우로 해당 도시 · 군계획시설의 결정을 해제하려는 경우에는 기초조사, 환경성 검토, 토지적성평가와 재해 취약성분석을 실시하지 아니할 수 있다.

③ 도시 · 군기본계획을 수립하지 아니한 시장 · 군수는 도시 · 군관리계획을 정비하는 때에는 계획설명서에 해당 시 · 군의 장기발전구상을 포함시켜야 하며, 공청회를 개최하여 이에 관한 주민의 의견을 들어야 한다.

④ 도시 · 군관리계획 결정 당시 이 법 또는 다른 법률에 따라 허가 · 인가 · 승인 등을 받은 자는 그 도시 · 군관리계획 결정에 관계없이 그 사업이나 공사를 계속할 수 있다.

⑤ 도시 · 군관리계획을 정비하는 경우에는 도시 · 군계획시설 결정에 따라 설치된 시설 중 여건 변화 등으로 존치 필요성이 없는 시설에 대한 해제 여부을 검토하여 그 결과를 도시 · 군관리계획입안에 반영하여야 한다.

15

계획비교

국토의 계획 및 이용에 관한 법령상 광역도시계획, 도시 · 군기본계획 및 도시 · 군관리계획에 관한 설명으로 틀린 것은?

① 광역도시계획은 광역계획권의 장기발전방향을 제시하는 계획이다.

② 도시 · 군기본계획은 모든 시 · 군에서 반드시 수립하여야 한다.

③ 도시 · 군계획은 5년마다 타당성 여부를 검토하여야 한다.

④ 도시 · 군기본계획은 해당 지역의 특성을 고려한 장기계획으로서 종합계획이며 법정계획이다.

⑤ 도시 · 군관리계획은 도시 · 군기본계획에 부합하여야 한다.

대표유형

국토의 계획 및 이용에 관한 법령상 공간재구조화계획에 관한 설명으로 틀린 것은?

① 국토교통부장관은 도시의 경쟁력 향상, 특화발전 및 지역 균형발전 등을 위하여 필요한 때에는 관할 특별시장·광역시장·특별자치시장·특별자치도지사·시장 또는 군수의 요청에 따라 공간재구조화계획을 입안할 수 있다.

② 공간재구조화계획의 입안범위와 기준, 공간재구조화계획도서 및 계획설명서의 작성기준·작성방법 등은 국토교통부장관이 정한다.

③ 주민은 도시혁신구역 또는 복합용도구역의 지정을 제안하는 경우에는 국유지 및 공유지를 포함한 대상 토지 면적의 3분의 2 이상 동의를 받아 공간재구조화계획 입안권자에게 공간재구조화계획의 입안을 제안할 수 있다.

④ 기초조사, 환경성 검토, 토지적성평가 또는 재해취약성분석은 공간재구조화계획 입안일부터 5년 이내 기초조사를 실시한 경우 등 대통령령으로 정하는 바에 따라 생략할 수 있다.

⑤ 공간재구조화계획 결정의 효력은 지형도면을 고시한 날부터 발생한다.

해설 ③ 주민은 도시혁신구역 또는 복합용도구역의 지정을 제안하는 경우에는 국유지 및 공유지를 제외한 대상 토지 면적의 3분의 2 이상 동의를 받아 공간재구조화계획 입안권자에게 공간재구조화계획의 입안을 제안할 수 있다.

◆ 정답 ③

16

공간재구조화계획

국토의 계획 및 이용에 관한 법령상 특별시장·광역시장·특별자치시장·특별자치도지사·시장 또는 군수가 공간재구조화계획을 입안하여야 할 대상에 관한 설명으로 틀린 것은?

① 도시혁신구역의 지정
② 도시혁신계획의 수립
③ 복합용도구역의 지정
④ 복합용도계획의 수립
⑤ 도시·군계획시설입체복합구역

17 국토의 계획 및 이용에 관한 법령상 공간재구조화계획에 관한 설명으로 틀린 것은?

공간재구조화계획

① 공간재구조화계획을 입안하려는 국토교통부장관(수산자원보호구역의 경우 해양수산부 장관을 말한다), 시·도지사, 시장 또는 군수는 공간재구조화계획도서 및 이를 보조하는 계획설명서를 작성하여야 한다.

② 공간재구조화계획은 국토교통부장관, 시·도지사 또는 대도시 시장이 결정한다.

③ 도시혁신구역 지정을 위한 공간재구조화계획 결정의 경우에는 협의 요청을 받은 기관의 장은 특별한 사유가 없으면 그 요청을 받은 날부터 근무일 기준으로 10일 이내에 의견을 제시하여야 한다.

④ 지형도면의 고시를 한 당시에 이미 사업이나 공사에 착수한 자(이 법 또는 다른 법률에 따라 허가·인가·승인 등을 받아야 하는 경우에는 그 허가·인가·승인 등을 받아 사업이나 공사에 착수한 자를 말한다)는 그 공간재구조화계획 결정과 관계없이 그 사업이나 공사를 계속할 수 있다.

⑤ 고시된 공간재구조화계획의 내용은 도시·군계획으로 관리하여야 한다.

18 국토의 계획 및 이용에 관한 법령상 공간재구조화계획의 입안제안에 관한 설명으로 틀린 것은?

공간재구조화계획
입안

① 주민(이해관계자를 포함한다)은 도시혁신구역 또는 복합용도구역의 지정을 위하여 공간 재구조화계획 입안권자에게 공간재구조화계획의 입안을 제안할 수 있다.

② 공간재구조화계획 입안권자는 제안을 공간재구조화계획 입안에 반영할지 여부를 결정함에 있어서 필요한 경우에는 중앙도시계획위원회 또는 지방도시계획위원회의 자문을 거칠 수 있다.

③ 공간재구조화계획 입안권자는 최초 제안자의 제안서 및 제3자 제안서에 대하여 토지이용계획의 적절성 등 대통령령으로 정하는 바에 따라 검토·평가한 후 제출한 제안서 내용의 전부 또는 일부를 공간재구조화계획의 입안에 반영할 수 있다.

④ 공간재구조화계획 입안권자가 제안서 내용의 채택 여부 등을 결정한 경우에는 그 결과를 제안자와 제3자에게 알려야 한다.

⑤ 공간재구조화계획 입안권자는 제안된 공간재구조화계획의 입안 및 결정에 필요한 비용의 전부 또는 일부를 제안자에게 부담시킬 수 있으나, 제3자에게 부담시킬 수는 없다.

19

공간재구조화계획
입안제안

국토의 계획 및 이용에 관한 법령상 공간재구조화계획의 입안제안에 관한 설명이다. (   )에
들어갈 동의 요건으로 옳은 것은?

주민(이해관계자를 포함한다. 이하 이 조에서 같다)은 다음의 용도구역 지정을 위하여 공간
재구조화계획 입안권자에게 공간재구조화계획의 입안을 제안하려는 자는 토지소유자의 동
의를 받아야 한다. 이 경우 동의 대상 토지 면적에서 국유지 및 공유지는 제외한다.

1. 도시혁신구역 또는 복합용도구역의 지정을 제안하는 경우: 대상 토지면적의 (㉠)
2. 입체복합구역의 지정을 제안하는 경우(법 제35조의2 제1항 제3호에 따라 도시혁신구역
   또는 복합용도구역과 함께 입체복합구역을 지정하거나 도시혁신계획 또는 복합용도계획과
   함께 입체복합구역 지정에 관한 공간재구조화계획을 입안하는 경우로 한정한다): 대상
   토지면적의 (㉡)

① ㉠: 3분의 2 이상   ㉡: 3분의 2 이상
② ㉠: 3분의 2 이상   ㉡: 4분의 3 이상
③ ㉠: 3분의 2 이상   ㉡: 5분의 4 이상
④ ㉠: 5분의 4 이상   ㉡: 3분의 2 이상
⑤ ㉠: 5분의 4 이상   ㉡: 5분의 4 이상

20

공간재구조화계획

국토의 계획 및 이용에 관한 법령상 공간재구조화계획에 관한 설명으로 틀린 것은?

① 해당 도시혁신구역, 복합용도구역 또는 입체복합구역 안의 나대지면적이 구역면적의
   2퍼센트에 미달하는 경우에는 기초조사를 생략할 수 있다.
② 주거지역·상업지역 또는 공업지역에 공간재구조화계획을 입안하는 경우에는 토지적성
   평가를 생략할 수 있다.
③ 국토교통부장관이 입안한 공간재구조화계획은 국토교통부장관이 결정한다.
④ 시·도지사가 결정하는 공간재구조화계획 중 도시혁신구역의 지정 및 입지 타당성 등에
   관한 사항은 지방도시계획위원회의 심의를 거친다.
⑤ 공간재구조화계획 결정의 효력은 지형도면을 고시한 날부터 발생한다. 다만, 지형도면이
   필요 없는 경우에는 제35조의6 제3항에 따라 (공간재구조화계획의 결정을) 고시한 날부
   터 효력이 발생한다.

용도지역 · 용도지구 · 용도구역

대표유형

국토의 계획 및 이용에 관한 법령상 용도지역 · 용도지구 · 용도구역에 관한 설명 중 옳은 것은?

① 용도지역의 지정은 국토교통부장관, 시 · 도지사, 대도시 시장이 도시 · 군기본계획으로 결정 · 고시한다.

② 용도지역과 용도지역은 중복되게 지정할 수 있으나, 용도지구와 용도지구는 중복되게 지정할 수 없다.

③ 공간재구조화계획 결정권자는 도시 · 군기본계획에 따른 도심 · 부도심 또는 생활권의 중심지역을 도시혁신구역으로 지정할 수 있다.

④ 토지적성평가 등에 의해 세부 용도지역으로 지정되지 아니한 도시지역에서는 건축물의 건축 또는 공작물의 설치가 금지된다.

⑤ 용도지역 · 용도지구 안에서의 도시 · 군계획시설에 대하여는 용도지역 · 용도지구 안의 건축제한 규정을 적용한다.

해설 ① 용도지역의 지정은 국토교통부장관, 시 · 도지사, 대도시 시장이 도시 · 군관리계획으로 결정 · 고시한다.
② 용도지역과 용도지역은 중복되게 지정할 수 없으나, 용도지구와 용도지구는 중복되게 지정할 수 있다.
④ 토지적성평가 등에 의해 세부 용도지역으로 지정되지 아니한 녹지지역에서는 건축물의 건축 또는 공작물의 설치는 보전녹지지역의 건축제한을 적용하여 건축물의 건축 또는 공작물의 설치를 할 수 있다.
⑤ 용도지역 · 용도지구 안에서의 도시 · 군계획시설에 대하여는 용도지역 · 용도지구 안의 건축제한 규정을 적용하지 아니한다. ◆ 정답 ③

01

상
용도지역
지정목적

국토의 계획 및 이용에 관한 법령상 용도지역에 관한 설명이다. 틀린 것은?

① 관리지역에서 농지법에 따른 농업진흥지역으로 지정 · 고시된 지역은 농림지역으로 결정 · 고시된 것으로 본다.

② 국토관리상 필요한 경우에도 관리지역과 자연환경보전지역은 서로 중복되게 지정할 수 없다.

③ 제2종 전용주거지역은 공동주택 중심의 양호한 주거환경의 보호를 위하여 필요한 지역이다.

④ 도시지역에서 시 · 도지사 또는 대도시 시장은 해당 시 · 도 또는 대도시의 도시 · 군계획조례로 정하는 바에 따라 도시 · 군관리계획결정으로 세분된 주거지역 · 상업지역 · 공업지역 · 녹지지역 · 관리지역을 추가적으로 세분하여 지정할 수 있다.

⑤ 자연환경보전지역은 자연환경 · 수자원 · 해안 · 생태계 · 상수원 및 국가유산기본법에 따른 국가유산의 보전과 수산자원의 보호 · 육성 등을 위하여 필요한 지역이다.

02

용도지역
지정목적

국토의 계획 및 이용에 관한 법령상 용도지역에 관한 지정목적을 설명한 것이다. 옳은 것은?

① 제1종 전용주거지역 – 단독주택 중심의 편리한 주거환경을 조성하기 위한 지역
② 제3종 일반주거지역 – 중·고층주택을 중심으로 양호한 주거환경의 보호를 위한 지역
③ 계획관리지역 – 도시지역으로의 편입이 예상되는 지역이나 자연환경을 고려하여 제한적인 이용·개발을 하려는 지역으로서 계획적·체계적인 관리가 필요한 지역
④ 중심상업지역 – 일반적인 상업 및 업무기능을 담당하게 하기 위하여 필요한 지역
⑤ 전용공업지역 – 경공업 기타 공업을 수용하되, 주거기능·상업기능 및 업무기능의 보완이 필요한 지역

03

용도지역의
종류 구분

국토의 계획 및 이용에 관한 법령상 용도지역에 관한 설명이다. (   )에 들어갈 용어가 옳게 연결된 것은?

- (㉠): 중·고층주택을 중심으로 편리한 주거환경을 조성하기 위하여 필요한 지역
- (㉡): 환경을 저해하지 아니하는 공업의 배치를 위하여 필요한 지역
- (㉢): 도시의 녹지공간의 확보, 도시확산의 방지, 장래 도시용지의 공급 등을 위하여 보전할 필요가 있는 지역으로서 불가피한 경우에 한하여 제한적인 개발이 허용되는 지역

① ㉠: 제2종 전용주거지역, ㉡: 준공업지역, ㉢: 자연녹지지역
② ㉠: 제2종 일반주거지역, ㉡: 준공업지역, ㉢: 보전녹지지역
③ ㉠: 제2종 전용주거지역, ㉡: 일반공업지역, ㉢: 자연녹지지역
④ ㉠: 제3종 일반주거지역, ㉡: 일반공업지역, ㉢: 보전녹지지역
⑤ ㉠: 제3종 일반주거지역, ㉡: 일반공업지역, ㉢: 자연녹지지역

04 국토의 계획 및 이용에 관한 법령상 공유수면(바다로 한정함) 매립지의 용도지역 지정에 관한 설명으로 틀린 것은?

용도지역의
지정특례

① 용도지역이란 도시지역, 관리지역, 농림지역, 자연환경보전지역을 말한다.

② 매립목적이 그 매립구역과 이웃하고 있는 용도지역의 내용과 같은 경우 그 매립준공구역은 이웃 용도지역으로 도시·군관리계획을 입안·결정하여야 한다.

③ 매립목적이 그 매립구역과 이웃하고 있는 용도지역의 내용과 다른 경우 그 매립구역이 속할 용도지역은 도시·군관리계획 결정으로 지정하여야 한다.

④ 매립구역이 둘 이상의 용도지역에 걸쳐 있는 경우 그 매립구역이 속할 용도지역은 도시·군관리계획 결정으로 지정하여야 한다.

⑤ 매립구역이 둘 이상의 용도지역과 이웃하고 있는 경우 그 매립구역이 속할 용도지역은 도시·군관리계획 결정으로 지정하여야 한다.

05 국토의 계획 및 이용에 관한 법령상 도시지역으로 결정·고시된 것으로 볼 수 있는 경우이다. 틀린 것은?

도시지역
결정·고시의제

① 어촌·어항법에 따라 지정된 어항구역으로서 도시지역에 연접한 공유수면은 도시지역으로 결정·고시된 것으로 본다.

② 산업입지 및 개발에 관한 법률에 따른 국가산업단지로 지정·고시한 지역은 도시지역으로 결정·고시된 것으로 본다.

③ 산업입지 및 개발에 관한 법률에 따른 농공단지의 지정은 도시지역으로 결정·고시된 것으로 본다.

④ 택지개발촉진법에 따른 택지개발지구로 지정·고시한 지역은 도시지역으로 결정·고시된 것으로 본다.

⑤ 전원개발촉진법에 따른 전원개발사업구역 및 예정구역으로 지정·고시한 지역은 도시지역으로 결정·고시된 것으로 본다.

06
용도지역
지정

국토의 계획 및 이용에 관한 법령상 용도지역 지정에 관한 사항이다. 틀린 것은?

① 공유수면의 매립목적이 해당 매립구역과 이웃하고 있는 용도지역의 내용과 같은 때는 매립준공구역은 그와 이웃하고 있는 용도지역으로 지정된 것으로 본다.

② 택지개발촉진법에 따른 택지개발지구는 도시지역으로 결정·고시된 것으로 본다.

③ 자연환경보전지역에 전원개발촉진법에 따른 수력발전소를 설치하기 위한 전원개발사업 구역 및 예정구역으로 지정·고시된 지역은 자연환경보전지역에 속한다.

④ 항만법 규정에 따른 항만구역으로서 관리지역에 연접한 공유수면으로 지정·고시된 지역은 도시지역으로 결정·고시된 것으로 본다.

⑤ 관리지역에서의 농지법에 따른 농업진흥지역으로 지정·고시된 지역은 농림지역으로 결정·고시된 것으로 본다.

07
용도지역에서의
건축제한

국토의 계획 및 이용에 관한 법령상 아파트를 건축할 할 수 있는 용도지역은? (단, 도시·군계획 조례로 규정한 사항은 제외)

① 일반공업지역   ② 제2종 일반주거지역
③ 전용공업지역   ④ 유통상업지역
⑤ 자연환경보전지역

08
단독주택
설치

국토의 계획 및 이용에 관한 법률 시행령상 단독주택을 설치할 수 없는 용도지역으로 옳은 것은? (단, 도시·군계획조례로 규정한 사항은 제외)

㉠ 제1종 전용주거지역	㉡ 유통상업지역
㉢ 일반상업지역	㉣ 전용공업지역
㉤ 준주거지역	㉥ 준공업지역

① ㉡, ㉣   ② ㉠, ㉣
③ ㉡, ㉢   ④ ㉤, ㉥
⑤ ㉢, ㉣

09

건폐율

국토의 계획 및 이용에 관한 법령상 용도지역별 건폐율의 상한(上限)을 비교한 것으로 옳은 것은? (단, 개별 조례의 규정은 고려하지 않음)

① 준공업지역 > 준주거지역 > 제3종 일반주거지역 = 제2종 일반주거지역
② 준공업지역 = 준주거지역 > 제3종 일반주거지역 > 제2종 일반주거지역
③ 준공업지역 = 준주거지역 > 제2종 일반주거지역 > 제3종 일반주거지역
④ 준주거지역 > 준공업지역 > 제3종 일반주거지역 > 제2종 일반주거지역
⑤ 준주거지역 > 준공업지역 > 제3종 일반주거지역 = 제2종 일반주거지역

10
Point
건폐율

다음 중 국토의 계획 및 이용에 관한 법령에 따른 용도지역의 건폐율이 서로 다른 비율로 짝지어진 것은?

① 제1종 전용주거지역 - 제3종 일반주거지역
② 제1종 일반주거지역 - 제2종 일반주거지역
③ 준주거지역 - 유통상업지역
④ 근린상업지역 - 일반공업지역
⑤ 자연녹지지역 - 생산관리지역

11
건폐율
특별규정

다음 지역의 건폐율에 관한 기준은 해당 용도지역 규정에 불구하고 대통령령이 정하는 기준에 따라 특별시·광역시·특별자치시·특별자치도·시 또는 군의 조례로 정한다. 국토의 계획 및 이용에 관한 법령상 그 내용이 틀린 것은?

① 자연공원법에 따른 자연공원은 건폐율 60% 이하
② 도시지역 외의 개발진흥지구는 건폐율 40% 이하
③ 자연녹지지역에 지정된 개발진흥지구는 30% 이하
④ 계획관리지역에 지정된 산업·유통개발진흥지구는 60% 이하
⑤ 농공단지는 건폐율 60% 이하

Point
12
상
용적률
배열문제

국토의 계획 및 이용에 관한 법령상 용도지역의 용적률 순서를 높은 것부터 낮은 것 순으로 바르게 나열한 것은?

> ㉠ 보전녹지지역   ㉡ 제2종 전용주거지역
> ㉢ 유통상업지역   ㉣ 준주거지역
> ㉤ 일반공업지역   ㉥ 제3종 일반주거지역

① ㉢ - ㉣ - ㉤ - ㉡ - ㉥ - ㉠   ② ㉣ - ㉢ - ㉥ - ㉤ - ㉡ - ㉠

③ ㉢ - ㉣ - ㉤ - ㉥ - ㉡ - ㉠   ④ ㉣ - ㉢ - ㉤ - ㉥ - ㉡ - ㉠

⑤ ㉠ - ㉣ - ㉡ - ㉢ - ㉥ - ㉤

Point
13
중
용적률

국토의 계획 및 이용에 관한 법령상 용도지역별 용적률 중 다른 것은? (다만, 도시·군계획조례는 고려하지 않음)

① 제1종 전용주거지역   ② 생산관리지역

③ 생산녹지지역   ④ 자연녹지지역

⑤ 계획관리지역

14
중
용적률

국토의 계획 및 이용에 관한 법령상 용도지역 안에서의 용적률 범위에 관한 조문의 일부이다. ( )에 들어갈 내용으로 옳은 것은?

> • 제1종 일반주거지역 : (㉠)퍼센트 이상 (㉡)퍼센트 이하
> • 제2종 일반주거지역 : (㉠)퍼센트 이상 (㉢)퍼센트 이하
> • 제3종 일반주거지역 : (㉠)퍼센트 이상 (㉣)퍼센트 이하

	㉠	㉡	㉢	㉣
①	50	100	150	200
②	50	200	250	300
③	100	200	250	300
④	100	250	300	350
⑤	200	250	300	350

15 국토의 계획 및 이용에 관한 법령상 용도지역과 관련된 행위제한으로 옳은 것은?

행위제한

① 도시지역·관리지역·농림지역 또는 자연환경보전지역으로 용도가 지정되지 아니한 지역에서 건축제한, 건폐율·용적률에 관한 규정을 적용할 때에 도시지역에 관한 규정을 적용한다.

② 토지적성평가 등에 의해 세부 용도지역으로 지정되지 아니한 관리지역에서는 건축물의 건축 또는 공작물의 설치가 금지된다.

③ 도시지역이 세분되지 아니한 경우에는 건축제한, 용도지역에서의 건폐율·용적률에 관한 규정을 적용할 때에 자연녹지지역에 관한 규정을 적용한다.

④ 관리지역이 세분되지 아니한 경우에는 건축제한, 용도지역에서의 건폐율·용적률에 관한 규정을 적용할 때에 보전관리지역에 관한 규정을 적용한다.

⑤ 도시지역 중 주거지역 안에서는 농지에 대한 거래시 「농지법」 제8조의 규정에 의한 농지취득자격증명을 발급받아야 한다.

16 국토의 계획 및 이용에 관한 법령상 도시지역, 관리지역, 농림지역 또는 자연환경보전지역으로 용도가 지정되지 아니한 지역에 대하여 건폐율 및 용적률을 정할 때 법령상 기준으로 옳은 것은?

건폐율과 용적률

(단, 도시·군계획조례는 고려하지 않는다)

① 건폐율 = 20퍼센트 이하, 용적률 = 20퍼센트 이상 80퍼센트 이하

② 건폐율 = 20퍼센트 이하, 용적률 = 40퍼센트 이상 80퍼센트 이하

③ 건폐율 = 40퍼센트 이하, 용적률 = 50퍼센트 이상 80퍼센트 이하

④ 건폐율 = 20퍼센트 이하, 용적률 = 50퍼센트 이상 100퍼센트 이하

⑤ 건폐율 = 50퍼센트 이하, 용적률 = 100퍼센트 이상 150퍼센트 이하

대표유형

국토의 계획 및 이용에 관한 법령상 용도지구의 그 세분(細分)이 바르게 연결된 것만을 모두 고른 것은? (단, 조례는 고려하지 않음)

㉠ 보호지구 – 역사문화환경보호지구, 중요시설물보호지구, 생태계보호지구
㉡ 방재지구 – 자연방재지구, 시가지방재지구, 특정개발방재지구
㉢ 경관지구 – 자연경관지구, 주거경관지구, 시가지경관지구
㉣ 취락지구 – 자연취락지구, 농어촌취락지구, 집단취락지구
㉤ 개발진흥지구 – 관광·휴양개발진흥지구, 복합개발진흥지구, 중요시설물개발진흥지구, 산업·유통개발진흥지구, 주거개발진흥지구

① ㉠   ② ㉣   ③ ㉠, ㉤
④ ㉡, ㉣, ㉤   ⑤ ㉠, ㉢, ㉣, ㉤

해설 ㉠ 보호지구 – 역사문화환경보호지구, 중요시설물보호지구, 생태계보호지구
㉡ 방재지구 – 시가지방재지구, 자연방재지구
㉢ 경관지구 – 특화경관지구, 자연경관지구, 시가지경관지구
㉣ 취락지구 – 자연취락지구, 집단취락지구
㉤ 개발진흥지구 – 관광·휴양개발진흥지구, 복합개발진흥지구, 특정개발진흥지구, 산업·유통개발진흥지구, 주거개발진흥지구

◆ 정답 ①

Point 17
상
용도지구의
지정목적

국토의 계획 및 이용에 관한 법령상 용도지구와 그 지정목적으로 틀린 것은?

① 복합용도지구 – 지역의 토지이용 상황, 개발 수요 및 주변 여건 등을 고려하여 효율적이고 복합적인 토지이용을 도모하기 위하여 특정시설의 입지를 완화할 필요가 있는 지구
② 특화경관지구 – 지역 내 주요 수계의 수변, 문화적 보존가치가 큰 건축물 주변의 경관 등 특별한 경관을 보호 또는 유지하거나 형성하기 위하여 필요한 지구
③ 고도지구 – 쾌적한 환경 조성 및 토지의 효율적 이용을 위하여 건축물 높이의 최고한도 또는 최저한도를 규제할 필요가 있는 지구
④ 개발진흥지구 – 주거기능·상업기능·공업기능·유통물류기능·관광기능·휴양기능 등을 집중적으로 개발·정비할 필요가 있는 지구
⑤ 자연방재지구 – 토지의 이용도가 낮은 해안변, 하천변, 급경사지 주변 등의 지역으로서 건축 제한 등을 통하여 재해 예방이 필요한 지구

18 국토의 계획 및 이용에 관한 법령상 자연취락지구를 지정할 수 있는 대상지역이다. 틀린 것은?

자연취락지구

① 자연녹지지역

② 생산관리지역

③ 전용주거지역

④ 농림지역

⑤ 자연환경보전지역

19 국토의 계획 및 이용에 관한 법령에 의하여 세분하여 지정할 수 있는 용도지구가 아닌 것은?

용도지구의
세분

① 고도지구

② 방재지구

③ 경관지구

④ 보호지구

⑤ 개발진흥지구

20 국토의 계획 및 이용에 관한 법령상 관한 용도지구에 관한 설명으로 틀린 것은?

용도지구

① 국토교통부장관, 시·도지사 또는 대도시 시장은 용도지구의 지정 또는 변경을 도시·군 관리계획으로 결정한다.

② 방재지구 안에서는 용도지역 안에서의 건축제한 중 층수 제한에 대하여는 1층 전부를 필로티 구조로 하는 경우 필로티 부분을 층수에서 제외한다.

③ 중심상업지역에 방화지구를 중복하여 지정할 수 없다.

④ 시·도지사 또는 대도시 시장은 지역여건상 필요한 때에는 해당 시·도 또는 대도시의 도시·군계획조례가 정하는 바에 따라 경관지구를 추가적으로 세분하거나 중요시설물 보호지구 및 특정용도제한지구를 세분하여 지정할 수 있다.

⑤ 경관지구 또는 고도지구 안에서의 건축법 시행령에 따른 리모델링이 필요한 건축물에 대하여는 경관지구·고도지구의 건축제한에도 불구하고 건축물의 높이·규모 등의 제한을 완화하여 제한할 수 있다.

21

용도지구제

국토의 계획 및 이용에 관한 법령상 무엇에 관한 설명인가?

> 주거 및 교육 환경 보호나 청소년 보호 등의 목적으로 오염물질 배출시설, 청소년 유해시설 등 특정시설의 입지를 제한할 필요가 있는 지구

① 방재지구   ② 방화지구
③ 복합용도지구   ④ 개발진흥지구
⑤ 특정용도제한지구

22

용도지구제

국토의 계획 및 이용에 관한 법령상 용도지구에 관한 설명이다. (   )에 들어갈 내용으로 옳은 것은?

> • 집단취락지구: (㉠) 안의 취락을 정비하기 위하여 필요한 지구
> • 복합개발진흥지구: 주거기능, (㉡)기능, 유통 · 물류기능 및 관광 · 휴양기능 중 2 이상의 기능을 중심으로 개발 · 정비할 필요가 있는 지구

① ㉠: 개발제한구역, ㉡: 공업   ② ㉠: 자연취락지구, ㉡: 상업
③ ㉠: 개발제한구역, ㉡: 상업   ④ ㉠: 관리지역, ㉡: 공업
⑤ ㉠: 관리지역, ㉡: 교통

23

용도지구

국토의 계획 및 이용에 관한 법령상 관한 용도지구에 관한 설명으로 틀린 것은?

① 집단취락지구는 개발제한구역 안의 취락을 정비하기 위하여 필요한 지구이다.
② 방재지구의 지정을 도시 · 군관리계획으로 결정하는 경우 도시 · 군관리계획의 내용에는 해당 방재지구의 재해저감대책을 포함하여야 한다.
③ 용도지역 · 용도지구에서의 도시 · 군계획시설에 대하여는 용도지역 · 용도지구에서의 건축제한 규정을 적용한다.
④ 시 · 도지사 또는 대도시 시장은 지역여건상 필요하면 법령에서 정한 용도지구 외의 용도지구의 지정 또는 변경을 도시 · 군관리계획으로 결정할 수 있다.
⑤ 시 · 도지사 또는 대도시 시장은 대통령령으로 정하는 주거지역 · 공업지역 · 관리지역에 복합용도지구를 지정할 수 있다.

24 국토의 계획 및 이용에 관한 법령상 용도지구별 건축제한에 관한 설명으로 옳은 것을 모두 고른
상
건축제한 것은? (단, 건축물은 도시·군계획시설이 아님)

> ○ 경관지구 안에서는 그 지구의 경관의 보전·관리·형성에 장애가 된다고 인정하여 건축
> 제한 및 금지 등에 관하여는 도시계획위원회가 정한다.
> ○ 고도지구 안에서 건축물을 신축하는 경우 도시·군관리계획으로 정하는 높이를 초과하
> 여 건축할 수 없다.
> ○ 집단취락지구 안에서의 건축제한에 관하여는 개발제한구역의 지정 및 관리에 관한 특별
> 조치법령이 정하는 바에 의한다.
> ○ 자연취락지구 안에서는 5층 이하의 범위에서 운동시설을 건축할 수 있다.
> ○ 개발진흥지구에서 건축물이나 그 밖의 시설의 용도·종류 및 규모 등의 제한은 개발진흥
> 지구의 지정목적 범위에서 대통령령으로 따로 정한다.

① ㉠, ㉡
② ㉠, ㉢, ㉤
③ ㉠, ㉣, ㉤
④ ㉡, ㉢, ㉤
⑤ ㉢, ㉣, ㉤

25 국토의 계획 및 이용에 관한 법령상 시·도지사가 복합용도지구를 지정할 수 있는 용도지역에
중
복합용도지구 해당하는 것을 모두 고른 것은?

> ㉠ 준주거지역　　　　　　　　㉡ 일반상업지역
> ㉢ 일반공업지역　　　　　　　　㉣ 계획관리지역
> ㉤ 일반주거지역

① ㉠, ㉡
② ㉢, ㉣
③ ㉠, ㉡, ㉢
④ ㉢, ㉣, ㉤
⑤ ㉠, ㉡, ㉣, ㉤

26 국토의 계획 및 이용에 관한 법령상 자연취락지구 안에서 건축할 수 있는 건축물에 해당하는 것
중
자연취락지구 은? (단, 4층 이하의 건축물이고, 조례는 고려하지 않음)
건축물

① 일반음식점
② 동물 전용의 장례식장
③ 방송통신시설
④ 관광휴게시설
⑤ 정신병원

27

자연취락지구

국토의 계획 및 이용에 관한 법령상 국가 또는 지방자치단체가 자연취락지구 안의 주민의 생활편익과 복지증진 등을 위하여 시행하거나 지원할 수 있는 사업으로 옳은 것을 모두 고른 것은?

> ㉠ 주차장·학교·마을회관 등의 설치·정비
> ㉡ 하수처리시설 등의 설치·개량
> ㉢ 재해방지를 위한 시설의 설치·개량
> ㉣ 주택의 신축·개량

① ㉠, ㉣ ② ㉡, ㉢
③ ㉠ ㉡, ㉢ ④ ㉡, ㉢, ㉣
⑤ ㉠, ㉡, ㉢, ㉣

대표유형

국토의 계획 및 이용에 관한 법령상 시·도지사가 지정할 수 있는 용도구역으로 틀린 것은?

① 개발제한구역

② 도시자연공원구역

③ 시가화조정구역

④ 도시혁신구역구역

⑤ 도시·군계획시설입체복합구역

해설 ① 개발제한구역은 국토교통부장관이 지정할 수 있다.
② 도시자연공원구역은 시·도지사, 대도시 시장이 지정할 수 있다.
③ 시가화조정구역은 시·도지사, 대도시 시장이 지정할 수 있다. 다만, 국가계획과 연계하여 시가화조정구역의 지정 또는 변경이 필요한 경우에는 국토교통부장관이 지정할 수 있다.
④ 도시혁신구역구역은 공간재구조화계획 결정권자인 국토교통부장관, 시·도지사가 지정할 수 있다.
⑤ 도시·군계획시설입체복합구역은 국토교통부장관, 시·도지사, 대도시 시장이 지정할 수 있다. ◆정답 ①

28 국토의 계획 및 이용에 관한 법령상 용도구역에 대한 설명이다. 옳은 것은?

용도구역의
지정

① 공간재구조화계획 결정권자는 도시·군기본계획에 따른 도심·부도심 또는 생활권의 중심지역을 도시혁신구역으로 지정할 수 있다.

② 국방부장관의 요청이 있어 보안상 도시의 개발을 제한할 필요가 있다고 인정되는 경우에는 시가화조정구역의 지정 또는 변경을 도시·군관리계획으로 결정할 수 있다.

③ 도시의 무질서한 확산을 방지하고 도시주변의 자연환경을 보전하여 도시민의 건전한 생활환경을 확보하기 위하여 도시의 개발을 제한할 필요가 있다고 인정되는 경우에는 시가화조정구역의 지정 또는 변경을 도시·군관리계획으로 결정할 수 있다.

④ 도시의 자연환경 및 경관을 보호하고 도시민에게 건전한 여가·휴식공간을 제공하기 위하여 도시지역 안에서 식생이 양호한 산지의 개발을 제한할 필요가 있다고 인정하면 복합용도구역의 지정 또는 변경을 도시·군관리계획으로 결정할 수 있다.

⑤ 국토교통부장관은 수산자원의 보호·육성을 위하여 필요한 공유수면이나 그에 인접된 토지에 대한 수산자원보호구역의 지정 또는 변경을 도시·군관리계획으로 결정할 수 있다.

29 국토의 계획 및 이용에 관한 법령상 용도구역의 지정에 관한 설명이다. 틀린 것은?

용도구역의
지정

① 도시자연공원구역은 시·도지사 또는 대도시 시장이 도시·군관리계획으로 결정할 수 있다.

② 시가화유보기간은 5년 이상 20년 이내의 기간으로 하며, 시가화유보기간은 도시·군관리계획으로 정하여야 한다.

③ 시가화조정구역의 지정 또는 변경은 국토교통부장관이 도시·군관리계획으로 결정할 수 없다.

④ 개발제한구역은 국토교통부장관이 도시·군관리계획으로 결정할 수 있다.

⑤ 수산자원보호구역은 해양수산부장관이 도시·군관리계획으로 결정할 수 있다.

Point
30
상
시가화조정구역

국토의 계획 및 이용에 관한 법령상 시가화조정구역에 관한 설명 중 틀린 것은?

① 국방상 또는 공익상 시가화조정구역에서의 사업시행이 불가피한 것으로서 관계 중앙행정기관의 장의 요청에 따라 국토교통부장관이 시가화조정구역의 지정목적 달성에 지장이 없다고 인정하는 도시·군계획사업만 시행할 수 있다.

② 시가화조정구역에서 주택을 증축(기존주택의 면적을 포함하여 100m² 이하에 해당하는 면적을 말한다)할 경우에는 허가를 받아야 한다.

③ 시가화조정구역에서 허가대상 행위를 허가받지 아니하고 행위를 한 자는 3년 이하의 징역 또는 3,000만원 이하의 벌금에 처한다.

④ 시가화조정구역의 지정에 관한 도시·군관리계획의 결정은 시가화유보기간이 끝난 날부터 그 효력을 잃는다.

⑤ 시가화조정구역 안에서 소규모의 축사·퇴비사·잠실·창고 등 농·어업에 직접 이용되는 건축물을 건축하고자 할 때에는 허가를 받아야 한다.

31
상
시가화조정구역

국토의 계획 및 이용에 관한 법령상 시가화조정구역 내에서 허가권자의 허가를 받아 새로이 설치할 수 있는 시설이 아닌 것은?

① 공공도서관　　　　　　　　　② 119안전센터
③ 국가유산관리용 건축물　　　　④ 사회복지시설
⑤ 복합유통게임제공업의 시설

32
상
도시혁신구역

국토의 계획 및 이용에 관한 법령상 공간재구조화계획 결정권자는 다음에 해당하는 지역을 도시혁신구역으로 지정할 수 있다. 틀린 것은?

① 도시·군기본계획에 따른 도심·부도심 또는 생활권의 중심지역

② 주요 기반시설과 연계하여 지역의 거점 역할을 수행할 수 있는 지역

③ 도시공간의 창의적이고 혁신적인 개발이 필요하다고 인정되는 경우로서 유휴토지 또는 대규모 시설의 이전부지

④ 노후 건축물 등이 밀집하여 단계적 정비가 필요한 지역

⑤ 도시공간의 창의적이고 혁신적인 개발이 필요하다고 인정되는 지역으로서 해당 시·도의 도시·군계획조례로 정하는 지역

33 국토의 계획 및 이용에 관한 법령상 도시혁신구역의 지정 목적을 이루기 위하여 포함되어야 할 내용으로 틀린 것은?

도시혁신구역

① 용도지역·용도지구, 도시·군계획시설 및 지구단위계획의 결정에 관한 사항
② 주요 기반시설의 확보에 관한 사항
③ 건축물의 건폐율·용적률·높이에 관한 사항
④ 건축물의 용도·종류 및 규모 등에 관한 사항
⑤ 건축선지정에 관한 사항

34 국토의 계획 및 이용에 관한 법령상 도시혁신구역에 대하여 다음의 법률 규정에도 불구하고 도시혁신계획으로 따로 정할 수 있는 내용으로 틀린 것은?

도시혁신구역

① 「주택법」 제35조에 따른 주택의 배치, 부대시설·복리시설의 설치기준 및 대지조성기준
② 「주차장법」 제19조에 따른 부설주차장의 설치
③ 「문화예술진흥법」 제9조에 따른 건축물에 대한 미술작품의 설치
④ 「건축법」 제40조에 따른 대지의 조경
⑤ 「학교용지 확보 등에 관한 특례법」 제3조에 따른 학교용지의 조성·개발 기준

35 국토의 계획 및 이용에 관한 법령상 도시혁신구역의 지정에 관한 설명 중 틀린 것은?

도시혁신구역

① 용도지역 및 용도지구에 따른 제한에도 불구하고 도시혁신구역에서의 토지의 이용, 건축물이나 그 밖의 시설의 용도·건폐율·용적률·높이 등에 관한 제한에 관하여는 도시혁신계획으로 따로 정한다.
② 다른 법률에서 공간재구조화계획의 결정을 의제하고 있는 경우에는 이 법에 따르지 아니하고 도시혁신구역의 지정과 도시혁신계획을 결정할 수 있다.
③ 도시혁신구역의 지정·변경 및 도시혁신계획 결정의 고시는 도시개발법에 따른 개발계획의 내용에 부합하는 경우 도시개발구역의 지정 및 개발계획 수립의 고시로 본다.
④ 도시혁신구역으로 지정된 지역은 「건축법」 제69조에 따른 특별건축구역으로 지정된 것으로 본다.
⑤ 공간재구조화계획 결정권자가 공간재구조화계획을 결정하기 위하여 관계 행정기관의 장과 협의하는 경우 협의 요청을 받은 기관의 장은 그 요청을 받은 날부터 10일(근무일 기준) 이내에 의견을 회신하여야 한다.

36
복합용도구역

국토의 계획 및 이용에 관한 법령상 복합용도구역에 관한 설명 중 틀린 것은?

① 공간재구조화계획 결정권자는 경제활동의 변화로 복합적 토지이용이 필요한 지역을 복합용도구역으로 지정할 수 있다.

② 공간재구조화계획 결정권자는 노후 건축물 등이 밀집하여 단계적 정비가 필요한 지역을 복합용도구역으로 지정할 수 있다.

③ 복합용도구역에서의 건폐율과 용적률은 용도지역별 건폐율과 용적률의 최대한도의 범위에서 복합용도계획으로 정한다.

④ 복합용도구역으로 지정된 지역은 「건축법」에 따른 특별건축구역으로 지정된 것으로 본다.

⑤ 용도지역 및 용도지구에 따른 제한에도 불구하고 복합용도구역에서의 건축물이나 그 밖의 시설의 용도·종류 및 규모 등의 제한에 관한 사항은 도시·군계획조례로 따로 정한다.

37
입체복합구역

국토의 계획 및 이용에 관한 법령상 도시·군계획시설입체복합구역(이하 "입체복합구역"이라 한다)**에 관한 설명 중 틀린 것은?**

① 도시·군관리계획의 결정권자는 도시·군계획시설 준공 후 20년이 경과한 경우로서 해당 시설의 개량 또는 정비가 필요한 경우에 도시·군계획시설이 결정된 토지의 전부 또는 일부를 도시·군계획시설입체복합구역으로 지정할 수 있다.

② 도시·군관리계획의 결정권자는 주변지역 정비 또는 지역경제 활성화를 위하여 기반시설의 복합적 이용이 필요한 경우에 도시·군계획시설이 결정된 토지의 전부 또는 일부를 도시·군계획시설입체복합구역으로 지정할 수 있다.

③ 도시·군관리계획의 결정권자는 첨단기술을 적용한 새로운 형태의 기반시설 구축 등이 필요한 경우에 도시·군계획시설이 결정된 토지의 전부 또는 일부를 도시·군계획시설입체복합구역으로 지정할 수 있다.

④ 건축제한에 따라 정하는 건폐율과 용적률은 대통령령으로 정하고 있는 해당 용도지역별 최대한도의 200퍼센트 이하로 한다.

⑤ 이 법 또는 다른 법률의 규정에도 불구하고 입체복합구역에서의 도시·군계획시설과 도시·군계획시설이 아닌 시설에 대한 건축물이나 그 밖의 시설의 용도·종류 및 규모 등의 제한, 건폐율, 용적률, 높이 등은 대통령령으로 정하는 범위에서 따로 정할 수 있다.

Point 38 용도지역·용도지구·용도구역의 특징

국토의 계획 및 이용에 관한 법령상 용도지역·용도지구·용도구역의 특징에 관한 다음 기술 중 틀린 것은?

① 용도지역과 용도지역은 중복하여 지정될 수 없고, 용도지구와 용도지구는 중복하여 지정될 수 있다.

② 도시지역이 세부 용도지역으로 지정되지 아니한 경우, 그에 대한 행위제한은 보전녹지지역에 관한 규정을 적용한다.

③ 시가화조정구역의 지정에 관한 도시·군관리계획의 결정은 시가화유보기간이 끝난 날의 다음 날부터 그 효력을 잃는다.

④ 관리지역에서 농지법에 따른 농업진흥지역으로 지정·고시된 지역은 자연환경보전지역으로 결정·고시된 것으로 본다.

⑤ 시가화조정구역에서는 도시·군계획사업에 의하는 경우가 아닌 공익시설·공공시설은 허가 받아 설치할 수 있다.

39 하나의 대지가 2 이상의 용도지역 등에 걸친 경우

국토의 계획 및 이용에 관한 법령상 하나의 대지가 2 이상의 용도지역 등에 걸친 경우의 행위제한에 관한 설명으로 틀린 것은?

① 하나의 대지가 2 이상의 용도지역에 걸친 경우 $330m^2$ 이하인 경우에는 전체 대지의 건폐율 및 용적률은 각 부분이 전체 대지면적에서 차지하는 비율을 고려하여 각 용도지역 등별 건폐율 및 용적률은 가중평균한 값을 적용한다.

② 하나의 건축물 일부가 고도지구에 걸친 경우에는 건축물 및 대지 전부에 대하여 고도지구의 행위제한을 적용한다.

③ 하나의 건축물이 방화지구와 그 밖의 용도지역 등에 걸쳐 있는 경우에는 그 건축물과 대지 전부에 대하여 방화지구의 행위제한을 적용한다.

④ 건축물이 방화지구와 그 밖의 용도지구의 경계가 방화벽으로 구획되는 경우에는 각각 지구에 대한 행위제한을 적용한다.

⑤ 하나의 대지가 녹지지역과 그 밖의 용도지역 등에 걸쳐 있는 경우에는 각각의 용도지역 등의 건축물 및 토지에 관한 규정을 적용한다.

40

건폐율과 용적률

대지로 조성된 1,000m²의 토지가 그중 700m²는 제2종 일반주거지역, 나머지는 제1종 일반주거지역에 걸쳐 있을 때, 국토의 계획 및 이용에 관한 법령상 이 토지에 건축할 수 있는 건폐율과 용적률은? (다만, 해당 토지가 속해 있는 지역의 제2종 일반주거지역의 건폐율은 50%, 용적률은 150%이고, 제1종 일반주거지역의 건폐율은 60%, 용적률은 100%이고, 다른 건축제한이나 인센티브는 고려하지 않음)

① 건폐율 = 50%, 용적률 = 150%   ② 건폐율 = 53%, 용적률 = 135%

③ 건폐율 = 55%, 용적률 = 125%   ④ 건폐율 = 60%, 용적률 = 100%

⑤ 건폐율 = 60%, 용적률 = 150%

41

최대 건축 연면적

대지로 조성된 1,000m²의 토지가 그중 700m²는 제2종 일반주거지역, 나머지는 제1종 일반주거지역에 걸쳐 있을 때, 국토의 계획 및 이용에 관한 법령상 이 토지에 건축할 수 있는 건축물의 최대 연면적은? (다만, 해당 토지가 속해있는 지역의 제2종 일반주거지역 및 제1종 일반주거지역의 용적률의 최대한도는 각각 150% 및 100%로 하고, 다른 건축제한이나 인센티브는 고려하지 않음)

① 850m²   ② 1,000m²   ③ 1,150m²

④ 1,350m²   ⑤ 1,500m²

42

최대 건축 연면적

K시에 소재하고 있는 甲의 대지는 제2종 일반주거지역과 생산녹지지역에 걸쳐 있으면서, 그 총면적은 1,000m²이다. 이 경우 제2종 일반주거지역의 건축 가능한 최대 연면적이 1,200m²일 때, 국토의 계획 및 이용에 관한 법령상 甲의 대지 위에 건축 가능할 수 있는 건물의 최대 연면적은? (단, K시의 도시·군계획조례상 생산녹지지역의 용적률은 50%, 제2종 일반주거지역의 용적률은 200%, 기타 건축제한은 고려하지 아니함)

① 1,200m²   ② 1,400m²   ③ 1,500m²

④ 1,600m²   ⑤ 1,800m²

43

최대 건축 연면적

A시에서 甲이 소유하고 있는 1,000m²의 대지는 제1종 일반주거지역에 800m², 제2종 일반주거지역에 200m²씩 걸쳐 있다. 甲이 대지 위에 건축할 수 있는 최대 연면적이 1,200m²일 때, 국토의 계획 및 이용에 관한 법령상 A시 조례에서 정하고 있는 제1종 일반주거지역의 용적률은? (다만, 조례상 제2종 일반주거지역의 용적률은 200%이며, 기타 건축제한은 고려하지 않음)

① 100%   ② 120%   ③ 150%

④ 180%   ⑤ 200%

기반시설과 도시·군계획시설

대표유형

국토의 계획 및 이용에 관한 법령상 도시·군계획시설에 관한 설명으로 옳은 것은?

① 도시지역에서 사회복지시설을 설치하려면 미리 도시·군관리계획으로 결정하여야 한다.

② 도시·군계획시설 부지에 대한 매수청구의 대상은 지목이 대(垈)인 토지에 한정되며, 그 토지에 있는 건축물은 포함되지 않는다.

③ 도시·군계획시설사업의 시행자는 사업시행을 위하여 특히 필요한 때에는 도시·군계획시설에 인접한 토지·건축물 등을 수용할 수 있다.

④ 지방공사가 사업의 시행자로 지정을 받으려면 사업대상인 사유토지의 소유자 총수의 2분의 1 이상의 동의를 받아야 한다.

⑤ 도시·군계획시설사업의 시행자가 행정청인 경우, 시행자의 처분에 대해서는 행정심판을 제기할 수 있다.

해설 ① 도시지역에서 사회복지시설, 열공급설비, 방송·통신시설, 시장 등의 기반시설을 설치하고자 하는 경우에는 미리 도시·군관리계획으로 결정하지 않아도 된다.
② 도시·군계획시설 부지에서의 매수청구의 대상은 토지에 있는 건축물과 정착물을 포함한다.
③ 도시·군계획시설사업의 시행자는 사업시행을 위하여 특히 필요한 때에는 도시·군계획시설에 인접한 토지·건축물 등을 일시 사용할 수 있다(수용 ×).
④ 지방공사가 사업의 시행자로 지정을 받으려면 동의받지 아니한다. 국가 또는 지방자치단체, 한국토지주택공사 등 공공기관, 그 밖에 대통령령으로 정하는 자에 해당하지 아니하는 자가 도시·군계획시설사업의 시행자로 지정을 받으려면 도시·군계획시설사업의 대상인 토지(국·공유지는 제외)면적의 3분의 2 이상에 해당하는 토지를 소유하고, 토지소유자 총수의 2분의 1 이상에 해당하는 자의 동의를 받아야 한다. **◐정답 ⑤**

01

도시·군계획시설
설치

국토의 계획 및 이용에 관한 법령상 도시·군계획시설 설치방법에 관한 설명이다. 틀린 것은?

① 지상·수상·공중·수중 또는 지하에 기반시설을 설치하려면 그 시설의 종류·명칭·위치·규모 등을 미리 도시·군관리계획으로 결정하여야 한다.

② 열공급설비, 방송·통신시설, 시장, 장사시설, 종합의료시설, 공공청사 등은 도시·군관리계획으로 결정하지 아니하고 기반시설을 설치할 수 있다.

③ 도시·군계획시설의 결정·구조 및 설치의 기준 등에 관하여 필요한 사항은 국토교통부령으로 정한다. 다만 다른 법률에 특별한 규정이 있는 경우에는 그 법률에 따른다.

④ 도시·군계획시설의 관리에 관하여 이 법 또는 다른 법률에 특별한 규정이 있는 경우를 제외하고는 국가가 관리하는 경우 국유재산법에 따른 관리청이 관리한다.

⑤ 하천·저수지·유수지·방화설비 또는 사방설비는 방재시설에 해당한다.

02 국토의 계획 및 이용에 관한 법령상 기반시설의 종류와 그 해당시설의 연결로 틀린 것은?

기반시설

① 교통시설 − 폐차장
② 공간시설 − 공공공지
③ 공공 · 문화체육시설 − 청소년수련시설
④ 방재시설 − 저수지
⑤ 보건위생시설 − 장사시설

03 국토의 계획 및 이용에 관한 법령상 기반시설 중 환경기초시설에 해당하지 않는 것은?

환경기초시설

① 하수도
② 폐차장
③ 하천
④ 폐기물처리 및 재활용시설
⑤ 수질오염방지시설

04 국토의 계획 및 이용에 관한 법령상 기반시설의 종류와 그 해당 시설의 연결이 틀린 것은?

기반시설

① 교통시설 − 차량 검사 및 면허 시설
② 공간시설 − 녹지
③ 유통 · 공급시설 − 방송 · 통신시설
④ 공공 · 문화체육시설 − 학교
⑤ 보건위생시설 − 폐기물처리 및 재활용시설

05 다음 시설 중 도시지역에서 도시 · 군관리계획으로 결정하지 아니하고도 설치할 수 있는 기반시설이 아닌 것은?

기반시설

① 전세버스운송사업용 여객자동차터미널
② 장사시설
③ 방송 · 통신시설
④ 광장 중 건축물부설광장
⑤ 발전시설

06 국토의 계획 및 이용에 관한 법령상 공동구에 관한 다음 설명 중 틀린 것은?

공동구

① 택지개발지구 등이 200만m²를 초과하는 경우에는 해당 지역 등에서 개발사업을 시행하는 자는 공동구를 설치하여야 한다.

② 공동구가 설치된 경우에는 대통령령으로 정하는 바에 따라 공동구에 수용하여야 할 시설이 모두 수용되도록 하여야 한다.

③ 공동구의 설치(개량하는 경우를 포함)에 필요한 비용은 이 법 또는 다른 법률에 특별한 규정이 있는 경우를 제외하고는 특별시장·광역시장·특별자치시장·특별자치도지사·시장 또는 군수가 부담한다.

④ 공동구의 관리에 소요되는 비용은 그 공동구를 점용하는 자가 함께 부담하되, 부담비율은 점용면적을 고려하여 공동구관리자가 정하며, , 공동구의 관리에 드는 비용을 연 2회로 분할하여 납부하게 하여야 한다.

⑤ 공동구관리자는 5년마다 해당 공동구의 안전 및 유지관리계획을 수립·시행하여야 한다.

07 국토의 계획 및 이용에 관한 법령상 사업시행자가 공동구를 설치하여야 하는 지역 등을 모두 고른 것은? (단, 지역 등의 규모는 200만제곱미터를 초과함)

공동구

> ㉠ 공공주택 특별법에 따른 공공주택지구
> ㉡ 도시 및 주거환경정비법에 따른 정비구역
> ㉢ 산업입지 및 개발에 관한 법률에 따른 국가산업단지
> ㉣ 도청이전을 위한 도시건설 및 지원에 관한 특별법에 따른 도청이전신도시

① ㉠, ㉡, ㉢ ② ㉠, ㉡, ㉣
③ ㉠, ㉢, ㉣ ④ ㉡, ㉢, ㉣
⑤ ㉠, ㉡, ㉢, ㉣

08 국토의 계획 및 이용에 관한 법령상 공동구가 설치된 경우 공동구에 수용하기 위하여 공동구협의회의 심의를 거쳐야 하는 시설은?

공동구협의회

① 전선로 ② 수도관
③ 열수송관 ④ 가스관
⑤ 통신선로

09
공동구

국토의 계획 및 이용에 관한 법령상 공동구에 관한 설명으로 틀린 것은?

① 사업시행자는 공동구의 설치공사를 완료한 때에는 지체 없이 공동구에 수용할 수 있는 시설의 종류와 공동구 설치위치를 일간신문에 공시하여야 한다.

② 공동구 점용예정자는 공동구에 수용될 시설을 공동구에 수용함으로써 용도가 폐지된 종래의 시설은 사업시행자가 지정하는 기간 내에 철거하여야 하고, 도로는 원상으로 회복하여야 한다.

③ 사업시행자는 공동구의 설치가 포함되는 개발사업의 실시계획인가 등이 있은 후 지체 없이 공동구 점용예정자에게 부담금의 납부를 통지하여야 한다.

④ 공동구관리자가 공동구의 안전 및 유지관리계획을 변경하려면 미리 관계 행정기관의 장과 협의한 후 공동구협의회의 심의를 거쳐야 한다.

⑤ 공동구관리자는 1년에 1회 이상 공동구의 안전점검을 실시하여야 한다.

10
광역시설

국토의 계획 및 이용에 관한 법령상 광역시설의 설치·관리에 관한 설명 중 틀린 것은?

① 광역시설이란 기반시설 중 광역적인 정비체계가 필요한 시설로 2 이상의 시·군에 걸치는 시설 또는 공동으로 이용하는 시설을 말한다.

② 광역시설의 설치·관리방법은 원칙적으로 도시·군계획시설의 설치·관리에 관한 규정을 적용한다.

③ 관계 특별시장·광역시장·특별자치시장·특별자치도지사·시장 또는 군수는 협약을 체결하거나 협의회 등을 구성하여 광역시설을 설치·관리할 수 있다.

④ 지방자치단체는 환경오염이 심하게 발생하는 광역시설을 다른 지방자치단체의 관할 구역에 설치하는 경우에는 환경오염 방지를 위한 사업을 해당 지방자치단체와 함께 시행하거나 이에 필요한 자금을 해당 지방자치단체에 지원하여야 한다.

⑤ 국가계획으로 설치하는 광역시설은 국토교통부장관이 설치·관리할 수 있다.

11 국토의 계획 및 이용에 관한 법령상 단계별 집행계획에 관한 설명으로 옳은 것은?

단계별 집행계획

① 단계별 집행계획은 도시·군계획시설결정의 고시일부터 2년 이내에 수립하여야 한다.

② 「도시 및 주거환경정비법」에 따라 도시·군관리계획의 결정이 의제되는 경우에는 해당 도시·군계획시설결정의 고시일부터 3개월 이내에 도시·군계획시설에 대하여 단계별 집행계획을 수립하여야 한다.

③ 시장 또는 군수가 단계별 집행계획을 수립한 때에는 도지사의 승인을 받아야 한다.

④ 5년 이내에 시행하는 도시·군계획시설사업은 단계별 집행계획 중 제1단계 집행계획에 포함되어야 한다.

⑤ 특별시장·광역시장·특별자치시장·특별자치도지사·시장 또는 군수는 단계별 집행계획을 수립하고자 하는 때에는 미리 관계 행정기관의 장과 협의하여야 하며, 해당 지방의회의 의견을 들어야 한다.

12 국토의 계획 및 이용에 관한 법령상 도시·군계획시설사업에 대한 실시계획에 관한 다음 설명 중 틀린 것은?

실시계획

① 시행자가 작성한 실시계획에는 사업시행에 필요한 설계도서·자금계획 및 시행기간 등을 포함하여야 한다.

② 국토교통부장관, 시·도지사 또는 대도시 시장은 기반시설의 설치·위해방지·환경오염방지 등의 조치를 할 것을 조건으로 실시계획을 인가할 수 있다.

③ 도시·군계획시설사업의 시행자가 공사를 마친 때에는 공사완료보고서를 작성하여 시·도지사나 대도시 시장의 준공검사를 받아야 한다.

④ 국토의 계획 및 이용에 관한 법률에 따른 실시계획의 고시가 있은 때는 공익사업을 위한 토지 등의 취득 및 보상에 관한 법률에 따른 사업인정 및 그 고시가 있었던 것으로 본다.

⑤ 국토교통부장관 또는 시·도지사는 실시계획을 인가하고자 하는 때는 이를 공고하고 관계 서류의 사본을 20일 이상 일반이 열람할 수 있도록 해야 한다.

대표유형

국토의 계획 및 이용에 관한 법령상 도시·군계획시설사업에 관한 설명으로 옳은 것은?

① 특별시장·광역시장·특별자치시장·특별자치도지사·시장 또는 군수는 이 법 또는 다른 법률에 특별한 규정이 있는 경우를 제외하고는 관할 구역의 도시·군계획시설사업을 시행한다.

② 한국토지주택공사가 사업의 시행자로 지정을 받으려면 사업대상인 사유토지의 소유자 총수의 2분의 1 이상의 동의를 받아야 한다.

③ 행정청이 아닌 시행자의 처분에 대하여는 그 사업시행자를 피청구인으로 하여 행정심판을 제기하여야 한다.

④ 지방공기업법에 의한 지방공사 및 지방공단을 사업시행자로 지정할 수 없다.

⑤ 시·도지사인 도시·군계획시설사업의 시행자는 실시계획을 작성한 때에는 국토교통부장관의 인가를 받아야 한다.

해설 ② 한국토지주택공사가 사업의 시행자로 지정을 받으려면 동의받지 아니한다. 국가 또는 지방자치단체, 한국토지주택공사 등 공공기관, 그 밖에 대통령령으로 정하는 자에 해당하지 아니하는 자가 도시·군계획시설사업의 시행자로 지정을 받으려면 도시·군계획시설사업의 대상인 토지(국·공유지는 제외)면적의 3분의 2 이상에 해당하는 토지를 소유하고, 토지소유자 총수의 2분의 1 이상에 해당하는 자의 동의를 받아야 한다.
③ 행정청이 아닌 시행자의 처분에 대하여는 그 시행자를 지정한 자를 피청구인으로 하여 행정심판을 제기하여야 한다.
④ 지방공기업법에 의한 지방공사 및 지방공단을 사업시행자로 지정할 수 있다.
⑤ 도시·군계획시설사업의 시행자(국토교통부장관 및 시·도지사, 대도시 시장을 제외)가 실시계획을 작성한 경우에는 국토교통부장관이 지정한 시행자는 국토교통부장관의 인가를 받아야 하고, 그 밖의 시행자는 시·도지사, 대도시 시장의 인가를 받아야 한다.   ◆ 정답 ①

13 **국토의 계획 및 이용에 관한 법령상 도시·군계획시설사업에 관한 설명으로 틀린 것은?**

도시·군계획시설사업

① 특별시장·광역시장·특별자치시장·특별자치도지사·시장 또는 군수는 이 법 또는 다른 법률에 특별한 규정이 있는 경우 외에는 관할구역의 도시·군계획시설사업을 시행한다.

② 지방공사가 도시·군계획시설사업의 시행자로 지정받으려면 사업 대상 토지 면적의 3분의 2 이상의 토지소유자의 동의를 받아야 한다.

③ 국토교통부장관은 국가계획과 관련되거나 그 밖에 특히 필요하다고 인정되는 경우에는 관계 특별시장·광역시장·특별자치시장·특별자치도지사·시장 또는 군수의 의견을 들어 직접 도시·군계획시설사업을 시행할 수 있다.

④ 도시·군관리계획으로 결정된 하천의 정비사업은 도시·군계획시설사업에 해당한다.

⑤ 도시·군계획시설사업의 시행자는 도시·군계획시설사업에 필요한 토지나 건축물을 수용할 수 있다.

14

도시·군계획시설사업

국토의 계획 및 이용에 관한 법령상 도시·군계획시설사업에 관한 설명으로 틀린 것은?

① 도시·군계획시설은 기반시설 중 도시·군관리계획으로 결정된 시설이다.

② 도시·군계획시설사업이 같은 도의 관할구역에 속하는 둘 이상의 시 또는 군에 걸쳐 시행되는 경우에는 국토교통부장관이 시행자를 정한다.

③ 한국토지주택공사는 도시·군계획시설사업 대상 토지소유자 동의 요건을 갖추지 않아도 도시·군계획시설사업의 시행자로 지정을 받을 수 있다.

④ 도시·군계획시설사업 실시계획에는 사업의 착수예정일 및 준공예정일도 포함되어야 한다.

⑤ 도시·군계획시설사업 실시계획 인가 내용과 다르게 도시·군계획시설사업을 하여 토지의 원상회복 명령을 받은 자가 원상회복을 하지 아니하면 행정대집행법에 따른 행정대집행에 따라 원상회복을 할 수 있다.

15

사업시행자
보호조치

국토의 계획 및 이용에 관한 법령상 도시·군계획시설사업 시행자에 대한 보호조치 등과 관련한 설명 중 틀린 것은?

① 도지사는 광역도시계획과 관련되거나 특히 필요하다고 인정되는 경우에는 관계 시장 또는 군수의 의견을 들어 직접 도시·군계획시설사업을 시행할 수 있다.

② 도시·군계획시설사업의 시행자는 도시·군계획시설사업의 시행을 위하여 필요시 등기소 그 밖의 관계 행정기관의 장에게 필요한 서류의 열람 또는 복사나 그 등본·초본의 발급을 무료로 청구할 수 있다.

③ 도시·군계획시설사업의 시행자는 도시·군계획시설사업에 필요한 토지 등을 수용·사용할 수 있다.

④ 행정청이 아닌 도시·군계획시설사업의 시행자는 공시송달을 하려는 경우에는 국토교통부장관, 관할 시·도지사 또는 대도시 시장의 승인을 받아야 한다.

⑤ 도시·군관리계획결정의 고시가 있는 때에는 국·공유지로서 도시·군계획시설사업에 필요한 토지는 해당 도시·군관리계획으로 정하여진 목적 외의 목적으로 이를 매각하거나 양도할 수 없고, 이에 위반한 행위는 취소할 수 있다.

16
수용 · 사용

국토의 계획 및 이용에 관한 법령상 도시 · 군계획시설사업에서 인정되고 있는 토지 등의 수용 · 사용에 관하여 틀린 것은?

① 도시 · 군계획시설사업 시행자는 도시 · 군계획시설사업에 필요한 토지의 지상권, 전세권 등을 수용할 수 있다.

② 수용 및 사용에 관하여는 이 법에 특별한 규정이 있는 경우를 제외하고는 공익사업을 위한 토지 등의 취득 및 보상에 관한 법률을 준용한다.

③ 도시 · 군계획시설사업의 시행자는 사업시행을 위하여 특히 필요하다고 인정되는 때에는 도시 · 군계획시설에 인접한 토지 · 건축물 등을 일시 사용할 수 있으나, 수용은 안 된다.

④ 도시 · 군계획시설사업의 실시계획 고시는 공익사업을 위한 토지 등의 취득 및 보상에 관한 법령상 사업인정 및 고시가 있었던 것으로 본다.

⑤ 재결신청기간은 도시 · 군계획시설사업의 실시계획 인가 · 고시 후 1년 이내에 하여야 한다.

17
타인의 토지출입

국토의 계획 및 이용에 관한 법령상 토지에의 출입에 관한 규정의 일부이다. (   )에 들어갈 내용을 바르게 나열한 것은?

> 제130조 【토지에의 출입 등】 ① 국토교통부장관, 시 · 도지사, 시장 또는 군수나 도시 · 군계획시설사업의 시행자는 다음 각 호의 행위를 하기 위하여 필요하면 타인의 토지에 출입하거나 타인의 토지를 재료 적치장 또는 임시통로로 일시 사용할 수 있으며, 특히 필요한 경우에는 나무, 흙, 돌, 그 밖의 장애물을 변경하거나 제거할 수 있다.
> 1. 도시 · 군계획 · 광역도시계획에 관한 기초조사
> 2. (㉠), (㉡) 및 제67조 제4항에 따른 기반시설설치계획에 관한 기초조사 <이하 생략>
> 3. (㉢)에 관한 조사
> 4. 도시 · 군계획시설사업에 관한 조사 · 측량 또는 시행

① ㉠ 기반시설부담구역,   ㉡ 성장관리계획구역,   ㉢ 복합용도구역
② ㉠ 성장관리계획구역,   ㉡ 시가화조정구역,   ㉢ 기반시설부담구역
③ ㉠ 시가화조정구역,   ㉡ 기반시설부담구역,   ㉢ 지가의 동향 및 토지거래의 상황
④ ㉠ 개발밀도관리구역,   ㉡ 시가화조정구역,   ㉢ 도시혁신구역
⑤ ㉠ 개발밀도관리구역,   ㉡ 기반시설부담구역,   ㉢ 지가의 동향 및 토지거래의 상황

18 국토의 계획 및 이용에 관한 법령상 도시·군계획시설사업에 관한 측량을 위하여 행하는 토지에의 출입 등에 관한 설명 중 옳은 것은?

타인토지출입

① 행정청인 도시·군계획시설사업의 시행자는 상급행정청의 승인을 받아 타인의 토지에 출입할 수 있다.

② 타인의 토지를 일시 사용하고자 하는 자는 토지를 사용하고자 하는 날의 7일 전까지 그 토지의 소유자·점유자 또는 관리인에게 통지하여야 한다.

③ 타인의 토지에 출입하고자 하는 자는 그 권한을 표시하는 증표와 허가증을 지니고 이를 관계인에게 내보여야 한다.

④ 타인의 토지에의 출입으로 손실이 발생한 경우 그 행위자가 직접 그 손실을 보상하여야 한다.

⑤ 허가를 받지 아니하고 타인의 토지에 출입한 자에 대하여는 1년 이하의 징역 또는 1천만원 이하의 벌금에 처한다.

19 국토의 계획 및 이용에 관한 법령상 비용부담 등에 관한 설명으로 옳은 것은?

사업비용

① 행정청이 아닌 자가 도시·군계획시설사업을 시행하는 경우 그에 관한 비용은 원칙적으로 지방자치단체가 부담한다.

② 국가 또는 지방자치단체는 도로, 상하수도 등 기반시설이 인근지역에 비하여 부족한 지역을 우선 지원할 수 있다.

③ 시·도지사, 시장 또는 군수가 수립하는 광역도시계획 또는 도시·군계획에 관한 기초조사 또는 지형도면의 작성에 드는 비용은 그 비용의 50% 이하의 범위에서 국가예산으로 보조할 수 있다.

④ 행정청이 시행하는 도시·군계획시설사업에 대하여는 해당 도시·군계획시설사업에 소요되는 비용의 80% 이하의 범위에서 국가예산으로 보조 또는 융자할 수 있다.

⑤ 행정청이 아닌 자가 시행하는 도시·군계획시설사업에 대하여는 해당 도시·군계획시설사업에 소요되는 비용의 2분의 1 이하의 범위에서 국가 또는 지방자치단체가 보조 또는 융자할 수 있다.

대표유형

甲소유의 토지는 A광역시 B구에 위치한 지목이 대인 토지로서 한국토지주택공사를 사업시행자로 하는 도시·군계획시설 부지이다. 甲의 토지에 대해 도시·군계획시설 부지의 매수청구권이 인정되는 경우, 이에 관한 설명으로 옳은 것은? (단, 도시·군계획시설의 설치의무자는 사업시행자이며, 조례는 고려하지 않음)

① 甲의 토지의 매수의무자는 B구청장이다.

② 甲이 매수청구를 할 수 있는 대상은 토지이며, 그 토지에 있는 건축물은 포함되지 않는다.

③ 甲이 원하는 경우 매수의무자는 도시·군계획시설채권을 발행하여 그 대금을 지급할 수 있다.

④ 매수의무자는 매수청구를 받은 날부터 6개월 이내에 매수 여부를 결정하여 甲과 A광역시장에게 알려야 한다.

⑤ 매수청구에 대해 매수의무자가 매수하지 아니하기로 결정한 경우 甲은 자신의 토지에 2층의 다세대주택을 건축할 수 있다.

해설 ① 甲의 토지의 매수의무자는 한국토지주택공사이다. 구청장은 매수의무자가 될 수 없다.
② 건축물도 매수청구대상에 포함된다.
③ 매수의무자가 지방자치단체인 경우에만 채권을 발행할 수 있다.
⑤ 다세대주택은 공동주택이기 때문에 건축할 수 없다.
❶정답 ④

20
상
매수청구

국토의 계획 및 이용에 관한 법령상 도시·군계획시설부지의 매수청구에 관한 설명으로 틀린 것은? (단, 토지는 지목이 대(垈)이며, 조례는 고려하지 않음)

① 매수의무자가 매수하기로 결정한 토지는 매수 결정을 알린 날부터 3년 이내에 매수하여야 한다.

② 지방자치단체가 매수의무자인 경우에는 토지소유자가 원하는 경우에 채권을 발행하여 매수대금을 지급할 수 있다.

③ 도시·군계획시설채권의 상환기간은 10년 이내로 한다.

④ 매수청구를 한 토지의 소유자는 매수의무자가 매수하지 아니하기로 결정한 경우에는 개발행위허가를 받아서 공작물을 설치할 수 있다.

⑤ 해당 도시·군계획시설사업의 시행자가 정하여진 경우에는 그 시행자에게 토지의 매수를 청구할 수 있다.

21 국토의 계획 및 이용에 관한 법령상 도시·군계획시설부지의 매수청구에 관하여 틀린 설명은?

매수청구

① 도시·군계획시설에 대한 도시·군계획시설결정·고시일부터 10년 이내에 도시·군계획시설사업이 시행되지 아니하면 지목이 대인 토지의 매수를 청구할 수 있다.

② 매수청구는 도시·군계획시설의 부지인 토지 중 지목이 대(垈)인 토지소유자이며, 건축물과 정착물의 소유자를 포함한다.

③ 도시·군계획시설의 설치의무자와 관리의무자가 서로 다른 경우에는 설치하여야 할 의무가 있는 자에게 매수청구하여야 한다.

④ 도시·군계획시설 결정의 고시일부터 10년 이내에 해당 도시·군계획시설사업이 시행되지 않으면 그 사업의 실시계획인가가 행하여진 경우에도 매수청구할 수 있다.

⑤ 매수청구일로부터 6개월 이내에 매수 여부를 결정하여야 하며, 매수하기로 결정된 토지는 매수결정을 알린 날로부터 2년 이내에 매수한다.

22 국토의 계획 및 이용에 관한 법령상 도시·군계획시설채권에 관한 사항이다. 옳은 것은?

도시·군계획시설채권

① 토지소유자가 원하는 경우 국토교통부장관이 도시·군계획시설채권을 발행할 수 있다.

② 부재부동산 소유자의 토지 또는 비업무용 토지로 매수대금이 3천만원을 초과하는 경우 그 초과금액에 대해 지급하는 경우 도시·군계획시설채권을 발행할 수 있다.

③ 도시·군계획시설채권의 상환기간은 20년 이내로 조례로 결정한다.

④ 도시·군계획시설채권의 이율은 채권 발행 당시 은행법에 따른 인가를 받은 은행 중 전국을 영업으로 하는 은행이 적용하는 1년 만기 정기예금금리의 평균 이하로 한다.

⑤ 국토의 계획 및 이용에 관한 법률에 없는 도시·군계획시설채권에 관한 사항은 공익사업을 위한 토지 등의 취득 및 보상에 관한 법률을 준용한다.

23
매수청구

국토의 계획 및 이용에 관한 법령상 도시 · 군계획시설부지의 매수청구에 관한 사항이다. 옳은 것은?

① 도시 · 군계획시설결정 · 고시일부터 10년 이내에 도시 · 군계획시설사업이 시행되지 아니하면 지목이 대인 토지소유자가 국토교통부장관에게 시설부지의 매수를 청구할 수 있다.

② 도시 · 군계획시설부지에 대한 매수청구권은 형성권이다.

③ 매수의무자는 매수청구가 있은 날부터 6개월 이내에 매수 여부를 결정하여 토지소유자에게 통지하여야 한다.

④ 매수대금 지급은 원칙적으로 도시 · 군계획시설채권을 발행하여 지급한다.

⑤ 매수청구된 토지의 매수가격 및 절차 등은 이 법에 없는 규정은 지방재정법을 준용한다.

24
매수청구

국토의 계획 및 이용에 관한 법령상 장기미집행 도시 · 군계획시설부지인 토지에 대한 매수청구에 관한 설명으로 틀린 것은?

① 도시 · 군계획시설결정 고시일부터 10년이 지날 때까지 해당 시설의 설치에 관한 사업이 시행되지 아니하는 경우에는 그 도시 · 군계획시설의 부지로 되어 있는 토지 중 지목이 임야인 토지의 소유자는 매수의무자에게 그 토지의 매수를 청구할 수 있다.

② 매수의무자는 매수청구를 받은 날로부터 6개월 이내에 매수 여부를 결정하여 토지소유자에게 알려야 한다.

③ 매수의무자가 매수하지 아니하기로 결정한 경우 매수청구자는 개발행위허가를 받아 제1종 근린생활시설로서 3층 이하인 것은 건축할 수 있다.

④ 도시 · 군계획시설 결정의 고시일부터 10년 이내에 해당 도시 · 군계획시설사업이 시행되지 아니한 경우라도 그 사업의 실시계획인가가 행하여진 경우에는 매수청구할 수 없다.

⑤ 지방자치단체인 매수의무자는 토지소유자가 원하는 경우 토지매수대금을 도시 · 군계획시설채권을 발행하여 지급할 수 있다.

25 국토의 계획 및 이용에 관한 법령상 도시·군계획시설결정의 실효 등에 관한 설명으로 옳은 것은?

상

도시·군계획시설
결정의 실효 등

① 도시·군계획시설결정이 고시된 도시·군계획시설에 대하여 고시일부터 10년이 지날 때까지 그 시설의 설치에 관한 사업이 시행되지 아니하는 경우 그 결정은 효력을 잃는다.

② 지방의회는 도시·군계획시설결정 고시일부터 10년이 지날 때까지 해당 시설의 설치에 관한 사업이 시행되지 아니하는 경우에는 그 현황과 단계별 집행계획을 수립하여야 한다.

③ 장기미집행 도시·군계획시설결정의 해제를 권고받은 시장 또는 군수는 그 시설의 해제를 위한 도시·군관리계획의 결정을 국토교통부장관에게 신청하여야 한다.

④ 장기미집행 도시·군계획시설결정의 해제를 신청받은 도지사는 특별한 사유가 없으면 신청을 받은 날부터 1년 이내에 해당 도시·군계획시설의 해제를 위한 도시·군관리계획결정을 하여야 한다.

⑤ 시장 또는 군수는 도시·군계획시설결정이 효력을 잃으면 지체 없이 그 사실을 고시하여야 한다.

26 국토의 계획 및 이용에 관한 법령상 도시·군계획시설(이하 '시설'이라 함)에 관한 설명으로 옳은 것은?

중

도시·군계획
시설사업

① 시설결정의 고시일부터 10년 이내에 실시계획의 인가만 있고 시설사업이 진행되지 아니하는 경우 그 부지의 소유자는 그 토지의 매수를 청구할 수 있다.

② 공동구가 설치된 경우 쓰레기수송관은 공동구협의회의 심의를 거쳐야 공동구에 수용할 수 있다.

③ 「택지개발촉진법」에 따른 택지개발지구가 200만제곱미터를 초과하는 경우에는 공동구를 설치하여야 한다.

④ 시설결정의 고시일부터 20년이 지날 때까지 시설사업이 시행되지 아니하는 경우 그 시설결정은 20년이 되는 날에 효력을 잃는다.

⑤ 시설결정의 고시일부터 10년 이내에 시설사업이 시행되지 아니하는 경우 그 부지 내에 건물만을 소유한 자도 시설결정 해제를 위한 도시·군관리계획 입안을 신청할 수 있다.

지구단위계획구역과 지구단위계획

대표유형

국토의 계획 및 이용에 관한 법령상 지구단위계획구역에 관한 설명으로 옳은 것은?

① 지구단위계획이 수립되어 있는 지구단위계획구역에서 공사기간 중 이용하는 공사용 가설건축물을 건축하려면 그 지구단위계획에 맞게 하여야 한다.

② 주민이 입안을 제안한 지구단위계획에 관한 도시·군관리계획결정의 고시일부터 3년 이내에 이 법 또는 다른 법률에 따라 허가·인가·승인 등을 받아 사업이나 공사에 착수하지 아니하면 그 3년이 된 날의 다음 날에 지구단위계획에 관한 도시·군관리계획결정은 효력을 잃는다.

③ 지구단위계획구역은 도시지역이 아니더라도 지정될 수 있다.

④ 시장 또는 군수가 입안한 지구단위계획의 수립·변경에 관한 도시·군관리계획은 해당 도지사가 직접 결정한다.

⑤ 도시지역 내에 지정하는 지구단위계획구역에 대해서는 해당 지역에 적용되는 건폐율의 200% 이내에서 건폐율을 완화하여 적용할 수 있다.

해설 ① 공사용 가설건축물을 건축하려면 그 지구단위계획에 맞게 건축하지 아니하여도 된다.
② 주민이 입안을 제안한 지구단위계획에 관한 도시·군관리계획결정의 고시일부터 5년 이내에 이 법 또는 다른 법률에 따라 허가·인가·승인 등을 받아 사업이나 공사에 착수하지 아니하면 그 5년이 된 날의 다음 날에 지구단위계획에 관한 도시·군관리계획결정은 효력을 잃는다.
④ 시장 또는 군수가 입안한 지구단위계획의 수립·변경에 관한 도시·군관리계획은 해당 시장 또는 군수가 직접 결정한다.
⑤ 도시지역 내에 지정하는 지구단위계획구역에 대해서는 건폐율 및 용적률은 해당 용도지역 또는 용도지구에 적용되는 건폐율의 150% 및 용적률의 200%를 각각 완화하여 적용할 수 있다. ◆정답 ③

01

중

재량적 지정대상

국토의 계획 및 이용에 관한 법령상 지구단위계획구역으로 지정할 수 있는 지역으로 잘못된 것은?

① 주택법에 따른 대지조성사업지구

② 택지개발촉진법에 따라 지정된 택지개발지구

③ 개발제한구역·도시자연공원구역·시가화조정구역

④ 시범도시, 개발행위허가제한지역으로 지정된 지역

⑤ 산업입지 및 개발에 관한 법률의 산업단지와 준산업단지

02

하

의무적 지정대상

국토의 계획 및 이용에 관한 법령상 지구단위계획구역으로 지정하여야 하는 대상이다. 틀린 것은?

① 정비구역에서 시행되는 사업이 끝난 후 10년이 지난 지역

② 택지개발지구에서 시행되는 사업이 끝난 후 10년이 지난 지역

③ 도시개발구역에서 시행되는 사업이 끝난 후 10년이 지난 지역

④ 체계적·계획적인 개발·관리가 필요한 지역으로서 면적이 30만m^2 이상인 시가화조정구역에서 해제되는 지역

⑤ 체계적·계획적인 개발·관리가 필요한 지역으로서 면적이 30만m^2 이상인 녹지지역에서 주거지역으로 변경되는 지역

Point

03

상

지구단위계획

국토의 계획 및 이용에 관한 법령상의 지구단위계획에 대한 설명으로 옳은 것은?

① 자연녹지지역에 지정된 10만m^2 규모의 근린공원이 해제된 경우 해당지역은 지구단위계획구역으로 지정하여야 한다.

② 지구단위계획은 원칙적으로 시장·군수 또는 구청장이 결정하지만 광역계획과 관련되는 경우 등 필요시에는 국토교통부장관과 시·도지사가 결정할 수 있다.

③ 주거개발진흥지구가 계획관리지역에 위치하면 도시지역 외의 지역을 지구단위계획구역으로 지정할 수 있다.

④ 지구단위계획구역의 지정에 관한 도시·군관리계획결정의 고시일부터 3년 이내에 그 지구단위계획구역에 관한 지구단위계획이 결정·고시되지 아니하는 경우에는 그 3년이 되는 날에 그 지구단위계획구역의 지정에 관한 도시·군관리계획결정은 그 효력을 잃는다.

⑤ 지구단위계획수립을 통해서 복합개발진흥지구를 산업·유통개발진흥지구로 변경할 수 없다.

04

계획관리지역

국토의 계획 및 이용에 관한 법령상 도시지역 외의 지역에 지정하려는 구역 면적의 100분의 50 이상인 계획관리지역에 지구단위계획을 지정하기 위한 요건과 관련된 내용으로 틀린 것은?

① 지정하려는 구역 면적의 100분의 50 이상이 계획관리지역이고 나머지 용도지역은 생산관리지역에 한한다.

② 지정하려는 지역에 공동주택 중 아파트 또는 연립주택의 건설계획이 포함되는 경우에는 원칙적으로 30만m² 이상이어야 한다.

③ 지정하려는 지역에 공동주택 중 아파트 또는 연립주택의 건설계획이 포함되는 경우로서 지구단위계획구역이 자연보전권역인 경우에는 10만m² 이상이어야 한다.

④ 지정하려는 지역에 아파트 또는 연립주택의 건설계획이 포함되지 아니한 경우에는 3만m² 이상이어야 한다.

⑤ 자연환경·경관·미관 등을 해치지 아니하고 국가유산의 훼손우려가 없어야 한다.

05

개발진흥지구에
지구단위계획구역을
지정

국토의 계획 및 이용에 관한 법령에서 도시지역 외의 지역에 지구단위계획구역을 지정하려는 경우 개발진흥지구에 지구단위계획구역을 지정하는 내용으로 틀린 것은? (단, 다른 요건은 모두 충족됨)

① 주거개발진흥지구가 계획관리지역에 위치할 것

② 산업·유통개발진흥지구가 생산관리지역에 위치할 것

③ 관광·휴양개발진흥지구가 농림지역에 위치할 것

④ 특정개발진흥지구가 생산관리지역에 위치할 것

⑤ 관광·휴양개발진흥지구가 자연환경보전지역에 위치할 것

06

필수적 포함사항

국토의 계획 및 이용에 관한 법령상 지구단위계획의 내용에 반드시 포함되어야 하는 사항이 아닌 것은?

① 도시의 공간 구조

② 건축물의 건폐율

③ 건축물 높이의 최고한도 또는 최저한도

④ 건축물의 용도제한

⑤ 대통령령으로 정하는 기반시설의 배치와 규모

07 국토의 계획 및 이용에 관한 법령상 지구단위계획구역에서 지구단위계획으로 완화적용 할 수 있
완화규정 는 법 규정에 해당하지 않는 것은?

① 용도지역 및 용도지구 안에서의 건축물의 건축제한
② 용도지역 안에서의 건폐율·용적률
③ 대지의 분할제한
④ 공개공지 등의 확보
⑤ 일조 등의 확보를 위한 높이제한

08 국토의 계획 및 이용에 관한 법령상 (   ) 안에 알맞은 것은?
지구단위계획

> 도시지역 내 지구단위계획구역의 지정이 한옥마을의 보존을 목적으로 하는 경우 지구단위
> 계획으로 주차장법 제19조 제3항에 의한 주차장 설치기준을 (   ) 퍼센트까지 완화하여 적
> 용할 수 있다.

① 20   ② 30   ③ 50
④ 80   ⑤ 100

09 국토의 계획 및 이용에 관한 법령상 지구단위계획에 관한 설명이다. 옳은 것은?
지구단위계획 ① 일반음식점을 불허하고 있는 지구단위계획구역은 상업지역이라면 일반음식점을 건축할
수 있다.
② 지구단위계획에는 보행안전 등을 고려한 교통처리계획을 반드시 포함하여야 한다.
③ 택지개발사업이 끝난 후 5년이 지난 지역은 지구단위계획구역으로 지정하여야 한다.
④ 지구단위계획에 의해 제2종 일반주거지역을 준주거지역으로 변경할 수 있다.
⑤ 지구단위계획구역의 지정권자는 국토교통부장관, 시·도지사, 시장 또는 군수이며, 지정
이후 2년 이내에 지구단위계획이 결정·고시되어야 한다.

10

지구단위계획구역
완화

국토의 계획 및 이용에 관한 법령상 도시지역 외 지구단위계획구역에서 지구단위계획에 의한 건폐율 등의 완화적용에 관한 설명으로 틀린 것은?

① 당해 용도지역 또는 개발진흥지구에 적용되는 건폐율의 150퍼센트 이내에서 건폐율을 완화하여 적용할 수 있다.

② 당해 용도지역 또는 개발진흥지구에 적용되는 용적률의 200퍼센트 이내에서 용적률을 완화하여 적용할 수 있다.

③ 당해 용도지역에 적용되는 건축물 높이는 120퍼센트 이내에서 높이제한을 완화하여 적용할 수 있다.

④ 계획관리지역에 지정된 개발진흥지구 내의 지구단위계획구역에서는 건축물의 용도·종류 및 규모 등을 완화하여 적용할 수 있다.

⑤ 계획관리지역 외의 지역에 지정된 개발진흥지구 내의 지구단위계획구역에서는 건축물의 용도·종류 및 규모 등을 완화하여 적용할 경우 아파트 및 연립주택은 허용되지 아니한다.

11

실효

국토의 계획 및 이용에 관한 법령상 도시·군관리계획결정의 실효에 관한 설명이다. (   )에 들어갈 공통된 숫자로 옳은 것은?

> 지구단위계획(주민이 입안을 제안한 것에 한정한다)에 관한 도시·군관리계획결정의 고시일부터 (   )년 이내에 「국토의 계획 및 이용에 관한 법률」 또는 다른 법률에 따라 허가·인가·승인 등을 받아 사업이나 공사에 착수하지 아니하면 그 (   )년이 된 날의 다음 날에 그 지구단위계획에 관한 도시·군관리계획결정은 효력을 잃는다.

① 2   ② 3   ③ 5
④ 10   ⑤ 20

개발행위허가 등

대표유형

국토의 계획 및 이용에 관한 법령상 개발행위허가에 관한 설명으로 틀린 것은? (단, 조례는 고려하지 않음)

① 토지 분할에 대해 개발행위허가를 받은 자가 그 개발행위를 마치면 관할 행정청의 준공검사를 받아야 한다.

② 건축물의 건축에 대해 개발행위허가를 받은 후 건축물 연면적을 5퍼센트 범위 안에서 확대하려면 변경허가를 받아야 한다.

③ 재해복구나 재난수습을 위한 응급조치를 한 경우에는 1개월 이내에 특별시장·광역시장·특별자치시장·특별자치도지사·시장 또는 군수에게 신고하여야 한다.

④ 도시·군관리계획의 시행을 위한 도시개발법에 따른 도시개발사업에 의해 건축물을 건축하는 경우에는 개발행위허가를 받지 않아도 된다.

⑤ 토지의 일부를 국유지 또는 공유지로 하거나 공공시설로 사용하기 위한 토지의 분할은 개발행위허가를 받지 않아도 된다.

해설 ① 토지 분할은 준공검사 대상에서 제외한다. ◆정답 ①

01 다음 개발행위 중 국토의 계획 및 이용에 관한 법령상 개발행위허가를 받아야 할 수 있는 사항은?

개발행위허가

① 도시·군계획사업에 의하는 경우

② 경작을 위한 토지의 형질변경

③ 양식산업발전법에 따른 양식업을 하기 위하여 비닐하우스 안에 설치하는 양식장

④ 농림지역에 1개월 이상 쌓아 놓는 행위

⑤ 토지의 일부가 도시·군계획시설로 지형도면고시가 된 당해 토지의 분할

02 국토의 계획 및 이용에 관한 법령상 원칙적으로 허가를 요하는 개발행위는?

개발행위허가

① 자연환경보전지역에서 농림어업용 비닐하우스의 설치

② 건축허가 또는 건축신고 및 가설건축물 건축의 허가 또는 가설건축물의 축조신고 대상에 해당하지 아니하는 건축물의 건축

③ 높이 50cm 이내 또는 깊이 50cm 이내의 절토·성토·정지 등(포장을 제외하며, 주거지역·상업지역 및 공업지역 외의 지역에서는 지목변경을 수반하지 아니하는 경우에 한한다)

④ 조성이 완료된 기존 대지에서 건축물 그 밖의 공작물의 설치를 위한 토지의 형질변경(절토·성토는 제외한다)

⑤ 행정재산 중 용도폐지되는 부분의 분할 또는 일반재산을 매각·교환 또는 양여하기 위한 분할

03 국토의 계획 및 이용에 관한 법령상 개발행위허가에 대한 설명 중 옳은 것은?

개발행위허가

① 도시·군계획사업에 의하여 건축물을 건축하려는 경우에는 개발행위허가를 받아야 한다.

② 개발행위허가권자는 개발행위에 따른 기반시설의 설치 등을 할 것을 조건으로 개발행위를 허가할 수 없다.

③ 관리지역에서는 도시·군계획조례에서 정하는 바에 따라 개발행위허가의 규모가 정해지며, 그 상한은 5만m²이다.

④ 행정청이 아닌 자가 재해복구 또는 재난수습을 위한 응급조치를 한 경우에는 1개월 이내에 허가권자에게 이를 신고하여야 한다.

⑤ 허가권자가 개발행위허가를 하려는 경우에는, 개발행위가 시행되는 지역에서 이미 시행되고 있는 도시·군계획사업 시행자의 동의를 받아야 한다.

04 국토의 계획 및 이용에 관한 법령상 개발행위허가절차에 관한 다음 설명 중 틀린 것은?

개발행위
허가절차

① 개발밀도관리구역에서 개발행위를 하고자 하는 자는 기반시설의 설치 또는 그에 필요한 용지의 확보에 관한 계획서를 제출하지 아니한다.

② 경작을 위한 토지의 형질변경이 지목변경을 수반하는 경우에는 개발행위허가를 받아야 한다.

③ 도시계획위원회의 심의를 거쳐야 하거나 관계 행정기관의 장과 협의를 하여야 하는 경우에는 심의 또는 협의기간을 제외한 허가 또는 불허가 처분기간은 15일 이내이다.

④ 허가권자는 해당 개발행위에 따른 기반시설의 설치, 조경 등에 관한 조치를 할 것을 조건으로 개발행위허가를 할 수 있다.

⑤ 허가권자가 개발행위허가를 하려는 경우에는 개발행위가 시행되는 지역에서 이미 시행되고 있는 도시·군계획사업 시행자의 동의를 받아야 한다.

05 국토의 계획 및 이용에 관한 법령상 개발행위허가에 관한 기준면적으로 틀린 것은?

개발행위허가
기준면적

① 제1종 전용주거지역 − 1만m² 미만

② 일반상업지역 − 1만m² 미만

③ 보전녹지지역 − 5천m² 미만

④ 보전관리지역 − 5천m² 미만

⑤ 농림지역 − 3만m² 미만

06 국토의 계획 및 이용에 관한 법령상 개발행위허가시 이행보증금의 예치를 명할 수 있는 사유로 옳은 것을 모두 고른 것은?

이행보증금
예치사유

> ㉠ 건축물의 건축 또는 공작물의 설치, 토지의 형질변경, 토석채취에 해당하는 개발행위로서 해당 개발행위로 인하여 도로, 수도공급설비·하수도 등 기반시설의 설치가 필요한 경우
> ㉡ 토지의 굴착으로 인하여 인근 토지가 붕괴될 우려가 있거나 인근 건축물 또는 공작물이 손괴될 우려가 있는 경우
> ㉢ 토석의 발파로 인한 낙석 또는 먼지 등에 의하여 인근지역에 피해가 발생할 우려되는 경우
> ㉣ 토석을 운반하는 차량의 통행으로 인하여 통행로 주변의 환경이 오염될 우려가 있는 경우
> ㉤ 토지의 형질변경이나 토석채취가 완료된 후 비탈면에 조경을 할 필요가 있는 경우

① ㉠, ㉡, ㉣, ㉤   ② ㉠, ㉡, ㉢, ㉤   ③ ㉠, ㉣, ㉤

④ ㉠, ㉡, ㉢, ㉣   ⑤ ㉠, ㉡, ㉢, ㉣, ㉤

07
개발행위 용도

국토의 계획 및 이용에 관한 법령상 허가기준에 따라 허가할 수 있는 경우에 그 허가의 기준은 지역의 특성, 지역의 개발상황, 기반시설의 현황 등을 고려하여 정한다. 그 내용으로 틀린 것은?

① 시가화 용도: 토지의 이용 및 건축물의 용도·건폐율·용적률·높이 등에 대한 용도지역의 제한에 따라 개발행위허가의 기준을 적용하는 주거지역·상업지역 및 공업지역

② 유보 용도: 도시계획위원회의 심의를 통하여 개발행위허가의 기준을 강화 또는 완화하여 적용할 수 있는 계획관리지역·생산관리지역

③ 유보 용도: 도시계획위원회의 심의를 통하여 개발행위허가의 기준을 강화 또는 완화하여 적용할 수 있는 녹지지역 중 생산녹지지역 및 자연녹지지역

④ 보전 용도: 도시계획위원회의 심의를 통하여 개발행위허가의 기준을 강화하여 적용할 수 있는 보전관리지역·농림지역·자연환경보전지역

⑤ 보전 용도: 도시계획위원회의 심의를 통하여 개발행위허가의 기준을 강화하여 적용할 수 있는 녹지지역 중 생산녹지지역 및 보전녹지지역

08

준공검사

국토의 계획 및 이용에 관한 법령상 개발행위에 따른 준공검사 대상이 아닌 것은?

① 건축물의 건축
② 공작물의 설치
③ 토지의 형질변경(경작을 위한 토지의 형질변경은 제외)
④ 토석의 채취행위
⑤ 토지 분할

09
개발행위허가 제한

국토의 계획 및 이용에 관한 법령상 개발행위허가의 제한에 관한 설명으로 틀린 것은?

① 보전할 필요가 있는 녹지지역에서는 최장 3년 동안 개발행위허가를 제한할 수 있다.
② 지구단위계획구역으로 지정된 지역에서는 최장 6년 동안 개발행위허가를 제한할 수 있다.
③ 보전할 필요가 있는 계획관리지역에서는 최장 3년 동안 개발행위허가를 제한할 수 있다.
④ 기반시설부담구역으로 지정된 지역에서는 최장 5년 동안 개발행위허가를 제한할 수 있다.
⑤ 개발행위로 미관 등이 크게 손상될 우려가 있는 지역에서는 최장 3년 동안 개발행위허가를 제한할 수 있다.

10 국토의 계획 및 이용에 관한 법령상 도시·군관리계획상 필요한 경우 최장 3년간 개발행위허가를 제한할 수 있는 지역을 모두 고른 것은?

개발행위허가
제한

> ㉠ 녹지지역이나 계획관리지역으로서 수목이 집단적으로 자라고 있거나 조수류 등이 집단적으로 서식하고 있는 지역 또는 우량 농지 등으로 보전할 필요가 있는 지역
> ㉡ 개발행위로 인하여 주변의 환경·경관·미관·국가유산 등이 크게 오염되거나 손상될 우려가 있는 지역
> ㉢ 도시·군관리계획을 수립하고 있는 지역으로서 그 도시·군관리계획이 결정될 경우 용도지역·용도지구 또는 용도구역의 변경이 예상되고 그에 따라 개발행위허가의 기준이 크게 달라질 것으로 예상되는 지역
> ㉣ 지구단위계획구역으로 지정된 지역
> ㉤ 기반시설부담구역으로 지정된 지역

① ㉠, ㉡　　　② ㉠, ㉤　　　③ ㉡, ㉣
④ ㉡, ㉢, ㉤　　　⑤ ㉢, ㉣, ㉤

11 국토의 계획 및 이용에 관한 법령상 개발행위허가에 관한 설명으로 틀린 것은?

개발행위허가

① 도시 및 주거환경정비법에 따른 정비사업에 의해 건축물을 건축하는 경우에는 허가를 필요로 하지 않는다.
② 허가권자가 개발행위허가에 조건을 붙이려는 때에는 미리 개발행위허가를 신청한 자의 의견을 들어야 한다.
③ 토석의 채취에 대하여 개발행위허가를 받은 자가 개발행위를 마치면 준공검사를 받아야 한다.
④ 전·답 사이의 지목변경을 수반하는 경작을 위한 토지의 형질변경은 개발행위허가의 대상이 아니다.
⑤ 개발행위허가로 의제되는 사항이 있으면 관계 행정기관의 장과 미리 협의하여야 하며, 협의 요청받은 관계 행정기관의 장은 요청을 받은 날부터 30일 이내에 의견을 제출하여야 한다.

12 국토의 계획 및 이용에 관한 법령상 개발행위에 관한 기술 중 옳은 것은?

개발행위

① 허가가 필요한 개발행위라도 용도지역이 지정되지 아니한 지역에서는 허가를 받지 않아도 된다.

② 재해복구 또는 재난수습을 위한 응급조치를 한 경우에는 1개월 이내에 특별시장·광역시장·특별자치시장·특별자치도지사·시장 또는 군수에게 신고하여야 한다.

③ 환경오염 방지, 위해 방지 등을 위하여 필요한 경우 지방자치단체가 시행하는 개발행위에 대해서 이행보증금을 예치할 수 있다.

④ 성장관리계획을 수립한 지역에서 하는 개발행위는 도시계획위원회의 심의를 거쳐야 한다.

⑤ 허가받은 개발행위의 사업기간을 연장하려는 경우에는 별도의 변경허가를 받을 필요가 없다.

13 국토의 계획 및 이용에 관한 법령상 개발행위허가에 관한 설명으로 옳은 것은? (단, 조례는 고려하지 않음)

개발행위허가

① 「사방사업법」에 따른 사방사업을 위한 개발행위를 허가하려면 지방도시계획위원회의 심의를 거쳐야 한다.

② 토지의 일부가 도시·군계획시설로 지형도면고시가 된 당해 토지의 분할은 개발행위허가를 받아야 한다.

③ 국토교통부장관은 개발행위로 인하여 주변의 환경이 크게 오염될 우려가 있는 지역에서 개발행위허가를 제한하고자 하는 경우 중앙도시계획위원회의 심의를 거쳐야 한다.

④ 시·도지사는 기반시설부담구역으로 지정된 지역에 대해서는 10년간 개발행위허가를 제한할 수 있다.

⑤ 토지분할을 위한 개발행위허가를 받은 자는 그 개발행위를 마치면 시·도지사의 준공검사를 받아야 한다.

14 국토의 계획 및 이용에 관한 법령상 개발행위허가에 관한 설명으로 틀린 것은?

개발행위허가

① 농림지역에 물건을 1개월 이상 쌓아놓는 행위는 개발행위허가의 대상이 아니다.

② 「사방사업법」에 따른 사방사업을 위한 개발행위에 대하여 허가를 하는 경우 중앙도시계획위원회와 지방도시계획위원회의 심의를 거치지 아니한다.

③ 일정 기간 동안 개발행위허가를 제한할 수 있는 대상지역에 지구단위계획구역은 포함되지 않는다.

④ 기반시설부담구역으로 지정된 지역에 대해서는 중앙도시계획위원회나 지방도시계획위원회의 심의를 거치지 아니하고 개발행위허가의 제한을 연장할 수 있다.

⑤ 개발행위허가의 제한을 연장하는 경우 그 연장 기간은 2년을 넘을 수 없다.

15 국토의 계획 및 이용에 관한 법령상 개발행위허가(이하 '허가'라 함)에 관한 설명으로 옳은 것은?

개발행위허가

① 도시·군계획사업에 의하여 10층 이상의 건축물을 건축하려는 경우에는 허가를 받아야 한다.

② 건축물의 건축에 대한 허가를 받은 자가 그 건축을 완료하고 「건축법」에 따른 건축물의 사용승인을 받은 경우 허가권자의 준공검사를 받지 않아도 된다.

③ 허가를 받은 건축물의 연면적을 5퍼센트 범위에서 축소하려는 경우에는 허가권자에게 미리 신고하여야 한다.

④ 허가의 신청이 있는 경우 특별한 사유가 없으면 도시계획위원회의 심의 또는 기타 협의 기간을 포함하여 15일 이내에 허가 또는 불허가의 처분을 하여야 한다.

⑤ 국토교통부장관이 지구단위계획구역으로 지정된 지역에 대하여 허가의 제한을 연장하려면 중앙도시계획위원회의 심의를 거쳐야 한다.

대표유형

국토의 계획 및 이용에 관한 법령상 성장관리계획구역을 지정할 수 있는 지역에 해당하지 않는 것은?

① 주변지역과 연계하여 체계적인 관리가 필요한 주거지역

② 개발수요가 많아 무질서한 개발이 진행되고 있는 계획관리지역

③ 개발수요가 많아 무질서한 개발이 진행될 것으로 예상되는 생산관리지역

④ 주변의 토지이용 변화 등으로 향후 시가화가 예상되는 농림지역

⑤ 교통여건 변화 등으로 향후 시가화가 예상되는 자연환경보전지역

해설 ① 성장관리계획구역을 지정할 수 있는 지역은 주변지역과 연계하여 체계적인 관리가 필요한 지역으로 녹지지역·관리지역·농림지역·자연환경보전지역지역이다. 그러므로 주거지역은 성장관리계획구역을 지정할 수 있는 지역이 아니다.

◆정답 ①

16
중
성장관리계획

국토의 계획 및 이용에 관한 법령상 성장관리계획에 관한 설명으로 옳은 것을 모두 고른 것은?

㉠ 기반시설의 배치와 규모에 관한 사항은 성장관리계획에 포함되지 않을 수 있다.

㉡ 국토의 계획 및 이용에 관한 법률 제58조에 따른 시가화 용도 지역은 성장관리계획구역의 지정 대상 지역이 아니다.

㉢ 계획관리지역에서 경관계획을 포함하는 성장관리계획을 수립한 경우에는 50퍼센트 이하의 범위에서 조례로 건폐율을 정할 수 있다.

① ㉠   ② ㉡   ③ ㉠, ㉢

④ ㉡, ㉢   ⑤ ㉠, ㉡, ㉢

17
중
성장관리계획
구역

국토의 계획 및 이용에 관한 법령상 성장관리계획에 관한 설명으로 옳은 것은? (단, 조례, 기타 강화·완화조건은 고려하지 않음)

① 시장 또는 군수는 공업지역 중 향후 시가화가 예상되는 지역의 전부 또는 일부에 대하여 성장관리계획구역을 지정할 수 있다.

② 성장관리계획구역 내 생산녹지지역에서는 30퍼센트 이하의 범위에서 성장관리계획으로 정하는 바에 따라 건폐율을 완화하여 적용할 수 있다.

③ 성장관리계획구역 내 보전관리지역에서는 125퍼센트 이하의 범위에서 성장관리계획으로 정하는 바에 따라 용적률을 완화하여 적용할 수 있다.

④ 시장 또는 군수는 성장관리계획구역을 지정할 때에는 도시·군관리계획의 결정으로 하여야 한다.

⑤ 시장 또는 군수는 성장관리계획구역을 지정하려면 성장관리계획구역안을 7일간 일반이 열람할 수 있도록 해야 한다.

18

성장관리계획
구역

국토의 계획 및 이용에 관한 법령상 성장관리계획구역에서 30퍼센트 이하의 범위에서 성장관리계획으로 정하는 바에 따라 건폐율을 완화하여 적용할 수 있는 지역이 아닌 것은? (단, 조례는 고려하지 않음)

① 생산관리지역   ② 생산녹지지역
③ 보전녹지지역   ④ 자연녹지지역
⑤ 농림지역

19

공공시설
귀속

국토의 계획 및 이용에 관한 법령상 개발행위에 따른 공공시설 등의 귀속에 관한 설명으로 틀린 것은?

① 개발행위허가를 받은 행정청이 기존의 공공시설에 대체되는 공공시설을 설치한 경우에는 새로 설치된 공공시설은 그 시설을 관리할 관리청에 무상으로 귀속된다.

② 개발행위허가를 받은 행정청은 개발행위가 끝나 준공 검사를 마친 때에는 해당 시설의 관리청에 공공시설의 종류와 토지의 세목을 통지하여야 한다.

③ 개발행위허가를 받은 자가 행정청이 아닌 경우 개발행위허가를 받은 자가 새로 설치한 공공시설은 그 시설을 관리할 관리청에 무상으로 귀속된다.

④ 개발행위허가를 받은 행정청이 기존의 공공시설에 대체되는 공공시설을 설치한 경우에는 종래의 공공시설은 그 행정청에게 무상으로 귀속된다.

⑤ 개발행위허가를 받은 자가 행정청이 아닌 경우 개발행위로 용도가 폐지되는 공공시설은 개발행위허가를 받은 자에게 무상으로 귀속된다.

20

공공시설
귀속

국토의 계획 및 이용에 관한 법령상 개발행위허가를 받은 자가 행정청인 경우 개발행위에 따른 공공시설의 귀속에 관한 설명으로 옳은 것은? (단, 다른 법률은 고려하지 않음)

① 개발행위허가를 받은 자가 새로 공공시설을 설치한 경우, 새로 설치된 공공시설은 그 시설을 관리할 관리청에 무상으로 귀속한다.

② 개발행위로 용도가 폐지되는 공공시설은 새로 설치한 공공시설의 설치비용에 상당하는 범위에서 개발행위허가를 받은 자에게 무상으로 양도할 수 있다.

③ 공공시설의 관리청이 불분명한 경우 하천에 대하여는 국토교통부장관을 관리청으로 본다.

④ 관리청에 귀속되거나 개발행위허가를 받은 자에게 양도될 공공시설은 준공검사를 받음으로써 관리청과 개발행위허가를 받은 자에게 각각 귀속되거나 양도된 것으로 본다.

⑤ 개발행위허가를 받은 자는 국토교통부장관의 허가를 받아 그에게 귀속된 공공시설의 처분으로 인한 수익금을 도시·군계획사업 외의 목적에 사용할 수 있다.

개발밀도관리구역 및 기반시설부담구역

대표유형

국토의 계획 및 이용에 관한 법령상 개발밀도관리구역 및 기반시설부담구역에 관한 설명으로 틀린 것은?

① 기반시설부담구역은 개발밀도관리구역과 중복지정이 안 된다.

② 개발밀도관리구역에서는 해당 용도지역에 적용되는 용적률의 최대한도의 50% 범위에서 용적률을 강화하여 적용한다.

③ 주거지역에서의 개발행위로 기반시설의 용량이 부족할 것으로 예상되는 지역 중 기반시설의 설치가 곤란한 지역으로서, 해당 지역의 도로율이 국토교통부령이 정하는 용도지역별 도로율에 20% 이상 미달하는 지역은 개발밀도관리구역으로 지정될 수 있다.

④ 기반시설설치비용은 현금, 신용카드 또는 직불카드로 납부하여야 하며, 부과대상 토지 및 이와 비슷한 토지로 납부할 수 없다.

⑤ 고등교육법의 학교는 기반시설부담구역에 설치가 필요한 기반시설에 해당하지 않는다.

해설 ④ 기반시설설치비용은 현금, 신용카드 또는 직불카드로 하되, 부과대상 토지 및 이와 비슷한 토지로 하는 납부(이하 '물납'이라 한다)를 인정할 수 있다.　　　　　　　　　　　　　　　　◆ 정답 ④

01
주민의견청취

국토의 계획 및 이용에 관한 법령상 시장 또는 군수가 주민의 의견을 들어야 하는 경우로 명시되어 있지 않은 것은? (단, 국토교통부장관이 따로 정하는 경우는 고려하지 않음)

① 광역도시계획을 수립하려는 경우

② 성장관리계획을 수립하려는 경우

③ 시범도시사업계획을 수립하려는 경우

④ 기반시설부담구역을 지정하려는 경우

⑤ 개발밀도관리구역을 지정하려는 경우

02
🔵
개발밀도관리구역

국토의 계획 및 이용에 관한 법령상 개발밀도관리구역에 관한 설명으로 틀린 것은?

① 도시·군계획시설사업의 시행자인 시장 또는 군수는 개발밀도관리구역에 관한 기초조사를 하기 위하여 필요하면 타인의 토지에 출입할 수 있다.

② 개발밀도관리구역의 지정기준, 개발밀도관리구역의 관리 등에 관하여 필요한 사항은 대통령령으로 정하는 바에 따라 국토교통부장관이 정한다.

③ 개발밀도관리구역에서는 해당 용도지역에 적용되는 용적률의 최대한도의 50퍼센트 범위에서 용적률을 강화하여 적용한다.

④ 시장 또는 군수는 개발밀도관리구역을 지정하거나 변경하려면 해당 지방자치단체에 설치된 지방도시계획위원회의 심의를 거쳐야 한다.

⑤ 기반시설을 설치하거나 그에 필요한 용지를 확보하게 하기 위하여 개발밀도관리구역에 기반시설부담구역을 지정할 수 있다.

03
🔴
개발밀도관리구역의
지정기준

국토의 계획 및 이용에 관한 법령상 개발밀도관리구역의 지정기준으로 틀린 것은?

① 해당 지역의 도로서비스 수준이 매우 낮아 차량통행이 현저하게 지체되는 지역. 이 경우 도로서비스 수준의 측정에 관하여는 도시교통정비 촉진법에 따른 교통영향평가의 예에 따른다.

② 해당 지역의 도로율이 국토교통부령이 정하는 용도지역별 도로율에 20% 이상 미달하는 지역

③ 향후 2년 이내에 해당 지역의 하수발생량이 하수시설의 시설용량을 초과할 것으로 예상되는 지역

④ 향후 2년 이내에 해당 지역의 수도에 대한 수요량이 수도시설의 시설용량을 초과할 것으로 예상되는 지역

⑤ 향후 2년 이내에 해당 지역의 학생수가 학교 수용능력의 30% 이상을 초과할 것으로 예상되는 지역

04
개발밀도관리구역

국토의 계획 및 이용에 관한 법령상 개발밀도관리구역에 관한 설명으로 틀린 것은?

① 개발밀도관리구역의 변경 고시는 당해 지방자치단체의 공보에 게재하는 방법에 의한다.

② 개발밀도관리구역으로 지정될 수 있는 지역에 농림지역은 포함되지 않는다.

③ 개발밀도관리구역의 지정은 해당 지방자치단체에 설치된 지방도시계획위원회의 심의대상이다.

④ 개발밀도관리구역에서는 해당 용도지역에 적용되는 건폐율의 최대한도의 50퍼센트 범위에서 건폐율을 강화하여 적용한다.

⑤ 개발밀도관리구역은 기반시설부담구역으로 지정될 수 없다.

05
의무적
지정대상

국토의 계획 및 이용에 관한 법령상 기반시설부담구역으로 지정하여야 하는 지역이 아닌 것은?
(단, 해당 지역은 지구단위계획구역이 아님)

① 법령의 개정으로 인하여 행위제한이 완화되거나 해제되는 지역

② 법령에 따라 지정된 용도지역 등이 변경되어 행위제한이 완화되는 지역

③ 개발행위로 인하여 기반시설의 수용능력이 부족할 것이 예상되는 지역 중 기반시설의 설치가 곤란한 지역향후 2년 이내에 해당 지역의 학생수가 학교 수용능력의 20% 이상을 초과할 것으로 예상되는 지역

④ 기반시설의 설치가 필요하다고 인정하는 지역으로서 해당 지역의 전년도 개발행위허가 건수가 전전년도 개발행위허가 건수보다 20% 이상 증가한 지역

⑤ 기반시설의 설치가 필요하다고 인정하는 지역으로서 해당 지역의 전년도 인구증가율이 그 지역이 속하는 특별시·광역시·특별자치시·특별자치도·시 또는 군(광역시의 관할 구역에 있는 군은 제외)의 전년도 인구증가율보다 20% 이상 높은 지역

06 국토의 계획 및 이용에 관한 법령상 기반시설부담구역의 지정대상이 될 수 없는 지역은?

의무적
지정대상

① 개발제한구역에서 해제되어 개발행위가 집중된 지역

② 녹지지역에서 제3종 일반주거지역으로 변경되는 지역

③ 근린상업지역에서 계획관리지역으로 변경되는 지역

④ 전전년도 개발행위허가 건수가 100건이 있으나, 전년도 개발행위허가 건수가 125건으로 증가한 지역

⑤ 전년도 인구증가율이 3%인 시에 속해 있는 지역으로서 전년도 인구증가율이 25%인 지역

07 국토의 계획 및 이용에 관한 법령상 기반시설부담구역에 관한 다음 설명 중 틀린 것은?

기반시설부담구역

① 기반시설부담구역은 기반시설이 적절하게 배치될 수 있는 규모로서 최소 30만㎡ 이상의 규모가 되도록 지정한다.

② 기반시설부담구역 안에서 기반시설설치비용의 부과대상인 건축행위는 단독주택 및 숙박시설 등 200㎡(기존 건축물의 연면적을 포함한다)를 초과하는 건축물의 신·증축 행위로 한다.

③ 특별시장·광역시장·특별자치시장·특별자치도지사·시장·군수는 납부의무자가 기반시설설치비용을 납부하지 아니하는 때에는 지방행정제재·부과금의 징수 등에 관한 법률에 따라 징수할 수 있다.

④ 특별시장·광역시장·특별자치시장·특별자치도지사·시장 또는 군수는 기반시설설치비용의 관리 및 운용을 위하여 기반시설부담구역별로 특별회계를 설치하여야 한다.

⑤ 기반시설설치비용은 현금, 신용카드 또는 직불카드로 납부하되, 부과대상 토지 및 이와 비슷한 토지로 하는 납부(이하 '물납'이라 한다)를 인정할 수 있다.

08 국토의 계획 및 이용에 관한 법령상 기반시설설치비용의 부과에 대한 설명으로 틀린 것은?

기반시설설치비용

① 특별시장 · 광역시장 · 특별자치시장 · 특별자치도지사 · 시장 또는 군수는 납부의무자가 납부기한 내에 기반시설설치비용을 내지 아니하는 경우에는 지방행정제재 · 부과금의 징수 등에 관한 법률에 따라 징수할 수 있다.

② 타인 소유의 토지를 임차하여 기반시설설치비용이 부과되는 건축행위를 하는 경우에는 임대인이 납부의무자가 된다.

③ 지구단위계획을 수립한 경우에는 기반시설설치계획을 수립한 것으로 본다.

④ 특별시장 · 광역시장 · 특별자치시장 · 특별자치도지사 · 시장 또는 군수는 납부의무자가 국가 또는 지방자치단체로부터 건축허가를 받은 날부터 2개월 이내에 기반시설설치비용을 부과하여야 한다.

⑤ 특별시장 · 광역시장 · 특별자치시장 · 특별자치도지사 · 시장 또는 군수는 기반시설설치비용의 관리 및 운용을 위하여 기반시설부담구역별로 특별회계를 설치하여야 한다.

09 국토의 계획 및 이용에 관한 법령상 기반시설부담구역에서 기반시설설치비용의 산정에 사용되는 건축물별 기반시설유발계수가 높은 것부터 나열한 것은?

기반시설유발계수

> ㉠ 제2종 근린생활시설
> ㉡ 종교시설
> ㉢ 판매시설
> ㉣ 위락시설

① ㉡ – ㉢ – ㉠ – ㉣
② ㉢ – ㉠ – ㉣ – ㉡
③ ㉣ – ㉠ – ㉡ – ㉢
④ ㉣ – ㉡ – ㉢ – ㉠
⑤ ㉣ – ㉢ – ㉡ – ㉠

10
기반시설부담구역

국토의 계획 및 이용에 관한 법령상 기반시설부담구역에 관한 설명 중 옳은 것은?

① 특별시장·광역시장·특별자치시장·특별자치도지사·시장 또는 군수는 이 법 또는 다른 법률의 제정으로 인하여 행위제한이 강화되거나 해제되는 지역에 대하여는 기반시설부담구역으로 지정하여야 한다.

② 기반시설부담구역을 지정하고자 하는 경우에는 주민의 의견을 들어야 하며, 해당 지방도시계획위원회의 심의를 거쳐 지방자치단체 공보와 인터넷홈페이지에 고시하여야 한다.

③ 기반시설부담구역에서 기반시설설치비용의 부과대상인 건축행위는 단독주택 및 숙박시설 등의 시설로서 원칙적으로 200m²를 초과하는 건축물의 개축·재축 행위로 한다.

④ 기반시설부담구역 안에서는 해당 용도지역에 적용되는 용적률의 최대한도의 50% 범위 안에서 용적률을 강화하여 적용한다.

⑤ 기반시설부담구역의 지정·고시일로부터 3년이 되는 날까지 기반시설설치계획을 수립하지 아니하면 그 3년이 되는 날의 다음 날에 기반시설부담구역의 지정은 해제된 것으로 본다.

11
개발밀도관리구역과
기반시설부담구역
비교

국토의 계획 및 이용에 관한 법령상 개발행위에 따른 기반시설의 설치에 관한 설명으로 옳은 것은? (단, 조례는 고려하지 않음)

① 시장 또는 군수가 개발밀도관리구역을 변경하는 경우 관할 지방도시계획위원회의 심의를 거치지 않아도 된다.

② 기반시설부담구역의 지정고시일부터 2년이 되는 날까지 기반시설설치계획을 수립하지 아니하면 그 2년이 되는 날에 기반시설부담구역의 지정은 해제된 것으로 본다.

③ 시장 또는 군수는 기반시설설치비용 납부의무자가 지방자치단체로부터 건축허가를 받은 날부터 3개월 이내에 기반시설설치비용을 부과하여야 한다.

④ 시장 또는 군수는 개발밀도관리구역에서는 해당 용도지역에 적용되는 용적률의 최대한도의 50퍼센트 범위에서 용적률을 강화하여 적용한다.

⑤ 기반시설설치비용 납부의무자는 사용승인 신청 후 7일까지 그 비용을 내야 한다.

보칙 및 벌칙

국토의 계획 및 이용에 관한 법령상 국토교통부장관, 시·도지사, 시장·군수 또는 구청장이 처분을 하고자 하는 때에 청문을 실시하여야 하는 경우는?

① 개발행위허가의 취소
② 광역도시계획의 승인취소
③ 토지거래계약에 관한 허가의 취소
④ 개발밀도관리구역 지정의 취소
⑤ 도시·군기본계획 수립의 취소

해설 ① 청문이란 각종 취소권(불이익)을 행사하기 전에 변명의 기회를 제공하는 것을 말한다.
국토교통부장관, 시·도지사, 시장·군수·구청장은 다음에 해당하는 처분을 하려면 청문을 실시하여야 한다.

1. 개발행위허가의 취소
2. 행정청이 아닌 도시·군계획시설사업 시행자 지정의 취소
3. 실시계획인가의 취소

◆ 정답 ①

01 국토의 계획 및 이용에 관한 법령의 규정 내용으로 틀린 것은?

하
법령의 규정

① 관계 중앙행정기관의 장은 국토교통부장관에게 시범도시의 지정을 요청하고자 하는 때에는 주민의 의견을 들은 후 관계 지방자치단체의 장의 의견을 들어야 한다.
② 국토교통부장관이 직접 시범도시를 지정함에 있어서 그 대상이 되는 도시를 공모할 경우, 시장 또는 군수는 공모에 응모할 수 있다.
③ 행정청인 도시·군계획시설사업 시행자의 처분에 대하여는 행정심판법에 따라 행정심판을 제기할 수 있다.
④ 국토교통부장관이 이 법률의 위반자에 대한 처분으로서 실시계획인가를 취소하려면 청문을 실시하여야 한다.
⑤ 도지사는 도시·군기본계획과 도시·군관리계획이 국가계획의 취지에 부합하지 아니하다고 판단하는 경우, 국토교통부장관에게 변경을 요구할 수 있다.

02

청문

국토의 계획 및 이용에 관한 법령상 처분에 앞서 청문을 해야 하는 경우만을 모두 고른 것은?

> ㉠ 개발행위허가의 취소
> ㉡ 도시·군기본계획 승인의 취소
> ㉢ 도시·군계획시설사업의 시행자 지정의 취소
> ㉣ 지구단위계획구역 지정의 취소
> ㉤ 도시·군계획시설사업 실시계획 인가의 취소

① ㉠, ㉡, ㉢   ② ㉠, ㉢, ㉤   ③ ㉠, ㉣, ㉤
④ ㉡, ㉢, ㉣   ⑤ ㉡, ㉣, ㉤

03

과태료 부과대상

국토의 계획 및 이용에 관한 법령상 과태료 부과대상에 해당되지 않는 것은?

① 공동구에 수용하여야 하는 시설을 공동구에 수용하지 아니한 경우
② 정당한 사유 없이 광역도시계획에 관한 기초조사를 방해한 경우
③ 도시·군계획시설사업의 시행자가 감독상 필요한 보고를 허위로 한 경우
④ 개발행위허가를 받은 자가 소속 공무원의 그 개발행위에 관한 업무상황의 검사를 거부한 경우
⑤ 공동구의 설치비용을 부담하지 아니한 자가 허가를 받지 않고 공동구를 사용하는 경우

04

벌칙

국토의 계획 및 이용에 관한 법령상 2년 이하의 징역 또는 2,000만원 이하의 벌금 부과대상에 해당되지 않는 것은?

① 도시·군계획시설의 설치·관리규정에 위반하여 도시·군관리계획의 결정이 없이 기반시설을 설치한 자
② 공동구수용 의무규정에 위반하여 공동구에 수용하여야 하는 시설을 공동구에 수용하지 아니한 자
③ 시가화조정구역에서 허가를 받지 아니하고 마을공동시설, 공익시설·공공시설 등을 건축하는 행위를 한 자
④ 용도지역 또는 용도지구에서의 건축물이나 그 밖의 시설의 용도·종류 및 규모 등의 제한을 위반하여 건축물을 건축하거나 건축물의 용도를 변경한 자
⑤ 지구단위계획구역 안에서 지구단위계획에 맞게 건축해야 할 의무를 위반하여 지구단위계획에 맞지 아니하게 건축물을 건축하거나 용도를 변경한 자

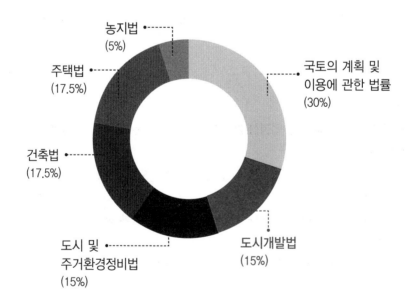

@ 최근 5개년 출제경향 분석

이 법은 도시개발사업에 관한 절차법이기 때문에 절차에 대한 전체적인 체계를 정리하고 세부적인 사항으로 정리·학습해야 하는 법률이다. 이 법에서 특히 비중을 두고 공부하여야 할 부분은 개발계획 수립, 도시개발구역의 지정, 실시계획, 수용·사용방식, 환지계획, 환지예정지, 환지처분, 체비지, 청산금 등에 관한 부분이다.

도시개발법

제1장 개발계획의 수립
제2장 도시개발구역의 지정
제3장 도시개발사업의 시행자
제4장 실시계획
제5장 도시개발사업의 시행방식
제6장 수용 또는 사용방식
제7장 환지방식의 사업시행
제8장 비용부담 등

개발계획의 수립

도시개발법령상 도시개발사업의 계획(= 개발계획)의 수립 및 변경에 관한 설명 중 옳은 것은?

① 보전녹지지역에 도시개발구역을 지정할 때에는 도시개발구역을 지정한 후에 개발계획을 수립할 수 있다.

② 100만㎡ 이상인 도시개발구역에 관한 개발계획을 수립할 때에는 해당 구역에서 주거, 생산, 교육, 유통, 위락 등의 기능이 서로 조화를 이루도록 노력하여야 한다.

③ 환지방식으로 개발계획을 수립하는 경우, 지방자치단체인 시행자도 환지방식이 적용되는 구역의 토지면적의 3분의 2 이상에 해당하는 토지소유자와 그 지역의 토지소유자 총수의 2분의 1 이상의 동의를 받아야 한다.

④ 임대주택건설계획 등 세입자 등의 주거 및 생활 안정 대책에 관한 사항은 도시개발구역을 지정한 후에 개발계획의 내용으로 포함시킬 수 있다.

⑤ 개발계획의 내용에는 토지이용계획, 교통처리계획, 환경보전계획, 지구단위계획, 인구수용계획 등의 사항이 포함되어야 한다.

해설 ① 보전녹지지역은 도시개발사업을 하지 못한다. 그러므로 보전녹지지역은 틀린 문장이다. 자연녹지지역에 도시개발구역을 지정할 때에는 도시개발구역을 지정한 후에 개발계획을 수립할 수 있다.
② 330만㎡ 이상인 도시개발구역에 관한 개발계획을 수립할 때에는 해당 구역에서 주거, 생산, 교육, 유통, 위락 등의 기능이 서로 조화를 이루도록 노력하여야 한다.
③ 시행자가 국가나 지방자치단체인 때에는 지정권자는 토지소유자의 동의를 받지 않고 환지방식의 도시개발사업 시행을 위한 개발계획을 수립할 수 있다.
⑤ 지구단위계획은 개발계획내용이 아니라 실시계획내용이다. ◆ 정답 ④

**Point
01**
하
도시개발구역
지정 후에
개발계획을 수립

도시개발법령상 도시개발구역을 지정한 후에 개발계획을 수립할 수 있는 경우가 아닌 것은?

① 개발계획을 공모하는 경우

② 자연녹지지역에 도시개발구역을 지정할 때

③ 도시지역 외의 지역에 도시개발구역을 지정할 때

④ 국토교통부장관이 지역균형발전을 위하여 관계 중앙행정기관의 장과 협의하여 상업지역에 도시개발구역을 지정할 때

⑤ 해당 도시개발구역에 포함되는 주거지역이 전체 도시개발구역 지정 면적의 100분의 40인 지역을 도시개발구역으로 지정할 때

02

개발계획

도시개발법령상 도시개발사업의 개발계획에서 정하는 내용에 해당하지 않은 것은?

① 지구단위계획　　　　　　　　　② 토지이용계획

③ 교통처리계획　　　　　　　　　④ 환경보전계획

⑤ 인구수용계획

03

개발계획

도시개발법령상 개발계획에 관한 내용이다. 틀린 것은?

① 개발계획 내용에는 도시개발사업의 시행 방식을 정하되 환지방식에 의하는 경우 환지방식이 적용되는 지역의 토지면적의 3분의 2 이상에 해당하는 토지소유자와 그 지역의 토지소유자 총수의 2분의 1 이상의 동의를 받아야 한다.

② 지정권자는 창의적이고 효율적인 도시개발사업을 추진하기 위하여 필요한 경우에는 개발계획안을 공모하여 선정된 안을 개발계획에 반영할 수 있다.

③ 계획관리지역은 도시개발구역을 지정한 후에 개발계획을 수립할 수 없다.

④ 도시개발구역 밖의 지역에 기반시설을 설치하여야 하는 경우에는 그 시설의 설치에 필요한 비용의 부담 계획은 도시개발구역을 지정한 후에 개발계획에 포함시킬 수 있다.

⑤ 토지 소유권을 여러 명이 공유하는 경우에는 다른 공유자의 동의를 받은 대표 공유자 1명만을 해당 토지소유자로 본다.

04

개발계획
변경

도시개발법령상 도시개발사업의 일부를 환지방식으로 시행하기 위하여 개발계획을 변경할 때 토지소유자의 동의가 필요한 경우는? (단, 시행자는 한국토지주택공사이며, 다른 조건은 고려하지 않음)

① 너비가 10m인 도로를 폐지하는 경우

② 도로를 제외한 기반시설의 면적이 종전보다 100분의 4 증가하는 경우

③ 기반시설을 제외한 도시개발구역의 용적률이 종전보다 100분의 4 증가하는 경우

④ 사업시행지구를 분할하거나 분할된 사업시행지구를 통합하는 경우

⑤ 수용예정인구가 종전보다 100분의 5 증가하여 2천6백명이 되는 경우

05 도시개발법령상 도시개발구역을 지정한 후에 개발계획에 포함시킬 수 있는 사항이다. 틀린 것은?

개발구역을
지정한 후에
개발계획에 포함

① 임대주택건설계획 등 세입자 등의 주거 및 생활 안정 대책

② 순환개발 등 단계적 사업추진이 필요한 경우 사업추진 계획 등에 관한 사항

③ 도시개발구역 밖의 지역에 기반시설을 설치하여야 하는 경우 그 시설의 설치에 필요한 비용의 부담계획

④ 존치하는 기존 건축물 및 공작물 등에 관한 계획

⑤ 수용 또는 사용의 대상이 되는 토지·건축물 또는 토지에 정착한 물건과 이에 관한 소유권 외의 권리가 있는 경우에는 그 세부목록

06 도시개발법령상 환지방식의 도시개발사업에 대한 개발계획의 수립·변경을 위한 동의자 수 산정 방법으로 옳은 것은?

동의자 수
산정방법

① 집합건물의 소유 및 관리에 관한 법률에 따른 구분소유자는 대표 구분소유자 1인만을 토지소유자로 본다.

② 개발계획 변경시 계발계획의 변경을 요청받기 전에 동의를 철회하는 사람이 있는 경우 그 사람은 동의자 수에서 제외한다.

③ 개발구역의 지정이 제안된 후부터 개발계획이 수립되기 전까지의 사이에 토지소유자가 변경된 경우 변경된 토지소유자의 동의서를 기준으로 한다.

④ 개발계획의 변경을 요청받은 후부터 개발계획이 변경되기 전까지의 사이에 토지소유자가 변경된 경우 변경된 토지소유자의 동의서를 기준으로 한다.

⑤ 도시개발구역의 토지면적을 산정하는 경우 국공유지는 제외한다.

도시개발구역의 지정

대표유형

도시개발법령상 도시개발구역의 지정에 관한 설명 중 옳은 것은?

① 공공기관의 장 또는 정부출연기관의 장이 20만㎡ 이상으로 국가계획과 밀접한 관련이 있는 도시개발구역의 지정을 제안하는 경우에는 국토교통부장관이 도시개발구역을 지정할 수 있다.

② 시·도지사는 도시개발구역을 지정하는 경우, 그 면적이 50만㎡ 이상인 때에는 국토교통부장관의 승인을 받아야 한다.

③ 국토교통부장관, 시·도지사, 시장·군수 또는 구청장은 도시개발사업을 시행하려는 구역의 면적이 100만㎡ 이상인 경우에는 공람 또는 공청회를 개최하여야 한다.

④ 도시개발구역을 둘 이상의 사업시행지구로 분할할 수 있는 경우는 분할 후 각 사업시행지구의 면적이 각각 1만㎡ 이상인 경우로 한다.

⑤ 도시개발구역의 면적이 30만㎡ 미만인 경우에는 일간신문에 공고하지 아니하고 공보와 해당 시·군 또는 구의 인터넷 홈페이지에 공고할 수 있다.

해설 ① 공공기관의 장 또는 정부출연기관의 장(지방공사 ×)이 30만㎡ 이상으로 국가계획과 밀접한 관련이 있는 개발구역의 지정을 제안하는 경우에는 국토교통부장관이 도시개발구역을 지정할 수 있다.
② 시·도지사, 대도시 시장은 계획적인 도시개발이 필요하다고 인정되면 도시개발구역을 지정할 수 있다. 다만, 도시개발구역이 50만㎡ 이상인 경우, 개발계획이 국가계획을 포함하고 있거나 국가계획과 관련되는 경우에는 때에는 국토교통부장관과 협의하여야 한다(승인 ×).
③ 국토교통부장관, 시·도지사, 시장·군수 또는 구청장은 도시개발사업을 시행하려는 구역의 면적이 100만㎡ 이상인 경우에는 공람기간이 끝난 후에 공청회를 개최하여야 한다.
⑤ 도시개발구역의 면적이 10만㎡ 미만인 경우에는 일간신문에 공고하지 아니하고 공보와 해당 시·군 또는 구의 인터넷 홈페이지에 공고할 수 있다. **◆정답 ④**

01

도시개발구역
지정

도시개발법령상 도시개발구역을 지정할 수 있는 자를 모두 고른 것은?

㉠ 시·도지사	㉡ 대도시 시장
㉢ 국토교통부장관	㉣ 한국토지주택공사

① ㉠

② ㉡, ㉣

③ ㉢, ㉣

④ ㉠, ㉡, ㉢

⑤ ㉠, ㉡, ㉢, ㉣

02

국토교통부장관이
지정권자

도시개발법상 국토교통부장관이 도시개발구역을 지정할 수 있는 사유로 틀린 것은?

① 국가가 도시개발사업을 실시할 필요가 있는 경우

② 산업통상자원부장관이 10만m² 규모로 도시개발구역 지정을 요청하는 경우

③ 한국토지주택공사 사장이 30만m² 규모로 국가계획과 밀접한 관련이 있는 도시개발구역의 지정을 제안하는 경우

④ 도시개발사업이 필요하다고 인정되는 지역이 2 이상의 시·도 또는 대도시의 행정구역에 걸치는 경우

⑤ 천재·지변으로 인하여 도시개발사업을 긴급하게 할 필요가 있는 경우

03

도시개발구역의
면적기준

도시개발법상 도시개발구역으로 지정할 수 있는 규모로 옳은 것은?

① 제1종 일반주거지역 : 10,000m² 이상

② 중심상업지역 : 5,000m² 이상

③ 전용공업지역 : 20,000m² 이상

④ 보전녹지지역 : 5,000m² 이상

⑤ 도시지역 외의 지역 : 30,000m² 이상

04

지정특례

다음은 도시개발법령상 광역도시계획 또는 도시·군기본계획 수립 여부를 불문하며, 도시개발구역 규모규정도 적용하지 않는 지역에 관한 설명이다. 틀린 것은?

① 자연취락지구로서 지정권자가 계획적 도시개발이 필요하다고 인정하는 지역

② 복합개발진흥지구로서 지정권자가 계획적 도시개발이 필요하다고 인정하는 지역

③ 지구단위계획구역으로서 지정권자가 계획적 도시개발이 필요하다고 인정하는 지역

④ 국토교통부장관이 지역균형발전을 위하여 관계 중앙행정기관의 장과 협의하여 도시개발구역으로 지정하고자 하는 지역(자연환경보전지역을 제외한다)

⑤ 자연녹지지역으로서 지정권자가 계획적 도시개발이 필요하다고 인정하는 지역

05 도시개발법령상 도시개발구역의 지정에 대한 설명으로 틀린 것은?

도시개발구역의
지정

① 시·도지사는 도시개발구역으로 지정하고자 하는 면적이 200만m²인 경우 국토교통부장관과 협의를 하여야 한다.

② 지정권자는 서로 떨어진 둘 이상의 지역을 결합하여 하나의 도시개발구역으로 지정할 수 있다.

③ 도시개발구역의 면적이 10만m² 미만인 경우에는 일간신문에 공고하지 아니하고 공보와 해당 시·군 또는 구의 인터넷 홈페이지에 공고할 수 있다.

④ 시장 또는 군수도 도시개발구역의 지정권자가 될 수 있다.

⑤ 자연녹지지역에 도시개발구역을 지정하려는 경우에는 그 면적이 원칙적으로 10,000m² 이상되어야 한다.

06 도시개발법령상 도시개발구역의 지정에 관한 설명으로 틀린 것은?

지정 요청 및
제안

① 토지소유자가 도시개발구역의 지정을 제안하고자 하는 경우에는 대상구역의 토지면적의 2/3 이상에 해당하는 토지의 소유자(지상권자를 포함)의 동의를 받아야 한다.

② 도시개발구역의 지정을 제안받은 국토교통부장관·특별자치도지사·시장·군수·구청장은 제안 내용의 수용 여부를 2개월 이내에 제안자에게 통보하여야 한다. 다만 불가피한 사유가 있는 경우에는 1개월 이내의 범위에서 통보기간을 연장할 수 있다.

③ 특별자치도지사, 시장·군수 또는 구청장은 제안자와 협의하여 도시개발구역의 지정을 위하여 필요한 비용의 전부 또는 일부를 제안자에게 부담시킬 수 있다.

④ 국가·지방자치단체·조합을 제외한 도시개발사업의 시행자가 될 수 있는 자는 특별자치도지사, 시장·군수 또는 구청장에게 도시개발구역의 지정을 제안할 수 있다.

⑤ 시장(대도시 시장을 제외한다)·군수 또는 구청장은 시·도지사에게 도시개발구역의 지정을 요청할 수 있다.

07 도시개발법령상 도시개발구역의 지정을 제안할 수 있는 자가 아닌 것은?

지정제안

① 도시개발조합　　　　　　　　　② 한국수자원공사

③ 지방공사　　　　　　　　　　　④ 한국관광공사

⑤ 한국농어촌공사

08 도시개발법상 도시개발구역에 대한 설명 중 틀린 것은?

도시개발구역의 지정

① 도시개발구역의 지정을 제안하고자 하는 자는 도시개발구역이 2 이상의 시·군 또는 구의 행정구역에 걸치는 경우에는 가장 큰 면적이 걸친 시장·군수 또는 구청장에게 관련 서류를 제출하여야 한다.

② 도시개발구역이 지정·고시된 경우 해당 도시개발구역은 도시지역과 지구단위계획구역으로 결정·고시된 것으로 본다.

③ 취락지구로 지정된 지역에서의 도시개발구역은 도시지역과 지구단위계획구역으로 결정·고시된 것으로 본다.

④ 시·도지사는 도시개발구역으로 지정하고자 하는 면적이 50만㎡ 이상인 경우 국토교통부장관과 협의를 하여야 한다.

⑤ 국토교통부장관이 지역균형발전을 위하여 필요하다고 인정하여도 100만㎡의 자연환경보전지역은 도시개발구역으로 지정할 수 없다.

09 도시개발구역에서 특별시장·광역시장·특별자치도지사·시장 또는 군수의 개발행위허가에 관한 설명이다. 틀린 것은?

개발행위허가

① 농림수산물의 생산에 직접 이용되는 것으로서 비닐하우스의 설치는 허가를 받지 않고 할 수 있다.

② 도시개발법상 개발행위를 허가받은 자는 국토의 계획 및 이용에 관한 법령상 개발행위를 허가받은 것으로 본다.

③ 죽목의 벌채 및 식재는 허가를 받지 않고 할 수 있다.

④ 허가권자가 개발행위허가를 하고자 하는 경우에 시행자가 있으면 미리 시행자의 의견을 들어야 한다.

⑤ 허가를 받아야 하는 행위로서 도시개발구역의 지정·고시 당시 이미 관계법령에 따라 허가를 받았거나 허가를 받을 필요가 없는 행위에 관하여 그 공사 또는 사업에 착수한 자는 30일 이내에 신고한 후 이를 계속 시행할 수 있다.

10

개발행위허가

도시개발법령상 도시개발구역에서 특별시장·광역시장·특별자치도지사·시장 또는 군수의 허가를 받아야 하는 행위는? (국토의 계획 및 이용에 관한 법령상 개발행위허가의 대상이 아님을 전제함)

① 농림수산물의 생산에 직접 이용되는 것으로서 비닐하우스의 설치
② 경작을 위한 토지의 형질변경
③ 도시개발구역의 개발에 지장을 주지 아니하고 자연경관을 손상하지 아니하는 범위에서의 토석의 채취
④ 도시개발구역에 남겨두기로 결정된 대지에서 물건을 쌓아 놓는 행위
⑤ 관상용 죽목의 경작지에서의 임시식재

11

도시개발구역의
해제의제

도시개발법령상 도시개발구역 지정의 해제에 관한 규정 내용이다. (   )에 들어갈 숫자를 바르게 나열한 것은?

> 도시개발구역을 지정한 후 개발계획을 수립하는 경우에는 아래에 규정된 날의 다음 날에 도시개발구역의 지정이 해제된 것으로 본다.
> • 도시개발구역이 지정·고시된 날부터 (㉠)년이 되는 날까지 개발계획을 수립·고시하지 아니하는 경우에는 그 (㉠)년이 되는 날. 다만, 도시개발구역의 면적이 330만제곱미터 이상인 경우에는 5년으로 한다.
> • 개발계획을 수립·고시한 날부터 (㉡)년이 되는 날까지 실시계획 인가를 신청하지 아니하는 경우에는 그 (㉡) 년이 되는 날. 다만, 도시개발구역의 면적이 330만제곱미터 이상인 경우에는 (㉢)년으로 한다.

① ㉠: 2, ㉡: 3, ㉢: 3
② ㉠: 2, ㉡: 3, ㉢: 5
③ ㉠: 3, ㉡: 2, ㉢: 3
④ ㉠: 3, ㉡: 2, ㉢: 5
⑤ ㉠: 3, ㉡: 3, ㉢: 5

12

도시개발구역의
해제의제

도시개발법령상 도시개발구역은 다음에 해당하는 날에 그 지정이 해제된 것으로 본다. 이에 대한 내용으로 틀린 것은?

① 도시개발구역이 지정·고시된 날부터 3년이 되는 날까지 도시개발사업에 관한 실시계획의 인가를 신청하지 아니하는 경우에는 그 3년이 되는 날의 다음 날에 해제된 것으로 본다.

② 도시개발사업의 공사완료 공고일의 다음 날, 또는 환지방식에 따른 사업인 경우에는 환지처분 공고일의 다음 날에 해제된 것으로 본다.

③ 도시개발구역 지정 후 개발계획을 수립하는 경우에 면적이 300만m²인 도시개발구역을 지정·고시한 날부터 2년이 되는 날까지 개발계획을 수립·고시하지 아니하는 경우에는 그 2년이 되는 날의 다음 날에 해제된 것으로 본다.

④ 도시개발구역 지정 후 개발계획을 수립하는 경우에 면적이 500만m²인 도시개발구역을 지정·고시한 날부터 2년이 되는 날까지 개발계획을 수립·고시하지 아니하는 경우에는 그 2년이 되는 날의 다음 날에 해제된 것으로 본다.

⑤ 도시개발구역 지정 후 개발계획을 수립하는 경우에 면적이 500만m²인 개발계획을 수립·고시한 날부터 5년이 되는 날까지 실시계획의 인가를 신청하지 아니하는 경우에는 그 5년이 되는 날의 다음 날에 해제된 것으로 본다.

13

도시개발구역의
지정·고시의 효과

도시개발법령상 도시개발구역의 지정·고시의 효과에 대한 설명이다. 옳은 것은?

① 도시개발구역이 지정·고시된 경우 해당 도시개발구역은 국토의 계획 및 이용에 관한 법률에 의한 도시지역과 지구단위계획 및 지구단위계획구역으로 결정·고시된 것으로 본다.

② 재해복구 또는 재난수습을 위한 응급조치는 허가를 받지 않고 1개월 내 신고할 수 있다.

③ 도시개발구역이 지정·고시된 날부터 2년이 되는 날까지 도시개발사업에 관한 실시계획의 인가를 신청하지 아니하는 경우에는 그 2년이 되는 날의 다음 날에 해제된 것으로 본다.

④ 도시개발구역에서 해제된 경우에는 그 도시개발구역에 대한 국토의 계획 및 이용에 관한 법률에 따른 용도지역 및 지구단위계획구역은 해당 도시개발구역 지정 이전의 용도지역 및 지구단위계획구역으로 각각 환원되거나 폐지된 것으로 본다.

⑤ 도시개발사업의 공사완료에 따라 해제의제된 경우에도 해당 도시개발구역 지정 이전의 용도지역 및 지구단위계획구역으로 각각 환원되거나 폐지된 것으로 본다.

도시개발사업의 시행자

대표유형

도시개발법령상 도시개발조합에 관한 설명이다. 옳은 것은?

① 조합설립인가를 받은 후 정관기재사항인 주된 사무소의 소재지를 변경하려는 경우에는 지정권자의 변경인가를 받아야 한다.

② 조합의 설립에는 토지면적의 2/3 이상에 해당하는 토지소유자의 동의 또는 토지소유자 총수의 1/2 이상에 해당하는 토지소유자의 동의가 필요하다.

③ 의결권을 가진 조합원의 수가 50인 이상인 조합은 총회의 권한을 대행하게 하기 위하여 대의원회를 둘 수 있다.

④ 조합원은 보유토지의 면적에 비례하여 의결권을 갖는다.

⑤ 토지소유자와 지상권자는 그 조합설립에 동의를 하지 않았더라도 당연 조합원이 된다.

해설 ① 조합설립인가 받은 사항을 변경하려는 경우에는 지정권자의 변경인가를 받아야 한다. 다만, 정관기재사항인 주된 사무소의 소재지, 공고방법의 변경 등 경미한 사항을 변경하려는 경우에는 신고하여야 한다.
② 조합의 설립에는 토지면적의 2/3 이상에 해당하는 토지소유자의 동의와 토지소유자 총수의 1/2 이상에 해당하는 토지소유자의 동의가 필요하다.
④ 조합원은 보유토지의 면적에 관계없이 평등한 의결권을 갖는다.
⑤ 지상권자는 조합원이 되지 못한다. 토지소유자는 그 조합설립에 동의를 하지 않았더라도 당연 조합원이 된다.

❶ 정답 ③

01
시행자

다음 중 도시개발구역의 전부를 환지방식으로 시행하는 경우에 우선적으로 시행자로 지정될 수 있는 자는?

① 국가 또는 지방자치단체

② 한국토지주택공사

③ 토지소유자 또는 도시개발조합

④ 등록사업자

⑤ 민간법인

02 도시개발법령상 도시개발사업 시행자로 지정될 수 있는 자에 해당하지 않는 것은?

시행자

① 국가
② 「한국부동산원법」에 따른 한국부동산원
③ 「한국수자원공사법」에 따른 한국수자원공사
④ 「한국관광공사법」에 따른 한국관광공사
⑤ 「지방공기업법」에 따라 설립된 지방공사

03 도시개발법령상 지정권자가 '도시개발구역 전부를 환지방식으로 시행하는 도시개발사업'을 '지방자치단체의 장이 집행하는 공공시설에 관한 사업'과 병행하여 시행할 필요가 있다고 인정하는 경우, 이 도시개발사업의 시행자로 지정될 수 없는 자는? (단, 지정될 수 있는 자가 도시개발구역의 토지 소유자는 아니며, 다른 법령은 고려하지 않음)

시행자

① 국가
② 지방자치단체
③ 지방공기업법에 따른 지방공사
④ 한국토지주택공사법에 따른 한국토지주택공사
⑤ 자본시장과 금융투자업에 관한 법률에 따른 신탁업자 중 주식회사 등의 외부감사에 관한 법률 제4조에 따른 외부감사의 대상이 되는 자

04 도시개발법령상 지정권자가 시행자를 변경할 수 있는 사유에 대한 설명이다. 틀린 것은?

시행자
변경

① 시행자가 도시개발사업에 관한 실시계획의 인가를 받은 후 2년 이내에 사업을 착수하지 아니한 경우
② 행정처분으로 시행자의 지정이 취소된 경우
③ 도시개발구역의 전부를 환지방식으로 시행하는 경우, 시행자로 지정된 자가 도시개발구역 지정의 고시일로부터 6개월 이내에 실시계획 인가를 신청하지 아니한 경우
④ 지정권자가 실시계획의 인가신청기간의 연장이 불가피하다고 인정하여 6개월의 범위에서 연장한 경우에는 그 연장된 기간 이내에 도시개발사업에 관한 실시계획의 인가를 신청하지 아니하는 경우
⑤ 시행자의 부도·파산으로 도시개발사업의 목적을 달성하기 어렵다고 인정되는 경우

05 도시개발법령상 도시개발조합에 관한 설명으로 틀린 것은?

도시개발조합

① 조합을 설립하려면 도시개발구역의 토지소유자 7명 이상이 정관을 작성하여 지정권자에게 조합설립의 인가를 받아야 한다.

② 조합설립인가 받은 사항을 변경하려는 경우에는 지정권자에게 변경신고를 하여야 한다.

③ 조합의 임원은 그 조합의 다른 임원을 겸할 수 없다.

④ 조합에 대해 도시개발법에서 규정한 것 이외에는 민법 중 사단법인에 관한 규정을 준용한다.

⑤ 조합은 그 주된 사무소의 소재지에서 등기를 하면 성립한다.

06 도시개발법령상 도시개발조합에 대한 설명 중 옳은 것은?

도시개발조합

① 조합원은 도시개발구역에 위치한 토지 또는 건축물의 소유자 또는 지상권자로 한다.

② 의결권을 가진 조합원의 수가 100인 이상인 조합은 총회의 권한을 대행하게 하기 위하여 대의원회를 둘 수 있다.

③ 개발계획의 수립 및 변경은 대의원회가 총회의 권한을 대행할 수 없고 총회의 의결을 거쳐야 한다.

④ 조합의 설립시에는 토지등소유자 5분의 4 이상의 동의를 받아야 한다.

⑤ 도시개발구역에 거주하는 주민들의 주민대표회의는 조합임원의 선임에 대한 승인권한을 갖는다.

07 도시개발법령상 조합설립인가 신청을 위한 동의에 관한 설명으로 틀린 것은?

동의자 수
산정방법

① 조합설립인가를 신청하려면 해당 도시개발구역의 토지면적의 3분의 2 이상에 해당하는 토지소유자와 그 구역의 토지소유자 총수의 2분의 1 이상의 동의를 받아야 한다.

② 동의자 수 산정방법에서 토지소유권을 공유하는 자가 집합건물의 소유 및 관리에 관한 법률에 따른 구분소유자인 경우 그들 각각을 토지소유자 1명으로 본다.

③ 조합설립인가를 신청하기 위해 동의를 한 토지소유자는 조합설립인가신청 전에는 그 동의의사를 철회할 수 없다.

④ 조합설립인가를 신청하기 위해 토지면적의 산정에는 국공유지가 포함된다.

⑤ 국공유지를 제외한 전체 사유 토지면적 및 토지소유자에 대하여 법에 따른 동의요건 이상으로 동의 받은 후에 그 토지면적 및 토지소유자의 수가 법적 동의요건에 미달된 경우에는 국공유지관리청의 동의를 받아야 한다.

08
동의자 수

도시개발법령상 도시개발구역의 토지소유현황이 다음과 같다. 도시개발사업을 위하여 조합설립 인가를 신청하고자 하는 때에 동의요건을 갖추기 위해 필요한 최소한의 토지소유자의 수는 몇 명인가?

소유자명	소유 필지 수	소유 면적(m²)	소유자명	소유 필지 수	소유 면적(m²)
김 ○ ○	2	2,000	엄 ○ ○	1	1,000
이 ○ ○	2	2,000	윤 ○ ○	1	1,000
박 ○ ○	2	2,000	유 ○ ○	1	1,000
최 ○ ○	2	2,000	장 ○ ○	1	1,000
정 ○ ○	2	2,000	강 ○ ○	1	1,000
황 ○ ○	1	2,000	국토교통부	2	1,000
신 ○ ○	1	1,000	서울시	1	1,000
			합 계	20필지	20,000m²

① 5명　　　　　　　　② 6명　　　　　　　　③ 7명
④ 8명　　　　　　　　⑤ 9명

09
대의원회가
총회권한 대행
불가능 사유

도시개발법령상 도시개발조합 총회의 권한 중 대의원회가 대행할 수 있는 사항은?

① 정관의 변경, 조합임원의 선임
② 개발계획의 수립 및 변경(개발계획의 경미한 변경은 제외)
③ 조합의 합병 또는 해산
④ 실시계획의 수립·변경
⑤ 환지계획의 작성(환지계획의 경미한 변경은 제외)

10
도시개발조합의
임원

도시개발법령상 도시개발조합의 임원에 대한 내용으로 틀린 것은?

① 조합임원은 같은 목적의 사업을 하는 다른 조합의 임원·직원의 겸직을 금지한다.
② 의결권을 가진 조합원의 수가 100인 이상인 조합은 총회의 권한을 대행하게 하기 위하여 대의원회를 두어야 한다.
③ 미성년자는 조합원은 될 수 있어도 임원은 될 수 없다.
④ 조합의 임원으로 선임된 자가 결격사유에 해당하게 된 경우에는 그 다음 날부터 임원의 자격을 상실한다.
⑤ 조합장은 조합을 대표하고 그 사무를 총괄하며, 총회·대의원회 또는 이사회의 의장이 된다.

11 도시개발법령상 도시개발조합에 관한 설명으로 틀린 것은?

도시개발조합

① 조합설립의 인가를 신청하려면 해당 도시개발구역의 토지면적의 2/3 이상에 해당하는 토지소유자의 동의와 그 구역의 토지소유자 총수의 1/2 이상의 동의를 받아야 한다.

② 조합설립인가에 동의한 자로부터 토지를 취득한 자는 조합 설립인가 신청 후에는 동의를 철회할 수 없다.

③ 조합원은 보유토지의 면적에 비례하여 의결권을 갖는다.

④ 피성년후견인, 피한정후견인 또는 미성년자는 조합원이 될 수 있다.

⑤ 조합의 감사는 도시개발구역의 토지소유자이어야 한다.

12 도시개발법령상 조합의 임원에 관한 설명으로 틀린 것은?

조합의 임원

① 이사는 의결권을 가진 조합원이어야 한다.

② 이사는 그 조합의 조합장을 겸할 수 없다.

③ 감사의 선임의 총회의 의결을 거쳐야 한다.

④ 조합장은 총회·대의원회 또는 이사회의 의장이 된다.

⑤ 이사의 자기를 위한 조합과의 계약에 관하여는 조합장이 조합을 대표한다.

13 도시개발법령상 도시개발사업 조합에 관한 설명으로 옳은 것을 모두 고른 것은?

도시개발조합

㉠ 금고 이상의 형을 선고받고 그 형의 집행유예기간 중에 있는 자는 조합의 임원이 될 수 없다.

㉡ 조합이 조합 설립의 인가를 받은 사항 중 공고방법을 변경하려는 경우 지정권자로부터 변경인가를 받아야 한다.

㉢ 조합장 또는 이사의 자기를 위한 조합과의 계약이나 소송에 관하여는 대의원회가 조합을 대표한다.

㉣ 의결권을 가진 조합원의 수가 50인 이상인 조합은 총회의 권한을 대행하게 하기 위하여 대의원회를 둘 수 있으며, 대의원회에 두는 대의원의 수는 의결권을 가진 조합원 총수의 100분의 10 이상으로 한다.

① ㉠, ㉢   ② ㉠, ㉣   ③ ㉡, ㉢

④ ㉠, ㉡, ㉣   ⑤ ㉡, ㉢, ㉣

대표유형

도시개발법령상 도시개발사업의 실시계획에 관한 설명으로 틀린 것은?

① 도시개발사업에 관한 실시계획에는 지구단위계획이 포함되어야 한다.

② 시 · 도지사가 실시계획을 작성하는 경우 국토교통부장관의 의견을 미리 들어야 한다.

③ 실시계획인가신청서에는 축척 2만 5천분의 1 또는 5만분의 1의 위치도가 첨부되어야 한다.

④ 관련 인 · 허가 등의 의제를 받으려는 자는 실시계획의 인가를 신청하는 때에 해당 법률로 정하는 관계 서류를 함께 제출하여야 한다.

⑤ 지정권자가 아닌 시행자가 실시계획의 인가를 받은 후, 사업비의 100분의 10의 범위에서 사업비를 증액하는 경우 지정권자의 인가를 받지 않아도 된다.

해설 ② 시 · 도지사가 실시계획을 작성하는 경우에는 시장(대도시 시장은 제외) · 군수 · 구청장의 의견을 미리 들어야 하고, 국토교통부장관이 실시계획을 작성하는 경우에는 시 · 도지사 또는 대도시 시장의 의견을 들어야 한다.

◆정답 ②

Point

01

실시계획

도시개발법령상 도시개발사업의 실시계획에 관한 설명으로 틀린 것은?

① 시행자는 지구단위계획이 포함된 실시계획을 작성하여야 한다.

② 시행자는 작성된 실시계획에 관하여 지정권자의 인가를 받아야 한다.

③ 실시계획을 고시한 경우 종전에 도시 · 군관리계획으로 결정된 사항 중 고시 내용에 저촉되는 사항은 폐지된 것으로 본다.

④ 지정권자가 실시계획을 작성하거나 인가하는 경우 국토교통부장관이 지정권자이면 시 · 도지사 또는 대도시 시장의 의견을 미리 들어야 한다.

⑤ 실시계획을 인가할 때 지정권자가 해당 실시계획에 대한 하수도법에 따른 공공하수도 공사시행의 허가에 관하여 관계 행정기관의 장과 협의한 때에는 해당 허가를 받은 것으로 본다.

02

실시계획

도시개발사업시행 중 실시계획에 관한 내용이다. 틀린 것은?

① 시행자는 도시개발사업시행에 필요한 설계도서·자금계획 및 시행기간 기타 대통령령이 정하는 사항 및 서류를 명시하거나 첨부한 실시계획을 작성하여야 한다.

② 실시계획은 개발계획에 부합되게 작성하여야 하고, 실시계획에는 지구단위계획이 포함되어야 한다.

③ 실시계획을 고시한 경우 그 고시된 내용 중 국토의 계획 및 이용에 관한 법률에 따른 도시·군관리계획으로 결정하여야 하는 사항은 국토의 계획 및 이용에 관한 법률에 따른 도시·군관리계획이 결정·고시된 것으로 본다.

④ 고시된 실시계획의 내용 중 국토의 계획 및 이용에 관한 법률에 따라 도시·군관리계획으로 결정하여야 하는 사항이 종전에 도시·군관리계획으로 결정된 사항에 저촉되면 종전에 도시·군관리계획으로 결정된 사항이 우선하여 적용된다.

⑤ 지정권자는 실시계획을 작성하거나 인가할 때 그 내용에 관련 인·허가 의제에 해당 사항이 있으면 미리 관계 행정기관의 장과 협의하여야 하며, 관계 행정기관의 장은 협의 요청을 받은 날부터 20일 이내에 의견을 제출하여야 한다.

도시개발사업의 시행방식

대표유형

도시개발법령상 도시개발사업의 시행방식과 관련된 설명 중 옳은 것은 몇 개인가?

㉠ 도시개발사업은 수용 또는 사용하는 방식이나 환지방식 또는 이를 혼용하는 방식으로 시행할 수 있다.

㉡ 수용 또는 사용방식은 도시개발사업을 시행하는 지역의 지가가 인근의 다른 지역에 비하여 현저히 높은 경우에 시행하는 방식이다.

㉢ 수용 또는 사용방식은 대지로서의 효용증진과 공공시설의 정비를 위하여 지목 또는 형질의 변경이나 공공시설의 설치·변경이 필요한 경우에 시행하는 방식이다.

㉣ 해당 도시의 주택건설에 필요한 택지 등의 집단적인 조성이 필요한 경우에 환지방식으로 시행하는 것을 원칙으로 한다.

㉤ 시행자가 도시개발사업을 혼용방식으로 시행하려는 경우에는 분할 혼용방식과 미분할 혼용방식의 방식으로 도시개발사업을 시행할 수 있다.

㉥ 분할 혼용방식에 따라 사업시행지구를 분할하여 시행하는 경우에는 각 사업지구에서 부담하여야 하는 기반시설의 설치비용 등을 명확히 구분하여 실시계획에 반영할 수 있다.

㉦ 시행자는 도시개발사업을 원활하게 시행하기 위하여 도시개발구역의 내외에 새로 건설하는 주택 또는 이미 건설되어 있는 주택에 그 도시개발사업의 시행으로 철거되는 주택의 세입자 또는 소유자를 임시로 거주하게 하는 등의 방식으로 그 도시개발구역을 순차적으로 개발하여야 한다.

① 1개   ② 2개   ③ 3개

④ 4개   ⑤ 5개

해설 ㉡ 도시개발사업을 시행하는 지역의 지가가 인근의 다른 지역에 비하여 현저히 높은 경우에 시행하는 방식은 환지방식이다.

㉢ 대지로서의 효용증진과 공공시설의 정비를 위하여 지목 또는 형질의 변경이나 공공시설의 설치·변경이 필요한 경우에 시행하는 방식은 환지방식이다.

㉣ 해당 도시의 주택건설에 필요한 택지 등의 집단적인 조성이 필요한 경우에 수용 또는 사용방식으로 시행하는 것을 원칙으로 한다.

㉥ 분할 혼용방식에 따라 사업시행지구를 분할하여 시행하는 경우에는 각 사업지구에서 부담하여야 하는 기반시설의 설치비용 등을 명확히 구분하여 실시계획에 반영하여야 한다.

㉦ 시행자는 도시개발사업을 원활하게 시행하기 위하여 도시개발구역의 내외에 새로 건설하는 주택 또는 이미 건설되어 있는 주택에 그 도시개발사업의 시행으로 철거되는 주택의 세입자 또는 소유자를 임시로 거주하게 하는 등의 방식으로 그 도시개발구역을 순차적으로 개발할 수 있다.   ◆ 정답 ②

01

도시개발사업의
시행방식

도시개발법령상 도시개발사업의 시행방식과 관련된 설명 중 틀린 것은?

① 수용 또는 사용방식 : 택지 등의 집단적 조성 또는 공급이 필요한 경우에 시행하는 방식이다.

② 수용 또는 사용방식 : 사업시행지역의 지가가 인근지역에 비하여 현저히 높은 경우에 시행하는 방식이다.

③ 혼용방식 : 환지방식·수용 또는 사용방식이 적용되는 구역으로 구분하여 시행할 수 있다.

④ 분할 혼용방식 : 수용 또는 사용 방식이 적용되는 지역과 환지방식이 적용되는 지역을 사업시행지구별로 분할하여 시행하는 방식이다.

⑤ 미분할 혼용방식 : 사업시행지구를 분할하지 아니하고 수용 또는 사용 방식과 환지방식을 혼용하여 시행하는 방식이다.

02

시행방식의
변경

도시개발법령상 도시개발사업의 시행방식의 변경에 관한 설명 중 옳은 것은?

① 사업시행방식을 변경하려면 실시계획을 변경하여야 한다.

② 지방자치단체인 시행자가 도시개발사업의 시행방식을 전부 환지방식에서 수용 또는 사용방식으로 변경하는 것은 가능하다.

③ 정부출연기관인 시행자가 도시개발사업의 시행방식을 전부 환지방식에서 혼용방식으로 변경하는 것은 가능하다.

④ 토지소유자인 시행자가 혼용방식에서 수용 또는 사용 방식으로 변경하는 것은 가능하다.

⑤ 조합은 전부 환지방식으로만 사업을 하므로 사업시행방식을 변경하지 못한다.

수용 또는 사용방식

대표유형

도시개발법령상 토지 등의 수용 또는 사용의 방식에 따른 도시개발사업 시행에 관한 설명으로 옳은 것은?

① 지방자치단체가 시행자인 경우 토지상환채권을 발행할 수 없다.

② 지방자치단체인 시행자가 토지를 수용하려면 사업대상 토지면적의 3분의 2 이상의 토지를 소유하여야 한다.

③ 시행자는 조성토지를 공급받는 자로부터 해당 대금의 전부를 미리 받을 수 없다.

④ 시행자는 학교를 설치하기 위한 조성토지를 공급하는 경우 해당 토지의 가격을 감정평가 및 감정평가사에 관한 법률에 따른 감정평가법인 등이 감정평가한 가격 이하로 정할 수 있다.

⑤ 시행자는 지방자치단체에게 도시개발구역 전체 토지면적의 2분의 1 이내에서 원형지를 공급하여 개발하게 할 수 있다.

해설 ① 지방자치단체가 시행자인 경우에도 토지상환채권을 발행할 수 있다.
② 지방자치단체인 시행자가 토지를 수용하려면 사업대상 토지면적의 3분의 2 이상에 해당하는 토지를 소유하고 토지소유자 총수의 2분의 1 이상에 해당하는 자의 동의를 받을 필요가 없다.
③ 시행자는 조성토지를 공급받는 자로부터 해당 대금의 전부 또는 일부를 미리 받을 수 있다.
⑤ 전체 토지면적의 3분의 1 이내에서 원형지를 공급하여 개발하게 할 수 있다.　　　　◆ 정답 ④

01 **도시개발법령상 수용 또는 사용방식에 따른 사업 시행에 관한 설명이다. 옳은 것은?**

상
수용 또는
사용방식

① 조합인 시행자도 도시개발사업에 필요한 토지 등을 수용 또는 사용할 수 있다.

② 한국토지주택공사인 시행자는 사업대상 토지면적의 3분의 2 이상에 해당하는 토지를 소유하고 토지소유자 총수의 2분의 1 이상에 해당하는 자의 동의를 얻은 경우에 한해 시행자에게 수용권이 인정된다.

③ 토지 등의 수용 또는 사용에 관하여 이 법에 특별한 규정이 있는 경우를 제외하고는 국토의 계획 및 이용에 관한 법률에 관한 규정을 준용한다.

④ 도시개발사업 실시계획을 인가·고시한 때에는 공익사업을 위한 토지 등의 취득 및 보상에 관한 법률에 따른 사업인정 및 그 고시가 있었던 것으로 본다.

⑤ 재결신청은 개발계획에서 정한 도시개발사업의 시행기간 종료일까지 하여야 한다.

02 도시개발법령상 수용 또는 사용방식에 관한 설명이다. 옳은 것은?

수용 또는 사용방식

① 지방공사인 시행자는 토지소유자의 동의를 받아 도시개발사업에 필요한 토지 등을 수용 또는 사용할 수 있다.

② 지방공사인 시행자는 금융기관의 지급보증을 받은 경우에 한하여 토지상환채권을 발행할 수 있다.

③ 실시계획을 고시한 때에는 공익사업을 위한 토지 등의 취득 및 보상에 관한 법률에 따른 사업인정 및 고시가 있었던 것으로 본다.

④ 토지상환채권의 이율은 발행 당시의 금융기관의 예금금리 및 부동산수급상황을 고려해서 기획재정부장관이 정한다.

⑤ 토지소유자인 시행자의 경우 선수금을 받기 위한 공사진척률은 100분의 10 이상이다.

03 도시개발법령상 토지상환채권에 관한 설명 중 틀린 것은?

토지상환채권

① 토지상환채권이란 토지소유자가 원하는 경우 토지 등의 매수대금의 일부를 지급하기 위하여 도시개발사업시행으로 조성된 토지·건축물로 상환하는 채권을 말한다.

② 토지상환채권의 발행규모는 그 토지상환채권으로 상환할 토지·건축물이 해당 도시개발사업으로 조성되는 분양토지 또는 분양건축물의 2분의 1을 초과하지 아니하여야 한다.

③ 도시개발구역의 토지소유자인 시행자가 토지상환채권을 발행하는 때에는 대통령령으로 정하는 금융기관 등으로부터 지급보증을 받아야 한다.

④ 토지상환채권의 이율은 발행 당시의 금융기관의 예금금리 및 부동산 수급상황을 고려하여 발행자가 정한다.

⑤ 토지상환채권은 도시개발사업 후 조성된 토지로 상환되므로 이전이 불가능하다.

04 도시개발법령상 토지상환채권에 관한 설명 중 틀린 것은?

토지상환채권

① 시행자인 국가 또는 지방자치단체는 토지소유자가 원하는 경우에는 토지 등의 매수대금의 일부를 지급하기 위하여 토지상환채권을 발행할 수 있다.

② 토지상환채권은 기명식 증권으로 발행하지만 이전이나 양도가 가능하다.

③ 토지상환채권을 이전하는 경우 취득자는 그 성명과 주소를 토지상환채권에 기재하여 줄 것을 요청하여야 한다.

④ 취득자의 성명과 주소가 토지상환채권에 기재되지 아니하면 취득자는 발행자 및 그 밖의 제3자에게 대항하지 못한다.

⑤ 토지상환채권을 질권의 목적으로 하는 경우에는 질권자의 성명과 주소가 토지상환채권 원부에 기재되지 아니하면 질권자는 발행자 및 그 밖의 제3자에게 대항하지 못한다.

05 도시개발법령상 시행자는 도시를 자연친화적으로 개발하거나 복합적·입체적으로 개발하기 위하여 필요한 경우에는 원형지를 공급하여 개발하게 할 수 있다. 그 대상으로 틀린 것은?

원형지 공급

① 국가 또는 지방자치단체
② 공공기관 또는 지방공사
③ 정부출연기관
④ 국가 또는 지방자치단체가 복합개발 등을 위하여 실시한 공모에서 선정된 자
⑤ 원형지를 학교나 공장 등의 부지로 직접 사용하는 자

06 도시개발법령상 원형지의 공급과 개발에 관한 설명으로 틀린 것은?

원형지
공급과 개발

① 원형지는 도시개발구역 안에서 도시개발사업으로 조성되지 아니한 상태의 토지를 말한다.
② 원형지는 도시개발구역 전체 토지 면적의 2분의 1 이내의 면적으로만 공급될 수 있다.
③ 원형지를 공장 부지로 직접 사용하는 자는 원형지개발자가 될 수 있다.
④ 원형지 공급가격은 개발계획이 반영된 원형지의 감정가격에 시행자가 원형지에 설치한 기반시설 등의 공사비를 더한 금액을 기준으로 시행자와 원형지개발자가 협의하여 결정한다.
⑤ 국가 및 지방자치단체가 원형지개발자인 경우 원형지 공사완료공고일부터 5년, 원형지 공급 계약일부터 10년이 경과하기 전에도 원형지를 매각할 수 있다.

07 도시개발법령상 시행자는 원형지 공급계약을 해제할 수 있다. 그 사유로서 틀린 것은?

원형지
공급계약 해제

① 원형지개발자가 세부계획에서 정한 착수 기한 안에 공사에 착수하지 아니하는 경우
② 원형지개발자가 공사 착수 후 세부계획에서 정한 사업 기간을 넘겨 사업 시행을 지연하는 경우
③ 시행자 또는 원형지개발자가 이행조건을 이행하는 경우
④ 공급받은 토지의 전부나 일부를 시행자의 동의 없이 제3자에게 매각하는 경우
⑤ 공급받은 토지를 세부계획에서 정한 목적대로 사용하지 아니하는 등 공급계약의 내용을 위반한 경우

08 도시개발법령상 원형지의 공급과 개발에 관한 설명으로 틀린 것은?

원형지의
공급과 개발

① 공급될 수 있는 원형지의 면적은 해당 도시개발구역 전체 토지 면적의 3분의 1 이내로 한정된다.

② 도시개발구역의 지정권자는 원형지 공급·개발의 승인을 할 때에는 교통처리계획 및 기반시설의 설치 등에 관한 이행조건을 붙일 수 있다.

③ 원형지개발자인 지방자치단체는 10년의 범위에서 대통령령으로 정하는 기간 안에도 원형지를 매각할 수 있다.

④ 원형지 공급가격은 개발계획이 반영된 원형지의 감정가격으로 한다.

⑤ 원형지를 공장부지로 직접 사용하는 자를 원형지개발자로 선정하는 경우 경쟁입찰의 방식으로 하며, 경쟁입찰이 2회 이상 유찰된 경우에는 수의계약의 방법으로 할 수 있다.

09 도시개발법령상 토지 등의 수용 또는 사용의 방식에 따른 사업시행에 관한 설명으로 옳은 것은?

수용 또는
사용방식

① 도시개발사업을 시행하는 지방자치단체는 도시개발구역지정 이후 그 시행 방식을 혼용방식에서 수용 또는 사용방식으로 변경할 수 있다.

② 도시개발사업을 시행하는 정부출연기관이 그 사업에 필요한 토지를 수용하려면 사업대상 토지면적의 3분의 2 이상에 해당하는 토지를 소유하고 토지 소유자 총수의 2분의 1 이상에 해당하는 자의 동의를 받아야 한다.

③ 도시개발사업을 시행하는 공공기관은 토지상환채권을 발행할 수 없다.

④ 원형지를 공급받아 개발하는 지방공사는 원형지에 대한 공사완료 공고일부터 5년이 지난 시점이라면 해당 원형지를 매각할 수 있다.

⑤ 원형지가 공공택지 용도인 경우 원형지개발자의 선정은 추첨의 방법으로 할 수 있다.

10

공급 방법

도시개발법령상 조성된 토지 등의 공급 방법이다. 틀린 것은?

① 시행자는 조성토지 등을 공급하려고 할 때에는 조성토지 등의 공급 계획을 작성하여야 하며, 지정권자가 아닌 시행자는 작성한 조성토지 등의 공급 계획에 대하여 지정권자의 승인을 받아야 한다.

② 시행자는 「국토의 계획 및 이용에 관한 법률」에 따른 기반시설의 원활한 설치를 위하여 필요하면 공급대상자의 자격을 제한하거나 공급조건을 부여할 수 있다.

③ 토지의 공급은 원칙적으로 경쟁입찰의 방법에 의하며, 330m²의 단독주택용지 등에 대하여는 수의계약의 방법으로 분양할 수 있다.

④ 학교용지 · 공공청사용지 등 일반에게 분양할 수 없는 공공용지를 공급하는 경우에는 수의계약의 방법으로 분양할 수 있다.

⑤ 시행자는 학교 · 폐기물처리시설, 공공청사를 공급하는 경우에는 해당 토지의 가격을 감정평가법인 등이 감정평가한 가격 이하로 정할 수 있다.

Point
11

추첨방법

도시개발법령상 수용 또는 사용방식에서 추첨의 방법으로 공급하는 경우가 아닌 것은?

① 주택법에 따른 국민주택규모 이하의 주택건설용지

② 주택법에 따른 공공택지, 공장용지

③ 국토교통부령으로 정하는 면적(330m²) 이하의 단독주택용지

④ 수의계약의 방법으로 조성토지를 공급하기로 하였으나 공급신청량이 공급 계획에서 제한된 면적을 초과하는 경우

⑤ 토지상환채권

12

조성토지 등
공급

도시개발법령상 다음 시설을 설치하기 위하여 조성토지 등을 공급하는 경우 시행자가 감정평가 및 감정평가사에 관한 법률에 따른 감정평가법인 등이 감정평가한 가격 이하로 해당 토지의 가격을 정할 수 없는 것은?

① 학교

② 임대주택

③ 공공청사

④ 행정청이 국토의 계획 및 이용에 관한 법률에 따라 직접 설치하는 시장

⑤ 사회복지사업법에 따른 사회복지법인이 설치하는 유료의 사회복지시설

대표유형

도시개발법령상 환지방식에 의한 사업시행에 관한 설명으로 옳은 것은?

① 토지소유자의 환지 제외 신청이 있더라도 해당 토지에 관한 임차권자 등이 동의하지 않는 경우에는 해당 토지를 환지에서 제외할 수 없다.

② 행정청이 아닌 시행자가 환지계획을 작성한 경우에는 특별자치도지사, 시·도지사의 인가를 받아야 한다.

③ 환지예정지의 지정이 있으면 종전의 토지에 대한 임차권 등은 종전의 토지에 대해서는 물론 환지예정지에 대해서도 소멸한다.

④ 이미 처분된 체비지는 그 체비지를 매입한 자가 환지처분공고일의 다음 날에 소유권을 취득한다.

⑤ 환지계획에서 환지를 정하지 아니한 종전의 토지에 있던 권리는 환지처분이 공고된 날의 다음 날이 끝나는 때에 소멸한다.

해설 ② 사업시행자가 환지계획을 작성한 경우에는 특별자치도지사, 시장·군수·구청장의 인가를 받아야 한다.
③ 환지예정지의 지정이 있으면 종전의 토지에 대한 임차권 등은 종전의 토지에 대해 사용하거나 수익할 수 없지만, 환지예정지에 대하여는 사용하거나 수익할 수 있다.
④ 이미 처분된 체비지는 그 체비지를 매입한 자가 소유권이전등기를 마친 때에 소유권을 취득한다.
⑤ 환지계획에서 환지를 정하지 아니한 종전의 토지에 있던 권리는 환지처분이 공고일이 끝나는 때에 소멸한다.

◆ 정답 ①

01

중

환지계획의
내용

도시개발법령상 도시개발사업 시행자가 환지방식으로 사업을 시행하려는 경우 환지계획에 포함되어야 할 사항이 아닌 것은?

① 환지 설계
② 필지별로 된 환지 명세
③ 필지별과 권리별로 된 청산 대상 토지 명세
④ 체비지 또는 보류지를 정한 경우 그 명세
⑤ 청산금의 결정

02

환지계획
작성기준

도시개발법령상 환지계획의 작성기준에 관련된 설명 중 옳은 것은?

① 환지계획은 종전의 토지 및 환지의 위치·지번·면적·토양·수리·이용상황·환경 기타의 사항을 종합적으로 고려하여 합리적으로 정하여야 한다.

② 시행자는 토지면적의 규모를 조정할 특별한 필요가 있으면 면적이 넓은 토지는 그 면적을 줄여서 환지를 정하거나 환지 대상에서 제외할 수 있다.

③ 시행자는 토지소유자의 동의를 얻어 환지의 목적인 토지에 갈음하여 건축물의 일부와 해당 토지의 공유지분을 부여할 수 있다.

④ 사용 또는 수익을 정지하게 하려면 30일 이상의 기간을 두고 미리 이를 해당 토지소유자 또는 임차권자 등에게 통지하여야 한다.

⑤ 공익사업을 위한 토지 등의 취득 및 보상에 관한 법률이 정하는 공공시설의 용지라 하더라도 환지계획을 정함에 있어 위치·면적 등이 적용된다.

03

환지방식

도시개발법령상 환지의 방식에 관한 내용이다. (   )에 들어갈 내용을 옳게 연결한 것은?

- (㉠): 환지 전 토지에 대한 권리를 도시개발사업으로 조성되는 토지에 이전하는 방식
- (㉡): 환지 전 토지나 건축물(무허가 건축물은 제외)에 대한 권리를 도시개발사업으로 건설되는 구분건축물에 이전하는 방식

① ㉠: 평면환지, ㉡: 입체환지
② ㉠: 평가환지, ㉡: 입체환지
③ ㉠: 입체환지, ㉡: 평면환지
④ ㉠: 평면환지, ㉡: 유동환지
⑤ ㉠: 유동환지, ㉡: 평면환지

04 도시개발법령상 환지계획에 관한 설명으로 틀린 것은?

환지계획

① 시행자는 과소 토지 등에 대하여 2 이상의 토지 또는 건축물 소유자의 신청을 받아 환지 후 하나의 토지나 구분건축물에 공유환지를 지정할 수 있다.

② 환지계획 작성에 따른 환지계획의 기준, 보류지의 책정 기준 등에 관하여 필요한 사항은 시행자가 정한다.

③ 시행자가 면적식으로 환지계획을 수립하는 경우 환지계획구역의 평균 토지부담률은 50%를 초과할 수 없다.

④ 환지계획구역의 특성을 고려하여 지정권자가 인정하는 경우에는 60%까지로 할 수 있다.

⑤ 환지계획구역의 토지소유자 총수의 3분의 2 이상이 동의하는 경우에는 60%를 초과하여 정할 수 있다.

05 도시개발법령상 입체환지에 따른 주택 공급 등에 관한 설명이다. 틀린 것은?

입체환지에 따른
주택공급

① 시행자는 도시개발사업을 원활히 시행하기 위하여 특히 필요한 경우에는 토지 또는 건축물 소유자의 동의를 받아 건축물의 일부와 그 건축물이 있는 토지의 공유지분을 부여할 수 있다.

② 같은 세대에 속하지 아니하는 2명 이상이 1주택 또는 1토지를 공유한 경우에는 1주택만 공급한다.

③ 수도권정비계획법에 따른 과밀억제권역에 위치하지 아니하는 도시개발구역의 토지소유자에 대하여는 소유한 주택의 수만큼 공급할 수 있다.

④ 환지 전 토지에 주택을 소유하고 있던 토지소유자는 권리가액과 관계 없이 입체환지를 신청할 수 있다.

⑤ 시행자는 입체환지의 대상이 되는 용지에 건설된 건축물 중 공급대상자에게 공급하고 남은 건축물의 공급에 대하여는 규약·정관 또는 시행규정으로 정하는 목적을 위하여 체비지(건축물을 포함)로 정하거나 토지소유자 외의 자에게 분양할 수 있다.

06 도시개발법령상 도시개발사업에 있어서 환지계획과 관련된 설명 중 틀린 것은?

환지계획

① 행정청이 아닌 시행자가 환지계획을 작성한 때에는 지정권자의 인가를 받아야 한다.

② 시행자는 도시개발사업에 필요한 경비 충당을 위해 보류지 중 일부를 체비지로 정할 수 있다.

③ 공공시설의 용지에 대하여는 환지계획을 정함에 있어서 그 위치·면적 등에 관하여 환지계획 작성 기준을 적용하지 아니할 수 있다.

④ 시행자가 도시개발사업의 시행으로 국가 또는 지방자치단체의 소유에 속하는 공공시설에 대체되는 공공시설을 설치하는 경우 종전의 공공시설의 전부 또는 일부의 용도가 폐지 또는 변경되어 사용하지 못하게 될 토지에 대하여는 환지를 정하지 아니하며 이를 다른 토지에 대한 환지의 대상으로 하여야 한다.

⑤ 시행자는 환지를 정하지 아니하기로 결정된 토지소유자 또는 임차권자 등에게 날짜를 정하여 그 날부터 해당 토지 또는 해당 부분의 사용 또는 수익을 정지시킬 수 있다.

07 도시개발법령상 환지예정지의 지정과 그 효과에 관한 설명 중 틀린 것은?

환지예정지

① 환지예정지 지정에 따른 소유권의 변경은 법률의 규정에 따른 물권변동이므로 등기를 하지 아니하여도 된다.

② 환지예정지의 지정이나 사용 또는 수익의 정지처분으로 인하여 이를 사용 또는 수익할 수 있는 자가 없게 된 토지 또는 해당 부분은 그 날부터 환지처분의 공고가 있는 날까지 시행자가 이를 관리한다.

③ 시행자가 환지예정지를 지정하고자 하는 경우에는 관계 토지소유자와 임차권자 등에게 환지예정지의 위치·면적과 환지예정지 지정의 효력발생시기를 통지하여야 한다.

④ 환지예정지가 지정되면 환지예정지의 지정의 효력발생일부터 환지처분의 공고가 있는 날까지 환지예정지로 사용·수익권이 이전된다.

⑤ 환지예정지를 지정한 경우에 해당 토지의 사용에 장애가 될 물건이 그 토지에 있는 경우 그 토지의 사용을 시작할 날을 따로 정할 수 있다.

08 도시개발법령상 환지예정지의 지정에 관한 설명으로 옳은 것은?

환지예정지

① 시행자가 도시개발사업의 시행을 위해 필요한 경우에는 도시개발구역의 토지에 대하여 환지예정지를 지정하여야 한다.

② 종전의 토지에 대한 임차권자가 있는 경우 해당 환지예정지에 대하여 해당 권리의 목적인 토지 또는 그 부분을 아울러 지정하여야 한다.

③ 시행자는 체비지의 용도로 환지예정지가 지정된 때에는 도시개발사업에 소요되는 비용을 충당하기 위하여 이를 사용 또는 수익하게 할 수 있으나 처분할 수는 없다.

④ 종전 토지의 임차권자는 환지예정지 지정 이후에도 환지처분이 공고되는 날까지 종전의 토지를 사용하거나 수익할 수 있다.

⑤ 임차료 등의 목적인 토지에 관하여 환지예정지가 지정된 경우 임대료·지료 기타 사용료 등의 증감이나 권리의 포기 등의 행사는 환지예정지의 지정의 효력발생일부터 30일 내 행사할 수 있다.

09 도시개발법상 사업시행자가 거쳐야 하는 환지처분의 절차로서 옳은 것은?

환지처분 절차

① 공사완료의 공고 ⇨ 공사관계서류의 공람 ⇨ 의견제출 ⇨ 환지처분의 공고

② 공사관계서류의 공람 ⇨ 의견제출 ⇨ 공사완료의 공고 ⇨ 환지처분의 공고

③ 공사완료의 공고 ⇨ 환지처분의 공고 ⇨ 공사관계서류의 공람 ⇨ 의견제출

④ 공사관계서류의 공람 ⇨ 의견제출 ⇨ 환지처분의 공고 ⇨ 공사완료의 공고

⑤ 환지처분의 공고 ⇨ 공사관계서류의 공람 ⇨ 의견제출 ⇨ 공사완료의 공고

10 도시개발법령상 환지처분에 관한 설명으로 틀린 것은?

환지처분

① 시행자는 환지방식의 도시개발사업 공사를 끝낸 때에는 지체 없이 공사완료 공고를 관보 또는 공보에 하여야 한다.

② 공사완료 공고를 한 때에는 공사설계서·관련도면 등을 14일 이상 일반에게 공람시켜야 한다.

③ 시행자는 지정권자에 따른 준공검사를 받은 경우(지정권자가 시행자인 경우에는 공사완료 공고가 있는 때)에는 60일 이내의 기간에 환지처분을 하여야 한다.

④ 지정권자는 도시개발사업의 조성토지 등(체비지는 제외)이 그 사용으로 인하여 사업시행에 지장이 없는 경우에는 준공 전에 사용허가를 할 수 있다.

⑤ 시행자는 준공 전에는 지정권자의 사용허가를 받지 아니하고는 조성토지인 체비지를 사용할 수 없다.

11

환지처분

다음은 도시개발법상 환지처분에 관한 설명이다. 틀린 것은?

① 환지계획에 정하여진 환지는 그 환지처분의 공고된 날의 다음 날부터 종전의 토지로 본다.

② 환지계획에서 환지를 정하지 아니하는 종전의 토지에 존재하던 권리는 그 환지처분의 공고된 날이 끝나는 때에 소멸한다.

③ 행정상·재판상의 처분으로서 종전토지에 전속하는 것에 관하여는 영향을 미치지 아니한다.

④ 체비지의 용도로 지정된 환지예정지가 사업비용에의 충당을 위하여 이미 처분된 경우 해당 체비지는 매입한 자가 소유권이전등기를 마친 때에 이를 취득한다.

⑤ 도시개발사업의 시행으로 임차권 등 목적을 달성할 수 없게 되면 환지처분이 공고된 날부터 90일이 지나면 권리를 포기하거나 계약을 해지할 수 없다.

12

환지처분의 효과

도시개발법령상 환지처분의 효과에 관한 설명으로 틀린 것은?

① 환지계획에서 정하여진 환지는 그 환지처분이 공고된 날의 다음 날부터 종전의 토지로 본다.

② 환지처분은 행정상 처분으로서 종전의 토지에 전속(專屬)하는 것에 관하여 영향을 미친다.

③ 도시개발구역의 토지에 대한 지역권은 도시개발사업의 시행으로 행사할 이익이 없어진 경우 환지처분이 공고된 날이 끝나는 때에 소멸한다.

④ 보류지는 환지계획에서 정한 자가 환지처분이 공고된 날의 다음 날에 해당 소유권을 취득한다.

⑤ 청산금은 환지처분이 공고된 날의 다음 날에 확정한다.

13

환지등기

도시개발법상 환지처분에 따른 환지등기에 관한 설명 중 틀린 것은?

① 시행자는 환지처분의 공고가 있은 때에는 지체 없이 환지등기를 신청하여야 한다.

② 환지등기는 시행자의 촉탁 또는 신청에 의해 이루어진다.

③ 환지등기에 관하여는 대법원 규칙이 정하는 바에 따른다.

④ 원칙적으로 환지처분의 공고가 있은 날부터 환지등기가 있는 때까지는 다른 등기를 할 수 없다.

⑤ 등기신청인이 확정일자 있는 서류에 따라 환지처분의 공고일 전에 등기원인이 생긴 것임을 증명한 경우에는 예외적으로 다른 등기가 허용된다.

14
청산금

도시개발법령상 청산금에 대한 설명으로 틀린 것은?

① 청산금은 환지처분을 공고된 날의 다음 날에 결정하여야 한다.

② 청산금은 일괄징수 또는 일괄교부가 원칙이지만, 이자를 붙여 분할징수하거나 분할교부할 수 있다.

③ 청산금을 받을 자가 주소 불분명 등의 이유로 청산금을 받을 수 없거나 받기를 거부하면 그 청산금을 공탁할 수 있다.

④ 행정청이 아닌 시행자는 특별자치도지사·시장·군수 또는 구청장에게 청산금의 징수를 위탁할 수 있으며, 징수한 금액의 100분의 4에 해당하는 금액을 특별자치도·시·군 또는 자치구에 지급하여야 한다.

⑤ 청산금을 받을 권리나 징수할 권리는 환지처분이 공고된 날의 다음 날부터 5년간 행사하지 아니하면 시효로 소멸한다.

15
청산금

도시개발법상 청산금에 관한 설명 중에서 옳은 것은?

① 청산금의 징수는 손실보상금의 성격이며, 청산금의 교부는 부당이득반환의 성격을 가진다.

② 청산금은 환지처분의 공고된 날에 확정되며, 행정청인 시행자는 청산금을 납부하여야 할 자가 이를 납부하지 아니하는 때에는 국세체납처분 또는 지방세체납처분의 예에 따라 이를 징수할 수 있다.

③ 시행자는 환지처분의 공고된 후에 확정된 청산금은 시행자가 원칙적으로 일괄징수·일괄교부하나 예외적으로 분할징수·분할교부할 수 있으나 이자를 붙일 수는 없다.

④ 청산금은 환지처분을 하는 때에 이를 결정하여야 한다. 다만, 토지소유자의 신청 또는 동의에 따른 환지부지정이나 토지면적을 고려하여 환지대상에서 제외한 토지 등에 대하여는 청산금을 교부하는 때에 이를 결정할 수 있다.

⑤ 청산금을 받을 권리 또는 징수할 권리는 3년간 이를 행사하지 아니하는 때에는 시효로 인하여 소멸한다.

대표유형

도시개발법령상 도시개발채권에 관한 설명 중 옳은 것은?

① 도시개발조합은 토지 등의 매수대금의 일부를 지급하기 위하여 사업시행으로 조성된 토지·건출물로 상환하는 도시개발채권을 발행할 수 있다.

② 도시개발채권의 발행방법, 총액, 이율 등에 관하여 행정안전부장관의 승인을 받고자 하는 경우에는 미리 국토교통부장관과 협의하여야 한다.

③ 도시개발채권은 공사채등록법의 규정에 따른 등록기관에 등록하여 발행하거나 기명증권으로 발행할 수 있으며, 발행방법에 관하여 필요한 세부사항은 시·도 조례로 정한다.

④ 도시개발채권의 상환은 5년 내지 10년의 범위에서 지방자치단체의 조례로 정하며, 소멸시효는 상환일부터 기산하여 원금은 7년, 이자는 2년으로 한다.

⑤ 국토의 계획 및 이용에 관한 법령상 개발행위허가로서 토지형질변경허가를 받은 자는 도시개발채권을 매입하여야 한다.

해설 ① 시·도지사는 도시개발사업 또는 도시·군계획시설사업에 필요한 자금을 조달하기 위하여 도시개발채권을 발행할 수 있다.
② 도시개발채권의 발행방법, 총액, 이율 등에 대하여 행정안전부장관의 승인을 받아야 한다.
③ 도시개발채권은 공사채등록법의 규정에 따른 등록기관에 등록하여 발행하거나 무기명증권으로 발행할 수 있으며, 발행방법에 관하여 필요한 세부사항은 시·도 조례로 정한다.
④ 소멸시효는 상환일부터 기산하여 원금은 5년, 이자는 2년으로 한다. ◆정답 ⑤

01
상
비용부담

도시개발법령상 도시개발사업의 비용부담 등에 관한 설명으로 옳은 것을 모두 고른 것은?

㉠ 지정권자가 시행자가 아닌 경우 도시개발구역의 통신시설의 설치는 특별한 사유가 없으면 준공검사 신청일까지 끝내야 한다.

㉡ 전부 환지방식으로 사업을 시행하는 경우 전기시설의 지중선로설치를 요청한 사업시행자와 전기공급자는 각각 2분의 1의 비율로 그 설치비용을 부담한다.

㉢ 지정권자인 시행자는 그가 시행한 사업으로 이익을 얻는 시·도에 비용의 전부 또는 일부를 부담시킬 수 있다.

① ㉠　　　　　　　　② ㉡　　　　　　　　③ ㉠, ㉢

④ ㉡, ㉢　　　　　　　⑤ ㉠, ㉡, ㉢

02 도시개발법령상 도시개발채권에 대한 설명으로 틀린 것은?

도시개발채권

① 시·도지사는 도시개발채권을 발행하려는 경우에는 발행방법, 총액, 조건, 이율 등에 대하여 지정권자의 승인을 받아야 한다.

② 수용방식으로 시행하는 도시개발사업의 경우 공공사업시행자인 국가·지방자치단체, 공공기관, 정부출연기관, 지방공사와 공사의 도급계약을 체결하는 자는 도시개발채권을 매입하여야 한다.

③ 도시개발채권은 공사채등록법에 따른 등록기관에 등록하여 발행하거나 무기명으로 발행할 수 있다.

④ 도시개발채권의 상환은 5년부터 10년까지의 범위에서 지방자치단체의 조례로 정한다.

⑤ 도시개발채권의 소멸시효는 상환일부터 기산(起算)하여 원금은 5년, 이자는 2년으로 한다.

03 도시개발법령상 도시개발채권에 관한 설명으로 옳은 것은?

도시개발채권

① 국토의 계획 및 이용에 관한 법률에 따른 공작물의 설치허가를 받은 자는 도시개발채권을 매입하여야 한다.

② 도시개발채권의 이율은 기획재정부장관이 국채·공채 등의 금리와 특별회계의 상황 등을 고려하여 정한다.

③ 도시개발채권을 발행하려는 시·도지사는 기획재정부장관의 승인을 받은 후 채권의 발행총액 등을 공고하여야 한다.

④ 도시개발채권의 상환기간은 5년보다 짧게 정할 수는 없다.

⑤ 도시개발사업을 공공기관이 시행하는 경우 해당 공공기관의 장은 시·도지사의 승인을 받아 도시개발채권을 발행할 수 있다.

04 도시개발법령상 토지상환채권 및 도시개발채권에 관한 설명으로 옳은 것은?

토지상환채권 및
도시개발채권

① 도시개발조합은 도시·군계획시설사업에 필요한 자금을 조달하기 위하여 도시개발채권을 발행할 수 있다.

② 토지상환채권은 질권의 목적으로 할 수 없다.

③ 도시개발채권은 무기명으로 발행할 수 없다.

④ 시·도지사가 도시개발채권을 발행하는 경우 상환방법 및 절차에 대하여 행정안전부장관의 승인을 받아야 한다.

⑤ 도시개발채권의 소멸시효는 상환일부터 기산하여 원금은 3년, 이자는 2년으로 한다.

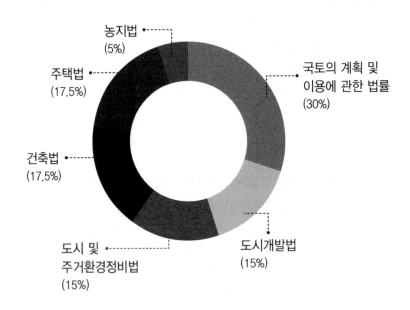

농지법
(5%)

주택법
(17.5%)

국토의 계획 및
이용에 관한 법률
(30%)

건축법
(17.5%)

도시 및
주거환경정비법
(15%)

도시개발법
(15%)

최근 5개년 출제경향 분석

이 법은 최근에 다소 난이도가 높게 출제되는 경향을 보이므로 심화학습이 필요하다.

이 법에서 특히 비중을 두고 공부하여야 할 부분은 정비기본계획, 조합에 관한 사항, 시행방법에 관한 사항, 주거환경개선
사업의 시행자, 재건축정비사업, 재건축진단, 사업시행계획, 사업시행을 위한 조치, 관리처분계획 등에 관한 부분이다.

PART

03

도시 및
주거환경정비법

제1장 총 칙
제2장 기본계획의 수립
제3장 재건축진단
제4장 정비계획의 수립 및 정비구역의 지정
제5장 정비구역 등의 해제
제6장 정비사업의 시행방법
제7장 정비사업의 시행자
제8장 조합설립추진위원회 및 조합의 설립
제9장 사업시행계획
제10장 정비사업시행을 위한 조치
제11장 관리처분계획 등
제12장 이전등기 및 청산금

대표유형

도시 및 주거환경정비법령상 용어의 정의에 관한 설명으로 틀린 것은?

① 건축물이 훼손되거나 일부가 멸실되어 붕괴 그 밖의 안전사고의 우려가 있는 건축물은 노후·불량건축물에 해당한다.

② 주거환경개선사업이라 함은 정비기반시설은 양호하나 노후·불량건축물이 밀집한 지역에서 주거환경을 개선하기 위하여 시행하는 사업을 말한다.

③ 도로, 상하수도, 공원, 공용주차장은 정비기반시설에 해당한다.

④ 재개발사업의 정비구역 안에 위치한 토지의 지상권자는 토지등소유자에 해당한다.

⑤ 건축법에 따라 건축허가를 받아 아파트 또는 연립주택을 건설한 일단의 토지는 주택단지에 해당한다.

해설 ② 주거환경개선사업이라 함은 도시저소득주민이 집단으로 거주하는 지역으로서 정비기반시설이 극히 열악하고 노후·불량건축물이 과도하게 밀집한 지역에서 주거환경을 개선하기 위하여 시행하는 사업을 말한다.

🔔 재건축사업이라 함은 정비기반시설은 양호하나 노후·불량건축물이 밀집한 지역에서 주거환경을 개선하기 위하여 시행하는 사업을 말한다.

◆ 정답 ②

01

중

정비기반시설

도시 및 주거환경정비법령상 정비기반시설에 해당하는 것은? (단, 주거환경개선사업을 위하여 지정·고시된 정비구역이 아님)

① 광 장 　　　　　　　② 놀이터

③ 탁아소 　　　　　　　④ 마을회관

⑤ 공동으로 사용하는 구판장

02

중

공동이용시설

도시 및 주거환경정비법령상 주민이 공동으로 사용하는 시설로서 공동이용시설에 해당하지 않는 것은? (단, 조례는 고려하지 않으며, 각 시설은 단독주택, 공동주택 및 제1종 근린생활시설에 해당하지 않음)

① 유치원 　　　　　　　② 경로당

③ 탁아소 　　　　　　　④ 놀이터

⑤ 어린이집

03

정비사업

도시 및 주거환경정비법령상 정비사업에 대한 설명으로 틀린 것은?

① 단독주택 및 다세대주택 등이 밀집한 지역에서 정비기반시설과 공동이용시설의 확충을 통하여 주거환경을 보전·정비·개량하기 위한 사업은 주거환경개선사업이다.

② 도시저소득 주민이 집단거주하는 지역으로서 정비기반시설이 극히 열악하고 노후·불량건축물이 과도하게 밀집한 지역의 주거환경을 개선하기 위한 사업은 주거환경개선사업이다.

③ 정비기반시설이 열악하고 노후·불량건축물이 밀집한 지역에서 주거환경을 개선하기 위한 사업은 재개발사업이다.

④ 상업지역·공업지역 등에서 도시기능의 회복 및 상권활성화 등을 위하여 도시환경을 개선하기 위한 사업은 재개발사업이다.

⑤ 정비기반시설은 열악하고 노후·불량건축물에 해당하는 공동주택이 밀집한 지역에서 주거환경을 개선하기 위한 사업은 재건축사업이다.

04

용어정의

도시 및 주거환경정비법령상 사용되는 용어의 정의로 틀린 것은?

① 정비기반시설이란 도로·상하수도·구거(溝渠: 도랑)·공원·공용주차장·공동구(국토의 계획 및 이용에 관한 법률의 규정에 따른 공동구를 말한다) 그 밖에 주민의 생활에 필요한 열·가스 등의 공급시설로서 대통령령으로 정하는 시설을 말한다.

② 건축법에 따라 건축허가를 얻어 아파트 또는 연립주택을 건설한 일단의 토지는 주택단지에 해당한다.

③ 주택공사 등이란 한국토지주택공사 또는 지방공기업법에 따라 주택사업을 수행하기 위하여 설립된 지방공사를 말한다.

④ 재건축사업의 토지등소유자란 정비구역의 토지 또는 건축물의 소유자 또는 그 지상권자를 말한다.

⑤ 대지란 정비사업에 의하여 조성된 토지를 말한다.

05

노후·불량건축물

도시 및 주거환경정비법령상 노후·불량건축물에 관한 설명 중 틀린 것은?

① 건축물이 훼손되거나 일부가 멸실되어 붕괴 그 밖의 안전사고의 우려가 있는 건축물

② 당해 건축물을 준공일 기준으로 20년까지 사용하기 위하여 보수·보강하는 데 드는 비용이 철거 후 새로운 건축물을 건설하는 데 드는 비용보다 클 것으로 예상되는 건축물로 시·도조례가 정하는 건축물

③ 준공된 후 20년 이상 30년 이하의 범위에서 정하는 기간이 지난 건축물 중 노후화로 인한 구조적 결함 등이 있는 건축물로서 대통령령으로 정하는 바에 따라 시·도 조례로 정하는 건축물

④ 국토의 계획 및 이용에 관한 법률의 규정에 의한 도시·군기본계획의 경관에 관한 사항에 저촉되는 건축물 중 도시미관을 저해하는 건축물로서 대통령령으로 정하는 바에 따라 시·도 조례로 정하는 건축물

⑤ 내진성능이 확보되지 아니한 건축물 중 중대한 기능적 결함 또는 부실 설계·시공으로 인한 구조적 결함 등이 있는 건축물로서 대통령령으로 정하는 일정한 건축물

06

토지등소유자

도시 및 주거환경정비법령상 토지등소유자에 해당하지 않는 자는?

① 주거환경개선사업의 경우 정비구역에 위치한 건축물의 소유자

② 주거환경개선사업의 경우 정비구역에 위치한 토지의 지상권자

③ 재건축사업의 경우 정비구역에 위치한 건축물의 부속토지의 지상권자

④ 재개발사업의 경우 정비구역에 위치한 토지의 지상권자

⑤ 재개발사업의 경우 정비구역에 위치한 토지의 소유자

07

정비사업
시행절차

도시 및 주거환경정비법령상 정비사업을 시행하는 절차를 시행순서에 따라 나열한 것은?

㉠ 사업시행계획인가	㉡ 정비계획 입안 및 정비구역 지정
㉢ 도시·주거환경기본계획 수립	㉣ 준공인가
㉤ 관리처분계획인가	

① ㉠ - ㉢ - ㉡ - ㉤ - ㉣

② ㉡ - ㉢ - ㉠ - ㉤ - ㉣

③ ㉢ - ㉡ - ㉤ - ㉠ - ㉣

④ ㉢ - ㉡ - ㉠ - ㉤ - ㉣

⑤ ㉢ - ㉠ - ㉤ - ㉡ - ㉣

기본계획의 수립

대표유형

도시 및 주거환경정비법령상 도시·주거환경정비기본계획(이하 '기본계획'이라 함)의 수립에 관한 설명으로 틀린 것은?

① 도지사가 기본계획을 수립할 필요가 없다고 인정하는 시(대도시가 아닌 지역을 말한다)는 기본계획을 수립하지 아니할 수 있다.

② 기본계획을 수립하고자 하는 때에는 14일 이상 주민에게 공람하고 지방의회의 의견을 들어야 한다.

③ 대도시의 시장이 아닌 시장이 기본계획을 수립한 때에는 도지사의 승인을 얻어야 한다.

④ 기본계획을 수립한 때에는 지체 없이 당해 지방자치단체의 공보에 고시하여야 한다.

⑤ 기본계획에 대하여는 3년마다 그 타당성 여부를 검토하여 그 결과를 기본계획에 반영하여야 한다.

해설 ⑤ 기본계획에 대하여는 5년마다 그 타당성 여부를 검토하여 그 결과를 기본계획에 반영하여야 한다.

❶ 정답 ⑤

01

도시 및 주거환경
정비 기본방침

도시 및 주거환경정비법령상 도시·주거환경정비기본계획의 내용으로 틀린 것은?

① 정비사업의 기본방향

② 단계별 정비사업추진계획(정비예정구역별 정비계획의 수립시기를 포함)

③ 건폐율·용적률 등에 관한 건축물의 밀도계획

④ 정비구역으로 지정할 예정인 구역의 개략적 범위

⑤ 정비사업조합 조합원의 권리·의무

02
기본계획

도시 및 주거환경정비법상 도시·주거환경정비기본계획(이하 '기본계획')에 관한 설명 중 틀린 것은?

① 특별시장·광역시장·특별자치시장·특별자치도지사·시장은 도시·주거환경정비기본계획을 5년 단위로 수립하여야 한다.

② 도지사가 기본계획을 수립할 필요가 없다고 인정하는 시(대도시가 아닌 지역을 말한다)는 기본계획을 수립하지 아니할 수 있다.

③ 대도시의 시장이 아닌 시장은 기본계획을 수립 또는 변경한 때에는 도지사의 승인을 얻어야 하며, 도지사가 이를 승인함에 있어서는 지방도시계획위원회의 심의를 거쳐야 한다.

④ 정비기반시설의 규모를 확대하거나 그 면적을 10퍼센트 미만의 범위에서 축소하는 경우 등의 경미한 사항을 변경하는 경우에는 주민공람과 지방의회의 의견청취 절차를 거치지 아니할 수 있다.

⑤ 도시·주거환경정비기본계획은 5년마다 그 타당성 여부를 검토하여 그 결과를 기본계획에 반영하여야 한다.

03
기본계획

도시 및 주거환경정비법령상 도시·주거환경정비기본계획(이하 '기본계획')에 관한 설명으로 옳은 것은?

① 기본계획을 수립 또는 변경하고자 하는 때에는 30일 이상 주민에게 공람하고 지방의회의 의견을 들은 후 지방도시계획위원회의 심의를 거쳐야 한다.

② 건폐율·용적률 등에 관한 건축물의 밀도계획은 기본계획의 내용이다.

③ 기본계획의 작성기준 및 작성방법은 특별시장·광역시장·특별자치시장·특별자치도지사 또는 시장이 이를 정한다.

④ 시장은 기본계획을 수립하거나 변경한 때에는 국토교통부령이 정하는 방법 및 절차에 따라 도지사에게 보고하여야 한다.

⑤ 국토교통부장관은 기본계획에 대하여 5년마다 그 타당성 여부를 검토하여 그 결과를 기본계획에 반영하여야 한다.

재건축진단

도시 및 주거환경정비법령상 재건축사업의 재건축진단에 관한 설명으로 틀린 것은?

① 시장·군수등은 재건축사업 정비계획의 입안을 위하여 정비예정구역별 정비계획의 수립시기가 도래한 때부터 사업시행계획인가 전까지 재건축진단을 실시하여야 한다.

② 진입도로 등 기반시설 설치를 위하여 불가피하게 정비구역에 포함된 것으로 시장·군수등이 인정하는 주택단지 내의 건축물을 재건축진단 대상에서 제외할 수 있다.

③ 시장·군수등은 대통령령으로 정하는 재건축진단기관에 의뢰하여 주거환경 적합성, 해당 건축물의 구조안전성, 건축마감, 설비노후도 등에 관한 재건축진단을 실시하여야 한다.

④ 시장·군수등은 재건축진단의 결과와 도시계획 및 지역여건 등을 종합적으로 검토하여 사업시행계획인가 여부를 결정하여야 한다.

⑤ 시장·군수 등은 재건축사업의 시행을 결정한 경우에는 지체 없이 국토교통부장관에게 재건축진단 결과보고서를 제출하여야 한다.

해설 ⑤ 시장·군수등(특별자치시장 및 특별자치도지사는 제외한다)은 정비계획의 입안 여부를 결정한 경우에는 지체 없이 특별시장·광역시장·도지사에게 결정내용과 해당 재건축진단 결과보고서를 제출하여야 한다.

◆ 정답 ⑤

01

재건축진단

도시 및 주거환경정비법령상 재건축진단에 대한 설명 중 옳은 것은?

① 특별시장·광역시장·도지사는 적정성 검토결과에 따라 필요한 경우 시장·군수등에게 재건축진단에 대한 시정요구 등 대통령령으로 정하는 조치를 요청할 수 있다.

② 재건축사업을 위한 재건축진단은 주택단지 내의 공동주택만을 대상으로 한다.

③ 주택의 구조안전상 사용금지가 필요하다고 시·도지사가 인정하는 건축물은 재건축진단에서 제외할 수 있다.

④ 시장·군수등은 재건축사업 정비계획의 입안을 위하여 정비구역의 지정시기가 도래할 때까지 재건축진단을 실시하여야 한다.

⑤ 시·도지사는 국토교통부장관에게 재건축진단 결과보고서의 제출을 요청할 수 있으며, 필요한 경우 국토교통부장관에게 재건축진단 결과의 적정성에 대한 검토를 요청할 수 있다.

02 도시 및 주거환경정비법령상 재건축진단에 대한 설명 중 옳은 것은?

재건축진단

① 원칙적으로 재건축진단 비용은 재건축사업을 시행할 자가 부담한다.

② 천재지변 등으로 주택이 붕괴되어 신속히 재건축을 추진할 필요가 있다고 시장·군수등이 인정하는 경우에는 재건축진단 대상이다.

③ 정비계획의 입안을 제안하려는 자가 입안을 제안하기 전에 해당 정비예비구역에 위치한 건축물 및 그 부속토지의 소유자 3분의 1 이상의 동의를 받아 재건축진단의 실시를 요청하면 재건축진단을 실시하여야 한다.

④ 시·도지사는 필요한 경우 국토안전관리원 또는 한국건설기술연구원에 재건축진단 결과의 적정성에 대한 검토를 의뢰할 수 있다.

⑤ 특별시장·광역시장·도지사는 적정성 검토결과에 따라 필요한 경우 시장·군수 등에게 재건축진단에 대한 시정요구 등 대통령령으로 정하는 조치를 요청할 수 없다.

Chapter 04

정비계획의 수립 및 정비구역의 지정

대표유형

도시 및 주거환경정비법령상 정비구역에서의 행위제한에 관한 설명으로 틀린 것은?

① 이동이 용이하지 아니한 물건을 1개월 이상 쌓아 놓는 행위는 시장·군수 등의 허가를 받아야 한다.

② 허가권자가 행위허가를 하려는 경우로서 시행자가 있는 경우에는 미리 그 시행자의 의견을 들어야 한다.

③ 허가받은 사항을 변경하려는 경우에는 시장·군수 등에게 신고하여야 한다.

④ 허가를 받아야 하는 행위로서 정비구역의 지정·고시 당시 이미 관계 법령에 따라 행위허가를 받아 공사에 착수한 자는 정비구역이 지정·고시된 날부터 30일 이내에 시장·군수 등에게 신고한 후 이를 계속 시행할 수 있다.

⑤ 정비구역에서 허가를 받은 행위는 국토의 계획 및 이용에 관한 법률에 따른 개발행위허가를 받은 것으로 본다.

해설 ③ 허가받은 사항을 변경하려는 경우에는 시장·군수 등에게 허가를 받아야 한다.　　　◆정답 ③

01 도시 및 주거환경정비법령상 정비계획의 수립·정비구역의 지정에 관한 설명 중 틀린 것은?

정비계획의
수립·정비구역의
지정

① 정비계획의 입안권자는 요청이 있는 경우에는 요청일부터 4개월 이내에 정비계획의 입안 여부를 결정하여 토지등소유자 및 정비구역의 지정권자에게 알려야 한다. 다만, 정비계획의 입안권자는 정비계획의 입안 여부의 결정 기한을 2개월의 범위에서 한 차례만 연장할 수 있다.

② 시장·군수는 제안이 있는 경우에는 제안일부터 45일 이내에 정비계획에의 반영 여부를 제안자에게 통보하여야 한다.

③ 정비계획의 입안권자는 정비계획을 입안하거나 변경하려면 주민에게 서면으로 통보한 후 주민설명회 및 30일 이상 주민에게 공람하여 의견을 들어야 하며, 제시된 의견이 타당하다고 인정되면 이를 정비계획에 반영하여야 한다.

④ 토지등소유자가 토지주택공사 등을 사업시행자로 지정 요청하려는 경우에 정비계획의 입안권자에게 정비계획의 입안을 제안할 수 있다.

⑤ 토지등소유자가 공공재개발사업 또는 공공재건축사업을 추진하려는 경우에 정비계획의 입안권자에게 정비계획의 입안을 제안할 수 있다.

02 도시 및 주거환경정비법령상 정비구역에서 시장·군수 등의 허가를 받아야 하는 행위는? (단, 국토의 계획 및 이용에 관한 법률에 따른 개발행위허가의 대상이 아님)

개발행위허가

① 농산물의 생산에 직접 이용되는 종묘배양장, 탈곡장, 비닐하우스등의 설치

② 정비구역에 남겨두기로 결정된 대지에서 물건을 쌓아놓는 행위

③ 경작을 위한 토지의 형질변경

④ 경작지에서의 관상용 죽목의 임시식재

⑤ 정비구역의 개발에 지장을 주지 아니하고 자연경관을 손상하지 아니하는 범위에서의 토석의 채취

03 도시 및 주거환경정비법령상 정비구역 안에서의 행위 중 시장·군수 등의 허가를 받아야 하는
것을 모두 고른 것은? (단, 재해복구 또는 재난수습과 관련 없는 행위임)

개발행위허가

> ㉠ 가설건축물의 건축
> ㉡ 죽목의 벌채
> ㉢ 공유수면의 매립
> ㉣ 이동이 용이하지 아니한 물건을 1월 이상 쌓아놓는 행위

① ㉠, ㉡   ② ㉢, ㉣
③ ㉠, ㉡, ㉢   ④ ㉡, ㉢, ㉣
⑤ ㉠, ㉡, ㉢, ㉣

04 도시 및 주거환경정비법령상 정비구역에서의 행위제한에 관한 설명으로 틀린 것은?

개발행위허가

① 이동이 용이하지 아니한 물건을 1월 이상 쌓아놓는 행위는 시장·군수 등의 허가를 받아
  야 하며, 허가받은 사항을 변경하는 경우에도 시장·군수 등에게 허가를 받아야 한다.
② 허가권자가 행위허가를 하고자 하는 경우로서 시행자가 있는 경우에는 미리 그 시행자
  의 의견을 들어야 한다.
③ 재해복구 또는 재난수습에 필요한 응급조치를 위하여 하는 행위는 1개월 이내 시장·군
  수 등에게 신고하여야 한다.
④ 허가를 받아야 하는 행위로서 정비구역의 지정·고시 당시 이미 관계 법령에 따라 행위
  허가를 받아 공사에 착수한 자는 정비구역이 지정·고시된 날부터 30일 이내에 시장·
  군수 등에게 신고한 후 이를 계속 시행할 수 있다.
⑤ 정비구역에서 허가를 받은 행위는 국토의 계획 및 이용에 관한 법률에 따른 개발행위허
  가를 받은 것으로 본다.

05

개발행위허가

도시 및 주거환경정비법령상 정비구역에서 허가를 받아야 하는 행위와 그 구체적 내용을 옳게 연결한 것은? (단, 국토의 계획 및 이용에 관한 법률에 따른 개발 행위허가의 대상이 아닌 것을 전제로 함)

① 건축물의 건축 등: 「건축법」 제2조 제1항 제2호에 따른 건축물(가설건축물을 포함한다)의 건축, 용도변경

② 공작물의 설치: 농림수산물의 생산에 직접 이용되는 것으로서 국토교통부령으로 정하는 간이공작물의 설치

③ 토석의 채취: 정비구역의 개발에 지장을 주지 아니하고 자연경관을 손상하지 아니하는 범위에서의 토석의 채취

④ 물건을 쌓아놓는 행위: 정비구역에 존치하기로 결정된 대지에 물건을 쌓아놓는 행위

⑤ 죽목의 벌채 및 식재: 관상용 죽목의 임시식재(경작지에서의 임시식재는 제외한다)

정비구역 등의 해제

대표유형

도시 및 주거환경정비법령상 정비구역의 지정권자가 정비구역 등을 해제하여야 하는 경우가 아닌 것은?

① 정비예정구역에 대하여 기본계획에서 정한 정비구역지정예정일부터 3년이 되는 날까지 특별자치시장, 특별자치도지사, 시장 또는 군수가 정비구역을 지정하지 아니하거나 구청장 등이 정비구역 지정을 신청하지 아니하는 경우

② 조합에 의한 재개발사업에서 토지등소유자가 정비구역으로 지정·고시된 날부터 2년이 되는 날까지 추진위원회의 승인을 신청하지 아니하는 경우(추진위원회를 구성하는 경우로 한정한다)

③ 조합에 의한 재개발사업에서 추진위원회가 추진위원회 승인일(정비구역으로 지정·고시되지 아니한 지역에 추진위원회를 구성하는 경우에는 정비구역 지정·고시일로 본다)부터 2년이 되는 날까지 조합설립인가를 신청하지 아니하는 경우

④ 조합에 의한 재건축사업에서 조합설립인가를 받은 날부터 3년이 되는 날까지 사업시행계획인가를 신청하지 아니하는 경우

⑤ 토지등소유자가 시행하는 재개발사업으로서 토지등소유자가 정비구역으로 지정·고시된 날부터 4년이 되는 날까지 사업시행계획인가를 신청하지 아니하는 경우

해설 ⑤ 정비구역의 지정권자는 토지등소유자가 시행하는 재개발사업으로서 토지등소유자가 정비구역으로 지정·고시된 날부터 5년이 되는 날까지 사업시행계획인가를 신청하지 아니하는 경우에는 정비구역 등을 해제하여야 한다.
❶ 정답 ⑤

01

정비구역 등
해제

도시 및 주거환경정비법령상 정비구역 등 해제에 대한 설명으로 틀린 것은?

① 재건축사업에서 조합이 토지등소유자가 정비구역으로 지정·고시된 날부터 2년이 되는 날까지 조합설립추진위원회의 승인을 신청하지 아니하는 경우(추진위원회를 구성하는 경우로 한정한다)에는 정비구역 등을 해제하여야 한다.

② 특별자치시장, 특별자치도지사, 시장, 군수 또는 구청장 등이 정비구역 등을 해제하는 경우나 정비구역 등의 해제를 요청하는 경우에는 30일 이상 주민에게 공람하여 의견을 들어야 한다.

③ 정비구역의 지정권자는 토지등소유자의 100분의 30 이상이 정비구역 등(추진위원회가 구성되지 아니한 구역에 한한다)의 해제를 요청하는 경우에는 지방도시계획위원회의 심의를 거쳐 정비구역 등의 지정을 해제할 수 있다.

④ 정비구역 등이 해제된 경우 정비구역의 지정권자는 해제된 정비구역 등을 도시재생 활성화 및 지원에 관한 특별법에 따른 도시재생선도지역으로 지정하도록 국토교통부장관에게 요청할 수 있다.

⑤ 정비구역 등이 해제·고시된 경우 추진위원회 구성승인 또는 조합설립인가는 취소하여야 한다.

02

정비구역 등
해제

도시 및 주거환경정비법령상 정비구역 등 해제에 대한 설명으로 틀린 것은?

① 재개발사업에서 조합이 추진위원회가 추진위원회 승인일(정비구역으로 지정·고시되지 아니한 지역에 추진위원회를 구성하는 경우에는 정비구역 지정·고시일로 본다)부터 2년이 되는 날까지 조합설립인가를 신청하지 아니하는 경우에는 정비구역 등을 해제하여야 한다.

② 정비구역 등(재개발사업 및 재건축사업을 시행하려는 경우로 한정한다)이 해제된 경우 정비구역의 지정권자는 해제된 정비구역 등을 스스로 주택을 보전·정비·개량의 방법으로 시행하는 주거환경개선구역으로 지정할 수 있다.

③ ②의 경우 주거환경개선구역으로 지정된 구역은 기본계획에 반영된 것으로 본다.

④ 정비구역의 지정권자는 정비사업의 시행에 따른 토지등소유자의 과도한 부담이 예상되는 경우에는 지방도시계획위원회의 심의를 거쳐 정비구역 등을 해제할 수 있다.

⑤ 정비구역 등이 해제된 경우에는 정비계획으로 변경된 용도지역, 정비기반시설 등은 정비구역 지정 상태로 존속되는 것으로 본다.

정비사업의 시행방법

대표유형

도시 및 주거환경정비법령상 정비사업의 시행방법에 대한 설명 중 틀린 것은?

① 주거환경개선사업은 시행자가 사업시행계획에 따라 주택을 건설하여 공급하는 방법 또는 환지로 공급하는 방법으로 시행할 수도 있다.

② 주거환경개선사업은 사업시행자가 정비구역의 전부 또는 일부를 수용하여 주택을 건설한 후 토지등소유자에게 우선 공급하거나 대지를 토지등소유자 또는 토지등소유자 외의 자에게 공급하는 방법과 환지로 공급하는 방법을 혼용할 수도 있다.

③ 재개발사업은 정비구역에서 인가받은 관리처분계획에 따라 건축물을 건설하여 공급하거나, 환지로 공급하는 방법에 따른다.

④ 재건축사업은 정비구역에서 인가받은 관리처분계획에 따라 건축물을 건설하여 공급하는 방법으로 한다. 다만, 주택단지에 있지 아니하는 건축물의 경우에는 지형여건·주변의 환경으로 보아 사업 시행상 불가피한 경우로서 정비구역으로 보는 사업에 한정한다.

⑤ 재건축사업에 따라 건축물을 건설하여 공급하는경우 주택, 부대시설 및 복리시설을 제외한 건축물(이하 "공동주택 외 건축물"이라 한다)은 「국토의 계획 및 이용에 관한 법률」에 따른 준주거지역 및 상업지역에서만 건설할 수 있다. 이 경우 공동주택 외 건축물의 연면적은 전체 건축물 연면적의 100분의 30 이하이어야 한다.

해설 ① 주거환경개선사업은 시행자가 관리처분계획에 따라 주택을 건설하여 공급하는 방법 또는 환지로 공급하는 방법으로 시행할 수도 있다.　　　　　　　　　　　　　　**❶정답** ①

---

01 도시 및 주거환경정비법령상 주거환경개선사업의 시행방법으로 틀린 것은?

주거환경개선사업
시행방법

① 환지로 공급하는 방법과 정비구역의 일부를 수용하여 주택을 건설한 후 토지등소유자에게 우선 공급하는 방법을 혼용하는 방법

② 사업시행자가 정비구역에서 정비기반시설 및 공동이용시설을 새로 설치하거나 확대하고 토지등소유자가 스스로 주택을 보전·정비하거나 개량하는 방법

③ 사업시행자가 정비구역의 전부 또는 일부를 수용하여 주택을 건설한 후 토지등소유자에게 우선 공급하거나 대지를 토지등소유자 또는 토지등소유자 외의 자에게 공급하는 방법

④ 사업시행자가 정비구역에서 인가받은 관리처분계획에 따라 주택 및 부대시설·공동주택 외 건축물을 건설하여 공급하는 방법

⑤ 사업시행자가 환지로 공급하는 방법

Point 02

상

정비사업
시행방법

도시 및 주거환경정비법령상 인가받은 관리처분계획에 따라 공급하는 방법과 환지로 공급하는 방법이 모두 가능한 정비사업을 바르게 열거한 것은?

> ㉠ 주거환경개선사업
> ㉡ 재개발사업
> ㉢ 재건축사업

① ㉠   ② ㉡

③ ㉢   ④ ㉠, ㉡

⑤ ㉠, ㉡, ㉢

Point 03

상

정비사업
시행방법

도시 및 주거환경정비법령상 주거환경개선사업에 관한 설명으로 옳은 것만을 모두 고른 것은?

> ㉠ 시장·군수 등은 세입자의 세대수가 토지등소유자의 2분의 1인 경우 세입자의 동의절차 없이 토지주택공사 등을 사업시행자로 지정할 수 있다.
> ㉡ 사업시행자는 '정비구역에서 정비기반시설 및 공동이용시설을 새로 설치하거나 확대하고 토지등소유자가 스스로 주택을 보전·정비하거나 개량하는 방법' 및 '환지로 공급하는 방법'을 혼용할 수 있다.
> ㉢ 사업시행자는 사업의 시행으로 철거되는 주택의 소유자 또는 세입자에 대하여 해당 정비구역 안과 밖에 위치한 임대주택 등의 시설에 임시로 거주하게 허가나 주택자금의 융자 알선 등 임시거주에 상응하는 조치를 하여야 한다.

① ㉠   ② ㉠, ㉡

③ ㉠, ㉢   ④ ㉡, ㉢

⑤ ㉠, ㉡, ㉢

04

중

정비사업
시행방법

도시 및 주거환경정비법령상 정비사업의 시행방법으로 허용되지 않는 것은?

① 주거환경개선사업 : 환지로 공급하는 방법

② 주거환경개선사업 : 인가받은 관리처분계획에 따라 주택 및 부대시설·복리시설을 건설하여 공급하는 방법

③ 재개발사업 : 인가받은 관리처분계획에 따라 건축물을 건설하여 공급하는 방법

④ 재개발사업 : 환지로 공급하는 방법

⑤ 재건축사업 : 「국토의 계획 및 이용에 관한 법률」에 따른 준공업지역인 정비구역에서 인가받은 관리처분계획에 따라 주택, 부대시설 및 복리시설을 제외한 건축물을 건설하여 공급하는 방법

정비사업의 시행자

도시 및 주거환경정비법령상 정비사업의 시행에 관한 설명으로 틀린 것은?

① 해당 정비구역 안의 국·공유지면적 또는 국·공유지와 토지주택공사 등이 소유한 토지를 합한 면적이 전체 토지면적의 2분의 1 이상으로서 토지등소유자의 과반수가 시장·군수 등을 사업시행자로 지정하는 것에 동의하는 때에는 시장·군수 등이 직접 정비사업을 시행할 수 있다.

② 시장·군수 등이 직접 정비사업을 시행하거나 토지주택공사 등을 사업시행자로 지정·고시한 때에는 그 고시일 다음 날에 추진위원회의 구성승인 또는 조합설립인가가 취소된 것으로 본다.

③ 고시된 정비계획에서 정한 정비사업시행 예정일부터 3년 이내에 사업시행계획인가를 신청하지 아니한 경우 재개발사업은 시장·군수 등이 직접 시행하거나 토지주택공사 등을 사업시행자로 지정하여 정비사업을 시행하게 할 수 있다.

④ 재개발사업 또는 재건축사업은 조합이 시행하거나, 조합이 조합원의 과반수 동의를 받아 시장·군수 등, 토지주택공사 등, 건설업자 또는 등록사업자와 공동으로 시행할 수 있다.

⑤ 재개발사업은 토지등소유자가 20인 미만인 경우에는 토지등소유자가 시행하거나 토지등소유자가 토지등소유자의 과반수의 동의를 받아 시장·군수 등, 토지주택공사 등, 건설업자, 등록사업자, 신탁업자 또는 한국부동산원과 공동으로 시행할 수 있다.

해설 ③ 고시된 정비계획에서 정한 정비사업시행 예정일부터 2년 이내에 사업시행계획인가를 신청하지 아니한 경우 재개발사업은 시장·군수 등이 직접 시행하거나 토지주택공사 등을 사업시행자로 지정하여 정비사업을 시행하게 할 수 있다. ◆ 정답 ③

01

정비사업의
시행

도시 및 주거환경정비법상 정비사업의 시행과 관련하여 옳은 것은?

① 시장·군수등은 장기간 정비사업이 지연되거나 권리관계에 대한 분쟁 등으로 인하여 해당 조합이 시행하는 정비사업을 계속 추진하기 어려워 정비사업의 목적을 달성할 수 없다고 인정하는 때에는 직접 정비사업을 시행할 수 있다.

② 재개발사업은 조합이 이를 시행하거나, 조합이 조합을 3분의 2 이상의 동의를 얻어야만 시장·군수 등, 토지주택공사 등과 공동으로 이를 시행할 수 있다.

③ 시장·군수 등은 천재지변으로 건축물의 붕괴우려가 있어 긴급히 주거환경개선사업을 시행할 필요가 있을 경우에는 토지등소유자의 2분의 1 이상의 동의를 받아야만 직접 시행하거나 토지주택공사 등으로 하여금 시행하게 할 수 있다.

④ 조합은 조합설립인가 받은 후 조합총회에서 국토교통부장관이 정하는 수의계약(3회 이상 경쟁입찰이 유찰된 경우로 한정한다)의 방법으로 건설업자를 시공자로 선정하여야 한다.

⑤ 재건축사업은 조합이 시행하거나 조합이 조합원 과반수의 동의를 받아 신탁업자, 한국부동산원 등과 공동으로 시행할 수 있다.

02

정비사업의
시행

도시 및 주거환경정비법령상 다음 (   )에 들어갈 내용으로 옳은 것은?

> 환지로 공급하는 방법으로 시행하는 주거환경개선사업은 정비계획에 따른 공람·공고일 현재 해당 정비예정구역 안의 토지 또는 건축물의 소유자 또는 지상권자의 (㉠) 이상의 동의와 세입자 세대수 (㉡)의 동의를 각각 얻어 시장·군수 등이 직접 시행하거나 토지주택공사등을 사업시행자로 지정하여 이를 시행하게 할 수 있다. 다만, 세입자의 세대수가 토지등소유자의 (㉢) 이하인 경우 등 대통령령이 정하는 사유가 있는 경우에는 세입자의 동의절차를 거치지 아니할 수 있다.

	(㉠)	(㉡)	(㉢)
①	2분의 1	과반수	2분의 1
②	2분의 1	3분의 2	3분의 1
③	3분의 2	과반수	3분의 1
④	3분의 2	과반수	2분의 1
⑤	3분의 2	3분의 2	3분의 1

03 도시 및 주거환경정비법령상 군수가 직접 재개발사업을 시행할 수 있는 사유에 해당하지 않는
것은?

재개발사업
시행

① 해당 정비구역 안의 토지면적 2분의 1 이상의 토지소유자와 토지등소유자의 3분의 2 이
상에 해당하는 자가 군수의 직접시행을 요청하는 때

② 해당 정비구역 안의 국·공유지 면적이 전체 토지면적의 3분의 1 이상으로서 토지등소
유자의 과반수가 군수의 직접시행에 동의하는 때

③ 순환정비방식에 의하여 정비사업을 시행할 필요가 있다고 인정되는 때

④ 천재·지변으로 인하여 긴급히 정비사업을 시행할 필요가 있다고 인정되는 때

⑤ 고시된 정비계획에서 정한 정비사업 시행 예정일부터 2년 이내에 사업시행계획인가를
신청하지 아니한 때

04 도시 및 주거환경정비법령상 시공자 선정에 관한 설명으로 틀린 것은?

시공자

① 토지등소유자가 재개발사업을 시행하는 경우에는 사업시행계획인가를 받은 후 시행규
정에 따라 건설업자 또는 등록사업자를 시공자로 선정하여야 한다.

② 군수가 직접 정비사업을 시행하는 경우 군수는 주민대표회의가 경쟁입찰 또는 수의계약
(2회 이상 경쟁입찰이 유찰된 경우로 한정한다)의 방법에 따라 시공자를 추천한 경우 추
천받은 자를 시공자로 선정하여야 한다.

③ 조합은 시공자 선정을 위한 입찰에 참가하는 건설업자 또는 등록사업자가 토지등소유자
에게 시공에 관한 정보를 제공할 수 있도록 합동설명회를 2회 이상 개최하여야 한다.

④ 조합원 100명 이하인 정비사업의 경우 조합총회에서 정관으로 정하는 바에 따라 시공자
를 선정할 수 있다.

⑤ 사업시행자는 선정된 시공자와 공사에 관한 계약을 체결할 때에는 기존 건축물의 철거
공사에 관한 사항을 포함하여야 한다.

Chapter 08 조합설립추진위원회 및 조합의 설립

대표유형

도시 및 주거환경정비법령상 조합의 설립에 관한 설명으로 옳은 것은?

① 조합설립인가를 받은 경우에는 따로 등기를 하지 않아도 조합이 성립된다.

② 조합임원은 같은 목적의 정비사업을 하는 다른 조합의 임원을 겸할 수 있다.

③ 재건축사업은 조합을 설립하지 않고 토지등소유자가 직접 시행할 수 있다.

④ 정비사업에 대하여 공공지원을 하려는 경우에는 추진위원회를 구성하지 아니할 수 있다.

⑤ 조합임원이 결격사유에 해당하여 퇴임한 경우 그 임원이 퇴임 전에 관여한 행위는 효력을 잃는다.

해설 ① 조합은 조합 설립의 인가를 받은 날부터 30일 이내에 주된 사무소 소재지에 등기함으로써 성립한다.
② 조합임원은 같은 목적의 정비사업을 하는 다른 조합의 임원을 겸할 수 없다.
③ 재건축사업은 토지등소유자가 사업을 시행할 수 없다.
⑤ 조합임원이 결격사유에 해당되어 퇴임한 경우 그 임원이 퇴임 전에 관여한 행위는 효력을 잃지 않는다.

◆ 정답 ④

01 도시 및 주거환경정비법령상 조합설립추진위원회의 업무가 아닌 것은?

추진위원회의
업무

① 정비사업전문관리업자의 선정

② 재건축진단 신청업무

③ 설계자의 선정 및 변경

④ 개략적인 정비사업 시행계획서의 작성

⑤ 조합의 설립인가를 받기 위한 준비업무

02
추진위원회

도시 및 주거환경정비법령상 조합설립추진위원회에 대한 설명으로 틀린 것은?

① 재건축조합을 설립하고자 하는 경우에는 토지등소유자 과반수의 동의를 얻어 위원장을 포함한 7인 이상의 위원으로 추진위원회를 구성하여 시장·군수 등의 승인을 얻어야 한다.

② 추진위원회는 추진위원회를 대표하는 위원장 1인과 감사를 두어야 한다.

③ 추진위원회가 정비사업전문관리업자를 선정하려는 경우에는 시장·군수 등의 추진위원회 승인을 받은 후 경쟁입찰 또는 수의계약(2회 이상 경쟁입찰이 유찰된 경우로 한정한다)의 방법으로 선정하여야 한다.

④ 추진위원회는 추진위원회가 행한 업무를 총회에 보고하여야 하며, 추진위원회가 행한 업무와 관련된 권리와 의무는 조합이 포괄승계한다.

⑤ 조합설립추진위원회는 사용경비를 기재한 회계장부 및 관련서류를 조합 설립의 인가일부터 30일 이내에 조합에 인계하여야 한다.

03
조합의 설립
동의요건

도시 및 주거환경정비법령상 조합의 설립에 관한 설명으로 (   )에 들어갈 내용은?

> - 재개발사업의 추진위원회가 조합을 설립하려면 토지등소유자의 (㉠) 이상 및 토지면적의 (㉡) 이상의 토지소유자의 동의를 받아 정비구역 지정·고시 후 시장·군수의 인가를 받아야 한다. 이 경우 설립된 조합이 인가받은 사항을 변경하고자 하는 때에는 총회에서 조합원의 (㉢) 이상의 찬성으로 의결하고, 시장·군수 등의 인가를 받아야 한다.
> - 재건축사업의 추진위원회(추진위원회를 구성하지 아니하는 경우에는 토지등소유자를 말한다)가 조합을 설립하려는 때에는 주택단지의 공동주택의 각 동(복리시설의 경우에는 주택단지의 복리시설 전체를 하나의 동으로 본다)별 구분소유자의 (㉣)(복리시설로서 대통령령으로 정하는 경우에는 3분의 1 이상으로 한다)동의(공동주택의 각 동별 구분소유자가 5 이하인 경우는 제외한다)와 주택단지의 전체 구분소유자의 (㉤) 이상 및 토지면적의 (㉤) 이상의 토지소유자의 동의를 받아 정비구역 지정·고시 후 시장·군수 등의 인가를 받아야 한다. 이 경우 설립된 조합이 인가받은 사항을 변경하고자 하는 때에는 총회에서 조합원의 (㉢) 이상의 찬성으로 의결하고, 시장·군수 등의 인가를 받아야 한다
> - 재건축사업의 경우 주택단지가 아닌 지역이 정비구역에 포함된 때에는 주택단지가 아닌 지역 안의 토지 또는 건축물 소유자의 (㉠) 이상 및 토지면적의 (㉢) 이상의 토지소유자의 동의를 받아야 한다.

① ㉠: 3분의 2, ㉡: 4분의 3, ㉢: 2분의 1, ㉣: 4분의 3 ㉤: 100분의 90

② ㉠: 과반수, ㉡: 3분의 2, ㉢: 4분의 3, ㉣: 2분의 1 ㉤: 100분의 80

③ ㉠: 3분의 2, ㉡: 과반수, ㉢: 4분의 3, ㉣: 2분의 1 ㉤: 100분의 70

④ ㉠: 4분의 3, ㉡: 2분의 1, ㉢: 3분의 2, ㉣: 2분의 1 ㉤: 100분의 80

⑤ ㉠: 4분의 3, ㉡: 2분의 1, ㉢: 3분의 2, ㉣: 과반수 ㉤: 100분의 70

04 도시 및 주거환경정비법령상 정비조합에 대한 설명으로 틀린 것을 나열한 것은?

정비조합

> ㉠ 토지등소유자의 수가 100명 미만인 조합에는 감사를 두지 않을 수 있다.
> ㉡ 조합임원이 결격사유에 해당되어 퇴임되면 퇴임 전에 관여한 행위도 그 효력을 잃는다.
> ㉢ 조합은 조합설립의 인가를 받은 날부터 30일 이내에 주된 사무소의 소재지에서 대통령령이 정하는 사항을 등기함으로써 성립한다.
> ㉣ 조합장이 아닌 조합임원은 조합의 대의원이 될 수 없다.
> ㉤ 조합에 관하여는 이 법에 규정된 것을 제외하고는 민법 중 조합에 관한 규정을 준용한다.

① ㉠, ㉣   ② ㉡, ㉢
③ ㉠, ㉡, ㉤   ④ ㉠, ㉣, ㉤
⑤ ㉡, ㉣, ㉤

05 도시 및 주거환경정비법상 조합원에 관한 다음 설명 중 틀린 것은?

조합원

① 조합원의 수가 100인 이상인 조합은 대의원회를 두어야 한다.
② 토지 또는 건축물의 소유권과 지상권이 수인의 공유에 속하는 때에는 그 수인을 대표하는 1인을 조합원으로 본다.
③ 동의를 철회하려는 토지등소유자는 서면동의서에 토지등소유자가 성명을 적고 지장을 날인하는 방법으로 하며, 주민등록증, 여권 등 신원을 확인할 수 있는 신분증명서의 사본을 첨부하여야 한다.
④ 토지등소유자가 해외에 장기체류하거나 법인인 경우 등 불가피한 사유가 있다고 시장·군수 등이 인정하는 경우에는 토지등소유자의 인감도장을 찍은 서면동의서에 해당 인감증명서를 첨부하는 방법으로 할 수 있다.
⑤ 정비구역 밖에 위치한 토지의 소유자는 재개발사업을 조합이 시행하는 경우 조합의 구성원이 될 수 있다.

06

동의자 수
산정방법

도시 및 주거환경정비법령상 추진위원회 및 조합의 설립시 토지등소유자의 동의자 수 산정방법으로 틀린 것은?

① 주거환경개선사업에서 1필지의 토지 또는 하나의 건축물을 여럿이서 공유하는 경우에는 해당 토지 또는 건축물의 토지등소유자의 4분의 3 이상의 동의를 받아 이를 대표하는 1인을 토지등소유자로 산정할 것

② 재건축사업에서 토지의 소유자와 해당 토지의 지상권자를 각각의 토지등소유자로 산정할 것

③ 재개발사업에서 1인이 다수 필지의 토지 또는 다수의 건축물을 소유하고 있는 경우에는 필지나 건축물의 수에 관계없이 토지등소유사를 1인으로 산정할 것

④ 재건축사업에서 소유권 또는 구분소유권을 여럿이서 공유하는 경우에는 그 여럿을 대표하는 1인을 토지등소유자로 산정할 것

⑤ 둘 이상의 소유권 또는 구분소유권을 소유한 공유자가 동일한 경우에는 그 공유자 여럿을 대표하는 1인을 토지등소유자로 할 것

07

토지등
소유자 수
산정

도시 및 주거환경정비법령상 재개발사업을 시행하기 위하여 조합을 설립하고자 할 때 다음 표의 예시에서 산정되는 토지등소유자의 수는?

지 번	토지소유자	건축물 소유자	지상권자
1	A		
2	B, C		D, E
3	F	G	
4	A	A	

① 3인 ② 4인 ③ 5인 ④ 7인 ⑤ 9인

08

정관변경 동의

도시 및 주거환경정비법령상 조합의 정관을 변경하기 위하여 조합원 3분의 2 이상의 동의가 필요한 사항이 아닌 것은?

① 대의원의 수 및 선임절차
② 조합원의 자격에 관한 사항
③ 정비역의 위치 및 면적
④ 조합의 비용부담 및 조합의 회계
⑤ 시공자·설계자의 선정 및 계약서에 포함될 내용

09 도시 및 주거환경정비법령상 조합임원에 관한 설명으로 옳은 것은?

조합임원

① 토지등소유자의 수가 100명 미만인 조합에는 감사를 두지 않을 수 있다.

② 조합임원이 결격사유에 해당되어 퇴임되면 퇴임 전에 관여한 행위는 그 효력을 잃는다.

③ 조합장의 자기를 위한 조합과의 소송에 관하여는 이사가 조합을 대표한다.

④ 조합임원의 임기는 3년 이하의 범위에서 정관으로 정하되, 연임할 수 있다.

⑤ 조합장을 포함하여 조합임원은 조합의 대의원이 될 수 없다.

10 도시 및 주거환경정비법령상 조합임원의 결격사유에 해당하지 않는 것은?

조합임원의
결격사유

① 조합설립 인가권자에 해당하는 지방자치단체의 장, 지방의회의원 또는 그 배우자·직계
존속·직계비속

② 파산선고를 받은 자로서 복권되지 아니한 자

③ 금고 이상의 실형의 선고를 받고 그 집행이 종료되거나 집행이 면제된 날부터 2년이 경
과되지 아니한 자

④ 금고 이상의 형의 집행유예를 받고 그 유예기간 중에 있는 자

⑤ 도시 및 주거환경정비법을 위반하여 벌금 50만원 이상의 형을 선고받고 5년이 지나지
아니한 자

11 도시 및 주거환경정비법령상 조합의 총회와 대의원회 등에 대한 설명이 틀린 것은?

총회와
대의원회

① 조합원의 수가 100인 이상인 조합에는 대의원회를 둘 수 있다.

② 대의원회는 조합원의 10분의 1 이상으로 하되 조합원의 10분의 1이 100인을 넘는 경우에
는 조합원의 10분의 1 범위에서 100인 이상으로 구성할 수 있다.

③ 총회의 의결은 조합원의 100분의 10 이상이 직접 출석(대리인을 통하거나 전자적방법으
로 의결권을 행사하는 경우 직접 출석한 것으로 본다)하여야 한다.

④ 조합은 서면 또는 전자적 방법으로 의결권을 행사하는 자가 본인인지를 확인하여야 한다.

⑤ 조합임원이 결격사유에 해당하게 되거나 선임 당시 그에 해당하는 자이었음이 판명된
때에는 당연 퇴임한다.

12 도시 및 주거환경정비법령상 조합총회의 소집에 관한 규정내용이다. (   )에 들어갈 숫자를 바르게 나열한 것은?

⊛──
총회소집

> • 정관의 기재사항 중 조합임원의 권리·의무·보수·선임방법·변경 및 해임에 관한 사항을 변경하기 위한 총회의 경우는 조합원 (㉠)분의 1 이상의 요구로 조합장이 소집한다.
> • 총회를 소집하려는 자는 총회가 개최되기 (㉡)일 전까지 회의 목적·안건·일시 및 장소와 의결권의 행사기간 및 장소 등 의결권 행사에 필요한 사항을 정하여 조합원에게 통지하여야 한다.

① ㉠: 3, ㉡: 7 ② ㉠: 5, ㉡: 7
③ ㉠: 5, ㉡: 10 ④ ㉠: 10, ㉡: 7
⑤ ㉠: 10, ㉡: 10

13 도시 및 주거환경정비법령상 총회에서 의결을 하는 경우에는 조합원의 20/100 이상이 직접 출석(대리인을 통하여 의결권을 행사하는 경우 직접 출석한 것으로 본다)하여야 하는 경우로서 옳은 것은?

⊛──
총회의결

> ㉠ 사업시행계획서의 작성 및 변경을 위하여 개최하는 총회
> ㉡ 시공자·설계자의 선정을 의결하는 총회
> ㉢ 정비사업비의 사용 및 변경을 위하여 개최하는 총회
> ㉣ 관리처분계획의 수립 및 변경을 위하여 개최하는 총회

① ㉠, ㉡, ㉢ ② ㉠, ㉡, ㉣
③ ㉠, ㉢, ㉣ ④ ㉡, ㉢, ㉣
⑤ ㉠, ㉡, ㉢, ㉣

14 도시 및 주거환경정비법령상 조합총회의 의결사항 중 대의원회가 대행할 수 없는 사항을 모두 고른 것은?

⊛──
총회와 대의원회

> ㉠ 조합임원의 해임 ㉡ 사업완료로 인한 조합의 해산
> ㉢ 정비사업비의 변경 ㉣ 정비사업전문관리업자의 선정 및 변경

① ㉠, ㉡, ㉢ ② ㉠, ㉡, ㉣
③ ㉠, ㉢, ㉣ ④ ㉡, ㉢, ㉣
⑤ ㉠, ㉡, ㉢, ㉣

15
조합임원의 자격,
직무

도시 및 주거환경정비법령상 조합이 시행하는 재건축사업의 조합원 또는 조합임원의 자격, 직무 등에 관한 설명 중 옳은 것은?

① 토지등소유자는 의무적으로 재건축사업의 조합원이 된다.
② 조합장 또는 이사의 자기를 위한 조합과의 계약이나 소송에 관하여는 감사가 조합을 대표한다.
③ 금고 이상의 형의 집행유예를 받고 그 유예기간 중에 있는 자는 조합의 임원이 될 수 있다.
④ 조합설립을 하고자 하는 경우에는 시장·군수 등의 설립인가를 받아야 하며, 설립인가를 받으면 등기 없이 성립한다.
⑤ 조합임원은 같은 목적의 정비사업을 하는 다른 조합의 임원 또는 직원을 겸할 수 있다.

16
주민대표회의

도시 및 주거환경정비법령상 주민대표회의 등에 관한 설명으로 틀린 것은?

① 토지등소유자가 시장·군수 등 또는 토지주택공사 등의 사업시행을 원하는 경우에는 정비구역 지정·고시 후 주민대표회의를 구성하여야 한다.
② 주민대표회의는 위원장을 포함하여 5명 이상 25명 이하로 구성한다.
③ 주민대표회의는 토지등소유자의 과반수의 동의를 받아 구성한다.
④ 주민대표회의에는 위원장과 부위원장 각 1명과 1명 이상 3명 이하의 감사를 둔다.
⑤ 상가세입자는 사업시행자가 건축물의 철거의 사항에 관하여 시행규정을 정하는 때에 의견을 제시할 수 없다.

Chapter 09 사업시행계획

도시 및 주거환경정비법령상 사업시행계획인가에 관한 설명 중 틀린 것은?

① 시장·군수 등은 사업시행계획인가를 하려는 경우 정비구역부터 200미터 이내에 교육시설이 설치되어 있는 때에는 해당 지방자치단체의 교육감 또는 교육장과 협의하여야 한다.

② 시장·군수 등은 재개발사업의 사업시행인가를 하고자 하는 경우 해당 정비사업의 사업시행자가 지정개발자인 때에는 정비사업비의 20/100 범위 이내에서 시·도조례로 정하는 금액을 예치하게 할 수 있다.

③ 사업시행자는 정비계획에 따라 주거환경개선사업의 경우 국민주택규모 주택의 건설계획을 포함하는 사업시행계획서를 작성하여야 한다.

④ 시장·군수 등은 사업시행계획인가를 하고자 하거나 사업시행계획서를 작성하려는 경우에는 관계서류 사본을 14일 이상 일반인이 공람하게 하여야 한다.

⑤ 시장·군수 등은 특별한 사유가 없으면 사업시행계획서의 제출이 있은 날부터 60일 이내에 인가 여부를 결정하여 사업시행자에게 통보하여야 한다.

해설 ③ 주거환경개선사업은 국민주택규모 주택의 건설계획은 제외하고 사업시행계획서를 작성하여야 한다.

◆ 정답 ③

01 도시 및 주거환경정비법령상 정비계획에 따른 사업시행계획서에 포함되어야 하는 사항이 아닌 것은?

상
사업시행계획서 내용

① 사업시행기간 동안의 정비구역 내 가로등 설치, 폐쇄회로 텔레비전설치 등 범죄예방대책

② 정비구역으로부터 200m 이내에 교육시설이 설치되어 있는 경우 교육시설의 교육환경 보호에 관한 계획

③ 임대주택의 건설계획(재건축사업의 경우는 포함한다)

④ 정비사업의 시행과정에서 발생하는 폐기물의 처리계획

⑤ 건축물의 높이 및 용적률 등에 관한 건축계획

정비사업시행을 위한 조치

대표유형

도시 및 주거환경정비법령상 정비사업시행을 위한 조치사항으로 옳은 것은?

① 주거환경개선사업에 따른 건축허가를 받는 때와 부동산등기를 하는 때에는 국민주택채권의 매입에 관한 규정을 적용한다.

② 재개발사업의 시행자는 정비사업을 원활히 시행하기 위하여 순환용주택에 그 정비사업의 시행으로 철거되는 주택의 세입자에 한하여 임시로 거주하게 하는 등의 방식으로 그 정비구역을 순차적으로 정비하는 등 이주대책을 수립하여야 한다.

③ 사업시행자는 재건축사업의 시행으로 철거되는 주택의 소유자 또는 세입자에게 해당 정비구역 안과 밖에 위치한 임대주택 등의 시설에 임시로 거주하게 하거나 주택자금의 융자를 알선하는 등 임시거주에 상응하는 조치를 하여야 한다.

④ 국가 또는 지방자치단체는 사업시행자로부터 임시거주시설에 필요한 건축물이나 토지의 사용신청을 받은 때에는 제3자에게 이미 임시거주시설의 설치를 위하여 필요한 건축물이나 토지에 대한 사용허가를 한 경우에는 해당하는 사유가 없으면 이를 거절할 수 있다.

⑤ 재개발사업의 사업시행자는 사업시행으로 이주하는 상가소유자가 사용할 수 있도록 정비구역 또는 정비구역 인근에 임시상가를 설치할 수 있다.

해설 ① 주거환경개선사업에 따른 건축허가를 받는 때와 부동산등기를 하는 때에는 주택도시기금법에 따른 국민주택채권의 매입에 관한 규정은 적용하지 아니한다.

② 재개발사업의 시행자는 정비사업을 원활히 시행하기 위하여 순환용주택에 그 정비사업의 시행으로 철거되는 주택의 소유자 또는 세입자가 임시로 거주하게 하는 등의 방식으로 그 정비구역을 순차적으로 정비하는 등 주택의 소유자 또는 세입자의 이주대책을 수립하여야 한다.

③ 사업시행자는 주거환경개선사업 및 재개발사업의 시행으로 철거되는 주택의 소유자 또는 세입자에게 해당 정비구역 안과 밖에 위치한 임대주택 등의 시설에 임시로 거주하게 하거나 주택자금의 융자를 알선하는 등 임시거주에 상응하는 조치를 하여야 한다.

⑤ 재개발사업의 사업시행자는 사업시행으로 이주하는 상가세입자가 사용할 수 있도록 정비구역 또는 정비구역 인근에 임시상가를 설치할 수 있다.　　　　　　　　　　　　　　　　　　　　**◆ 정답 ④**

Point 01
임시거주시설 및
임시상가

도시 및 주거환경정비법령상 임시거주시설의 일시사용 및 임시상가에 관한 설명 중 틀린 것은?

① 사업시행자는 주거환경개선사업 및 재개발사업의 시행으로 철거되는 주택의 소유자 또는 세입자에게 해당 정비구역 안과 밖에 위치한 임대주택 등의 시설에 임시로 거주하게 하거나 주택자금의 융자를 알선하는 등 임시거주에 상응하는 조치를 하여야 한다.

② 사업시행자는 임시거주시설의 설치 등을 위하여 필요한 때에는 국가·지방자치단체, 그 밖의 공공단체 또는 개인의 시설이나 토지를 일시 사용할 수 있다.

③ 국가·지방자치단체는 사업시행자로부터 임시거주시설에 필요한 건축물이나 토지의 사용신청을 받은 때에는 제3자와 이미 매매계약을 체결한 경우에는 사용을 거절할 수 있다.

④ 사업시행자는 정비사업의 공사를 완료한 때에는 완료한 날부터 30일 이내에 임시거주시설을 철거하고, 사용한 건축물이나 토지를 원상회복하여야 한다.

⑤ 지방자치단체를 포함한 공공단체 또는 개인의 시설이나 토지를 일시 사용함으로써 손실을 받은 자가 있는 경우에는 손실을 보상하여야 한다.

Point 02
수용 또는 사용

도시 및 주거환경정비법령상 정비사업에 있어서 토지 등의 수용 또는 사용에 관한 설명이다. 틀린 것은?

① 대지 또는 건축물을 현물보상하는 경우에는 준공인가 이후에는 할 수 없다.

② 재건축사업의 경우에는 천재·지변, 재난 및 안전관리 기본법 또는 시설물의 안전관리에 관한 특별법에 따른 사용제한·사용금지, 그 밖의 불가피한 사유로 인하여 긴급히 정비사업을 시행할 필요가 있다고 인정되는 경우에만 토지·물건 또는 그 밖의 권리를 취득 또는 사용할 수 있다.

③ 사업시행계획인가 고시가 있은 때에는 공익사업을 위한 토지 등의 취득 및 보상에 관한 법률에 따른 사업인정 및 그 고시가 있은 것으로 본다.

④ 수용 또는 사용에 대한 재결의 신청은 사업시행인가를 할 때 정한 사업시행기간 이내에 이를 행하여야 한다.

⑤ 정비구역에서 정비사업의 시행을 위한 토지 또는 건축물의 소유권과 그 밖의 권리에 대한 수용 또는 사용은 이 법에 규정된 사항을 제외하고는 공익사업을 위한 토지 등의 취득 및 보상에 관한 법률을 준용한다.

03

주거환경개선사업

도시 및 주거환경정비법령상 주거환경개선사업과 관련된 내용으로 틀린 것은?

① 주거환경개선사업에 따른 건축허가를 받는 때와 부동산등기(소유권보존등기 또는 이전 등기에 한함)를 하는 때에는 주택도시기금법의 국민주택채권의 매입에 관한 규정을 적용하지 아니한다.

② 주거환경개선구역에서 국토의 계획 및 이용에 관한 법률에 따른 도시·군계획시설의 결정·구조 및 설치의 기준 등에 관하여는 국토교통부령이 따로 정하는 바에 따른다.

③ 주거환경개선사업이 환지방법으로 시행되는 경우에는 제2종 일반주거지역으로 결정·고시된 것으로 본다.

④ 주거환경개선구역은 관리처분방법으로 시행되는 경우에는 제1종 일반주거지역으로 결정·고시된 것으로 본다.

⑤ 위 ④의 경우 공공지원민간임대주택 또는 공공주택 특별법에 따른 공공건설임대주택을 200세대 이상 공급하려는 경우로서 해당 임대주택의 건설지역을 포함하여 정비계획에서 따로 정하는 구역은 준주거지역으로 한다.

관리처분계획 등

대표유형

도시 및 주거환경정비법상 관리처분계획에 따른 주택의 공급기준에 관한 설명 중 틀린 것은?

① 같은 세대에 속하지 아니하는 2인 이상이 1주택 또는 1토지를 공유한 경우에는 1주택을 공급한다.

② 2인 이상이 1토지를 공유한 경우로서 시·도 조례로 주택공급에 관하여 따로 정하고 있는 경우에는 시·도 조례가 정하는 바에 따라 주택을 공급할 수 있다.

③ 근로자숙소·기숙사 용도로 주택을 소유하고 있는 토지등소유자에게는 소유한 주택의 수만큼 공급할 수 있다.

④ 투기과열지구 또는 조정대상지역이 아닌 수도권정비계획법의 과밀억제권역에 위치하는 재건축사업은 1세대가 수개의 주택을 소유하면 소유한 주택의 수만큼 공급할 수 있다.

⑤ 투기과열지구 또는 조정대상지역이 아닌 수도권정비계획법의 과밀억제권역에 위치하지 아니하는 재건축사업의 경우에는 1세대가 수개의 주택을 소유한 경우에는 소유한 주택의 수만큼 공급할 수 있다.

해설 ④ 투기과열지구 또는 조정대상지역이 아닌 수도권정비계획법의 과밀억제권역에 위치하는 재건축사업의 경우에는 토지등소유자가 소유한 주택수의 범위에서 3주택까지 공급할 수 있다.　　　　❶정답 ④

01
분양통지·
분양공고

도시 및 주거환경정비법상 분양통지·분양공고에 관한 설명 중 틀린 것은?

① 사업시행자는 사업시행계획인가의 고시가 있은 날부터 90일(대통령령으로 정하는 경우에는 1회에 한정하여 30일의 범위에서 연장할 수 있다) 이내에 분담금의 추산 등을 토지등소유자에게 통지하고, 분양의 대상이 되는 대지 또는 건축물의 내역 등 대통령령으로 정하는 사항을 해당 지역에서 발간되는 일간신문에 공고하여야 한다.

② 분양신청기간은 사업시행계획인가의 고시가 있은 날로부터 30일 이상 60일 이내로 하여야 한다.

③ 사업시행자는 관리처분계획의 수립에 지장이 없다고 판단하는 경우에는 분양신청기간을 20일의 범위에서 한 차례만 연장할 수 있다.

④ 우편의 방법으로 분양신청을 하는 때에는 분양신청기간내에 발송된 것임을 증명할 수 있는 우편으로 하여야 한다.

⑤ 투기과열지구의 정비사업에서 관리처분계획에 따라 분양대상자 및 그 세대에 속한 자는 분양대상자 선정일부터 5년 이내에는 투기과열지구에서 분양신청을 할 수 없다.

02

중

분양신청

도시 및 주거환경정비법령상 분양신청을 하지 아니한 자 등에 대한 조치에 관한 설명이다. ( )에 들어갈 내용을 바르게 나열한 것은?

> • 분양신청을 하지 아니한 토지등소유자가 있는 경우 사업시행자는 관리처분계획이 인가 · 고시된 다음 날부터 (㉠)일 이내에 그 자와 토지, 건축물 또는 그 밖의 권리의 손실보상에 관한 협의를 하여야 한다.
> • 위 협의가 성립되지 아니하면 사업시행자는 그 기간의 만료일 다음 날부터 (㉡)일 이내에 수용재결을 신청하거나 매도청구소송을 제기하여야 한다.

① ㉠: 60, ㉡: 30   ② ㉠: 60, ㉡: 60   ③ ㉠: 60, ㉡: 90

④ ㉠: 90, ㉡: 60   ⑤ ㉠: 90, ㉡: 90

03

상

관리처분계획

도시 및 주거환경정비법령상 사업시행자가 관리처분계획이 인가 · 고시된 다음 날부터 90일 이내에 손실보상 협의를 하여야 하는 토지등소유자를 모두 고른 것은? (단, 분양신청기간 종료일의 다음 날부터 협의를 시작할 수 있음)

> ㉠ 분양신청기간 내에 분양신청을 하지 아니한 자
> ㉡ 인가된 관리처분계획에 따라 분양대상에서 제외된 자
> ㉢ 분양신청기간 종료 후에 분양신청을 철회한 자
> ㉣ 투기과열지구의 정비사업에서 관리처분계획에 따라 분양대상자 및 그 세대에 속한 자는 분양대상자 선정일부터 5년 이내에는 투기과열지구에서 분양신청을 할 수 없는 자

① ㉠, ㉡   ② ㉠, ㉢   ③ ㉠, ㉡, ㉣

④ ㉡, ㉢, ㉣   ⑤ ㉠, ㉡, ㉢, ㉣

04

중

관리처분계획의
내용

도시 및 주거환경정비법령상 관리처분계획에 포함될 내용으로 틀린 것은? (단, 조례는 고려하지 않음)

① 분양대상자별 분양예정인 대지 또는 건축물의 추산액
② 정비사업비의 추산액(재건축사업의 경우에는 재건축부담금에 관한 사항을 포함하지 아니한다) 및 그에 따른 조합원 분담규모 및 분담시기
③ 분양대상자의 종전 토지 또는 건축물에 관한 소유권 외의 권리명세
④ 세입자별 손실보상을 위한 권리명세 및 그 평가액
⑤ 분양대상자별 종전의 토지 또는 건축물 명세 및 사업시행계획인가 고시가 있은 날을 기준으로 한 가격

05
관리처분계획

도시 및 주거환경정비법령상 사업시행자가 인가받은 관리처분계획을 변경하고자 할 때 시장·군수 등에게 신고하여야 하는 경우가 아닌 것은?

① 사업시행자의 변동에 따른 권리·의무의 변동이 있는 경우로서 분양설계의 변경을 수반하지 아니하는 경우
② 재건축사업에서의 매도청구에 대한 판결에 따라 관리처분계획을 변경하는 경우
③ 주택분양에 관한 권리를 포기하는 토지등소유자에 대한 임대주택의 공급에 따라 관리처분계획을 변경하는 경우
④ 계산착오·오기·누락 등에 따른 조서의 단순정정인 경우로서 불이익을 받는 자가 있는 경우
⑤ 정관 및 사업시행계획인가의 변경에 따라 관리처분계획을 변경하는 경우

06
관리처분계획

도시 및 주거환경정비법령상 관리처분계획의 작성기준에 관한 설명 중 틀린 것은?

① 관리처분계획은 종전의 토지 또는 건축물의 면적·이용 상황·환경, 그 밖의 사항을 종합적으로 고려하여 대지 또는 건축물이 균형 있게 분양신청자에게 배분되고 합리적으로 이용되도록 한다.
② 너무 좁은 토지 또는 건축물을 취득한 자나 정비구역 지정 후 분할된 토지 또는 집합건물의 구분소유권을 취득한 자에게는 현금으로 청산할 수 있다.
③ 투기과열지구 또는 조정대상지역이 아닌 수도권정비계획법의 과밀억제권역 안에 위치하지 아니하는 재개발사업의 토지등소유자에 대하여는 소유한 주택 수만큼 공급할 수 있다.
④ 관리처분계획 중 분양설계는 분양신청기간이 만료되는 날을 기준으로 수립한다.
⑤ 투기과열지구 또는 조정대상지역이 아닌 수도권정비계획법의 과밀억제권역에 위치하는 재건축사업의 경우에는 토지등소유자가 소유한 주택수의 범위에서 3주택까지 공급할 수 있다.

07 도시 및 주거환경정비법령상 관리처분계획에 따른 주택의 공급기준에 관한 설명 중 틀린 것은?

주택의 공급기준

① 1세대 또는 1인이 1 이상의 주택 또는 토지를 소유한 경우 1주택을 공급하고, 같은 세대에 속하지 아니하는 2인 이상이 1주택 또는 1토지를 공유한 경우에는 1주택만 공급한다.

② 2인 이상이 1주택을 공유한 경우로서 시·도조례로 주택공급에 관하여 따로 정하고 있는 경우에는 조례로 정하는 바에 따라 주택을 공급할 수 있다.

③ 사업시행계획인가의 고시가 있는 날을 기준으로 한 가격의 범위 또는 종전 주택의 주거전용면적의 범위에서 2주택을 공급할 수 있고, 이 중 1주택은 주거전용면적을 $60m^2$ 이하로 한다.

④ 국가, 지방자치단체 및 토지주택공사 등에 해당하는 토지등소유자에게는 소유한 주택 수만큼 공급할 수 있다.

⑤ 사업시행자는 분양신청을 받은 후 잔여분이 있는 경우에는 정관 등 또는 사업시행계획이 정하는 목적을 위하여 보류지로 정하거나 조합원 외의 자에게 분양할 수 있다.

08 도시 및 주거환경정비법령상 다음의 경우 재건축사업의 주택공급과 관련하여 최대로 공급받을 수 있는 주택의 수는?

재건축사업의
주택공급

> ㉠ 과밀억제권역에 위치한 사업지구에 1세대 5주택을 소유한 자
> ㉡ 과밀억제권역에 위치하지 아니한 사업지구에 1세대 5주택을 소유한 자
> ※ 단, 주택을 공급받는 자는 근로자숙소·기숙사 용도로 주택을 소유하고 있는 토지등소유자, 국가, 지방자치단체 및 토지주택공사등이 아니고, 주택법에 따라 지정된 투기과열지구 또는 조정대상지역이 아니다.

① ㉠ − 5, ㉡ − 5

② ㉠ − 1, ㉡ − 3

③ ㉠ − 3, ㉡ − 5

④ ㉠ − 3, ㉡ − 1

⑤ ㉠ − 5, ㉡ − 3

09 도시 및 주거환경정비법령상 관리처분계획 및 관리처분 등에 관한 설명으로 옳은 것은?

⑧——
관리처분계획 및
관리처분

① 관리처분계획의 인가·고시가 있는 때에는 종전 토지의 임차권자는 사업시행자의 동의를 받아도 종전의 토지를 사용할 수 없다.

② 재해 또는 위생상의 위해를 방지하기 위하여 토지의 규모를 조정할 특별한 필요가 있는 때에는 관리처분계획으로 건축물의 일부와 그 건축물이 있는 대지의 공유지분을 교부할 수 있다.

③ 재개발사업의 경우 분양대상자별 분양예정인 대지 또는 건축물의 추산액은 시장·군수 등이 선정·계약한 1인 이상의 감정평가법인 등과 조합총회의 의결로 선정·계약한 1인 이상의 감정평가법인 등이 평가한 금액을 산술평균하여 산정한다.

④ 재개발사업의 관리처분은 정비구역 안의 지상권자에 대한 분양을 포함한다.

⑤ 재건축사업의 경우 법령상 관리처분의 기준은 조합이 조합원 전원의 동의를 받아도 따로 정할 수 없다.

10 도시 및 주거환경정비법상 관리처분계획 인가·고시의 효과에 관한 설명 중 옳은 것은?

⑧——
관리처분계획
인가·고시의 효과

① 사업시행자는 기존의 건축물을 철거한 후 관리처분계획 인가를 받아야 한다.

② 사업시행자는 폐공가의 밀집으로 우범지대화의 우려가 있는 경우에는 기존 건축물의 소유자의 동의 및 시장·군수 등의 허가를 얻어 해당 건축물을 철거할 수 있다.

③ 대지 또는 건축물을 분양받을 자에게 소유권을 이전한 경우 종전의 토지 또는 건축물에 설정된 지상권·전세권·저당권·임차권·가등기담보권·가압류 등 등기된 권리는 소유권을 이전받은 대지 또는 건축물에 새로이 설정한다.

④ 관리처분계획의 인가·고시가 있는 때에는 종전의 토지 또는 건축물의 소유자·지상권자·전세권자·임차권자 등 권리자는 소유권이전의 고시가 있는 날의 다음 날까지 종전의 토지 또는 건축물에 대하여 이를 사용하거나 수익할 수 없다.

⑤ 주거환경관리사업의 사업시행자는 정비사업의 시행으로 건설된 건축물을 인가된 관리처분계획에 따라 토지등소유자에게 공급하여야 한다.

11

사용하거나 수익
금지기간

도시 및 주거환경정비법령상 관리처분계획 등에 관한 설명으로 옳은 것은? (단, 조례는 고려하지 않음)

① 조합이 재개발사업의 시행으로 건설된 임대주택(이하 "재개발임대주택"이라 한다)의 인수를 요청하는 경우 시·도지사 또는 시장, 군수, 구청장이 우선하여 인수하여야 한다.
② 분양신청기간의 연장은 30일의 범위에서 한 차례만 할 수 있다.
③ 같은 세대에 속하지 아니하는 3명이 1토지를 공유한 경우에는 3주택을 공급하여야 한다.
④ 사업시행자는 정비사업의 시행으로 건설된 건축물을 인가받은 관리처분계획에 따라 토지등소유자에게 공급할 수 없다.
⑤ 지분형주택의 규모는 주거전용면적 90제곱미터 이하인 주택으로 한정한다.

12

준공인가 및
이전고시

도시 및 주거환경정비법령상 소규모 토지 등의 소유자에 대한 토지임대부 분양주택 공급에 관한 내용이다. (   )에 들어갈 숫자로 옳은 것은? (단, 조례는 고려하지 않음)

> 국토교통부장관, 시·도지사, 시장, 군수, 구청장 또는 토지주택공사등은 정비구역에 세입자와 다음의 어느 하나에 해당하는 자의 요청이 있는 경우에는 인수한 재개발임대주택의 일부를 「주택법」에 따른 토지임대부 분양주택으로 전환하여 공급하여야 한다.
> 1. 면적이 (㉠)제곱미터 미만의 토지를 소유한 자로서 건축물을 소유하지 아니한 자
> 2. 바닥면적이 (㉡)제곱미터 미만의 사실상 주거를 위하여 사용하는 건축물을 소유한 자로서 토지를 소유하지 아니한 자

① ㉠: 90, ㉡: 40
② ㉠: 90, ㉡: 50
③ ㉠: 90, ㉡: 60
④ ㉠: 100, ㉡: 40
⑤ ㉠: 100, ㉡: 50

13

준공인가 및
이전고시

도시 및 주거환경정비법령상 도시 및 주거환경정비법령상 공사완료에 따른 조치 등에 관한 설명으로 틀린 것은?

① 사업시행자인 지방공사가 정비사업 공사를 완료한 때에는 시장·군수 등의 준공인가를 받아야 한다.
② 시장·군수 등은 준공인가 전 사용허가를 하는 때에는 동별·세대별 또는 구획별로 사용허가를 할 수 있다.
③ 관리처분계획을 수립하는 경우 정비구역의 지정은 이전고시가 있은 날의 다음 날에 해제된 것으로 본다.
④ 준공인가에 따른 정비구역의 해제가 있으면 조합은 해산된 것으로 본다.
⑤ 관리처분계획에 따라 소유권을 이전하는 경우 건축물을 분양받을 자는 이전고시가 있은 날의 다음 날에 그 건축물의 소유권을 취득한다.

Chapter 12 이전등기 및 청산금

대표유형

도시 및 주거환경정비법령상 청산금에 관한 설명으로 틀린 것은?

① 조합 총회의 의결을 거쳐 정한 경우에는 관리처분계획인가후부터 소유권 이전의 고시일까지 청산금을 분할징수할 수 있다.

② 종전에 소유하고 있던 토지의 가격과 분양받은 대지의 가격은 그 토지의 규모·위치·용도·이용상황·정비사업비 등을 참작하여 평가하여야 한다.

③ 청산금을 납부할 자가 이를 납부하지 아니하는 경우에 시장·군수 등이 아닌 사업시행자는 시장·군수 등에게 청산금의 징수를 위탁할 수 있다.

④ 청산금을 징수할 권리는 소유권이전의 고시일로부터 5년간 이를 행사하지 아니하면 소멸한다.

⑤ 정비사업의 시행지역 안에 있는 건축물에 저당권을 설정한 권리자는 그 건축물의 소유자가 지급받을 청산금에 대하여 청산금을 지급하기 전에 압류절차를 거쳐 저당권을 행사할 수 있다.

해설 ④ 청산금을 징수할 권리는 소유권이전고시일 다음 날부터 5년간 행사하지 아니하면 소멸한다.

❶ 정답 ④

---

01 **도시 및 주거환경정비법령상 청산금에 대한 설명으로 틀린 것은?**

청산금

① 대지 또는 건축물을 분양받은 자가 종전에 소유하고 있던 토지 또는 건축물의 가격과 분양받은 대지 또는 건축물의 가격사이에 차이가 있는 경우에는 사업시행자는 소유권이전의 고시가 있은 후에 그 차액에 상당하는 금액을 분양받은 자에게 지급하여야 한다.

② 사업시행자는 등기가 있은 후 청산금을 분양받은 자로부터 징수하거나 분양받은 자에게 지급하여야 한다.

③ 청산금을 산정함에 있어서 종전에 소유하고 있던 토지 또는 건축물의 가격과 분양받은 대지 또는 건축물의 가격은 그 토지 또는 건축물의 규모·위치·용도·이용상황·정비사업비 등을 참작하여 평가하여야 한다.

④ 정관 등에서 분할징수 및 분할지급에 대하여 정하고 있거나 총회의 의결을 거쳐 따로 정한 경우에는 관리처분계획인가 후부터 소유권이전의 고시일까지 일정기간별로 분할징수하거나 분할지급할 수 있다.

⑤ 청산금을 지급(분할지급 포함)받을 권리 또는 이를 징수할 권리는 소유권이전의 고시일 다음 날부터 5년간 이를 행사하지 아니하면 소멸한다.

02 도시 및 주거환경정비법령상 정비사업의 청산금에 관한 설명으로 옳은 것은?

청산금

① 사업시행자는 정관이나 총회의 결정에도 불구하고 소유권이전고시 이전에는 청산금을 분양대상자에게 지급할 수 없다.

② 청산금을 지급받을 권리는 소유권이전고시일부터 5년간 이를 행사하지 아니하면 소멸한다.

③ 사업시행자는 청산금을 일시금으로 지급하여야 하고 이를 분할하여 지급하여서는 안 된다.

④ 정비사업 시행지역 내의 건축물의 저당권자는 그 건축물의 소유자가 지급받을 청산금에 대하여 청산금을 지급하기 전에 압류절차를 거쳐 저당권을 행사할 수 있다.

⑤ 청산금을 납부할 자가 이를 납부하지 아니하는 경우 시장·군수 등인 사업시행자는 국세체납처분의 예에 의하여 이를 징수할 수 있다.

03 도시 및 주거환경정비법령상 등기절차 및 청산금에 관한 설명 중 옳은 것은?

등기절차 및
청산금

① 사업시행자는 소유권이전고시가 있은 때에는 14일 이내에 대지 및 건축물에 관한 등기를 지방법원지원 또는 등기소에 촉탁 또는 신청하여야 한다.

② 정비사업에 관하여 소유권이전고시가 있은 날부터 대지 및 건축물에 관한 등기가 있을 때까지는 저당권 등의 다른 등기를 할 수 있다.

③ 원칙적으로 분할징수하거나 분할지급하나, 예외적으로 일괄징수하거나 일괄지급할 수 있다.

④ 청산금을 지급받을 자가 이를 받을 수 없거나 거부한 때에는 사업시행자는 그 청산금을 공탁할 수 있다.

⑤ 청산금을 지급받을 권리 또는 이를 징수할 권리는 소유권이전의 고시일 다음 날부터 3년간 이를 행사하지 아니하면 소멸한다.

MEMO

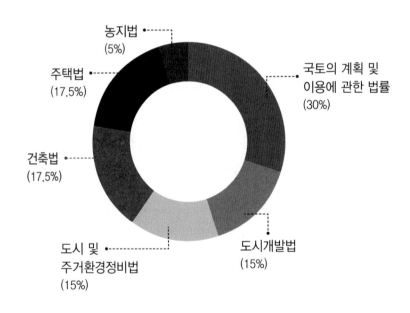

국토의 계획 및
이용에 관한 법률
(30%)

농지법
(5%)

주택법
(17.5%)

건축법
(17.5%)

도시 및
주거환경정비법
(15%)

도시개발법
(15%)

최근 5개년 출제경향 분석

이 법은 다른 법률을 이해하기 위한 기초적인 내용이 많이 포함되어 있어 기본적인 개념을 중심으로 학습하고, 암기도 요구되기 때문에 심화학습이 필요하다. 이 법에서 특히 비중을 두고 공부해야 할 부분은 용어정의, 건축물, 대지, 건축, 대수선의 개념, 건축물의 용도분류, 건축허가, 건축물의 유지·관리, 구조안전 확인대상, 건축제한과 높이 제한, 특별건축구역, 대지 안의 공지, 이행강제금 등에 관한 부분이다.

PART

04

건축법

제1장 총 칙

제2장 건축과 대수선

제3장 용도변경

제4장 건축물의 건축 등

제5장 건축물의 대지와 도로

제6장 건축물의 구조 및 재료

제7장 지역 및 지구 안의 건축물

제8장 특별건축구역

제9장 보칙 및 벌칙

건축법령상 용어정의에 대한 설명 중 틀린 것은?

① 결합건축은 용적률을 개별 대지마다 적용하지 아니하고, 2개 이상의 대지를 대상으로 통합 적용하여 건축물을 건축하는 것을 말한다.

② 기둥과 기둥 사이의 거리가 20m 이상인 건축물은 특수구조 건축물이다.

③ 주요구조부는 내력벽·사이기둥·바닥·작은 보·지붕틀(한옥의 경우에는 지붕틀의 범위에서 서까래는 제외한다) 및 주계단을 말한다.

④ 리모델링은 건축물의 노후화를 억제하거나 기능 향상 등을 위하여 대수선하거나 건축물의 일부를 증축 또는 개축하는 행위를 말한다.

⑤ 초고층건축물은 층수가 50층 이상이거나 높이가 200m 이상인 건축물 말한다.

해설 ③ 주요구조부는 내력벽·기둥·바닥·보·지붕틀(한옥의 경우에는 지붕틀의 범위에서 서까래는 제외한다) 및 주계단을 말한다. 다만, 사이기둥·최하층바닥·작은보·차양·옥외계단 그 밖에 이와 유사한 것으로 건축물의 구조상 중요하지 아니한 부분을 제외한다. **◆ 정답 ③**

01 건축법령상 다중이용 건축물에 해당하는 것은? (단, 불특정한 다수의 사람들이 이용하는 건축물을 전제로 함)

상

다중이용 건축물

① 종교시설로 사용하는 바닥면적의 합계가 4천 제곱미터인 5층의 성당

② 문화 및 집회시설로 사용하는 바닥면적의 합계가 5천 제곱미터인 10층의 식물원

③ 숙박시설로 사용하는 바닥면적의 합계가 4천 제곱미터인 16층의 관광호텔

④ 교육연구시설로 사용하는 바닥면적의 합계가 5천 제곱미터인 15층의 연구소

⑤ 문화 및 집회시설로 사용하는 바닥면적의 합계가 5천 제곱미터인 2층의 동물원

02 건축법령상 다중이용 건축물에 해당하는 용도가 아닌 것은? (단, 16층 이상의 건축물은 제외하고, 해당 용도로 쓰는 바닥면적의 합계는 5천제곱미터 이상임)

중

다중이용 건축물

① 교육연구시설 ② 판매시설

③ 운수시설 중 여객용 시설 ④ 종교시설

⑤ 의료시설 중 종합병원

03 건축법령상 용어에 관련된 설명으로 옳은 것은?

목적과 용어

① 건축법은 건축물의 안전·기능·미관 및 환경을 향상시킴으로써 공공복리의 증진에 이 바지함을 목적으로 한다.

② 건축물은 토지에 정착하는 공작물 중 지붕 또는 기둥 또는 벽이 있는 것과 이에 부수되는 시설물을 말한다.

③ 건축이라 함은 건축물을 신축·증축·개축·재축 또는 대수선하는 것을 말한다.

④ 대수선이란 건축물의 주요구조부에 대한 수선 또는 변경을 의미하며 건축물의 외부형태의 변경은 일체 포함되지 않는다.

⑤ 부속건축물은 같은 대지에서 주된 건축물과 부속된 부속용도의 건축물로서 주된 건축물의 이용 또는 관리에 필요한 건축물을 말한다.

04 건축법령상 용어정의에 대한 설명 중 틀린 것은?

용어정의

① 지하층은 건축물의 바닥이 지표면 아래에 있는 층으로서 그 바닥으로부터 지표면까지의 평균높이가 해당 층 높이의 1/2 이상인 것을 말한다.

② 거실은 건축물에서 거주·집무·작업·집회·오락 기타 이와 유사한 목적을 위하여 사용되는 방을 말한다.

③ 고층 건축물은 층수가 30층 이상이고 높이가 120m 이상인 건축물을 말한다.

④ 한쪽 끝은 고정되고 다른 끝은 지지되지 아니한 구조로 된 차양이 외벽의 중심선으로부터 3미터 이상 돌출된 건축물은 특수구조 건축물에 해당한다.

⑤ 지하 또는 고가의 공작물에 설치하는 사무소·공연장·점포·차고·창고 등도 건축물에 해당한다.

05 건축물의 바닥이 지표면 아래에 있는 층으로서 건축법령상 지하층에 해당하지 않는 것은?

지하층

① 해당 층의 높이가 3m인 경우 바닥에서 지표면까지 평균높이가 2m 이상인 것

② 해당 층의 높이가 4m인 경우 바닥에서 지표면까지 평균높이가 2m 미만인 것

③ 해당 층의 높이가 4m인 경우 바닥에서 지표면까지 최저높이가 2m 이상인 것

④ 해당 층의 높이가 3m인 경우 바닥에서 지표면까지 최저높이가 2m 이상인 것

⑤ 해당 층의 높이가 3m인 경우 바닥에서 지표면까지 평균높이가 1.5m 이상인 것

06 건축법령상 '주요구조부'에 해당되지 않는 것은?

주요구조부

① 내력벽   ② 사이기둥

③ 바닥(최하층바닥은 제외)   ④ 지붕틀

⑤ 주계단

07 건축법령상 특별자치시장·특별자치도지사 또는 시장·군수·구청장에게 신고하고 축조하여야 하는 공작물에 해당하는 것은? (단, 건축물과 분리하여 축조하는 경우이며, 공용건축물에 대한 특례는 고려하지 않음)

공작물 축조신고대상

① 높이 3m의 기념탑

② 높이 7m의 고가수조(高架水槽)

③ 높이 3m의 광고탑

④ 높이 3m의 담장

⑤ 바닥면적 25m²의 지하대피호

08 건축법령상 대지를 조성하기 위하여 건축물과 분리하여 공작물을 축조하려는 경우, 특별자치시장·특별자치도지사 또는 시장·군수·구청장에게 신고하여야 하는 공작물에 해당하지 않는 것은? (단, 공용건축물에 대한 특례는 고려하지 않음)

공작물 축조신고대상

① 상업지역에 설치하는 높이 8미터의 통신용 철탑

② 높이 4미터의 옹벽

③ 높이 8미터의 굴뚝

④ 바닥면적 40제곱미터의 지하대피호

⑤ 높이 3미터의 장식탑

대표유형

건축법령상 건축 및 대수선에 관한 설명으로 옳은 것을 모두 고른 것은?

⊙ 건축면적 20m²의 부속건축물이 있는 대지에 새로이 건축면적 50m²의 주택을 축조한 행위는 증축에 해당한다.

ⓒ 재축은 기존 건축물의 전부 또는 일부[내력벽·기둥·보·지붕틀(한옥의 경우에는 지붕틀의 범위에서 서까래는 제외한다) 중 셋 이상이 포함되는 경우를 말한다]를 해체하고 그 대지에 종전과 같은 규모의 범위에서 건축물을 다시 축조하는 것을 말한다.

ⓒ 건축물의 외벽에 사용하는 마감재료를 증설 또는 해체하거나 벽면적 30m² 이상 수선 또는 변경하는 것으로서 증축·개축 또는 재축에 해당하지 않는 것은 대수선이다.

ⓔ 기존건축물의 일부를 철거하고 그 대지에 종전의 규모를 초과하여 건축물을 축조하는 것은 신축이다.

① ⊙, ⓒ
② ⊙, ⓒ
③ ⓒ, ⓒ
④ ⓒ, ⓔ
⑤ ⓒ, ⓔ

해설 ⊙ 건축면적 20m²의 부속건축물이 있는 대지에 새로이 건축면적 50m²의 주택을 축조한 행위는 신축에 해당한다.

ⓒ 개축이다.

재축은 건축물이 천재지변이나 그 밖의 재해로 멸실된 경우 그 대지에 다음의 요건을 모두 갖추어 다시 축조하는 것을 말한다.

가. 연면적 합계는 종전 규모 이하로 할 것
나. 동(棟)수, 층수 및 높이는 다음의 어느 하나에 해당할 것
　　1) 동수, 층수 및 높이가 모두 종전 규모 이하일 것
　　2) 동수, 층수 또는 높이의 어느 하나가 종전 규모를 초과하는 경우에는 해당 동수, 층수 및 높이가 건축법, 이 영 또는 건축조례(법령등)에 모두 적합할 것

✚ 정답 ⑤

01 건축법령상 건축에 관한 설명 중 틀린 것은?

건축개념

① 부속건축물만 있는 대지에 새로이 주된 건축물을 축조하는 것은 신축이다.

② 기존건축물 한 층의 중간부분을 막아 사실상 두 층으로 만든 경우에도 증축에 해당된다.

③ 기존건축물의 전부를 철거하고 그 대지에 종전의 규모를 초과하여 건축물을 축조하는 것은 신축이다.

④ 건축물이 재해로 멸실된 경우 그 대지에 연면적 합계는 종전 규모 이하이고 동수, 층수 및 높이가 모두 종전 규모 이하로 다시 축조하는 것은 신축이다.

⑤ 건축물을 그 주요구조부를 해체하지 아니하고 같은 대지의 다른 위치로 옮기는 것은 이전이다.

02 건축법령상 건축에 대한 설명 중 바르게 표현한 것은?

건축개념

① 기존 건축물이 있는 대지에서 건축물의 건축면적, 연면적, 층수 또는 높이를 늘리는 것은 신축이다.

② 기존의 건축물이 있는 그 대지에 별동의 건축물을 새로이 건축하는 것은 증축이다.

③ 기존의 건축물이 있는 그 대지에 담장을 설치하는 것은 재축이다.

④ 건축물이 천재 · 지변 기타 재해에 의하여 멸실된 경우에 그 대지에 연면적 합계는 종전 규모 이하이고 동수, 층수 및 높이가 모두 종전 규모 이하로 다시 축조하는 것은 개축이다.

⑤ 기존 건축물의 전부 또는 일부를 철거하고 그 대지에 종전과 같은 규모의 범위에서 건축물을 다시 축조하는 것은 재축이다.

03 건축법령상 건축물의 "대수선"에 해당하지 않는 것은? (단, 건축물의 증축·개축 또는 재축에
대수선 해당하지 않음)

① 보를 두 개 변경하는 것

② 기둥을 세 개 수선하는 것

③ 내력벽의 벽면적을 30제곱미터 수선하는 것

④ 특별피난계단을 변경하는 것

⑤ 다세대주택의 세대 간 경계벽을 증설하는 것

04 건축법령상 용어에 관한 설명으로 옳은 것은?
건축·대수선

① 내력벽 면적을 $20m^2$ 이상 수선 또는 변경하는 것은 대수선에 해당된다.

② 방화벽 또는 방화구획을 위한 바닥 또는 벽을 증설하거나 해체하여 수선 또는 변경하는
것은 대수선에 해당되지 아니한다.

③ 기존건축물이 있는 대지에 건축물의 연면적, 건축면적 및 층수를 늘리는 것은 개축이다.

④ 건축물의 전면부 창문틀을 해체하여 변경하는 행위는 대수선이다.

⑤ 건축물의 주계단·피난계단 또는 특별피난계단을 증설하는 것은 대수선이다.

대표유형

건축법령상 사용승인을 받은 건축물의 용도변경이 신고대상인 경우만을 모두 고른 것은?

	용도변경 전	용도변경 후
㉠	판매시설	창고시설
㉡	숙박시설	위락시설
㉢	장례시설	종교시설
㉣	의료시설	교육연구시설
㉤	제1종 근린생활시설	업무시설

① ㉠, ㉡   ② ㉠, ㉢   ③ ㉡, ㉣
④ ㉢, ㉤   ⑤ ㉣, ㉤

해설 ㉢ 장례시설을 종교시설로의 용도변경은 신고대상이다.
㉤ 제1종 근린생활시설을 업무시설로의 용도변경은 신고대상이다.
㉠ 판매시설을 창고시설로의 용도변경은 허가대상이다.
㉡ 숙박시설을 위락시설로의 용도변경은 허가대상이다.
㉣ 의료시설을 교육연구시설로의 용도변경은 건축물대장 기재내용의 변경신청대상이다.   **◆정답 ④**

---

01 건축법령상 건축물의 종류와 용도에 관한 조합 중 옳은 것은?

용도분류

① 카지노 – 관광휴게시설   ② 공항시설 – 운수시설
③ 오피스텔 – 숙박시설   ④ 유스호스텔 – 관광휴게시설
⑤ 자동차운전학원 – 교육연구시설

---

02 건축법령상 건축물의 종류와 그 용도분류가 잘못 연결된 것은?

용도분류

① 무도학원 – 위락시설
② 주유소 – 위험물저장 및 처리시설
③ 야외극장 – 문화 및 집회시설
④ 마을회관 – 제1종 근린생활시설
⑤ 안마시술소 – 제2종 근린생활시설

03 건축법령상 용도분류에 관한 설명이다. 틀린 것은?

상
용도분류

① 전기자동차충전소 용도로 쓰는 바닥면적의 합계가 1,000m² 미만인 것은 제1종 근린생활시설이고, 1,000m² 이상인 것은 제2종 근린생활시설이다.

② 휴게음식점 또는 제과점으로서 같은 건축물에 해당 용도로 쓰는 바닥면적의 합계가 300m² 미만인 것은 제1종 근린생활시설이고, 300m² 이상인 것은 제2종 근린생활시설이다.

③ 단란주점으로서 같은 건축물에 해당 용도로 쓰는 바닥면적의 합계가 150m² 미만인 것은 제2종 근린생활시설이고, 150m² 이상인 것은 위락시설이다.

④ 동물병원, 동물미용실 및 동물위탁관리업을 위한 시설로서 같은 건축물에 해당 용도로 쓰는 바닥면적의 합계가 300m² 미만인 것은 제1종 근린생활시설이고, 300m² 이상인 것은 제2종 근린생활시설이다.

⑤ 종교집회장으로서 같은 건축물에 해당 용도로 쓰는 바닥면적의 합계가 500m² 미만인 것은 제2종 근린생활시설이고, 500m² 이상인 것은 종교시설이다.

04 건축법령상 사용승인을 받은 건축물을 용도변경하기 위해 허가를 필요로 하는 경우는? (단, 조례는 고려하지 않음)

하
용도변경

① 업무시설을 판매시설로 용도변경하는 경우

② 숙박시설을 제1종 근린생활시설로 용도변경하는 경우

③ 장례식장을 종교시설로 용도변경하는 경우

④ 야영장시설을 공동주택으로 용도변경하는 경우

⑤ 공장을 관광휴게시설로 용도변경하는 경우

05 건축법령상 사용승인을 받은 건축물의 용도변경에 관한 설명으로 옳은 것은? (단, 조례는 고려하지 않음)

상
용도변경

① 특별시나 광역시에 소재하는 건축물인 경우에는 특별시장이나 광역시장의 허가를 받거나 신고하여야 한다.

② 영업시설군에서 문화 및 집회시설군으로 용도변경하는 경우에는 허가를 받아야 한다.

③ 교육 및 복지시설군에서 전기통신시설군으로 용도변경하는 경우에는 신고를 하여야 한다.

④ 같은 시설군 안에서 용도를 변경하려는 경우에는 신고를 하여야 한다.

⑤ 용도변경하려는 부분의 바닥면적의 합계가 100m² 이상인 경우라도 신고대상인 용도변경을 하는 경우에는 건축물의 사용승인을 받을 필요가 없다.

06
용도변경

건축주인 甲은 4층 건축물을 병원으로 사용하던 중 이를 서점으로 용도변경하고자 한다. 건축법령상 이에 관한 설명으로 옳은 것은? (단, 다른 조건은 고려하지 않음)

① 甲이 용도변경을 위하여 건축물을 대수선할 경우 그 설계는 건축사가 아니어도 할 수 있다.

② 甲은 건축물의 용도를 서점으로 변경하려면 용도변경을 신고하여야 한다.

③ 甲은 서점에 다른 용도를 추가하여 복수용도로 용도변경 신청을 할 수 없다.

④ 甲의 병원이 준주거지역에 위치하고 있다면 서점으로 용도변경을 할 수 없다.

⑤ 甲은 서점으로 용도변경을 할 경우 피난 용도로 쓸 수 있는 광장을 옥상에 설치하여야 한다.

07
제한적 적용

건축법령상 「국토의 계획 및 이용에 관한 법률」에 따른 도시지역 및 지구단위계획구역 외의 지역으로서 동이나 읍(동이나 읍에 속하는 섬의 경우에는 인구가 500명 이상인 경우만 해당됨)이 아닌 지역은 「건축법」의 일부 규정을 적용하지 아니한다. 이에 해당하지 않는 것은?

① 대지와 도로의 관계
② 도로의 지정·폐지 또는 변경
③ 건축선의 지정
④ 건축선에 따른 건축제한
⑤ 건폐율 규정

08
건축법의 적용

건축법령상 건축법의 적용에 관한 설명으로 틀린 것은?

① 철도의 선로부지에 있는 플랫폼을 건축하는 경우에는 건축법상 건폐율 규정이 적용되지 않는다.

② 고속도로 통행료 징수시설을 건축하는 경우에는 건축법상 대지의 분할제한 규정이 적용되지 않는다.

③ 국토의 계획 및 이용에 관한 법률 제51조 제3항(도시지역 외의 지역)에 따른 지구단위계획구역이 아닌 계획관리지역으로서 동이나 읍이 아닌 지역에서는 건축법상 대지의 분할제한규정이 적용되지 않는다.

④ 국토의 계획 및 이용에 관한 법률 제51조 제3항(도시지역 외의 지역)에 따른 지구단위계획구역이 아닌 계획관리지역으로서 동이나 읍이 아닌 지역에서는 건축법상 건축선에 따른 건축제한 규정이 적용되지 않는다.

⑤ 국토의 계획 및 이용에 관한 법률 제51조 제3항(도시지역 외의 지역)에 따른 지구단위계획구역이 아닌 계획관리지역으로서 동이나 읍이 아닌 지역에서는 건축법상 용적률 규정이 적용되지 않는다.

09

건축법령상 건축법이 모두 적용되지 않는 건축물이 아닌 것은?

① 문화유산의 보존 및 활용에 관한 법률에 따른 지정문화유산

② 철도의 선로 부지에 있는 철도 선로의 위나 아래를 가로지르는 보행시설

③ 고속도로 통행료 징수시설

④ 지역자치센터

⑤ 자연유산의 보존 및 활용에 관한 법률에 따라 지정된 천연기념물등이나 임시지정천연기념물, 임시지정명승, 임시지정시·도자연유산, 임시자연유산자료

건축법령상 철도의 선로 부지(敷地)에 있는 시설로서 건축법의 적용을 받지 않는 건축물만을 모두 고른 것은? (단, 건축법령 이외의 특례는 고려하지 않음)

> ㉠ 플랫폼
> ㉡ 운전보안시설
> ㉢ 철도 선로의 아래를 가로지르는 보행시설
> ㉣ 해당 철도사업용 급수(給水)·급탄(給炭) 및 급유시설

① ㉠, ㉡, ㉢   ② ㉠, ㉡, ㉣

③ ㉠, ㉢, ㉣   ④ ㉡, ㉢, ㉣

⑤ ㉠, ㉡, ㉢, ㉣

건축물의 건축 등

대표유형

건축법령상 건축허가와 건축신고에 관한 설명으로 틀린 것은?

① 허가대상 건축물이라 하더라도 건축물의 높이를 3m 이하의 범위에서 증축인 경우에는 건축신고를 하면 건축허가를 받은 것으로 본다.

② 시장·군수는 21층 이상인 공장의 건축을 허가하려면 미리 도지사의 승인을 받아야 한다.

③ 허가권자는 위락시설인 건축물을 허가하는 경우 교육환경 등 주변환경을 감안할 때 부적합하다고 인정하는 경우에는 건축위원회의 심의를 거쳐 건축허가를 거부할 수 있다.

④ 건축신고일부터 1년 이내에 공사에 착수하지 아니하면 그 신고의 효력은 없어진다.

⑤ 특별시장·광역시장·도지사가 시장·군수 또는 구청장의 건축허가를 제한하는 경우 제한기간은 2년 이내로 하되, 1회에 한하여 1년 이내의 범위에서 연장할 수 있다.

해설 ② 21층 이상인 공장은 도지사의 사전승인 대상에서 제외한다. ◆ 정답 ②

01

─®

통지의 효과

건축법령상 건축허가대상 건축물을 건축하려는 자가 건축 관련 입지와 규모의 사전결정 통지를 받은 경우에 허가를 받은 것으로 볼 수 있는 것을 모두 고른 것은? (단, 미리 관계 행정기관의 장과 사전결정에 관하여 협의한 것을 전제로 함)

> ㉠ 「농지법」 제34조에 따른 농지전용허가
> ㉡ 「하천법」 제33조에 따른 하천점용허가
> ㉢ 「국토의 계획 및 이용에 관한 법률」 제56조에 따른 개발행위허가
> ㉣ 도시지역 외의 지역에서 「산지관리법」 제14조에 따른 보전산지에 대한 산지전용허가

① ㉠, ㉡   ② ㉢, ㉣

③ ㉠, ㉡, ㉢   ④ ㉡, ㉢, ㉣

⑤ ㉠, ㉡, ㉢, ㉣

02 **건축법령상 건축허가의 사전결정에 관한 설명으로 옳은 것은?**

사전결정신청

① A도(道) B시(市)에서 30층의 건축물을 건축하려는 자는 건축허가신청 전에 A도지사에게 그 건축물의 건축이 법령에서 허용되는지에 대한 사전결정을 신청한다.

② 허가권자는 사전결정이 신청된 건축물의 대지면적이 환경영향평가법의 규정에 따른 소규모 환경영향평가 대상사업인 경우에는 국토교통부장관과 협의하여야 한다.

③ 사전결정신청자가 사전결정을 통지받은 날부터 2년 이내에 법령에 따른 건축허가를 신청하지 않으면 그 사전결정은 효력을 상실한다.

④ 사전결정을 통지받은 경우에는 도로점용허가를 받은 것으로 본다.

⑤ 사전결정을 신청하는 자는 건축위원회 심의와 도시교통정비 촉진법에 따른 교통영향평가서의 검토를 동시에 신청할 수 없다.

03 **건축법령상 건축허가권자에 관한 다음 설명 중 틀린 것은?**

허가권자

① 건축물을 건축 또는 대수선하고자 하는 자는 원칙적으로 특별자치시장·특별자치도지사 또는 시장·군수·구청장의 허가를 받아야 한다.

② 층수가 21층 이상인 건축물을 특별시에 건축하려는 경우에는 특별시장이 허가권자이다.

③ 연면적의 합계가 10만m² 이상인 건축물을 광역시에 건축하려는 경우에는 광역시장이 허가권자이다.

④ 서울특별시 A구에서 연면적의 합계가 20만m²인 창고를 건축하려는 경우에는 서울특별시장이 허가권자이다.

⑤ 서울특별시 B구에서 층수가 55층인 초고층건축물은 서울특별시장이 허가권자이다.

04 **건축법령상 시장·군수가 건축허가를 하기 위해 도지사의 사전승인을 받아야 하는 건축물은?**

도지사의
사전승인

① 연면적의 10분의 2를 증축하여 층수가 21층이 되는 공장

② 연면적의 합계가 100,000m²인 창고

③ 자연환경을 보호하기 위하여 도지사가 지정·공고한 구역에 건축하는 연면적의 합계가 900m²인 2층의 위락시설

④ 주거환경 등 주변환경을 보호하기 위하여 도지사가 지정·공고한 구역에 건축하는 숙박시설

⑤ 수질을 보호하기 위하여 도지사가 지정·공고하는 구역에 건축하는 연면적의 합계가 900m²인 2층의 숙박시설

05 건축법령상 건축물의 용도에 따른 건축허가의 승인에 관한 설명이다. (   )에 해당하는 건축물
이 아닌 것은?

건축허가

> 시장·군수가 자연환경이나 수질을 보호하기 위하여 도지사가 지정·공고한 구역에 건축하
> 는 3층 이상 또는 연면적의 합계가 1,000㎡ 이상인 건축물로서 (   )의 건축을 허가하려면
> 미리 도지사의 승인을 받아야 한다.

① 공동주택
② 업무시설(일반업무시설만 해당한다)
③ 제2종 근린생활시설(일반음식점은 제외한다)
④ 숙박시설
⑤ 위락시설

06 건축법령상 건축허가에 관한 다음 설명 중 옳은 것은?

건축허가

① 건축물을 건축하거나 대수선하려는 자는 원칙적으로 특별자치시장·특별자치도지사 또
는 시장·군수·구청장의 허가를 받아야 하나, 예외적으로 국토교통부장관, 특별시장 또
는 광역시장의 허가를 받은 경우도 있다.
② 건축위원회의 심의를 받는 자가 결과를 통지 받은 날부터 1년 이내에 건축허가를 신청하
지 아니하면 건축위원회 심의의 효력이 상실된다.
③ 시장·군수 또는 구청장이 21층 이상의 건축물을 건축하고자 하는 경우에는 도지사의
승인을 얻어야 한다.
④ 허가권자는 허가를 받은 자가 허가를 받은 날부터 2년 이내에 공사에 착수하지 아니한
경우에는 그 허가를 취소할 수 있다.
⑤ 자연재해위험개선지구(상습가뭄재해지구는 제외한다) 등 상습적으로 침수되는 지역에
건축하려는 건축물에 대하여 일부 공간에 거실을 설치하는 것이 부적합하다고 인정되는
경우에는 건축위원회 심의를 거쳐 건축허가를 하지 아니할 수 있다.

07 건축법령상 건축허가등에 관한 다음 설명 중 틀린 것은?

건축허가

① 분양을 목적으로 하는 공동주택의 건축주가 그 대지를 사용할 수 있는 권원을 확보한 경우에는 건축허가를 받으려면 해당 대지의 소유권을 확보하지 아니 하여도 건축허가가 가능하다.

② 건축주가 대지의 소유권을 확보하지 못하였으나 그 대지를 사용할 수 있는 권원을 확보한 경우에는 소유권을 확보하지 아니 하여도 건축허가가 가능하다.

③ 건축주가 건축물의 노후화 또는 구조안전 문제 등 대통령령으로 정하는 사유로 건축물을 신축·개축·재축 및 리모델링을 하기 위하여 건축물 및 해당 대지의 공유자 수의 100분의 80 이상의 동의를 얻고 동의한 공유지의 지분 합계가 전체 지분의 100분의 80 이상인 경우에는 소유권을 확보하지 아니 하여도 건축허가가 가능하다.

④ ③에 따라 건축허가를 받은 건축주는 해당 건축물 또는 대지의 공유자 중 동의하지 아니한 공유자에게 그 공유지분을 시가로 매도할 것을 청구할 수 있다.

⑤ 매도청구를 하기 전에 매도청구 대상이 되는 공유자와 3개월 이상 협의를 하여야 한다.

08 건축법령상 건축허가나 허가를 받은 건축물의 착공의 제한에 관한 설명이다. 틀린 것은?

허가나
착공의 제한

① 국방부장관이 국방을 위하여 특히 필요하다고 인정하여 요청하면 국토교통부장관은 허가권자의 건축허가를 제한할 수 있다.

② 교육감이 교육환경의 개선을 위하여 특히 필요하다고 인정하여 요청하면 국토교통부장관은 허가를 받은 건축물의 착공을 제한할 수 있다.

③ 특별시장은 지역계획에 특히 필요하다고 인정하면 관할 구청장의 건축허가를 제한할 수 있다.

④ 건축물의 착공을 제한하는 경우 제한기간은 2년 이내로 하되, 1회에 한하여 1년 이내의 범위에서 제한기간을 연장할 수 있다.

⑤ 도지사가 관할 군수의 건축허가를 제한한 경우, 국토교통부장관은 제한내용이 지나치다고 인정하면 해제를 명할 수 있다.

09 건축법령상 건축허가와 그 제한 및 취소에 관한 설명 중 틀린 것은?

허가와 제한
및 취소

① 21층 이상의 건축물을 특별시 또는 광역시에 건축하고자 하는 경우에는 특별시장 또는 광역시장의 허가를 받아야 한다.

② 허가권자는 숙박시설에 해당하는 건축물이 주거환경 등 주변환경을 감안할 때 부적합하다고 인정하는 경우 건축위원회의 심의를 거쳐 건축허가를 하지 아니할 수 있다.

③ 건축허가 또는 허가를 받은 건축물의 착공을 제한하는 경우 그 제한기간은 2년 이내로 하되, 1회에 한하여 1년 이내의 범위에서 그 제한기간을 연장할 수 있다.

④ 국토교통부장관은 국방부장관이 국방을 위하여 특히 필요하다고 인정하여 요청한 경우 건축허가를 받은 건축물의 착공을 제한할 수 있다.

⑤ 허가권자는 건축허가를 받은 자가 그 허가를 받은 날부터 2년 이내에 공사를 착수하지 않거나 공사를 착수하였으나 공사의 완료가 불가능하다고 인정하는 경우에는 허가를 취소할 수 있다.

10 건축법령상 건축공사현장 안전관리예치금에 관한 설명으로 틀린 것은?

안전관리예치금

① 건축허가를 받은 자는 건축물의 건축공사를 중단하고 장기간 공사현장을 방치할 경우에는 공사현장의 미관개선 및 안전관리 등 필요한 조치를 하여야 한다.

② 허가권자는 연면적이 5천m² 이상으로서 지방자치단체의 조례로 정하는 건축물에 대하여는 착공신고를 하는 건축주에게 미리 미관개선 및 안전관리에 필요한 비용을 건축공사비의 1%의 범위 안에서 예치하게 할 수 있다.

③ 허가권자가 예치금을 반환하는 때에는 대통령령이 정하는 이율로 산정한 이자를 포함하여 반환하여야 한다. 다만, 보증서를 예치한 경우에는 그러하지 아니다.

④ 허가권자는 공사현장이 방치되어 도시미관을 저해하고 안전을 위해한다고 판단되면 건축허가를 받은 자에게 건축물 공사현장의 미관과 안전관리를 위한 안전펜스 설치 등 안전조치의 개선을 명할 수 있다.

⑤ 허가권자는 개선명령을 받은 자가 개선을 하지 아니하는 때에는 대집행을 할 수 있다.

11 건축법령상 안전영향평가에 관한 설명으로 옳지 않은 것은?
안전영향평가

① 허가권자는 초고층건축물에 대하여 건축허가를 하기 전에 안전영향평가를 안전영향평가기관에 의뢰하여 실시하여야 한다.

② 안전영향평가는 건축물의 구조, 지반 및 풍환경(風環境) 등이 건축물의 구조안전과 인접 대지의 안전에 미치는 영향 등을 평가하는 것이다.

③ 안전영향평가결과는 건축위원회의 심의를 거쳐 확정한다.

④ 안전영향평가의 대상에는 하나의 건축물이 연면적 10만제곱미터 이상이면서 16층 이상인 경우도 포함된다.

⑤ 안전영향평가를 실시하여야 하는 건축물이 다른 법률에 따라 구조안전과 인접 대지의 안전에 미치는 영향 등을 평가받은 경우에는 안전영향평가의 모든 항목을 평가받은 것으로 본다.

PART

04

12 건축법령상 안전영향평가를 실시하여야 할 건축물은 다음 각 호의 어느 하나에 해당하는 건축물이다. (　　)에 들어갈 내용으로 옳은 것은?
안전영향평가

> 1. (　㉠　) 건축물
> 2. 연면적(하나의 대지에 둘 이상의 건축물을 건축하는 경우에는 각각의 건축물의 연면적을 말한다)이 (　㉡　)만 제곱미터 이상이고 (　㉢　)층 이상인 건축물

① ㉠: 초고층,　㉡: 5,　㉢: 15　　　　② ㉠: 고층,　㉡: 7,　㉢: 15

③ ㉠: 초고층,　㉡: 7,　㉢: 16　　　　④ ㉠: 고층,　㉡: 10,　㉢: 15

⑤ ㉠: 초고층,　㉡: 10,　㉢: 16

13 건축법령상 건축신고에 대한 설명 중 틀린 것은?

건축신고

① 신고를 한 자가 신고일부터 1년 이내에 공사에 착수하지 아니한 경우에는 그 신고의 효력이 없어진다.

② 건축물의 높이를 5m 이하의 범위 안에서 증축은 신고사항이다.

③ 바닥면적의 합계가 85m² 이내의 증축·개축 또는 재축은 신고사항이다.

④ 연면적의 합계가 100m² 이하인 건축물의 건축은 신고사항이다.

⑤ 건축허가를 받은 건축의 건축주를 변경하는 경우에는 신고를 하여야 한다.

Point 14
건축신고

건축법령상 건축신고를 하면 건축허가를 받은 것으로 볼 수 있는 경우에 해당하지 않는 것은?

① 연면적 180제곱미터인 2층 건축물의 대수선

② 연면적 270제곱미터인 3층 건축물의 방화벽 수선

③ 연면적 150제곱미터인 3층 건축물의 피난계단 증설

④ 1층의 바닥면적 50제곱미터, 2층의 바닥면적 30제곱미터인 2층 건축물의 신축

⑤ 바닥면적 100제곱미터인 단층 건축물의 신축

15
가설건축물

건축법령상 가설건축물에 대한 설명이 틀린 것은?

① 도시 · 군계획시설에서 가설건축물을 건축하려면 특별자치시장 · 특별자치도지사 또는 시장 · 군수 · 구청장의 허가를 받아야 한다.

② 신고대상 가설건축물의 존치기간은 2년 이내이어야 한다.

③ 허가대상 가설건축물의 존치기간은 3년 이내일 것. 다만 도시 · 군계획사업이 시행될 때까지 그 기간을 연장할 수 있다.

④ 특별자치시장 · 특별자치도지사 또는 시장 · 군수 · 구청장은 허가대상 또는 신고대상 가설건축물의 존치기간 만료일 30일 전까지 건축주에게 존치기간 만료일을 알려야 한다.

⑤ 신고대상 가설건축물의 존치기간을 연장하려는 건축주는 존치기간 만료일 7일 전까지 특별자치시장 · 특별자치도지사 또는 시장 · 군수 · 구청장에게 신고하여야 한다.

Point 16
가설건축물

건축법령상 도시 · 군계획시설예정지에 건축하는 4층 이상이 아닌 가설건축물에 관한 설명으로 틀린 것은? (다만, 조례는 고려하지 않음)

① 가설건축물은 철근콘크리트조 또는 철골철근콘크리트조가 아니어야 한다.

② 가설건축물은 공동주택 · 판매시설 · 운수시설 등으로서 분양을 목적으로 하는 건축물이 아니어야 한다.

③ 가설건축물은 전기 · 수도 · 가스 등 새로운 간선 공급설비의 설치를 필요로 하는 것이 아니어야 한다.

④ 가설건축물의 존치기간은 2년 이내이어야 한다.

⑤ 허가대상 가설건축물의 존치기간을 연장하려는 건축주는 존치기간 만료일 14일 전까지 특별자치시장 · 특별자치도지사 또는 시장 · 군수 · 구청장에게 허가를 신청하여야 한다.

17 건축법령상 건축물을 사용승인 없이 사용이 가능한 것이 아닌 것은?

사용승인

① 허가권자가 법령이 정한 기간 내에 사용승인서를 교부하지 아니한 경우
② 임시사용승인을 받은 경우
③ 국가 또는 지방자치단체가 건축하는 건축물
④ 신고대상의 가설건축물
⑤ 허가대상의 가설건축물

대표유형

건축법령상 대지와 도로와의 관계에 관한 설명으로 옳은 것은?

① 건축물의 대지는 4m 이상을 도로(자동차만의 통행에 사용되는 도로를 제외)에 접하여야 한다.

② 대지면으로부터 높이 4.5m 이하에 있는 창문은 열고 닫을 때 건축선을 넘지 아니하는 구조로 하여야 한다.

③ 건축물의 지표 아래 부분은 건축선의 수직면을 넘을 수 있다.

④ 허가권자는 도로의 위치를 지정·공고하고자 할 때에는 반드시 도로에 대한 이해관계인의 동의를 받아야 한다.

⑤ 공개공지 등에는 연간 30일 이내의 기간 동안 건축조례가 정하는 바에 따라 주민들을 위한 문화행사를 열거나 판촉활동을 할 수 있다.

해설 ① 건축물의 대지는 2m 이상을 도로(자동차만의 통행에 사용되는 도로를 제외)에 접하여야 한다.
② 도로면으로부터 높이 4.5m 이하에 있는 창문은 열고 닫을 때 건축선을 넘지 아니하는 구조로 하여야 한다.
④ 허가권자는 도로의 위치를 지정·공고하고자 할 때에는 원칙적으로 도로에 대한 이해관계인의 동의를 받아야 한다. 다만, 이해관계인이 해외에 거주하는 경우 등 동의를 받기 곤란하다고 인정하는 경우, 주민이 오랫동안 통행로로 이용하고 있는 사실상의 통로로서 해당 지방자치단체의 조례로 정하는 것인 경우에는 이해관계인의 동의를 받지 않고 건축위원회의 심의를 거쳐 도로를 지정할 수 있다.
⑤ 공개공지 등에는 연간 60일 이내의 기간 동안 건축조례가 정하는 바에 따라 주민들을 위한 문화행사를 열거나 판촉활동을 할 수 있다.
◆ 정답 ③

01

대지의 안전

건축법령상 대지의 안전을 위한 조치에 관한 설명 중 틀린 것은?

① 원칙적으로 건축물의 도로는 이와 인접하는 대지면보다 낮아서는 아니 된다.

② 물이 나올 우려가 많은 토지에 건축물을 건축하는 경우에는 성토, 지반의 개량 그 밖에 필요한 조치를 하여야 한다.

③ 대지에는 빗물 및 오수를 배출하거나 처리하기 위하여 필요한 하수관 등을 설치하여야 한다.

④ 옹벽의 외벽면에는 이의 지지 또는 배수를 위한 시설외의 구조물이 밖으로 튀어 나오지 아니하게 하여야 한다.

⑤ 옹벽의 높이가 2m 이상인 경우에는 콘크리트구조로 하여야 한다.

02
조경 면제
면적이 1,000m²인 대지에 건축물을 건축하는 경우, 건축법령상 대지의 조경 등의 조치가 면제될 수 있는 건축물이 아닌 것은? (단, 조례는 고려하지 않음)

① 녹지지역인 대지에 건축하는 연면적이 800m²인 수련시설
② 연면적의 합계가 1,500m² 미만인 물류시설(주거지역 또는 상업지역에 건축하는 것을 제외한다)
③ 연면적의 합계가 1,000m²인 공장
④ 연면적이 500m²인 축사
⑤ 지구단위계획구역으로 지정된 자연환경보전지역인 대지에 건축하는 연면적이 330m²인 단독주택

03
조경 면제
건축법령상 면적이 200제곱미터 이상인 대지에 건축을 하는 건축주는 용도지역 및 건축물의 규모에 따라 해당 지방자치단체의 조례로 정하는 기준에 따라 대지에 조경이나 그 밖에 필요한 조치를 하여야 한다. 다만, 건축법령은 예외적으로 조경 등의 조치를 필요로 하지 않는 건축물을 허용하고 있다. 이러한 예외에 해당하는 것으로 모두 고른 것은? (단, 그 밖의 조례, 「건축법」 제73조에 따른 적용 특례, 건축협정은 고려하지 않음)

> ㉠ 가설건축물
> ㉡ 지구단위계획구역으로 지정되지 않은 농림지역에 건축하는 건축물
> ㉢ 산업단지 안의 공장
> ㉣ 축사
> ㉤ 주거지역에 건축하는 연면적 합계가 1천 500제곱미터인 물류시설

① ㉠, ㉡, ㉣   ② ㉠, ㉡, ㉤
③ ㉢, ㉣, ㉤   ④ ㉠, ㉡, ㉢, ㉣
⑤ ㉡, ㉢, ㉣, ㉤

04
조경면적
대지 안의 조경면적 400m²가 필요한데, 옥상부분에 600m²의 조경을 하였을 때, 옥상부분의 조경면적이 지상층 조경면적으로 인정받을 수 있는 건축법령상 최대면적은 얼마인가?

① 100m²   ② 150m²   ③ 200m²
④ 250m²   ⑤ 300m²

05 건축법령상 대지의 조경 및 공개공지 등의 설치에 관한 설명으로 옳은 것은? (단, 건축법 제73조에 따른 적용 특례 및 조례는 고려하지 않음)

공개공지

① 도시·군계획시설에서 건축하는 연면적의 합계가 1천500m² 이상인 가설건축물에 대하여는 조경 등의 조치를 하여야 한다.

② 면적 5천m² 미만인 대지에 건축하는 공장에 대하여는 조경 등의 조치를 하지 아니할 수 있다.

③ 바닥면적의 합계가 5,000m² 이상인 판매시설 중 농수산물유통시설은 공개공지를 확보하여야 한다.

④ 상업지역의 건축물에 설치하는 공개공지 등의 면적은 대지면적의 100분의 10을 넘어야 한다.

⑤ 공개공지 등을 설치하는 경우 건축물의 건폐율은 완화하여 적용할 수 있으나 건축물의 높이제한은 완화하여 적용할 수 없다.

06 건축법령상 공개공지 또는 공개공간을 설치하여야 하는 건축물에 해당하지 않는 것은? (단, 건축물은 해당 용도로 쓰는 바닥면적의 합계가 5천 제곱미터 이상이며, 조례는 고려하지 않음)

공개공지

① 일반공업지역에 있는 종합병원

② 일반주거지역에 있는 교회

③ 준주거지역에 있는 예식장

④ 일반상업지역에 있는 생활숙박시설

⑤ 유통상업지역에 있는 여객자동차터미널

07 건축법령상 공개공지 등에 관한 설명으로 옳은 것은? (단, 건축법령상 특례, 기타 강화·완화조건은 고려하지 않음)
공개공지

① 노후 산업단지의 정비가 필요하다고 인정되어 지정·공고된 지역에는 공개공지 등을 설치할 수 없다.

② 공개공지는 필로티의 구조로 설치할 수 없다.

③ 공개공지 등을 설치할 때에는 모든 사람들이 환경친화적으로 편리하게 이용할 수 있도록 긴 의자 또는 조경시설 등 건축조례로 정하는 시설을 설치해야 한다.

④ 공개공지를 설치한 경우 해당 지역에 적용되는 건폐율과 용적률 및 건축물의 높이의 규정의 1.2배 이하의 범위에서 건축조례로 정하여 완화할 수 있다.

⑤ 울타리나 담장 등 시설의 설치 또는 출입구의 폐쇄 등을 통하여 공개공지 등의 출입을 제한한 경우 지체 없이 관할 시장·군수·구청장에게 신고하여야 한다.

08 건축법령상 도로에 관한 설명 중 틀린 것은?
도로

① 건축법상의 도로는 원칙적으로 보행 및 자동차 통행이 가능한 구조이어야 한다.

② 지형적 조건으로 자동차 통행이 불가능하더라도 건축법상의 도로로 되는 경우가 있다.

③ 실제로 개설되어 있지 아니한 계획상의 도로는 건축법상의 도로에 포함되지 아니한다.

④ 연면적 합계가 2,000㎡ (공장은 3,000㎡) 이상인 건축물인 경우에는 대지는 너비 6m 이상의 도로에 4m 이상 접하여야 한다.

⑤ 건축허가 또는 신고시 특별시장·광역시장·특별자치시장·도지사·특별자치도지사 또는 시장·군수·구청장이 그 위치를 지정·공고한 도로도 건축법상 도로로 본다.

09 건축법령상 도로의 지정·폐지 또는 변경에 관한 다음의 기술 중 틀린 것은?
도로의 지정·폐지
또는 변경

① 허가권자는 도로의 위치를 지정·공고하고자 할 때는 해당 도로에 대한 이해관계인의 동의를 받아야 한다.

② 건축물의 대지는 2m 이상이 보행과 자동차의 통행이 가능한 도로에 접하여야 한다.

③ 연면적 합계가 2,000㎡ 이상인 공장인 경우에는 대지는 너비 6m 이상의 도로에 4m 이상 접하여야 한다.

④ 주민이 오랫동안 통행로로 이용하고 있는 사실상의 통로로서 해당 지방자치단체의 조례로 정하는 것인 경우에는 이해관계인의 동의를 받지 아니하고 건축위원회의 심의를 거쳐 도로를 지정할 수 있다.

⑤ 도로를 폐지·변경하는 경우에는 허가권자가 반드시 이해관계인의 동의를 받아야 한다.

10

건축선

건축법령상 건축선에 대한 설명으로 틀린 것은?

① 건축선은 원칙적으로 대지와 도로의 경계선으로 한다

② 건축물은 건축선의 수직면을 넘어서는 아니 된다. 단, 지표 아래 부분은 특별자치시장·특별자치도지사 또는 시장·군수·구청장의 허가를 받아 건축선의 수직면을 넘어도 된다.

③ 도로의 반대쪽에 하천이 있는 경우에는 그 하천이 있는 쪽의 도로경계선에서 소요 너비에 해당하는 수평거리의 선을 건축선으로 하며, 그 건축선과 도로 사이의 대지면적은 건축물의 대지면적 산정시 포함한다.

④ 소요너비에 못 미치는 너비의 도로인 경우 도로 양쪽에 대지가 존재하는 경우 건축선은 도로의 중심선으로부터 해당 소요너비의 2분의 1에 상당하는 수평거리를 후퇴한 선을 건축선으로 한다.

⑤ 특별자치시장·특별자치도지사 또는 시장·군수·구청장은 시가지 안에서 건축물의 위치나 환경을 정비하기 위하여 필요하다고 인정하면 도시지역에는 4m 이하의 범위에서 건축선을 따로 지정할 수 있다.

11

건축선

甲은 대지에 높이 4m, 연면적의 합계가 90m²인 건축물을 신축하려 한다. 건축법령상 건축규제에 위반되는 것은? (단, 조례는 고려하지 않음)

① 甲은 건축을 위해 건축신고를 하였다.

② 甲의 대지는 인접한 도로면보다 낮으나, 대지의 배수에 지장이 없고 건축물의 용도상 방습의 필요가 없다.

③ 甲은 공개공지 또는 공개공간을 확보하지 않았다.

④ 甲의 대지는 보행과 자동차통행이 가능한 도로에 3m 접하고 있다.

⑤ 甲의 건축물은 창문을 열었을 때 건축선의 수직면을 넘어서는 구조로 되어 있다.

Point 12 상— 건축선

건축법령상 대지 A의 건축선을 고려한 대지면적은? (다만, 도로는 보행과 자동차 통행이 가능한 통과도로로서 법률상 도로이며, 대지 A는 도시지역이다)

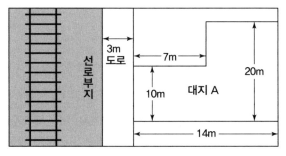

① 170m²

② 180m²

③ 200m²

④ 205m²

⑤ 210m²

Point 13 상— 건축선

다음과 같은 조건일 때 건축법령상 대지면적과 최대건축면적과 최대건축 연면적이 옳게 연결된 것은? (별도의 건축선은 시장이 도시지역에서 환경을 정비하기 위하여 건축선을 따로 지정한 것임. 이 토지의 건폐율은 70%이고, 용적률은 300%이다)

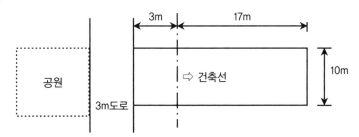

① 180m², 130m², 570m²

② 190m², 133m², 570m²

③ 190m², 132m², 560m²

④ 200m², 140m², 600m²

⑤ 190m², 350m², 570m²

건축물의 구조 및 재료

대표유형

건축법령상 구조안전확인 건축물 중 건축주가 착공신고시 구조안전확인서류를 제출하여야 하는 건축물이 아닌 것은? (단, 건축법상 적용 제외 및 특례는 고려하지 않음)

① 단독주택

② 처마높이가 10미터인 건축물

③ 기둥과 기둥 사이의 거리가 10미터인 건축물

④ 연면적이 330제곱미터인 2층의 목구조 건축물

⑤ 다세대주택

해설 ④ 목구조 건축물의 경우에는 3층 이상인 건축물 또는 연면적이 500m² 이상인 건축물이다. 그러므로 연면적이 330m²인 2층의 목구조 건축물은 구조안전확인서류를 허가권자에게 제출하여야 하는 건축물대상이 아니다.
구조안전확인서류의 제출
구조기준 등에 따라 구조 안전을 확인한 건축물 중 다음에 해당하는 건축물의 건축주는 해당 건축물의 설계자로부터 구조 안전의 확인 서류를 받아 착공신고를 하는 때에 그 확인 서류를 허가권자에게 제출하여야 한다. 다만, 표준설계도서에 따라 건축하는 건축물은 제외한다.

1. 층수가 2층(주요구조부인 기둥과 보를 설치하는 건축물로서 그 기둥과 보가 목재인 목구조 건축물의 경우에는 3층) 이상인 건축물
2. 연면적이 200m²(목구조 건축물의 경우에는 500m²) 이상인 건축물. 다만, 창고, 축사, 작물 재배사는 제외한다.
3. 단독주택 및 공동주택
4. 높이가 13m 이상인 건축물
5. 처마높이가 9m 이상인 건축물
6. 기둥과 기둥 사이의 거리가 10m 이상인 건축물
7. 건축물의 용도 및 규모를 고려한 중요도가 높은 건축물로서 국토교통부령으로 정하는 건축물
8. 국가적 문화유산으로 보존할 가치가 있는 건축물로서 국토교통부령으로 정하는 것
9. 한쪽 끝은 고정되고 다른 끝은 지지되지 아니한 구조로 된 보·차양 등이 외벽의 중심선으로부터 3m 이상 돌출된 건축물 및 특수한 설계·시공·공법 등이 필요한 건축물로서 국토교통부장관이 정하여 고시하는 구조로 된 건축물

❶ 정답 ④

01

건축물의 구조
및 재료

건축법령상 건축허가를 받은 건축물의 착공신고시 허가권자에 대하여 구조 안전 확인 서류의 제출이 필요한 대상 건축물의 기준으로 옳은 것을 모두 고른 것은? (단, 표준설계도서에 따라 건축하는 건축물이 아니며, 건축법령상 특례는 고려하지 않음)

> ㉠ 건축물의 높이: 13미터 이상
> ㉡ 건축물의 처마높이: 7미터 이상
> ㉢ 건축물의 기둥과 기둥 사이의 거리: 10미터 이상

① ㉠
② ㉡
③ ㉠, ㉢
④ ㉡, ㉢
⑤ ㉠, ㉡, ㉢

02
소음 방지를 위한
경계벽

건축법령상 건축물의 가구·세대 등 간 소음 방지를 위한 경계벽을 설치하여야 하는 경우가 아닌 것은?

① 숙박시설의 객실 간
② 공동주택 중 기숙사의 침실 간
③ 판매시설 중 상점 간
④ 교육연구시설 중 학교의 교실 간
⑤ 의료시설의 병실 간

03
소음방지를 위한
층간바닥

건축법령상 소음 방지를 위하여 건축물의 층간바닥(화장실의 바닥은 제외한다)은 국토교통부령으로 정하는 기준에 따라 설치하여야 한다. 틀린 것은?

① 업무시설 중 오피스텔
② 노유자시설 중 노인요양시설, 교육연구시설 중 도서관
③ 공동주택(주택법에 따른 주택건설사업계획승인 대상은 제외한다)
④ 단독주택 중 다가구주택
⑤ 제2종 근린생활시설 또는 숙박시설 중 다중생활시설

04

구조안전 확인대상

건축법령상 건축물의 구조 및 재료에 대한 설명이 틀린 것은?

① 건축물의 피난층 외의 층에서는 피난층 또는 지상으로 통하는 직통계단을 거실의 각 부분으로부터 계단에 이르는 보행거리가 30m 이하가 되도록 설치하여야 한다.

② 층수가 6층 이상인 건축물의 설계자는 해당 건축물에 대한 구조의 안전을 확인하는 경우에는 건축구조기술사의 협력을 받아야 한다.

③ 건축물의 3층에 있는 출입 가능한 노대(露臺)의 주위에는 높이 1m 이상의 난간을 설치하여야 한다.

④ 층수가 15층인 건축물로서 11층 이상인 층의 바닥면적의 합계가 15,000m²인 건축물의 옥상을 평지붕으로 하는 경우 헬리포트를 설치하거나 헬리콥터를 통하여 인명 등을 구조할 수 있는 공간을 확보하여야 한다.

⑤ 높이 31m를 초과하는 건축물에는 승용승강기뿐만 아니라 비상용 승강기를 추가로 설치하여야 한다.

05

피난시설 등

건축법령상 건축물의 피난시설 등에 관한 설명으로 틀린 것은?

① 준초고층 건축물에는 피난층 또는 지상으로 통하는 직통계단과 직접 연결되는 피난안전구역을 해당 건축물 전체 층수의 2분의 1에 해당하는 층으로부터 상하 5개층 이내에 1개소 이상 설치하여야 한다.

② 초고층 건축물에는 피난층 또는 지상으로 통하는 직통계단과 직접 연결되는 피난안전구역을 지상층으로부터 최대 20개 층마다 1개소 이상 설치하여야 한다.

③ 고층건축물에는 대통령령이 정하는 바에 따라 피난안전구역을 설치하거나 대피공간을 확보한 계단을 설치하여야 한다.

④ 층수가 11층 이상인 건축물로서 11층 이상인 층의 바닥면적의 합계가 1만m² 이상인 건축물의 지붕을 경사지붕으로 하는 경우에는 경사지붕 아래에 설치하는 대피공간을 확보하여야 한다.

⑤ 고층건축물에 설치된 피난안전구역·피난시설 또는 대피공간에는 국토교통부령으로 정하는 바에 따라 화재 등의 경우에 피난 용도로 사용되는 것임을 표시하여야 한다.

06 건축법령상 승강기 설치에 대한 내용으로 틀린 것은?

승강기 설치

① 건축주는 원칙적으로 6층 이상으로서 연면적이 2,000m² 이상인 건축물을 건축하려면 승강기를 설치하여야 한다.

② 층수가 6층인 건축물로서 각 층 거실의 바닥면적 300m² 이내마다 1개소 이상의 직통계단을 설치한 건축물은 승강기를 설치하지 아니할 수 있다.

③ 높이 31m를 초과하는 건축물에는 승용승강기뿐만 아니라 비상용 승강기를 추가로 설치하여야 한다.

④ 높이 31m를 넘는 각 층의 바닥면적 중 최대 바닥면적이 1,500m²를 넘는 건축물에는 1대에 1,500m²를 넘는 3,000m² 이내마다 1대씩 더한 대수 이상을 설치하여야 한다.

⑤ 2대 이상의 비상용 승강기를 설치하는 경우에는 화재가 났을 때 소화에 지장이 없도록 인접하여 설치하여야 한다.

07 건축법령상 국토교통부장관이 정하여 고시하는 건축물, 건축설비 및 대지에 관한 범죄예방 기준에 따라 건축하여야 하는 건축물에 해당하지 않는 것은?

범죄예방기준

① 문화 및 집회시설 중 동·식물원

② 제1종 근린생활시설 중 일용품을 판매하는 소매점

③ 제2종 근린생활시설 중 다중생활시설

④ 숙박시설 중 다중생활시설

⑤ 아파트

지역 및 지구 안의 건축물

대표유형

건축법령상 지역 및 지구의 건축물에 관한 설명으로 옳은 것은? (단, 조례 및 특별건축구역에 대한 특례는 고려하지 않음)

① 대지가 이 법이나 다른 법률에 따른 지역·지구(녹지지역과 방화지구는 제외한다) 또는 구역에 걸치는 경우에는 그 건축물과 대지의 전부에 대하여 대지의 과반이 속하는 지역·지구 또는 구역 안의 건축물 및 대지 등에 관한 이 법의 규정을 적용한다.

② 하나의 건축물이 방화벽을 경계로 방화지구와 그 밖의 구역에 속하는 부분으로 구획되는 경우, 건축물 전부에 대하여 방화지구 안의 건축물에 관한 건축법의 규정을 적용한다.

③ 대지가 녹지지역과 관리지역에 걸치면서 녹지지역 안의 건축물이 취락지구에 걸치는 경우에는 건축물과 대지 전부에 대해 취락지구에 관한 건축법의 규정을 적용한다.

④ 시장·군수는 도시의 관리를 위하여 필요하면 가로구역별 건축물의 높이를 시·군의 조례로 정할 수 있다.

⑤ 상업지역에서 건축물을 건축하는 경우에는 일조의 확보를 위하여 건축물을 인접 대지경계선으로부터 1.5미터 이상 띄어 건축하여야 한다.

해설 ② 하나의 건축물이 방화지구와 그 밖의 구역에 걸치는 경우에는 그 전부에 대하여 방화지구 안의 건축물에 관한 이 법의 규정을 적용한다. 다만, 건축물의 방화지구에 속한 부분과 그 밖의 구역에 속한 부분의 경계가 방화벽으로 구획되는 경우 그 밖의 구역에 있는 부분에 대하여는 그러하지 아니하다.
③ 대지가 녹지지역과 관리지역에 걸치면서 녹지지역 안의 건축물이 취락지구에 걸쳐 있는 경우에는 건축물 전부에 대하여 녹지지역에 관한 규정을 적용하고, 대지는 각각 적용한다.
④ 특별시장이나 광역시장은 도시의 관리를 위하여 필요하면 가로구역별 건축물의 높이를 특별시나 광역시의 조례로 정할 수 있다.
⑤ 전용주거지역이나 일반주거지역 안에서 건축물을 건축하는 경우에는 일조 등의 확보를 위하여 정북 방향의 인접대지 경계선으로부터 대통령령으로 정하는 거리 이상 띄어서 건축하여야 한다.

1. 높이 10m 이하인 부분: 인접대지 경계선으로부터 1.5m 이상
2. 높이 10m 초과한 부분: 인접대지 경계선으로부터 해당 건축물의 각 부분의 높이의 1/2 이상

❶ 정답 ①

01 건축법령상 대지면적에 포함되는 것은?

대지면적

① 소요너비에 못 미치는 너비의 도로인 경우에 건축선의 후퇴로 인하여 대지에 건축선이 정하여진 경우 그 건축선과 도로 사이의 면적

② 도로모퉁이에서의 건축선의 후퇴로 인하여 대지에 건축선이 정하여진 경우 그 건축선과 도로 사이의 면적

③ 대지에 도시·군계획시설인 도로가 있는 경우 그 면적

④ 대지에 도시·군계획시설인 공원이 있는 경우 그 면적

⑤ 특별자치시장·특별자치도지사 또는 시장·군수·구청장이 지정하는 지정건축선의 경우 그 건축선과 도로 사이의 면적

02 건축법령상 건축면적의 산정방법에 관한 설명 중 틀린 것은?

건축면적

① 건축면적은 건축물의 외벽의 중심선으로 둘러싸인 부분의 수평투영면적으로 한다.

② 건축물 지상층에 일반인이나 차량이 통행할 수 있도록 설치한 보행통로나 차량통로인 경우에는 건축면적에 산입하지 않는다.

③ 지표면으로부터 1m 이하에 있는 부분(창고 중 물품을 입출고하기 위하여 차량을 접안시키는 부분의 경우에는 지표면으로부터 1.5m 이하에 있는 부분)은 건축면적에 산입하지 않는다.

④ 태양열을 주된 에너지원으로 이용하는 주택의 건축면적은 건축물의 외벽중 내측 내력벽의 중심선을 기준으로 한다.

⑤ 지하주차장의 경사로, 생활폐기물 보관함은 건축면적에 산입한다.

03 건축법령상 바닥면적 산정방법에 관한 사항으로 틀린 것은?

① 건축물의 각층 또는 그 일부로서 벽·기둥 기타 이와 유사한 구획의 중심선으로 둘러싸인 부분의 수평투영면적으로 한다.

② 벽, 기둥의 구획이 없는 건축물은 그 지붕 끝으로부터 수평거리 1.5m를 후퇴한 선으로 수평투영면적을 산정한다.

③ 주택의 발코니 등 건축물의 노대나 그 밖에 이와 비슷한 것의 바닥은 난간 등의 설치 여부에 관계 없이 노대등의 면적에서 노대등이 접한 가장 긴 외벽에 접한 길이에 1.5m를 곱한 값을 뺀 면적을 바닥면적에 산입한다.

④ 층고 1.5m 이하인 다락은 바닥면적에 산입되지 않는다.

⑤ 매장유산 보호 및 조사에 관한 법률에 따른 현지보존 및 이전보존을 위하여 매장유산 보호 및 전시에 전용되는 부분은 바닥면적에 산입하지 아니한다.

04 건축법령상 바닥면적에 산입하지 아니하는 것이다. 틀린 것은?

① 주택의 발코니 등 건축물의 노대나 그 밖에 이와 비슷한 것의 바닥면적

② 승강기탑, 계단탑, 장식탑, 다락[층고가 1.5m(경사진 형태의 지붕인 경우에는 1.8m) 이하인 것], 건축물의 외부 또는 내부에 설치하는 굴뚝 등 그 밖에 이와 비슷한 것 것을 설치하기 위한 구조물

③ 공동주택으로서 지상층에 설치한 기계실, 전기실, 어린이놀이터, 조경시설 및 생활폐기물 보관함의 면적

④ 단열재를 구조체의 외기측에 설치하는 단열공법으로 건축된 건축물의 경우에는 단열재가 설치된 외벽 중 단열재 부분

⑤ 건축물을 리모델링하는 경우로서 미관 향상, 열의 손실 방지 등을 위하여 외벽에 부가하여 마감재 등을 설치하는 부분

05 건축법령상 용적률의 산정에 있어서 연면적에서 제외하는 것이다. 아닌 것은?

① 지하층의 면적

② 지상층의 주차용(건축물의 부속용도인 경우에 한한다)으로 사용되는 면적

③ 초고층 건축물과 준초고층 건축물에 설치하는 피난안전구역의 면적

④ 11층 이상인 건축물로서 11층 이상인 층의 바닥면적의 합계가 1만m² 이상인 건축물 지붕을 경사지붕으로 하는 경우에는 경사지붕 아래에 설치하는 대피공간

⑤ 공동주택에 설치하는 주민공동시설의 면적

06

용적률
계산문제

건축법령상 다음과 같은 조건의 건축물의 용적률은 얼마인가?

> ㉠ 대지면적: 1,000m²
> ㉡ 지하 2층: 주차장으로 사용, 700m²
> ㉢ 지하 1층: 제1종 근린생활시설로 사용, 700m²
> ㉣ 지상 1층: 필로티구조 내 전부를 본 건축물의 부속용도인 주차장으로 사용, 600m²
> ㉤ 지상 2층: 주민공동시설로 사용, 600m²
> ㉥ 지상 3, 4, 5, 6, 7층: 업무시설로 사용, 각 층 600m²

① 240%　　　　　　② 280%　　　　　　③ 300%

④ 360%　　　　　　⑤ 400%

07

증축가능
최대면적

다음의 그림은 지상 3층과 다락의 구조를 갖추고 있는 다세대주택인 건축물이다. 2~3층은 주거전용구간이며, 지붕이 경사진 형태인 다락의 높이는 1.7m, 처마길이는 50cm이다. 대지면적이 200m², 용적률 및 건폐율 한도가 각각 200%, 50%라 할 때 증축 가능한 최대 면적은 얼마인가? (다만, 그 밖에 건축제한 및 인센티브는 없는 것으로 함)

① 90m²　　　　　　② 110m²　　　　　　③ 140m²

④ 160m²　　　　　　⑤ 200m²

08

층수·연면적
용적률 계산

대지면적이 2,000m²인 대지에 각층 바닥면적이 1,000m²인 지하 2층, 지상 3층의 건축물을 건축하려고 한다. 건축법령상 층수와 연면적과 용적률은 얼마인가?

① 5층, 3,000m², 150%　　　　　② 3층, 5,000m², 150%

③ 3층, 3,000m², 150%　　　　　④ 5층, 5,000m², 250%

⑤ 3층, 3,000m², 200%

09

대지분할제한

건축법상 건축물이 있는 대지는 일정면적에 미달되게 분할할 수 없다. 조례의 기준이 되는 용도 지역별 원칙적인 최소면적 기준으로서 옳은 것은?

① 제1종 전용주거지역 : 180m²
② 계획관리지역 : 250m²
③ 근린상업지역 : 150m²
④ 일반공업지역 : 660m²
⑤ 자연녹지지역 : 100m²

10

건축물의 높이 등

건축법령상 건축물의 높이 등에 관한 설명 중 틀린 것은?

① 건축물의 1층 전체에 필로티가 설치되어 있는 경우에는 건축물의 높이제한을 적용할 때 필로티의 충고를 제외한 높이로 한다.
② 처마높이는 지표면으로부터 건축물의 지붕틀 또는 이와 비슷한 수평재를 지지하는 벽ㆍ깔도리 또는 기둥의 상단까지의 높이로 한다.
③ 건축물의 높이는 지표면으로부터 해당 건축물의 상단까지의 높이로 한다. 다만, 옥상에 설치되는 승강기탑ㆍ계단탑ㆍ옥탑 등으로서 그 수평투영면적의 합계가 해당 건축물의 건축면적의 1/8 이하인 것은 높이에 산입하지 아니한다.
④ 충고는 방의 바닥구조체 윗면으로부터 위층 바닥구조체의 윗면까지의 높이로 한다.
⑤ 건축물의 면적ㆍ높이 및 층수 등을 산정할 때 지표면에 고저차가 있는 경우에는 건축물의 주위가 접하는 각 지표면 부분의 높이를 그 지표면 부분의 수평거리에 따라 가중평균한 높이의 수평면을 지표면으로 본다.

11

건축물의 층수

다음 중 건축법령상 건축물의 층수와 관련된 설명으로 틀린 것은?

① 지하층은 건축물의 층수에 산입하지 아니한다.
② 승강기탑 등 건축물의 옥상 부분으로서 그 수평투영면적 합계가 건축면적의 8분의 1 이하인 것은 건축물의 층수에 산입하지 아니한다.
③ 위 ②의 경우 사업계획승인대상인 공동주택 중 세대별 전용면적이 85m² 이하인 경우에는 6분의 1을 기준으로 한다.
④ 층의 구분이 명확하지 아니한 건축물은 높이 3m마다 하나의 층으로 보고 그 층수를 산정한다.
⑤ 건축물이 부분에 따라 그 층수가 다른 경우에는 그중 가장 많은 층수를 그 건축물의 층수로 본다.

12

건축물의 높이

사무실로 사용하는 건축물의 건축면적이 800m²이고 옥탑이 설치되어 있으며 그 수평투영면적의 합계가 100m²이다. 대지의 지표면에서 옥상바닥까지의 높이가 40m이고 옥상바닥에서 옥탑까지의 높이가 17m인 경우 건축법령상 이 건축물의 높이는 얼마인가? (다만, 그 밖의 다른 조건은 고려하지 아니한다)

① 40m

② 45m

③ 50m

④ 52m

⑤ 57m

13

건축물의 면적 및 층수

건축법령상 건축물의 면적 및 층수의 산정방법에 관한 설명으로 옳은 것을 모두 고른 것은?

⊙ 공동주택으로서 지상층에 설치한 전기실의 면적은 바닥면적에 산입하지 아니한다.
⊙ 용적률을 산정할 때에는 해당 건축물의 부속용도로서 지상층의 주차용으로 쓰는 면적은 연면적에 포함한다.
⊙ 건축물이 부분에 따라 그 층수가 다른 경우에는 그중 가장 많은 층수를 그 건축물의 층수로 본다.
⊙ 사용승인을 받은 후 15년 이상이 된 건축물을 리모델링하는 경우로서 열의 손실 방지를 위하여 외벽에 부가하여 마감재를 설치하는 부분은 바닥면적에 산입한다.

① ㉠, ㉡

② ㉠, ㉢

③ ㉡, ㉢

④ ㉡, ㉣

⑤ ㉢, ㉣

14

층수

지하층이 2개 층이고 지상층은 전체가 층의 구분이 명확하지 아니한 건축물로서, 건축물의 바닥면적은 600m²이며 바닥면적의 300m²에 해당하는 부분은 그 높이가 12m이고 나머지 300m²에 해당하는 부분의 높이는 16m이다. 이러한 건축물의 건축법령상의 층수는? (단, 건축물의 높이는 건축법령에 의하여 산정한 것이고, 지표면의 고저차는 없으며, 건축물의 옥상에는 별도의 설치물이 없음)

① 1층

② 3층

③ 4층

④ 5층

⑤ 6층

15
높이 제한

건축법령상 건축물의 높이 제한에 관한 설명이다. 옳은 것은?

① 전용주거지역이나 일반주거지역에서 건축물을 건축하는 경우에는 건축물의 높이 10m 이하인 부분은 각 부분을 정남방향으로의 인접 대지경계선으로부터 1.5m 이상을 띄어 건축하여야 한다.

② 2층 이하로서 높이가 8m 이하인 건축물에는 해당 지방자치단체의 조례로 정하는 바에 따라 일조 등의 확보를 위한 건축물의 높이 제한을 적용하지 아니할 수 있다.

③ 허가권자는 가로구역별 건축물의 높이를 지정·공고하려면 공고안을 작성하여 15일 이상 공람하여야 한다.

④ 허가권자는 건축물의 용도 및 형태에 관계 없이 같은 가로구역 안에서는 건축물의 높이를 동일하게 정해야 한다.

⑤ 특별시장이나 광역시장은 도시의 관리를 위하여 필요하면 가로구역별 건축물의 높이를 건축위원회의 심의를 거쳐 완화하여 적용할 수 있다.

16
지역 및 지구에서의 건축제한 등

건축법령상 건축물의 높이 제한에 관한 설명으로 틀린 것은? (단, 건축법 제73조에 따른 적용 특례 및 조례는 고려하지 않음)

① 특별시장이나 광역시장의 지정 : 특별시장이나 광역시장은 도시의 관리를 위하여 필요하면 가로구역별 건축물의 높이를 특별시나 광역시의 조례로 정할 수 있다.

② 근린상업지역에 건축하는 공동주택으로서 하나의 대지에 두 동(棟) 이상을 건축하는 경우에는 채광의 확보를 위한 높이 제한이 적용되지 아니한다.

③ 허가권자는 일조(日照)·통풍 등 주변 환경 및 도시미관에 미치는 영향이 크지 않다고 인정하는 경우에는 건축위원회의 심의를 거쳐 이 법 및 다른 법률에 따른 가로구역의 높이 완화에 관한 규정을 중첩하여 적용할 수 있다

④ 전용주거지역과 일반주거지역 안에서 건축하는 건축물에 대하여는 일조의 확보를 위한 높이 제한이 적용된다.

⑤ 정북방향으로 도로 등 건축이 금지된 공지에 접하는 대지인 경우 건축물의 높이를 정남방향의 인접 대지경계선으로부터의 거리에 따라 대통령령으로 정하는 높이 이하로 할 수 있다.

대표유형

건축법령상 특별건축구역에 관한 설명으로 틀린 것은?

① 국가가 국제행사 등을 개최하는 도시의 사업구역에는 국토교통부장관이 특별건축구역을 지정할 수 있다.

② 국토교통부장관 또는 시·도지사는 특별건축구역으로 지정하고자 하는 지역이 군사기지 및 군사시설 보호법에 따른 군사기지 및 군사시설 보호구역에 해당하는 경우에는 국방부장관과 사전에 협의하여야 한다.

③ 특별건축구역 지정신청이 접수된 경우 특별시장·광역시장·도지사는 지정신청을 받은 날부터 30일 이내에 각각 특별시장·광역시장·도지사가 두는 건축위원회의 심의를 거쳐야 한다.

④ 특별건축구역에서는 문화예술진흥법에 따른 건축물에 대한 미술작품의 설치 관련 규정을 개별 건축물마다 적용하지 아니하고 특별건축구역 전부 또는 일부를 대상으로 통합하여 적용할 수 있다.

⑤ 특별건축구역을 지정하는 경우 국토의 계획 및 이용에 관한 법률에 따른 용도지역·용도지구·용도구역의 지정이 있는 것으로 본다.

해설 ⑤ 특별건축구역을 지정하거나 변경한 경우에는 국토의 계획 및 이용에 관한 법률에 따른 도시·군관리계획의 결정(용도지역·지구·구역의 지정 및 변경을 제외한다)이 있는 것으로 본다. ◆ 정답 ⑤

01

—하—
특별건축구역
지정

건축법령상 특별건축구역으로 지정할 수 있는 지역은?

① 개발제한구역의 지정 및 관리에 관한 특별조치법에 따른 개발제한구역

② 자연공원법에 따른 자연공원

③ 도시개발법에 따른 도시개발구역

④ 산지관리법에 따른 보전산지

⑤ 도로법에 따른 접도구역

02
상
특별건축구역

건축법령상 특별건축구역에 관한 설명으로 틀린 것은?

① 특별건축구역의 지정이 필요한 경우에는 중앙행정기관의 장 또는 시·도지사는 국토교통부장관에게, 시장·군수·구청장은 특별시장·광역시장·도지사에게 각각 특별건축구역의 지정을 신청할 수 있다.

② 특별건축구역 지정일로부터 2년 이내에 특별건축구역 지정목적에 부합하는 건축물의 착공이 이루어지지 아니한 경우에는 특별건축구역 지정을 해제할 수 있다.

③ 특별건축구역에서는 주차장법에 따른 부설주차장의 설치 관련 규정을 개별 건축물마다 적용하지 아니하고 특별건축구역 전부 또는 일부를 대상으로 통합하여 적용할 수 있다.

④ 특별건축구역 지정을 제안하려는 자는 시·도지사에게 제안하기 전에 대상 토지 면적 (국유지·공유지의 면적은 제외)의 3분의 2 이상에 해당하는 토지소유자의 서면 동의를 받아야 한다.

⑤ 특별건축구역에서의 건축기준의 특례사항은 국가나 지방자치단체가 건축하는 건축물에 적용한다.

03
Point
하
적용배제

건축법령상 특별건축구역에서 국가가 건축하는 건축물에 적용하지 아니할 수 있는 사항을 모두 고른 것은? (단, 건축법령상 특례 및 조례는 고려하지 않음)

> ㉠ 「건축법」 제42조 대지의 조경에 관한 사항
> ㉡ 「건축법」 제44조 대지와 도로의 관계에 관한 사항
> ㉢ 「건축법」 제56조 건축물의 용적률에 관한 사항
> ㉣ 「건축법」 제58조 대지 안의 공지에 관한 사항
> ㉤ 「건축법」 제60조 건축물의 높이제한에 관한 사항

① ㉠, ㉡   ② ㉠, ㉡, ㉢   ③ ㉢, ㉣, ㉤
④ ㉠, ㉢, ㉣, ㉤   ⑤ ㉠, ㉡, ㉢, ㉣, ㉤

04
상
지정해제

건축법령상 국토교통부장관 또는 시·도지사가 특별건축구역의 전부 또는 일부에 대하여 지정을 해제할 수 있는 경우로 틀린 것은?

① 지정신청기관의 요청이 있는 경우

② 거짓이나 그 밖의 부정한 방법으로 지정을 받은 경우

③ 특별건축구역 지정일부터 5년 이내에 특별건축구역 지정목적에 부합하는 건축물의 착공이 이루어지지 아니하는 경우

④ 특별건축구역 지정요건 등을 위반하였으나 시정이 불가능한 경우

⑤ 특별건축구역을 직권으로 해제할 필요가 있는 경우

05 건축법령상 건축협정의 인가를 받은 건축협정구역에서 연접한 대지에 대하여 관계 법령의 규정을 개별 건축물마다 적용하지 아니하고 건축협정구역을 대상으로 통합하여 적용할 수 있는 것만을 모두 고른 것은?

건축협정

ⓐ 건폐율
ⓑ 계단의 설치
ⓒ 지하층의 설치
ⓓ 주차장법 제19조에 따른 부설주차장의 설치
ⓔ 하수도법 제34조에 따른 개인하수처리시설의 설치

---

① ㄱ, ㄴ, ㄹ
② ㄱ, ㄴ, ㄷ, ㅁ
③ ㄱ, ㄷ, ㄹ, ㅁ
④ ㄴ, ㄷ, ㄹ, ㅁ
⑤ ㄱ, ㄴ, ㄷ, ㄹ, ㅁ

PART

04

06 건축법령상 건축협정에 관한 설명으로 틀린 것은?

건축협정

① 건축물의 소유자 등은 과반수의 동의로 건축물의 리모델링에 관한 건축협정을 체결할 수 있다.

② 협정체결자 또는 건축협정운영회의 대표자는 건축협정서를 작성하여 해당 건축협정인가권자의 인가를 받아야 한다.

③ 건축협정인가권자가 건축협정을 인가하였을 때에는 해당 지방자치단체의 공보에 그 내용을 공고하여야 한다.

④ 건축협정 체결 대상 토지가 둘 이상의 특별자치시 또는 시·군·구에 걸치는 경우 건축협정 체결 대상 토지면적의 과반이 속하는 건축협정인가권자에게 인가를 신청할 수 있다.

⑤ 협정체결자 또는 건축협정운영회의 대표자는 건축협정을 폐지하려는 경우 협정체결자 과반수의 동의를 받아 건축협정인가권자의 인가를 받아야 한다.

07
건축협정

건축법령상 건축협정에 관한 설명으로 옳은 것은? (단, 조례는 고려하지 않음)

① 해당 지역의 토지 또는 건축물의 소유자 전원이 합의하면 지상권자가 반대하는 경우에도 건축협정을 체결할 수 있다.

② 건축협정 체결 대상 토지가 둘 이상의 시·군·구에 걸치는 경우에는 관할 시·도지사에게 건축협정의 인가를 받아야 한다.

③ 협정체결자는 인가받은 건축협정을 변경하려면 협정체결자 과반수의 동의를 받아 건축협정인가권자에게 신고하여야 한다.

④ 건축협정을 폐지하려면 협정체결자 전원의 동의를 받아 건축협정인가권자의 인가를 받아야 한다.

⑤ 건축협정에서 달리 정하지 않는 한, 건축협정이 공고된 후에 건축협정구역에 있는 토지에 관한 권리를 협정체결자로부터 이전받은 자도 건축협정에 따라야 한다.

08
건축협정

건축법령상 건축협정구역에서 건축하는 건축물에 대하여 완화하여 적용할 수 있는 건축기준 중 건축위원회의 심의와 「국토의 계획 및 이용에 관한 법률」에 따른 지방도시계획위원회의 심의를 통합하여 거쳐야 하는 것은?

① 건축물의 용적률   ② 건축물의 건폐율

③ 건축물의 높이 제한   ④ 대지의 조경 면적

⑤ 일조 등의 확보를 위한 건축물의 높이 제한

09
결합건축

건축법령상 결합건축에 대한 다음 설명 중 옳지 않은 것은?

① 상업지역에서 대지 간의 최단거리가 100미터 이내의 범위에서 대통령령으로 정하는 범위에 있는 2개의 대지의 건축주가 서로 합의한 경우 용적률을 개별 대지마다 적용하지 아니하고, 2개의 대지를 대상으로 통합적용하여 건축물을 건축할 수 있다.

② 도시경관의 형성, 기반시설 부족 등의 사유로 해당 지방자치단체의 조례로 정하는 지역 안에서는 결합건축을 할 수 없다.

③ 결합건축을 하고자 하는 건축주는 건축허가를 신청하는 때에는 결합건축 대상 대지의 위치 및 용도지역 등을 명시한 결합건축협정서를 첨부하여야 한다.

④ 결합건축협정서에 따른 협정체결 유지기간은 최소 20년으로 한다. 다만, 결합건축협정서의 용적률 기준을 종전대로 환원하여 신축·개축·재축하는 경우에는 그러하지 아니한다.

⑤ 결합건축협정서를 폐지하려는 경우에는 결합건축협정체결자 전원이 동의하여 허가권자에게 신고하여야 하며, 허가권자는 용적률을 이전받은 건축물이 멸실된 것을 확인한 후 결합건축의 폐지를 수리하여야 한다.

10
건축분쟁조정

건축법령상 건축 등과 관련된 분쟁으로서 건축분쟁전문위원회의 조정 및 재정의 대상이 되는 것은? (단, 건설산업기본법 제69조에 따른 조정의 대상이 되는 분쟁은 고려하지 않음)

① '건축주'와 '건축신고수리자' 간의 분쟁
② '공사시공자'와 '건축지도원' 간의 분쟁
③ '건축허가권자'와 '공사감리자' 간의 분쟁
④ '관계전문기술자'와 '해당 건축물의 건축 등으로 피해를 입은 인근주민' 간의 분쟁
⑤ '건축허가권자'와 '해당 건축물의 건축 등으로 피해를 입은 인근주민' 간의 분쟁

PART
04

11
조정 및 재정

건축법령상 조정(調停) 및 재정(裁定)에 관한 설명으로 틀린 것은?

① 조정은 3명의 위원으로 구성되는 조정위원회에서 하고, 재정은 5명의 위원으로 구성되는 재정위원회에서 하며 그들 위원은 사건마다 분쟁위원회의 위원 중에서 위원장이 지명한다.
② 부득이한 사정으로 연장되지 않는 한 건축분쟁전문위원회는 당사자의 조정신청을 받으면 60일 이내에, 당사자의 조정신청을 받으면 60일 이내에, 재정신청을 받으면 120일 이내에 절차를 마쳐야 한다.
③ 조정안을 제시받은 당사자는 제시를 받은 날부터 30일 이내에 수락 여부를 조정위원회에 알려야 한다.
④ 조정신청은 해당 사건의 당사자 중 1명 이상이 하며, 재정신청은 해당 사건 당사자 간의 합의로 한다.
⑤ 조정위원회와 재정위원회의 회의는 구성원 전원의 출석으로 열고 과반수의 찬성으로 의결한다.

대표유형

건축법령상 이행강제금에 관한 설명 중 옳은 것은?

① 이행강제금은 시정명령을 이행하지 아니한 자에게 부과하는 것으로 직접강제수단이며 행정벌의 일종이며 일사부재리의 원칙이 적용된다.

② 허가권자는 영리목적을 위한 위반이나 상습적 위반 등 대통령령으로 정하는 경우에 이행강제금 부과금액을 100분의 100의 범위에서 가중하여야 한다.

③ 연면적이 $85m^2$ 이하의 주거용 건축물은 부과 금액의 2분의 1의 범위에서 해당 지방자치단체의 조례로 정하는 금액을 부과한다.

④ 허가권자는 시정명령 이행기간 내에 시정명령을 이행하지 아니한 경우 1년에 1회 이내의 범위 내에서 이행강제금을 부과할 수 있다.

⑤ 허가권자는 시정명령을 받은 자가 시정명령을 이행하는 경우에는 새로운 이행강제금의 부과를 즉시 중지하되, 이미 부과된 이행강제금은 이를 취소하여야 한다.

해설 ① 간접강제수단, 집행벌의 일종이며 일사부재리의 원칙이 적용되지 아니한다.
③ 연면적이 $60m^2$ 이하의 주거용 건축물은 부과 금액의 2분의 1의 범위에서 해당 지방자치단체의 조례로 정하는 금액을 부과한다
④ 허가권자는 시정명령 이행기간 내에 시정명령을 이행하지 아니한 경우 1년에 2회 이내의 범위 내에서 이행강제금을 부과할 수 있다.
⑤ 시정명령을 받은 자가 시정명령을 이행하는 경우에는 이미 부과된 이행강제금은 이를 징수하여야 한다.

◈ 정답 ②

01

위반건축물

다음은 건축법령상 이행강제금을 산정하기 위하여 위반 내용에 따라 곱하는 비율을 높은 순서대로 나열한 것은? (단, 조례는 고려하지 않음)

⊙ 용적률을 초과하여 건축한 경우
ⓒ 건폐율을 초과하여 건축한 경우
ⓒ 신고를 하지 아니하고 건축한 경우
ⓔ 허가를 받지 아니하고 건축한 경우

① ⊙ - ⓒ - ⓔ - ⓒ
② ⊙ - ⓔ - ⓒ - ⓒ
③ ⓒ - ⊙ - ⓔ - ⓒ
④ ⓔ - ⊙ - ⓒ - ⓒ
⑤ ⓔ - ⓒ - ⓒ - ⊙

02

이행강제금

건축법령상 이행강제금에 관한 설명으로 옳은 것을 모두 고른 것은?

⊙ 허가권자는 시정명령을 받은 자가 이를 이행하면 새로운 이행강제금의 부과를 즉시 중지하되, 이미 부과된 이행강제금은 징수하여야 한다.
ⓒ 동일인이 「건축법」에 따른 명령을 최근 2년 내에 2회 위반한 경우 부과될 금액을 100분의 150의 범위에서 가중하여야 한다.
ⓒ 허가권자는 최초의 시정명령이 있었던 날을 기준으로 하여 1년에 최대 3회 이내의 범위에서 그 시정명령이 이행될 때까지 반복하여 이행강제금을 부과·징수할 수 있다.
ⓔ 허가권자는 허가대상 건축물을 허가받지 아니하고 건축하여 벌금이 부과된 자에게는 이행강제금을 부과할 수 없다.

① ⊙
② ⓒ
③ ⊙, ⓒ
④ ⓒ, ⓒ, ⓔ
⑤ ⊙, ⓒ, ⓒ, ⓔ

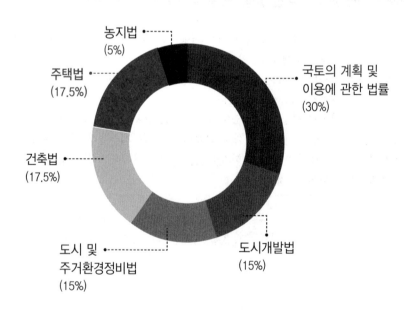

농지법
(5%)

주택법
(17.5%)

국토의 계획 및
이용에 관한 법률
(30%)

건축법
(17.5%)

도시 및
주거환경정비법
(15%)

도시개발법
(15%)

✎ 최근 5개년 출제경향 분석

이 법에서 특히 비중을 두고 공부해야 할 부분은 용어정의, 등록사업자, 주택조합, 사업계획승인, 사용검사, 주택상환사채, 저당권 설정 등의 제한, 투기과열지구, 전매제한 등에 관한 부분이다.

PART

05

주택법

제1장 총 칙
제2장 주택의 건설
제3장 주택조합
제4장 주택건설자금
제5장 주택건설사업의 시행
제6장 주택의 공급

주택법령상 용어에 관한 설명 중 옳은 것은?

① 수도권에 소재한 읍 또는 면 지역의 경우 국민주택규모의 주택이란 1호(戶) 또는 1세대당 주거전용면적이 $100m^2$ 이하인 주택을 말한다.

② 건축법 시행령에 따른 숙박시설인 다중생활시설은 준주택에 해당한다.

③ 기존 14층 이하인 건축물에 수직증축형 리모델링이 허용되는 경우 3개 층까지 증축할 수 있다.

④ 도시형 생활주택 중 아파트형 주택은 주거전용면적은 $60m^2$ 이하이어야 한다.

⑤ 세대구분형 공동주택은 공동주택의 주택 내부 공간의 일부를 세대별로 구분하여 생활이 가능한 구조로 하며, 그 구분된 공간 일부에 대하여 구분소유를 할 수 있는 주택을 말한다.

해설 ① 수도권에 소재한 국민주택규모의 주택이란 주거전용면적이 $85m^2$ 이하인 주택을 말하고, 수도권을 제외한 도시지역이 아닌 읍 또는 면 지역의 경우 국민주택규모의 주택이란 $100m^2$ 이하인 주택을 말한다.

✿ 국민주택의 정의와 국민주택규모의 주택는 구별해야 한다.
국민주택은 주택도시기금에 따른 주택도시기금으로부터 자금을 지원받아 건설되거나 개량되는 주택으로 1호당, 1세대당 $85m^2$ 이하(수도권을 제외한 읍·면은 $100m^2$ 이하)인 주택을 말한다.
③ 기존 14층 이하인 건축물에 수직증축형 리모델링이 허용되는 경우 2개 층까지 증축할 수 있다.
④ 도시형 생활주택 중 아파트형 주택은 주거전용면적은 $85m^2$ 이하이어야 한다.
⑤ 세대구분형 공동주택은 공동주택의 주택 내부 공간의 일부를 세대별로 구분하여 생활이 가능한 구조로 하되, 그 구분된 공간 일부에 대하여 구분소유를 할 수 없는 주택을 말한다. ◈ 정답 ②

01 **주택법령상 용어의 정의에 따를 때 '주택'에 해당하지 않는 것을 모두 고른 것은?**

주택의 정의

㉠ 3층의 다가구주택	㉡ 2층의 공관
㉢ 4층의 다세대주택	㉣ 3층의 기숙사
㉤ 7층의 오피스텔	

① ㉠, ㉡, ㉢   ② ㉠, ㉣, ㉤

③ ㉡, ㉢, ㉣   ④ ㉡, ㉣, ㉤

⑤ ㉢, ㉣, ㉤

02

용어정의

주택법령에 규정된 용어의 설명으로 옳은 것은?

① 주택이란 세대의 구성원이 장기간 독립된 주거생활을 영위할 수 있는 구조로 된 건축물의 전부 또는 일부를 말하며, 그 부속토지는 제외한다.

② 부대시설은 주택에 딸린 시설 또는 설비로서 주차장·관리사무소·담장·주택단지 안의 도로·어린이놀이터·근린생활시설 등을 말한다.

③ 건강친화형 주택이란 건강하고 쾌적한 실내환경의 조성을 위하여 실내공기의 오염물질 등을 최소화할 수 있도록 대통령령으로 정하는 기준에 따라 건설된 주택을 말한다.

④ 민영주택은 등록업체 등 민간건설자본에 의하여 건설된 주택을 말한다.

⑤ 300세대의 국민주택규모에 해당하는 주택으로서 도시지역에 건설하는 아파트형 주택은 도시형 생활주택에 해당한다.

03

세대구분형 공동주택

주택법령상 「공동주택관리법」에 따른 행위의 허가를 받거나 신고를 하고 설치하는 세대구분형 공동주택이 충족하여야 하는 요건에 해당하는 것을 모두 고른 것은? (단, 조례는 고려하지 않음)

⊙ 하나의 세대가 통합하여 사용할 수 있도록 세대 간에 연결문 또는 경량구조의 경계벽 등을 설치할 것
ⓒ 구분된 공간의 세대수는 기존 세대를 포함하여 2세대 이하일 것
ⓒ 세대별로 구분된 각각의 공간마다 별도의 욕실, 부엌과 구분 출입문을 설치할 것
ⓔ 구조, 화재, 소방 및 피난안전 등 관계 법령에서 정하는 안전 기준을 충족할 것

① ⊙, ⓒ, ⓒ
② ⊙, ⓒ, ⓔ
③ ⊙, ⓒ, ⓔ
④ ⓒ, ⓒ, ⓔ
⑤ ⊙, ⓒ, ⓒ, ⓔ

04
세대구분형
공동주택

주택법령상 공동주택의 주택 내부 공간의 일부를 세대별로 구분하여 생활이 가능한 구조로 하되, 그 구분된 공간 일부에 대하여 구분소유를 할 수 없는 세대구분형 공동주택에 관한 설명이다. 틀린 것은? (사업계획의 승인을 받아 건설하는 공동주택에 한함)

① 세대구분형 공동주택의 세대별로 구분된 각각의 공간마다 별도의 욕실, 부엌과 현관을 설치할 것

② 하나의 세대가 통합하여 사용할 수 있도록 세대 간에 연결문 또는 경량구조의 경계벽 등을 설치할 것

③ 세대구분형 공동주택의 세대수가 해당 주택단지 안의 공동주택 전체 세대수의 3분의 1을 넘지 아니할 것

④ 세대구분형 공동주택의 세대별로 구분된 각각의 공간의 주거전용면적 합계가 주택단지 전체 주거전용면적 합계의 3분의 1을 넘지 아니하는 등 국토교통부장관이 정하는 주거전용면적의 비율에 관한 기준을 충족할 것

⑤ 세대구분형 공동주택의 건설과 관련하여 주택건설기준 등을 적용하는 경우 세대구분형 공동주택의 세대수는 그 구분된 공간의 세대를 각각 하나의 세대로 산정할 것

05
준주택

주택법령상 준주택이 아닌 것은?

① 오피스텔
② 노인복지주택
③ 숙박시설에 해당하지 않는 다중생활시설
④ 기숙사
⑤ 다가구주택

06
도시형 생활주택

주택법령상 도시형 생활주택에 관한 설명 중 옳은 것은?

① 도시형 생활주택이란 150세대 미만의 국민주택규모에 해당하는 단지형 연립주택, 단지형 다세대주택, 아파트형 주택 및 기숙사형 주택을 말한다.

② 도시형 생활주택 중 아파트형 주택은 세대별로 독립된 주거가 가능하도록 욕실 및 부엌을 설치할 것

③ 도시형 생활주택은 분양가상한제 규정을 적용한다.

④ 단지형 다세대주택은 건축법에 따른 건축위원회의 심의를 받은 경우에는 주택으로 쓰는 층수를 6층까지 건축할 수 있다.

⑤ 하나의 건축물에는 도시형 생활주택과 그 밖의 주택을 함께 건축할 수 있으며, 단지형 연립주택 또는 단지형 다세대주택과 아파트형 주택을 함께 건축할 수 있다.

07 주택법령상 도시형 생활주택으로서 아파트형 주택의 요건에 해당하는 것을 모두 고른 것은?

도시형 생활주택

> ㉠ 세대별 주거전용면적은 60제곱미터 이하일 것
> ㉡ 세대별로 독립된 주거가 가능하도록 욕실 및 부엌을 설치할 것
> ㉢ 도시형 생활주택과 주거전용면적 85m²를 초과하는 주택 1세대를 함께 건축하는 경우와 상업지역 또는 준주거지역에서 아파트형 주택과 도시형 생활주택 외의 주택을 함께 건축할 수 없다.
> ㉣ 지하층에는 세대를 설치하지 아니할 것

① ㉠
② ㉡, ㉣
③ ㉠, ㉡, ㉢
④ ㉠, ㉡, ㉣
⑤ ㉠, ㉡, ㉢, ㉣

08 주택법령상 용어에 관한 설명으로 틀린 것은?

용어정의

① 「건축법 시행령」에 따른 다세대주택은 공동주택에 해당한다.
② 「건축법 시행령」에 따른 오피스텔은 준주택에 해당한다.
③ 주택단지에 해당하는 토지가 폭 8미터 이상인 도시계획예정도로로 분리된 경우, 분리된 토지를 각각 별개의 주택단지로 본다.
④ 주택에 딸린 자전거보관소는 복리시설에 해당한다.
⑤ 도로·상하수도·전기시설·가스시설·통신시설·지역난방시설은 기간시설(基幹施設)에 해당한다.

09 주택법령상 하나의 주택단지로 보아야 하는 것은?

주택단지

① 폭 12m의 일반도로로 분리된 주택단지
② 고속도로로 분리된 주택단지
③ 폭 10m의 도시·군계획예정도로로 분리된 주택단지
④ 자동차전용도로로 분리된 주택단지
⑤ 보행자 및 자동차의 통행이 가능한 도로로서 도로법에 따른 지방도로 분리된 주택단지

10 주택법령상 공구에 관한 설명으로 틀린 것은?

공구

① 하나의 주택단지에서 둘 이상으로 구분되는 일단의 구역으로, 착공신고 및 사용검사를 별도로 수행할 수 있는 구역을 말한다.

② 주택건설기준 등에 관한 규정에 따른 주택단지 안의 도로, 부설주차장 등을 설치하거나 공간을 조성하여 6m 이상의 폭으로 공구 간 경계를 설정한다.

③ 공구별 세대수는 300세대 이상으로 한다.

④ 주택건설사업을 시행하려는 자는 전체 세대수가 600세대 이상인 주택단지를 공구별로 분할하여 주택을 건설·공급할 수 있다.

⑤ 주택건설사업을 시행하려는 자는 대지면적이 5만m² 이상인 주택단지를 공구별로 분할하여 주택을 건설·공급할 수 있다.

11 주택법령상 용어에 관한 설명으로 틀린 것은?

부대시설 ·
복리시설 ·
간선시설

① 주택단지 안의 도로는 부대시설에 속한다.

② 주택에 딸린 주차장은 복리시설에 속한다.

③ 주택단지의 입주자의 생활복리를 위한 근린생활시설은 복리시설에 속한다.

④ 주택단지의 안과 밖을 연결시키는 전기시설은 간선시설에 속한다.

⑤ 주택단지 안의 관리사무소는 부대시설에 속한다.

12 주택법령상 주택단지 안의 기간시설을 그 주택단지 밖에 있는 같은 종류의 기간시설에 연결시키는 간선시설에 해당하는 것은?

간선시설

① 주택단지 안의 도로

② 주민운동시설

③ 지역난방시설

④ 주차장

⑤ 관리사무소

13 주택법령상 부대시설에 속하지 않는 것은?

부대시설

① 주택에 딸린 주차장

② 주택에 딸린 담장

③ 주택에 딸린 주택단지 안의 도로

④ 주택에 딸린 건축법상 건축설비

⑤ 주택에 딸린 어린이놀이터

14 주택법령상 복리시설에 속하지 않는 것은?

복리시설

① 근린생활시설　　　　　　　② 유치원

③ 관리사무소　　　　　　　　④ 주민운동시설

⑤ 경로당

15 주택법령상 공공택지에 관한 설명이다. 옳은 것은?

공공택지

① 국민주택건설을 위한 대지조성사업에 의해 개발·조성되는 단독주택건설용지는 공공택지이다.

② 도시 및 주거환경정비법에 따른 재개발조합이 시행하는 개발사업에 의해 개발·조성되는 공동주택건설용지는 공공택지이다.

③ 건설업자가 시행하는 산업단지개발사업에 의해 개발·조성되는 공동주택건설용지는 공공택지이다.

④ 공공주택지구조성사업에 의해 개발·조성되는 공동주택건설용지는 공공택지이다.

⑤ 도시개발조합이 시행하는 도시개발사업(환지방식이 적용되는 구역에서 시행하는 사업에 한한다)에 의해 개발·조성되는 공동주택건설용지는 공공택지이다.

주택의 건설

Chapter
02

대표유형

주택법령상 주택조합에 관한 설명으로 옳은 것은?

① 국민주택을 공급받기 위하여 직장주택조합을 설립하는 경우 관할 시장·군수·구청장의 인가를 받아야 한다.

② 주택조합과 등록사업자가 공동으로 사업을 시행·시공할 경우 등록사업자는 자신의 귀책사유로 사업추진이 지연됨으로 인해 조합원에게 발생한 손해를 배상해야 한다.

③ 세대수를 증가하지 아니하는 리모델링주택조합은 그 구성원을 위하여 건설하는 주택을 조합원에게 우선 공급해야 하고, 직장주택조합에 대하여는 사업주체가 국민주택을 조합원에게 우선 공급해야 한다.

④ 공개모집 이후 조합원의 사망·자격상실·탈퇴 등으로 인한 결원을 충원하거나 미달된 조합원을 재모집하는 경우에는 신고하고 선착순의 방법으로 조합원을 모집할 수 있다.

⑤ 시장·군수·구청장은 주택조합이 주택법에 의한 명령이나 처분에 위반한 때에는 그 설립인가를 취소해야 한다.

해설 ① 국민주택을 공급받기 위하여 직장주택조합을 설립하고자 하는 자는 관할 시장·군수·구청장에게 신고하여야 한다.
③ 주택조합(세대수를 증가하지 아니하는 리모델링주택조합을 제외한다)은 그 구성원을 위하여 건설하는 주택을 해당 조합원에게 우선 공급할 수 있으며, 직장주택조합에 대하여는 사업주체가 국민주택을 해당 조합원에게 우선 공급할 수 있다.
④ 공개모집 이후 조합원의 사망·자격상실·탈퇴 등으로 인한 결원을 충원하거나 미달된 조합원을 재모집하는 경우에는 신고하지 아니하고 선착순의 방법으로 조합원을 모집할 수 있다.
⑤ 시장·군수·구청장은 주택조합 또는 그 조합의 구성원이 이 법 또는 이 법에 의한 명령이나 처분에 위반한 때에는 주택조합의 설립인가를 취소할 수 있다. ◆정답 ②

01 주택법령상 주택건설사업 또는 대지조성사업의 등록에 관한 설명 중 옳은 것은?

등록사업자

① 지방자치단체가 주택건설사업을 시행하고자 하는 경우에는 국토교통부장관에게 등록하여야 한다.
② 한국토지주택공사가 대지조성사업을 시행하고자 하는 경우에는 국토교통부장관에게 등록하여야 한다.
③ 지방공사가 주택건설사업을 시행하고자 하는 경우에는 국토교통부장관에게 등록하지 않아도 된다.
④ 근로자를 고용하고 있는 고용자가 등록사업자와 공동으로 근로자의 주택을 건설하는 주택건설사업을 시행하고자 하는 경우에는 국토교통부장관에게 등록하여야 한다.
⑤ 공익법인의 설립·운영에 관한 법률에 따라 주택건설사업을 목적으로 설립된 공익법인이 주택건설사업을 시행하고자 하는 경우에는 국토교통부장관에게 등록하여야 한다.

02 주택법령상 주택건설사업의 등록을 할 수 없는 자는?

등록결격사유

① 피한정후견인의 한정후견종료의 심판 후 2년이 지나지 아니한 자
② 파산선고를 받은 자로서 복권된 후 2년이 지나지 아니한 자
③ 주택법을 위반하여 벌금 이상의 형의 선고를 받고 그 집행이 면제된 날부터 2년이 지난 자
④ 주택법을 위반하여 금고 이상의 형의 집행유예선고를 받고 그 유예기간이 종료된 자
⑤ 거짓으로 주택건설사업을 등록하여 그 등록이 말소된 후 2년이 지나지 아니한 자

03 주택법령상 주택건설사업의 등록사업자에 관한 설명으로 옳은 것은?

등록사업자

① 사업주체가 한국토지주택공사인 경우에는 등록할 필요가 없다.
② 고용자가 그 근로자의 주택을 건설하는 경우에는 등록사업자와 공동으로 사업을 시행할 수 있다.
③ 토지소유자가 등록사업자와 공동으로 주택건설사업을 시행하는 경우 토지소유자와 등록사업자는 공동사업주체로 추정된다.
④ 리모델링주택조합이 그 구성원의 주택을 건설하는 경우 등록사업자와 공동으로 사업을 시행해야 한다.
⑤ 거짓이나 그 밖의 부정한 방법으로 등록한 경우 또는 등록증 대여한 경우에는 등록을 말소할 수 있다.

04

주택건설사업
등록

주택법령상 주택건설사업 등의 등록과 관련하여 (　　　) 안에 들어갈 내용으로 옳게 연결된 것은? (단, 사업등록이 필요한 경우를 전제로 함)

> 연간 (　㉠　)호 이상의 단독주택건설사업을 시행하려는 자 또는 연간 (　㉡　) 제곱미터 이상의 대지조성사업을 시행하려는 자는 국토교통부장관에게 등록하여야 한다.

① ㉠: 10, ㉡: 10만　　　　　　　② ㉠: 20, ㉡: 1만

③ ㉠: 20, ㉡: 10만　　　　　　　④ ㉠: 30, ㉡: 1만

⑤ ㉠: 30, ㉡: 10만

05

사업주체

주택법령상 주택건설사업자 등에 관한 설명으로 옳은 것은?

① 「공익법인의 설립·운영에 관한 법률」에 따라 주택건설사업을 목적으로 설립된 공익법인이 연간 20호 이상의 단독주택 건설사업을 시행하려는 경우 국토교통부장관에게 등록하여야 한다.

② 세대수를 증가하는 리모델링주택조합이 그 구성원의 주택을 건설하는 경우에는 국가와 공동으로 사업을 시행할 수 있다.

③ 고용자가 그 근로자의 주택을 건설하는 경우에는 대통령령으로 정하는 바에 따라 등록사업자와 공동으로 사업을 시행하여야 한다.

④ 국토교통부장관은 등록사업자가 타인에게 등록증을 대여한 경우에는 1년 이내의 기간을 정하여 영업의 정지를 명할 수 있다.

⑤ 영업정지 처분을 받은 등록사업자는 그 처분 전에 사업계획승인을 받은 사업을 계속 수행할 수 없다.

01 주택법령상 주택조합에 관한 설명으로 옳은 것은?

주택조합

① 국민주택을 공급받기 위하여 설립한 직장주택조합을 해산하려면 관할 시장·군수·구청장의 인가를 받아야 한다.

② 지역주택조합은 임대주택으로 건설·공급하여야 하는 세대수를 포함하여 주택건설예정세대수의 3분의 1 이상의 조합원으로 구성하여야 한다.

③ 리모델링주택조합의 경우 공동주택의 소유권이 수인의 공유에 속하는 경우에는 수인 모두를 조합원으로 본다.

④ 지역주택조합의 설립 인가 후 조합원이 사망하였더라도 조합원수가 주택건설예정세대수의 50퍼센트 이상을 유지하고 있다면 조합원을 충원할 수 없다.

⑤ 주택단지 전체를 리모델링하고자 하는 경우에는 주택단지 전체의 구분소유자와 의결권의 각 3분의 2 이상의 결의 및 각 동의 구분소유자와 의결권의 각 과반수의 결의를 얻어야 한다.

02 주택법령상 주택조합에 관한 설명으로 틀린 것은? (단, 리모델링주택조합은 제외함)

주택조합

① 지역주택조합설립인가를 받으려는 자는 해당 주택건설대지의 80% 이상에 해당하는 토지의 사용권원을 확보하고, 해당 주택건설대지의 15% 이상에 해당하는 토지의 소유권을 확보하여야 한다.

② 탈퇴한 조합원은 조합규약으로 정하는 바에 따라 부담한 비용의 환급을 청구할 수 있다.

③ 주택조합은 주택건설 예정 세대수의 50% 이상의 조합원으로 구성하되, 조합원은 10명 이상이어야 한다.

④ 지역주택조합은 그 구성원을 위하여 건설하는 주택을 그 조합원에게 우선 공급할 수 있다.

⑤ 조합원의 공개모집 이후 조합원의 사망·자격상실·탈퇴 등으로 인한 결원을 충원하거나 미달된 조합원을 재모집하는 경우에는 신고하지 아니하고 선착순의 방법으로 조합원을 모집할 수 있다.

03
조합원

주택법령상 지역주택조합의 조합원에 관한 설명으로 틀린 것은?

① 조합원의 사망으로 그 지위를 상속받는 자는 조합원이 될 수 있다.

② 조합원이 근무로 인하여 세대주 자격을 일시적으로 상실한 경우로서 시장·군수·구청장이 인정하는 경우에는 조합원 자격이 있는 것으로 본다.

③ 조합설립 인가 후에 조합원의 탈퇴로 조합원 수가 주택건설 예정 세대수의 50% 미만이 되는 경우에는 결원이 발생한 범위에서 조합원을 신규로 가입하게 할 수 있다.

④ 조합설립 인가 후에 조합원으로 추가모집되는 자가 조합원 자격 요건을 갖추었는지를 판단할 때에는 추가모집공고일을 기준으로 한다.

⑤ 조합원 추가모집에 따른 주택조합의 변경인가 신청은 사업계획승인신청일까지 하여야 한다.

04
지역주택조합

주택법령상 지역주택조합에 관한 설명으로 옳은 것은?

① 조합설립에 동의한 조합원은 조합설립인가가 있은 이후에는 자신의 의사에 의해 조합을 탈퇴할 수 없다.

② 총회의 의결로 제명된 조합원은 조합에 자신이 부담한 비용의 환급을 청구할 수 없다.

③ 조합임원의 선임을 의결하는 총회의 경우에는 조합원의 100분의 20 이상이 직접 출석하여야 한다.

④ 조합원을 공개모집한 이후 조합원의 자격상실로 인한 결원을 충원하려면 시장·군수·구청장에게 신고하고 공개모집의 방법으로 조합원을 충원하여야 한다.

⑤ 조합의 임원이 금고 이상의 실형을 받아 당연퇴직을 하면 그가 퇴직 전에 관여한 행위는 그 효력을 상실한다.

05
지역주택조합

주택법령상 지역주택조합의 설립인가신청을 위하여 제출하여야 하는 서류에 해당하지 않는 것은?

① 조합장선출동의서

② 조합원 동의를 받은 정산서

③ 조합원 전원이 자필로 연명한 조합규약

④ 조합원 자격이 있는 자임을 확인하는 서류

⑤ 창립총회 회의록

06

인가 후 충원

주택법령상 지역주택조합이 설립인가를 받은 후 조합원을 신규로 가입하게 할 수 있는 경우와 결원의 범위에서 충원할 수 있는 경우 중 어느 하나에도 해당하지 않는 것은?

① 조합원이 사망한 경우

② 조합원이 무자격자로 판명되어 자격을 상실하는 경우

③ 조합원을 수가 주택건설 예정 세대수를 초과하지 아니하는 범위에서 조합원 추가모집의 승인을 받은 경우

④ 조합원의 탈퇴 등으로 조합원 수가 주택건설 예정 세대수의 60퍼센트가 된 경우

⑤ 사업계획승인의 과정에서 주택건설 예정 세대수가 변경되어 조합원 수가 변경된 세대수의 40퍼센트가 된 경우

07

주택조합

주택법령상 주택조합에 관한 설명으로 옳은 것은?

① 세대수를 증가하지 아니하는 리모델링주택조합은 등록사업자와 공동으로 주택건설사업을 시행할 수 있다.

② 등록사업자와 공동으로 주택건설사업을 하려는 주택조합은 국토교통부장관에게 등록하여야 한다.

③ 조합원으로 추가모집되거나 충원되는 자가 조합원 자격 요건을 갖추었는지를 판단할 때에는 해당 조합설립인가 신청일을 기준으로 한다.

④ 주택조합의 발기인은 조합원 모집 신고가 수리된 날부터 3년이 되는 날까지 주택조합 설립인가를 받지 못하는 경우 대통령령으로 정하는 바에 따라 주택조합 가입 신청자 전원으로 구성되는 총회 의결을 거쳐 주택조합 사업의 종결 여부를 결정하도록 하여야 한다.

⑤ 주택조합은 주택조합의 설립인가를 받은 날부터 5년이 되는 날까지 사업계획승인을 받지 못하는 경우 대통령령으로 정하는 바에 따라 총회의 의결을 거쳐 해산 여부를 결정하여야 한다.

08 주택법령상 주택조합에 관한 설명으로 틀린 것은?

주택조합

① 모집주체는 주택조합의 가입을 신청한 자에게 청약 철회를 이유로 위약금 또는 손해배상을 청구할 수 없다.

② 주택조합의 발기인 또는 임원은 원활한 사업추진과 조합원의 권리 보호를 위하여 연간 자금운용 계획 및 자금 집행 실적 등 국토교통부령으로 정하는 서류 및 자료를 국토교통부령으로 정하는 바에 따라 매년 정기적으로 시장·군수·구청장에게 제출하여야 한다.

③ 주택조합의 발기인은 조합원 모집 신고를 하는 날 주택조합에 가입한 것으로 본다. 이 경우 주택조합의 발기인은 그 주택조합의 가입 신청자와 동일한 권리와 의무가 있다.

④ 모집주체는 조합가입계약서에 대해 설명한 내용을 주택조합 가입 신청자가 이해하였음을 국토교통부령으로 정하는 바에 따라 서면으로 확인을 받아 주택조합 가입 신청자에게 교부하여야 하며, 그 사본을 3년간 보관하여야 한다.

⑤ 시장·군수·구청장은 주택조합이 거짓이나 그 밖의 부정한 방법으로 설립인가를 받은 경우에는 주택조합의 설립인가를 취소할 수 있다.

09 주택법령상 주택조합에 관한 설명으로 틀린 것은?

주택조합의
가입 철회 등

① 조합원을 모집하는 자는 주택조합의 가입을 신청한 자가 주택조합 가입을 신청하는 때에 납부하여야 하는 일체의 금전("가입비 등")을 은행 등의 대통령령으로 정하는 예치기관에 예치하도록 하여야 한다.

② 주택조합의 가입을 신청한 자는 가입비 등을 예치한 날부터 3개월 이내에 주택조합 가입에 관한 청약을 철회할 수 있다.

③ 청약 철회를 서면으로 하는 경우에는 청약 철회의 의사를 표시한 서면을 발송한 날에 그 효력이 발생한다.

④ 모집주체는 주택조합의 가입을 신청한 자가 청약 철회를 한 경우 청약 철회 의사가 도달한 날부터 7일 이내에 예치기관의 장에게 가입비 등의 반환을 요청하여야 한다.

⑤ 예치기관의 장은 가입비 등의 반환 요청을 받은 경우 요청일부터 10일 이내에 그 가입비 등을 예치한 자에게 반환하여야 한다.

대표유형

주택법령상 주택상환사채에 관한 다음의 설명 중 옳은 것은?

① 주택상환사채는 한국토지주택공사와 등록업자가 금융기관 또는 주택도시보증공사의 보증을 받아 국토교통부장관의 승인을 받아 발행할 수 있다.

② 주택상환사채는 무기명증권으로 하고, 주택상환사채는 이를 양도하거나 중도에 해약할 수 있다.

③ 주택상환사채의 상환기간은 3년을 초과할 수 없다.

④ 사채권자의 명의변경은 취득자의 성명과 주소를 채권에 기록하는 방법으로 하며, 취득자의 성명을 사채원부에 기록하지 아니하면 사채발행자 및 제3자에게 대항할 수 없다.

⑤ 주택상환사채의 발행에 관하여는 주택법 보다 상법 중 사채발행에 관한 규정을 우선 적용한다.

해설 ① 주택상환사채는 한국토지주택공사 또는 일정한 요건을 갖춘 등록업자가 국토교통부장관의 승인을 받아 발행하며, 등록업자는 금융기관 또는 주택도시보증공사의 보증을 받으면 발행할 수 있다(한국토지주택공사는 보증이 필요 없다).

② 주택상환사채는 기명증권으로 하고, 원칙적으로 주택상환사채는 이를 양도하거나 중도에 해약할 수 없다.

④ 사채권자의 명의변경은 취득자의 성명과 주소를 사채원부에 기재하는 방법으로 하며, 취득자의 성명을 채권에 기록하지 아니하면 사채발행자 및 제3자에게 대항할 수 없다.

⑤ 주택상환사채의 발행에 관하여 이 법에 규정한 것을 제외하고는 상법 중 사채발행에 관한 규정을 적용한다.

◆ 정답 ③

Point

01

주택상환사채

주택법령상 주택상환사채에 관한 설명이다. 틀린 것은?

① 등록사업자는 금융기관 또는 주택도시보증공사의 보증을 받은 경우에만 주택상환사채를 발행할 수 있다.

② 주택상환사채는 기명증권으로 하고, 액면 또는 할인의 방법으로 발행한다.

③ 주택상환사채를 발행하고자 하는 자는 주택상환사채발행계획을 작성하여 기획재정부장관의 승인을 얻어야 한다.

④ 주택상환사채의 발행에 관하여는 이 법에서 규정한 것 외에는 상법 중 사채발행에 관한 규정을 적용한다.

⑤ 주택상환사채 발행 규모는 최근 3년간의 연평균 주택건설호수 이내로 한다.

02 주택법령상 주택상환사채에 관한 설명으로 옳은 것은?

주택상환사채

① 한국토지주택공사와 법인으로서 자본금이 3억원 이상인 등록사업자는 주택상환사채를 발행할 수 있다.

② 주택상환사채는 이를 양도하거나 중도에 해약할 수 없다. 다만, 해외이주 등 부득이한 사유가 있는 경우로서 국토교통부령으로 정하는 경우에는 그러하지 아니하다.

③ 주택상환사채의 상환기간은 5년을 초과할 수 없다. 이 경우 상환기간은 주택상환사채발행일부터 주택의 공급계약체결일까지로 한다.

④ 등록사업자의 등록이 말소된 경우 그가 발행한 주택상환사채는 효력을 잃는다.

⑤ 등록사업자가 최근 3년간 연평균 주택건설 실적이 200세대 이상인 경우에 주택상환사채를 발행할 수 있다.

03 주택법령상 주택상환사채를 양도하거나 중도에 해약할 수 있는 경우가 아닌 것은? (단, 세대원은 세대주가 포함된 세대의 구성원을 말함)

주택상환사채

① 세대원의 취학으로 인하여 세대원 전원이 다른 행정구역으로 이전하는 경우

② 세대원의 질병치료로 인하여 세대원 전원이 다른 행정구역으로 이전하는 경우

③ 세대원의 근무로 인하여 세대원 일부가 다른 행정구역으로 이전하는 경우

④ 세대원 전원이 2년 이상 해외에 체류하고자 하는 경우

⑤ 세대원 전원이 상속에 의하여 취득한 주택으로 이전하는 경우

04 주택법령상 입주자저축에 관한 설명으로 틀린 것은?

입주자저축

① 입주자저축정보를 제공하는 입주자저축취급기관의 장은 입주자저축정보의 명의인이 요구하더라도 입주자저축정보의 제공사실을 통보하지 아니할 수 있다.

② 국토교통부장관으로부터 「주택법」에 따라 입주자저축정보의 제공 요청을 받은 입주자저축취급기간의 장은 「금융실명거래 및 비밀보장에 관한 법률」에도 불구하고 입주자저축정보를 제공하여야 한다.

③ "입주자저축"이란 국민주택과 민영주택을 공급받기 위하여 가입하는 주택청약종합저축을 말한다.

④ 입주자저축계좌를 취급하는 기관은 은행법에 따른 은행 중 국토교통부장관이 지정한다.

⑤ 입주자저축은 한 사람이 한 계좌만 가입할 수 있다.

Chapter 05

주택건설사업의 시행

대표유형

사업주체 甲은 사업계획승인권자 乙로부터 주택건설사업을 분할하여 시행하는 것을 내용으로 사업계획승인을 받았다. 주택법령상 이에 관한 설명으로 틀린 것은?

① 乙은 사업계획승인에 관한 사항을 고시하여야 한다.

② 甲은 최초로 공사를 진행하는 공구 외의 공구에서 해당 주택단지에 대한 최초 착공신고일부터 2년 이내에 공사를 시작하여야 한다.

③ 甲이 소송 진행으로 인하여 공사착수가 지연되어 연장신청을 한 경우, 乙은 그 분쟁이 종료된 날부터 1년의 범위에서 공사 착수기간을 연장할 수 있다.

④ 주택분양보증을 받지 않은 甲이 파산하여 공사 완료가 불가능한 경우, 乙은 사업계획승인을 취소할 수 있다.

⑤ 甲이 최초로 공사를 진행하는 공구 외의 공구에서 해당 주택단지에 대한 최초 착공신고일부터 2년이 지났음에도 사업주체가 공사를 시작하지 아니한 경우 乙은 사업계획승인을 취소할 수 있다.

해설 ⑤ 甲이 최초로 공사를 진행하는 공구 외의 공구에서 해당 주택단지에 대한 최초 착공신고일부터 2년이 지났음에도 사업주체가 공사를 시작하지 아니한 경우 乙은 사업계획승인을 취소할 수 없다. ◆ 정답 ⑤

01

사업계획승인권자

주택법령상 (   ) 안에 들어갈 내용으로 옳게 연결 된 것은? (단, 주택 외의 시설과 주택이 동일 건축물로 건축되지 않음을 전제로 함)

> • 한국토지주택공사가 서울특별시 A구역에서 대지면적 10만 제곱미터에 50호의 한옥 건설사업을 시행하려는 경우 (㉠)으로부터 사업계획승인을 받아야 한다.
> • B광역시 C구에서 지역균형개발이 필요하여 국토교통부장관이 지정·고시하는 지역 안에 50호의 한옥 건설사업을 시행하는 경우 (㉡)으로부터 사업계획승인을 받아야 한다.
> • 330만m² 이상의 규모로 택지개발촉진법에 따른 택지개발사업 또는 도시개발법에 따른 도시개발사업을 추진하는 지역 중 국토교통부장관이 지정·고시하는 지역에서 주택건설사업을 시행하는 경우 (㉢)으로부터 사업계획승인을 받아야 한다.

① ㉠: 국토교통부장관　㉡: 국토교통부장관　㉢: 국토교통부장관
② ㉠: 서울특별시장　　㉡: C구청장　　　㉢: 국토교통부장관
③ ㉠: 서울특별시장　　㉡: 국토교통부장관　㉢: 서울특별시장
④ ㉠: A구청장　　　　㉡: C구청장　　　㉢: 국토교통부장관
⑤ ㉠: 국토교통부장관　㉡: B광역시장　　㉢: 도지사

02

사업계획승인권자

주택법령상 사업계획승인권자에 대한 내용으로 틀린 것은?

① 특별시에서 대지면적이 10만m²인 경우 200호의 단독주택을 건설하는 등록사업자는 원칙적으로 특별시장에게 사업계획승인을 받아야 한다.

② 광역시에서 대지면적이 5만m²인 대지조성사업을 시행하는 등록사업자는 원칙적으로 구청장에게 사업계획승인을 받아야 한다.

③ 대도시인 시에서 대지면적이 1만m²인 경우 300세대의 공동주택을 건설하는 등록사업자는 대도시의 시장에게 사업계획승인을 받아야 한다.

④ 대도시가 아닌 시에서 대지면적이 5만m²인 경우 200세대를 건설하는 등록사업자는 시장에게 사업계획승인을 받아야 한다.

⑤ 군에서 대지면적이 5만m²인 대지조성사업을 시행하는 등록사업자는 군수에게 사업계획승인을 받아야 한다.

03

사업계획승인

주택법령상 주택건설사업이나 대지조성사업을 시행하려는 자가 사업계획승인을 받아야 하는 경우이다. 틀린 것은?

① 단독주택의 경우에는 30호, 공동주택의 경우에는 30세대 이상의 주택건설사업이나 1만㎡ 이상의 일단의 대지조성사업을 시행하고자 하는 자는 사업계획승인을 받아야 한다.

② 국민주택건설사업 등에 해당하는 공공사업에 따라 조성된 용지를 개별 필지로 구분하지 아니하고 일단의 토지로 공급받아 해당 토지에 건설하는 단독주택인 경우에는 50호 이상으로 한다.

③ 건축법 시행령에 따른 한옥인 경우에는 50호 이상으로 한다.

④ 세대별 주거전용 면적이 30㎡ 이상이고 해당 주택단지 진입도로의 폭이 6m 이상인 단지형 연립주택 또는 단지형 다세대주택인 경우에는 50세대 이상으로 한다.

⑤ 한국토지주택공사, 지방공사 또는 등록사업자는 동일한 규모의 주택을 대량으로 건설하려는 경우에는 국토교통부령으로 정하는 바에 따라 시·도지사에게 주택의 형별(型別)로 표본설계도서를 작성·제출하여 승인을 받을 수 있다.

04

사업계획승인
취소

주택법령상 사업계획승인권자가 사업계획의 승인을 취소할 수 있는 사유에 관한 설명 중 틀린 것은?

① 사업주체가 사업계획승인을 받은 경우에는 승인받은 날부터 5년 이내 공사를 시작하지 아니한 경우 그 사업계획의 승인을 취소할 수 있다.

② 사업주체가 공구별 분할 시행에 따라 사업계획승인을 받은 경우에는 최초로 공사를 진행하는 공구는 승인받은 날부터 5년 이내 공사를 시작하지 아니한 경우 그 사업계획의 승인을 취소할 수 있다.

③ 사업주체가 공구별 분할 시행에 따라 사업계획승인을 받은 경우에는 최초로 공사를 진행하는 공구 외의 공구는 해당 주택단지에 대한 최초 착공신고일부터 2년 이내 공사를 시작하지 아니한 경우 그 사업계획의 승인을 취소할 수 있다.

④ 사업주체가 경매·공매 등으로 인하여 대지소유권을 상실한 경우 그 사업계획의 승인을 취소할 수 있다.

⑤ 사업주체의 부도·파산 등으로 공사의 완료가 불가능한 경우 그 사업계획의 승인을 취소할 수 있다.

05 주택법령상 사업계획승인권자가 사업주체의 신청을 받아 공사의 착수기간을 연장할 수 있는 경우가 아닌 것은? (단, 공사에 착수하지 못할 다른 부득이한 사유는 고려하지 않음)

사업계획승인

① 사업계획승인의 조건으로 부과된 사항을 이행함에 따라 공사착수가 지연되는 경우
② 공공택지의 개발·조성을 위한 계획에 포함된 기반시설의 설치 지연으로 공사착수가 지연되는 경우
③ 매장유산 보호 및 조사에 관한 법률에 따라 국가유산청장의 매장유산 발굴허가를 받은 경우
④ 해당 사업시행지에 대한 소유권 분쟁을 사업주체가 소송 외의 방법으로 해결하는 과정에서 공사착수가 지연되는 경우
⑤ 사업주체에게 책임이 없는 불가항력적인 사유로 인하여 공사착수가 지연되는 경우

06 주택법령상 사업계획승인을 받은 사업주체에게 인정되는 매도청구권에 관한 설명으로 옳은 것은?

매도청구권

① 주택건설대지에 사용권원을 확보하지 못한 건축물이 있는 경우 그 건축물은 매도청구의 대상이 되지 않는다.
② 사업주체는 매도청구일 전 60일부터 매도청구 대상이 되는 대지의 소유자와 협의를 진행하여야 한다.
③ 사업주체가 주택건설대지면적 중 100분의 90에 대하여 사용권원을 확보한 경우, 사용권원을 확보하지 못한 대지의 모든 소유자에게 매도청구를 할 수 있다.
④ 사업주체가 주택건설대지면적 중 100분의 80에 대하여 사용권원을 확보한 경우, 사용권원을 확보하지 못한 대지의 소유자 중 지구단위계획구역 결정고시일 10년 이전에 해당 대지의 소유권을 취득하여 계속 보유하고 있는 자에 대하여는 매도청구를 할 수 없다.
⑤ 사업주체가 리모델링주택조합인 경우 리모델링 결의에 찬성하지 아니하는 자의 주택에 대하여는 매도청구를 할 수 없다.

07 주택법령상 사업계획승인 등에 관한 설명으로 옳은 것은?

매도청구권

① 사업계획승인권자는 사업주체가 사업계획승인 받은 날부터 3년 이내 공사에 착수하지 아니하는 경우에는 그 사업계획의 승인을 취소할 수 있다.

② 사업계획승인권자는 사업계획을 승인할 때 사업주체가 제출하는 사업계획에 해당 주택건설사업과 직접적으로 관련이 없는 공공청사 등의 용지의 기부채납에 관한 계획을 포함하도록 요구하여도 된다.

③ 사업계획승인권자는 사업계획의 승인신청을 받은 때에는 정당한 사유가 없는 한 30일 이내에 그 승인 여부를 사업주체에게 통보하여야 한다.

④ 사업주체는 매도청구대상 대지의 소유자에게 그 대지를 공시지가로 매도할 것을 청구할 수 있다.

⑤ 한국토지주택공사, 지방공사 또는 등록사업자는 동일한 규모의 주택을 대량으로 건설하려는 경우에는 국토교통부령으로 정하는 바에 따라 국토교통부장관에게 주택의 형별(型別)로 표본설계도서를 작성·제출하여 승인을 받을 수 있다.

08 주택법령상 주택건설사업 등을 시행하기 위한 조치로 틀린 것은?

사업시행을 위한
조치

① 국가·지방자치단체·한국토지주택공사 및 지방공사는 사업계획의 수립을 위한 조사 또는 측량을 하려는 경우 타인의 토지에 출입할 수 있다.

② 국가나 지방자치단체는 국민주택규모의 주택을 50% 이상 건설하고자 하는 자에게 국·공유지를 우선 매각할 수 있다.

③ 사업주체가 국민주택건설용지로 사용하기 위하여 도시개발사업 시행자에게 체비지의 매각을 요구한 때에는 그 도시개발사업시행자는 체비지의 총면적의 3분의 1의 범위에서 이를 우선적으로 사업주체에게 매각하여야 한다.

④ 국가·지방자치단체·한국토지주택공사 및 지방공사인 사업주체가 국민주택을 건설하거나 국민주택을 건설하기 위한 대지를 조성하는 경우에는 토지 등을 수용 또는 사용할 수 있다.

⑤ 국가 등의 사업주체는 주택건설사업 또는 대지조성사업을 위한 토지매수업무와 손실보상업무를 관할 지방자치단체의 장에게 위탁할 수 있다.

09
수용·사용

주택법령상 사업시행을 위하여 수용 또는 사용할 수 있는 내용으로 틀린 것은?

① 국가·지방자치단체·한국토지주택공사 및 지방공사인 사업주체만 주택건설사업을 시행하기 위하여 토지 등을 수용하거나 사용할 수 있다.

② 국민주택을 건설하거나 국민주택을 건설하기 위한 대지를 조성하는 경우에는 토지 등을 수용하거나 사용할 수 있다.

③ 토지 등을 수용하거나 사용하는 경우 이 법에 규정된 것 외에는 공익사업을 위한 토지 등의 취득 및 보상에 관한 법률을 준용한다.

④ 사업계획승인·고시를 공익사업을 위한 토지 등의 취득 및 보상에 관한 법률에 따른 사업인정 및 고시로 본다.

⑤ 재결신청은 공익사업을 위한 토지 등의 취득 및 보상에 관한 법률에도 불구하고 사업계획승인을 받은 주택건설사업 기간 이내에 할 수 있다.

Point
10
체비지의 매각

주택법령상 환지방식에 따른 도시개발사업으로 조성된 대지의 활용에 대한 설명으로 틀린 것은?

① 사업주체가 국민주택용지로 사용하기 위하여 환지방식에 따라 사업을 시행하는 도시개발사업의 시행자에게 체비지의 매각을 요구할 수 있다.

② 도시개발사업시행자는 체비지의 총면적의 50%의 범위에서 우선적으로 사업주체에게 매각할 수 있다.

③ 도시개발사업시행자가 체비지를 사업주체에게 국민주택용지로 매각하는 경우에는 추첨의 방법에 따르지만, 매각을 요구하는 사업주체가 하나인 경우에는 수의계약을 할 수 있다.

④ 사업주체가 환지계획의 수립 전에 체비지의 매각을 요구하면 도시개발사업시행자는 사업주체에게 매각할 체비지를 그 환지계획에서 하나의 단지로 정하여야 한다.

⑤ 체비지의 양도가격은 감정평가법인 등이 감정평가한 감정가격을 기준으로 하지만, 임대주택 등을 건설하는 경우에는 조성원가를 기준으로 할 수 있다.

11

주택건설용지 확보
및 매도청구

주택법령상 주택건설용지의 확보 및 매도청구에 관한 설명으로 옳은 것은?

① 국민주택규모의 주택 비율을 40%로 하는 주택의 건설을 위해 국·공유지의 매수를 원하는 자에게 국가 또는 지방자치단체는 해당 토지를 우선 매각할 수 있다.

② 조합주택의 건설을 위해 국·공유지의 임차를 원하는 자에게 국가 또는 지방자치단체는 해당 토지를 우선 임대할 수 있다.

③ 국·공유지를 임차한 자가 임차일부터 1년 이내에 국민주택규모의 주택을 건설하기 위한 대지조성사업을 시행하지 아니한 경우 국가 또는 지방자치단체는 임대계약을 취소하여야 한다.

④ 사업주체가 국민주택용지로 사용하기 위하여 도시개발사업시행자에게 체비지의 매각을 요구한 경우 그 양도가격은 조성원가로 하여야 한다.

⑤ 인가를 받아 설립된 리모델링주택조합은 그 리모델링 결의에 찬성하지 아니하는 자의 주택 및 토지에 대하여 매도를 청구할 수 없다.

12 **P**oint

사용검사

주택건설사업의 사용검사에 관한 설명으로서 옳지 않은 것은?

① 대지조성사업의 경우에는 구획별로 임시사용승인을 얻어 이를 사용할 수 있다.

② 주택건설사업의 경우에는 사업완료 전이라도 건축물의 동별로 공사가 완료된 때 임시사용승인을 얻어 이를 사용할 수 있다.

③ 주택건설 사업계획 승인의 조건이 이행되지 않은 경우에는 공사가 완료된 주택에 대하여 동별로 사용검사를 받을 수 있다.

④ 주택건설사업에 대한 사용검사를 받은 때에는 건축법에 따른 사용승인을 받은 것으로 본다.

⑤ 임시사용의 승인대상이 공동주택인 경우에는 세대별이 아닌 동별로 임시사용승인을 받을 수 있다.

13
사용검사

주택법령상 사용검사에 관한 설명 중 틀린 것은?

① 사업주체는 주택건설사업이 완료된 때에는 주택, 부대시설, 복리시설 및 대지에 대하여 시·도지사의 사용검사를 받아야 한다.

② 주택건설사업을 공구별로 분할하여 시행하는 내용으로 사업계획의 승인을 받은 경우 완공된 주택에 대하여 공구별로 사용검사를 받을 수 있다.

③ 사용검사는 그 신청일부터 15일 이내에 하여야 한다.

④ 사업주체가 파산하여 주택건설사업을 계속할 수 없고 시공보증자도 없는 경우 입주예정자대표회의가 시공자를 정하여 잔여공사를 시공하고 사용검사를 받아야 한다.

⑤ 사업주체가 정당한 이유 없이 사용검사를 위한 절차를 이행하지 아니하는 경우에는 해당 주택의 시공을 보증한 자, 해당 주택의 시공자 또는 입주예정자가 사용검사를 받을 수 있다.

14
사용검사 후
매도청구

주택법령상 사용검사 후 매도청구 등에 관한 설명 중 틀린 것은?

① 주택의 소유자들은 주택단지 전체 대지에 속하는 일부의 토지에 대한 소유권이전등기 말소소송 등에 따라 사용검사를 받은 이후에 해당 토지의 소유권을 회복한 자에게 해당 토지를 감정가격으로 매도할 것을 청구할 수 있다.

② 주택의 소유자들은 대표자를 선정하여 매도청구에 관한 소송을 제기할 수 있다. 이 경우 대표자는 주택의 소유자 전체의 4분의 3 이상의 동의를 얻어 선정한다.

③ 매도청구에 관한 소송에 대한 판결은 주택의 소유자 전체에 대하여 효력이 있다.

④ 매도청구를 하려는 경우에는 해당 토지의 면적이 주택단지 전체 대지 면적의 100분의 5 미만이어야 한다.

⑤ 매도청구의 의사표시는 실소유자가 해당 토지 소유권을 회복한 날부터 2년 이내에 해당 실소유자에게 송달되어야 한다.

대표유형

주택법령상 주택의 공급에 관한 설명으로 옳은 것은?

① 한국토지주택공사가 사업주체로서 복리시설의 입주자를 모집하려는 경우 시장·군수·구청장에게 신고하여야 한다.

② 지방공사가 사업주체로서 견본주택을 건설하는 경우에는 견본주택에 사용되는 마감자재 목록표와 견본주택의 각 실의 내부를 촬영한 영상물 등을 제작하여 시장·군수·구청장에게 제출하여야 한다.

③ 관광진흥법에 따라 지정된 관광특구에서 건설·공급하는 50층 이상의 공동주택은 분양가상한제의 적용을 받는다.

④ 공공택지 외의 택지로서 분양가상한제가 적용되는 지역에서 공급하는 도시형 생활주택은 분양가상한제의 적용을 받는다.

⑤ 시·도지사는 사업계획승인 신청이 있는 날부터 30일 이내에 분양가심사위원회를 설치·운영하여야 한다.

해설 ① 한국토지주택공사는 복리시설의 입주자를 모집하려는 경우에는 신고하지 않아도 된다.
③ 관광진흥법에 따라 지정된 관광특구에서 건설·공급하는 50층 이상의 공동주택은 분양가상한제를 적용하지 아니한다.
④ 도시형생활주택은 분양가상한제를 적용하지 아니한다.
⑤ 시장·군수·구청장은 사업계획승인 신청이 있는 날부터 20일 이내에 분양가심사위원회를 설치·운영하여야 한다.　　　　　　　　　　　　　　　　◆ 정답 ②

01 주택법령상 주택의 공급 및 분양가상한제에 관한 설명으로 틀린 것은?

주택의 공급 및
분양가상한제

① 지방공사가 사업주체가 되어 입주자를 모집하려는 경우 국토교통부령으로 정하는 바에 따라 시장·군수·구청장의 승인을 받지 아니한다.

② 국토교통부장관이 분양가상한제 적용 지역을 지정하거나 해제하는 경우에는 미리 시·도지사의 의견을 들어야 한다.

③ 사업주체는 공공택지에서 공급하는 분양가상한제 적용주택에 대하여 입주자모집승인을 받았을 때에는 분양가격을 공시하지 아니한다.

④ 관광진흥법에 따라 지정된 관광특구에서 55층의 아파트를 건설·공급하는 경우 분양가 상한제는 적용되지 않는다.

⑤ 분양가상한제적용주택의 분양가격은 택지비와 건축비로 구성된다.

02 주택법령상 분양가상한제를 적용하지 아니하는 것에 대한 설명으로 틀린 것은?

분양가상한제

① 도시형 생활주택

② 관광진흥법에 따라 지정된 관광특구에서 건설·공급하는 공동주택으로서 해당 건축물의 층수가 50층 이상이거나 높이가 150m 이상인 경우

③ 도시 및 주거환경정비법에 따른 공공재개발사업 및 공공재건축사업에서 건설·공급하는 주택

④ 도시재생 활성화 및 지원에 관한 특별법에 따른 주거재생혁신지구에서 시행하는 혁신지구재생사업에서 건설·공급하는 주택

⑤ 공공주택 특별법에 따른 도심 공공주택 복합사업에서 건설·공급하는 주택

03 주택법령상 분양가상한제 적용 지역의 지정 및 해제에 대한 설명으로 틀린 것은?

분양가상한제

① 국토교통부장관은 투기과열지구 중 분양가상한제적용직전월부터 소급하여 3개월간의 주택매매가격상승률이 20퍼센트 이상인 지역에 대하여는 주거정책심의위원회 심의를 거쳐 분양가상한제 적용 지역으로 지정할 수 있다.

② 국토교통부장관은 투기과열지구 중 분양가상한제적용직전월부터 소급하여 주택공급이 있었던 2개월 동안 해당 지역에서 공급되는 주택의 월평균 청약경쟁률이 5대 1을 초과한 지역에 대하여는 주거정책심의위원회 심의를 거쳐 분양가상한제 적용 지역으로 지정할 수 있다.

③ 국토교통부장관은 분양가상한제 적용 지역으로 계속 지정할 필요가 없다고 인정하는 경우에는 주거정책심의위원회 심의를 거쳐 분양가상한제 적용 지역의 지정을 해제할 수 있다.

④ 시·도지사, 시장, 군수 또는 구청장은 분양가상한제 적용 지역의 지정 후 해당 지역의 주택가격이 안정되는 등 분양가상한제 적용 지역으로 계속 지정할 필요가 없다고 인정하는 경우에는 국토교통부장관에게 그 지정의 해제를 요청할 수 있다.

⑤ 분양가상한제 적용 지역 지정의 해제를 요청받은 국토교통부장관은 요청받은 날부터 40일 이내에 주거정책심의위원회의 심의를 거쳐 분양가상한제 적용 지역 지정의 해제 여부를 결정하여야 한다.

04 주택법령상 분양가상한제 적용 지역의 지정 기준에 관한 조문의 일부이다. 다음 ( )에 들어갈 숫자를 옳게 연결한 것은?

분양가상한제
지정기준

투기과열지구 중 다음에 해당하는 지역을 말한다.

1. 분양가상한제적용직전월부터 소급하여 12개월간의 아파트 분양가격상승률이 물가상승률의 (㉠)배를 초과한 지역
2. 분양가상한제적용직전월부터 소급하여 3개월간의 주택매매거래량이 전년 동기대비 (㉡)퍼센트 이상 증가한 지역
3. 분양가상한제적용직전월부터 소급하여 주택공급이 있었던 2개월 동안 해당 지역에서 공급되는 주택의 월평균 청약경쟁률이 모두 (㉢)대 1을 초과하였거나 해당 지역에서 공급되는 국민주택규모 주택의 월평균 청약경쟁률이 모두 (㉣)대 1을 초과한 지역

① ㉠: 2, ㉡: 20, ㉢: 5, ㉣: 10
② ㉠: 2, ㉡: 30, ㉢: 5, ㉣: 10
③ ㉠: 3, ㉡: 20, ㉢: 3, ㉣: 20
④ ㉠: 2, ㉡: 10, ㉢: 3, ㉣: 30
⑤ ㉠: 3, ㉡: 20, ㉢: 5, ㉣: 30

05 주택법령상 분양가상한제 적용주택에 관한 설명으로 옳은 것을 모두 고른 것은?

분양가상한제

> ㉠ 도시형 생활주택은 분양가상한제 적용주택에 해당하지 않는다.
> ㉡ 분양주택의 분양가격은 택지비와 건축비로 구성된다.
> ㉢ 사업주체는 분양가상한제 적용주택으로서 공공택지에서 공급하는 주택에 대하여 입주자 모집 공고에 분양가격을 공시해야 하는데, 간접비는 공시해야 하는 분양가격에 포함되지 않는다.

① ㉠
② ㉠, ㉡
③ ㉠, ㉢
④ ㉡, ㉢
⑤ ㉠, ㉡, ㉢

대표유형

주택법령상 주택공급질서의 교란을 방지하기 위하여 금지되는 행위가 아닌 것은?

① 주택을 공급받을 수 있는 조합원 지위의 매매
② 주택상환사채의 매매의 알선
③ 입주자저축 증서의 저당
④ 공공사업의 시행으로 인한 이주대책에 의하여 주택을 공급받을 수 있는 지위의 매매를 위한 인터넷 광고
⑤ 주택을 공급받을 수 있는 증서로서 군수가 발행한 건물철거확인서의 매매

해설 ③ 상속이나 저당은 주택공급질서의 교란을 방지하기 위하여 금지되는 행위가 아니다.
누구든지 이 법에 따라 건설·공급되는 주택을 공급받거나 공급받게 하기 위하여 다음의 어느 하나에 해당하는 증서 또는 지위를 양도·양수(매매·증여나 그 밖에 권리 변동을 수반하는 모든 행위를 포함하되, 상속·저당의 경우는 제외한다) 또는 이를 알선하거나 양도·양수 또는 이를 알선할 목적으로 하는 광고(각종 간행물·유인물·전화·인터넷, 그 밖의 매체를 통한 행위를 포함한다)를 하여서는 아니 되며, 누구든지 거짓이나 그 밖의 부정한 방법으로 이 법에 따라 건설·공급되는 증서나 지위 또는 주택을 공급받거나 공급받게 하여서는 아니 된다.

> 1. 주택을 공급받을 수 있는 조합원의 지위
> 2. 주택상환사채
> 3. 입주자저축 증서
> 4. 시장·군수 또는 구청장이 발행한 무허가건물확인서·건물철거예정증명서 또는 건물철거확인서
> 5. 공공사업의 시행으로 인한 이주대책에 의하여 주택을 공급받을 수 있는 지위 또는 이주대책대상자확인서

◆ 정답 ③

06

주택법령상 주택공급과 관련하여 금지되는 공급질서교란행위에 해당하는 것을 모두 고른 것은?

> ⊙ 주택을 공급받을 수 있는 조합원 지위의 상속
> ⊙ 입주자저축 증서의 저당
> ⊙ 공공사업의 시행으로 인한 이주대책에 따라 주택을 공급받을 수 있는 지위의 매매
> ② 주택을 공급받을 수 있는 증서로서 시장·군수·구청장이 발행한 무허가건물 확인서의
>   증여

① ⊙, ⊙

② ⊙, ②

③ ⊙, ②

④ ⊙, ⊙, ②

⑤ ⊙, ⊙, ②

07

주택법령상 주택공급질서 교란금지에 관한 설명으로 틀린 내용은?

① 주택을 공급받을 수 있는 지위를 상속받은 행위는 주택공급질서 교란행위에 해당한다.

② 국토교통부장관 또는 사업주체는 주택공급 질서 교란 금지규정에 위반한 자에 대하여 주택공급을 신청할 수 있는 지위를 무효로 하거나 이미 체결된 주택의 공급계약을 취소하여야 한다.

③ 국토교통부장관은 주택공급 질서 교란 금지규정에 위반한 자에 대하여 10년 이내의 범위에서 국토교통부령으로 정하는 바에 따라 주택의 입주자자격을 제한할 수 있다.

④ 사업주체는 대통령령이 정하는 바에 의하여 산정한 주택가격에 해당하는 금액을 지급한 때에는 그 지급한 날에 사업주체가 해당 주택을 취득한 것으로 본다.

⑤ 주택공급질서 교란행위를 한 자에게는 3년 이하의 징역 또는 3천만원 이하의 벌금에 처한다. 다만, 그 위반행위로 얻은 이익의 3배에 해당하는 금액이 3천만원을 초과하는 자는 3년 이하의 징역 또는 그 이익의 3배에 해당하는 금액 이하의 벌금에 처한다.

08 주택법령상 (㉠)과 (㉡)에 들어갈 내용으로 옳은 것은?

저당권 설정
등의 제한

> 주택건설사업주체로서의 주택조합은 사업계획승인을 받아 시행하는 주택건설사업에 따라 건설된 주택 및 대지에 대하여는 (㉠) 이후부터 입주예정자가 그 주택 및 대지의 (㉡) 동안 입주예정자의 동의 없이 해당 주택 및 대지에 전세권 · 지상권 또는 등기되는 부동산임차권을 설정하는 행위를 하여서는 아니 된다(다만, 그 주택의 건설을 촉진하기 위해 대통령령으로 정하는 경우를 제외함).

① ㉠ 사업계획승인 신청일
　㉡ 소유권이전등기를 신청할 수 있는 날 이후 60일까지의 기간
② ㉠ 사업계획승인 신청일
　㉡ 소유권이전등기를 신청할 수 있는 날까지의 기간
③ ㉠ 사업계획 승인일
　㉡ 소유권이전등기를 신청할 수 있는 날 이후 60일까지의 기간
④ ㉠ 사업계획 승인일
　㉡ 소유권이전등기를 신청할 있는 날까지의 기간
⑤ ㉠ 사업계획 승인일
　㉡ 소유권이전등기를 하는 날까지의 기간

09 주택법령상 저당권 설정 등의 제한에 관한 설명으로 틀린 것은?

저당권 설정
등의 제한

① 저당권 설정 등 제한기간은 입주자모집공고승인 신청일 이후부터 입주예정자가 소유권이전등기를 신청할 수 있는 날 이후 60일까지의 기간을 말한다.
② '소유권이전등기를 신청할 수 있는 날'이란 사업주체가 입주예정자에게 통보한 입주가능일을 말한다.
③ 저당권설정 등의 제한을 할 때 사업주체는 해당 주택 또는 대지가 입주예정자의 동의 없이는 양도하거나 제한물권을 설정하거나 압류 · 가압류 · 가처분 등의 목적물이 될 수 없는 재산임을 소유권등기에 부기등기하여야 한다.
④ 사업주체가 저당권 설정제한의 부기등기를 하는 경우, 주택건설대지에 대하여는 입주자모집공고승인 신청과 동시에, 건설된 주택에 대하여는 소유권보존등기와 동시에 하여야 한다.
⑤ 저당권 설정제한 규정을 위반한 자에 대하여는 3년 이하의 징역 또는 3천만원 이하의 벌금에 처한다.

대표유형

주택법령상 투기과열지구의 지정 기준에 관한 조문의 일부이다. 다음 (   )에 들어갈 숫자를 옳게 연결한 것은?

1. 투기과열지구로 지정하는 날이 속하는 달의 바로 전달(이하 이 항에서 "투기과열지구지정직전월"이라 한다)부터 소급하여 주택공급이 있었던 (㉠)개월 동안 해당 지역에서 공급되는 주택의 월별 평균 청약경쟁률이 모두 (㉡)대 1을 초과하였거나 국민주택규모 주택의 월별 평균 청약경쟁률이 모두 10대 1을 초과한 곳
2. 다음 각 목의 어느 하나에 해당하여 주택공급이 위축될 우려가 있는 곳
   가. 투기과열지구지정직전월의 주택분양실적이 전달보다 (㉢)% 이상 감소한 곳
   나. 사업계획승인 건수나 건축법에 따른 건축허가 건수(투기과열지구지정직전월부터 소급하여 6개월간의 건수를 말한다)가 직전 연도보다 급격하게 감소한 곳
3. 신도시 개발이나 주택의 전매행위 성행 등으로 투기 및 주거불안의 우려가 있는 곳으로서 다음의 어느 하나에 해당하는 곳
   ① 해당 지역이 속하는 시·도별 주택보급률이 전국 평균 (㉣)인 경우
   ② 해당 지역이 속하는 시·도별 자가주택비율이 전국 평균 (㉣)인 경우

① ㉠: 2,　　㉡: 5,　　㉢: 30,　　㉣: 이하
② ㉠: 2,　　㉡: 10,　　㉢: 40,　　㉣: 초과
③ ㉠: 6,　　㉡: 5,　　㉢: 30,　　㉣: 이하
④ ㉠: 6,　　㉡: 10,　　㉢: 30,　　㉣: 초과
⑤ ㉠: 6,　　㉡: 10,　　㉢: 40,　　㉣: 이하

해설 ① ㉠: 2, ㉡: 5, ㉢: 30, ㉣: 이하　　　　◆ 정답 ①

10 주택법령상 투기과열지구에 관한 설명 중 틀린 것은?
하 투기과열지구

① 국토교통부장관 또는 시·도지사는 일정한 지역의 주택가격상승률이 물가상승률보다 현저히 높은 경우 해당 지역을 투기과열지구로 지정할 수 있다.
② 시·도지사가 투기과열지구를 지정하는 경우 국토교통부장관과 협의하여야 한다.
③ 국토교통부장관은 반기마다 주거정책심의위원회의 회의를 소집하여 투기과열지구로 지정된 지역별로 해당 지역의 주택가격 안정여건 변화 등을 고려하여 투기과열지구 지정의 계속 여부를 재검토 하여야 한다.
④ 투기과열지구 지정 후 해당 지역의 주택가격이 안정되어 지정사유가 없어진 경우 해당 지역에 거주하는 법령이 정한 수 이상의 토지소유자는 시·도지사에게 투기과열지구 지정의 해제를 요청할 수 있다.
⑤ 투기과열지구에서 건설·공급되는 주택의 전매제한기간은 입주자로 선정된 날부터 수도권은 3년, 수도권 외의 지역은 1년으로 한다.

11

투기과열지구

주택법령상 투기과열지구에 관한 설명으로 틀린 것은?

① 투기과열지구지정직전월의 주택분양실적이 전달보다 30% 이상 감소한 곳은 투기과열지구로 지정할 수 있다.

② 신도시 개발이나 주택의 전매행위 성행 등으로 투기 및 주거불안의 우려가 있는 곳으로서 해당 지역이 속하는 시·도별 주택보급률이 전국 평균 초과하는 경우에는 투기과열지구로 지정할 수 있다.

③ 투기과열지구 지정의 해제를 요청받은 국토교통부장관 또는 시·도지사는 요청받은 날부터 40일 이내에 주거정책심의위원회의 심의를 거쳐 투기과열지구 지정의 해제 여부를 결정하여 그 투기과열지구를 관할하는 지방자치단체의 장에게 심의결과를 통보하여야 한다.

④ 투기과열지구에서 제한되는 전매는 상속의 경우를 제외하고 권리의 변동을 수반하는 모든 행위를 말한다.

⑤ 투기과열지구에서 건설·공급되는 주택의 입주자로 선정된 지위를 세대원 전원이 해외로 이주하게 되어 사업주체의 동의를 받아 전매하는 경우에는 전매제한이 적용되지 않는다.

12

⚫
투기과열지구 및
조정대상지역

주택법령상 투기과열지구 및 조정대상지역에 관한 설명으로 옳은 것은?

① 국토교통부장관은 투기과열지구로 지정하는 날이 속하는 달의 바로 전달부터 소급하여 주택공급이 있었던 3개월 동안 해당 지역에서 공급되는 주택의 월별 평균 청약경쟁률이 모두 5대 1을 초과했거나 국민주택규모 주택의 월별 평균 청약경쟁률이 모두 10대 1을 초과한 곳을 대상으로 투기과열지구를 지정할 수 있다.

② 시·도지사는 주택의 분양·매매 등 거래가 위축될 우려가 있는 지역을 주거정책심의위원회의 심의를 거쳐 조정대상지역으로 지정할 수 있다.

③ 투기과열지구의 지정기간은 3년으로 하되, 당해 지역 시장·군수·구청장의 의견을 들어 연장할 수 있다.

④ 법 제15조에 따른 사업계획승인 건수나 「건축법」 제11조에 따른 건축허가 건수가 직전월보다 급격하게 감소한 곳을 대상으로 투기과열지구로 지정할 수 있다.

⑤ 조정대상지역으로 지정된 지역의 시장·군수·구청장은 조정대상지역으로 유지할 필요가 없다고 판단되는 경우 국토교통부장관에게 그 지정의 해제를 요청할 수 있다.

13 주택법령상 주거정책심의위원회의 심의를 거치도록 규정되어 있는 것만을 모두 고른 것은?

상
주거정책심의위원회
심의

> ㉠ 주택법 제20조에 따라 시장·군수·구청장의 요청을 받아 국토교통부장관이 임대주택의 인수자를 지정하는 경우
> ㉡ 주택법 제58조에 따라 국토교통부장관이 분양가상한제 적용 지역을 지정하는 경우
> ㉢ 주택법 제63조에 따라 국토교통부장관이 투기과열지구의 지정을 해제하는 경우
> ㉣ 주택법 제63조의2에 따라 국토교통부장관이 조정대상지역을 지정하는 경우

① ㉡
② ㉠, ㉡
③ ㉠, ㉢, ㉣
④ ㉡, ㉢, ㉣
⑤ ㉠, ㉡, ㉢, ㉣

14 주택법령상 주택의 전매행위제한을 받는 주택임에도 불구하고 전매가 허용되는 경우에 해당하는 것은? (단, 전매를 위해 필요한 다른 요건은 충족한 것으로 함)

중
전매제한

① 세대주의 근무상 사정으로 인하여 세대원 일부가 수도권으로 이전하는 경우
② 세대원 전원이 1년간 해외에 체류하고자 하는 경우
③ 이혼으로 인하여 주택을 그 배우자에게 이전하는 경우
④ 세대원 일부가 해외로 이주하는 경우
⑤ 상속에 의하여 취득한 주택으로 세대원 일부가 이전하는 경우

15 세대주인 甲이 취득한 주택은 주택법령에 따른 전매제한 기간 중에 있다. 다음 중 甲이 이 주택을 전매할 수 있는 경우는? (단, 다른 요건은 충족됨)

Point
상
전매제한

① 세대원인 甲의 아들의 결혼으로 甲의 세대원 전원이 수도권에서 수도권으로 이전하는 경우
② 甲은 상속에 의하여 취득한 주택으로 이전하면서, 甲을 제외한 나머지 세대원은 다른 새로운 주택으로 이전하는 경우
③ 甲의 세대원 전원이 1년 6개월간 해외에 체류하려는 경우
④ 세대원인 甲의 가족은 국내에 체류하고, 甲은 해외로 이주하려는 경우
⑤ 甲이 이 주택의 일부를 배우자에게 증여하는 경우

16 주택법령상 리모델링에 대한 설명으로 틀린 것은?

리모델링

① 증축 리모델링에서는 공동주택의 기능 향상 등을 위하여 공용부분에 대해서도 별도로 증축할 수 있다.

② 증축형 리모델링을 하려는 자는 시장·군수·구청장에게 안전진단을 요청하여야 한다.

③ 증축 리모델링은 사용검사일 또는 건축법에 따른 사용승인일부터 15년이 경과된 공동주택을 각 세대의 주거전용면적의 30%(세대의 주거전용면적이 85m² 미만인 경우에는 40%) 이내에서 전유부분을 증축할 수 있다.

④ 세대수 증가형 리모델링은 각 세대의 증축 가능 면적을 합산한 면적의 범위에서 기존 세대수의 100분의 30 이내에서 세대수를 증가하는 증축 행위를 말한다.

⑤ 수직증축형 리모델링의 대상이 되는 기존 건축물의 층수가 15층 이상인 경우에는 3개층, 14층 이하인 경우에는 2개층까지 증축할 수 있다.

17 주택법령상 리모델링에 관한 설명으로 옳은 것은? (단, 조례는 고려하지 않음)

리모델링

① 기존 14층 건축물에 수직증축형 리모델링이 허용되는 경우 2개층까지 증축할 수 있다.

② 리모델링주택조합의 설립인가를 받으려는 자는 인가신청서에 해당 주택소재지의 80% 이상의 토지에 대한 토지사용승낙서를 첨부하여 관할 시장·군수 또는 구청장에게 제출하여야 한다.

③ 소유자 전원의 동의를 받은 입주자대표회의는 시장·군수·구청장에게 신고하고 리모델링을 할 수 있다.

④ 수직증축형 리모델링의 경우 리모델링주택조합의 설립인가신청서에 당해 주택이 사용검사를 받은 후 10년 이상의 기간이 경과하였음을 증명하는 서류를 첨부하여야 한다.

⑤ 리모델링주택조합이 시공자를 선정하는 경우 수의계약의 방법으로 하여야 한다.

18
리모델링

주택법령상 리모델링에 관한 설명으로 옳은 것은? (단, 조례는 고려하지 않음)

① 대수선은 리모델링에 포함되지 않는다.

② 공동주택의 리모델링은 동별로 할 수 있다.

③ 주택단지 전체를 리모델링하고자 주택조합을 설립하기 위해서는 주택단지 전체의 구분 소유자와 의결권의 각 과반수의 결의가 필요하다.

④ 공동주택 리모델링의 허가는 시·도지사가 한다.

⑤ 리모델링주택조합 설립에 동의한 자로부터 건축물을 취득하였더라도 리모델링주택조합 설립에 동의한 것으로 보지 않는다.

19
리모델링

주택법령상 '리모델링'에 관한 설명 중 옳은 것은?

① 리모델링은 건물의 자산가치 또는 기능을 향상시키기 위하여 대수선하거나 신축 또는 증축하는 행위를 말한다.

② 리모델링을 통한 건축물의 증축은 사용검사일로부터 15년이 경과된 국민주택에 대해서만 허용된다.

③ 리모델링을 위해 안전진단을 실시한 결과 재건축사업의 시행이 필요하다고 결정된 경우에는 사업시행의 인가 없이도 재건축이 가능하다.

④ 리모델링주택조합이 공동주택단지 전체를 리모델링 허가를 받기 위해서는 전체 구분소 유자 및 의결권의 각 3분의 2 이상의 동의만 얻으면 된다.

⑤ 한국토지주택공사가 행하는 리모델링에 대해 시·도지사는 감리자를 지정하지 않는다.

20

리모델링

주택법령상 리모델링에 관한 설명으로 틀린 것은? (단, 조례는 고려하지 않음)

① 세대수 증가형 리모델링으로 인한 도시과밀, 이주수요집중 등을 체계적으로 관리하기 위하여 수립하는 계획을 리모델링 기본계획이라 한다.

② 리모델링에 동의한 소유자는 리모델링 결의를 한 리모델링주택조합이나 소유자 전원의 동의를 받은 입주자대표회의가 시장·군수·구청장에게 리모델링 허가신청서를 제출한 이후에도 서면으로 동의를 철회할 수 있다.

③ 주택단지 전체를 리모델링하고자 조합을 설립하는 경우에는 주택단지 전체의 구분소유자와 의결권의 각 3분의 2 이상의 결의 및 각 동의 구분소유자와 의결권의 각 과반수의 결의를 얻어야 한다.

④ 수직증축형 리모델링의 대상이 되는 기존 건축물의 층수가 15층 이상인 경우에는 3개 층까지 증축할 수 있다.

⑤ 증축하는 리모델링을 하려는 자는 시장·군수·구청장에게 안전진단을 요청하여야 한다.

21

토지임대부
분양주택

주택법령상 토지임대부 분양주택에 관한 설명으로 옳은 것은?

① 토지임대부 분양주택의 토지에 대한 임대차기간이 40년 이내로 하고, 토지임대부 분양주택 소유자의 75퍼센트 이상이 계약갱신을 청구하면 40년이 넘는 기간을 임대차기간으로 하여 이를 갱신할 수 있다.

② 토지임대부 분양주택을 공급받은 자가 토지소유자와 임대차계약을 체결한 경우 해당 주택의 구분소유권을 목적으로 그 토지 위에 임대차기간 동안 지역권이 설정된 것으로 본다.

③ 토지소유자와 토지임대주택을 분양받은 자가 주택법령이 정하는 기준에 따라 토지임대료에 관한 약정을 체결한 경우, 토지소유자는 약정 체결 후 2년이 지나기 전에는 토지임대료의 증액을 청구할 수 없다.

④ 주택을 공급받은 자는 토지소유자와 합의하여 토지임대료를 선납하거나 보증금으로 전환하여 납부할 수 없다.

⑤ 토지임대부 분양주택에 관하여 「주택법」에서 정하지 아니한 사항에 대하여는 「민법」을 「집합건물의 소유 및 관리에 관한 법률」에 우선하여 적용한다.

22 주택법령상 토지임대부 분양주택에 관한 설명으로 옳은 것은?

토지임대부
분양주택

① 토지임대부 분양주택의 토지에 대한 임대차기간은 50년 이내로 한다.

② 토지임대부 분양주택의 토지에 대한 임대차기간을 갱신하기 위해서는 토지임대부 분양주택 소유자의 3분의 2 이상이 계약갱신을 청구하여야 한다.

③ 토지임대료를 보증금으로 전환하여 납부하는 경우, 그 보증금을 산정한 때 적용되는 이자율은 「은행법」에 따른 은행의 3년 만기 정기예금 평균이자율 이상이어야 한다.

④ 토지임대부 분양주택을 공급받은 자가 토지임대부 분양주택을 양도하려는 경우에는 시·도지사에게 해당 주택의 매입을 신청하여야 한다.

⑤ 토지임대료는 분기별 임대료를 원칙으로 한다.

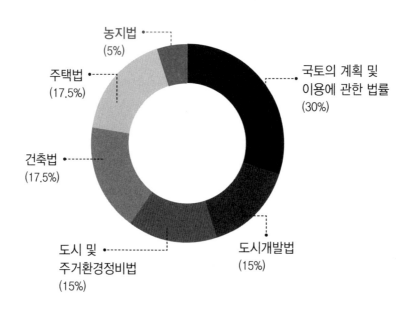

농지법
(5%)

주택법
(17.5%)

국토의 계획 및
이용에 관한 법률
(30%)

건축법
(17.5%)

도시 및
주거환경정비법
(15%)

도시개발법
(15%)

✐ 최근 5개년 출제경향 분석

이 법은 심화학습보다는 간단히 개념을 정리한다는 생각으로 공부하는 정리하여야 한다. 이 법에서 특히 비중을 두고 공부해야 되는 부분은 농지의 개념, 농지소유제한과 소유상한제도, 농지취득자격증명, 농업진흥지역, 농지전용에 관한 사항 등에 관한 부분이다.

PART

06

농지법

제1장 총 칙
제2장 농지의 소유
제3장 농지의 이용
제4장 농업진흥지역
제5장 농지전용

대표유형

농지법령의 적용대상이 되는 농지의 범위에 해당하지 않는 것은?

① 농작물의 경작에 이용되고 있는 토지의 개량시설인 양수시설 · 수로 · 제방의 부지

② 농작물의 경작에 이용되고 있는 토지에 설치한 생산시설인 고정식온실 및 비닐하우스와 농림축산식품부령으로 정하는 그 부속시설의 부지

③ 공간정보의 구축 및 관리 등에 관한 법률에 따른 지목이 임야인 토지로서 산지관리법에 따른 산지전용허가를 거치지 아니하고 농작물의 경작 또는 다년생식물의 재배에 이용되는 토지

④ 공간정보의 구축 및 관리 등에 관한 법률에 따른 지목이 전 · 답, 과수원이 아닌 토지(지목이 임야인 토지는 제외한다)로서 농작물 경작지 또는 다년생식물 재배지로 계속하여 이용되는 기간이 3년 이상인 토지

⑤ 과수 · 뽕나무 · 유실수 그 밖의 생육기간이 2년 이상인 다년생식물 재배지로 이용되는 토지

해설 ③ 공간정보의 구축 및 관리 등에 관한 법률에 따른 지목이 임야인 토지로서 산지관리법에 따른 산지전용허가(다른 법률에 따라 산지전용허가가 의제되는 인가 · 허가 · 승인 등을 포함한다)를 거치지 아니하고 농작물의 경작 또는 다년생식물의 재배에 이용되는 토지는 농지에서 제외한다.　　　　　　　◆ 정답 ③

01

중

농지의 정의

농지법령상 농지에 해당하는 것만을 모두 고른 것은?

> ㉠ 대통령령으로 정하는 다년생식물 재배지로 실제로 이용되는 토지(초지법에 따라 조성된 초지 등 대통령령으로 정하는 토지는 제외)
> ㉡ 관상용 수목의 묘목을 조경목적으로 식재한 재배지로 실제로 이용되는 토지
> ㉢ 공간정보의 구축 및 관리 등에 관한 법률에 따른 지목이 답(畓)이고 농작물 경작지로 실제로 이용되는 개량시설에 해당하는 양 · 배수시설의 부지

① ㉠　　　　　　　　　　　　　　② ㉠, ㉡

③ ㉠, ㉢　　　　　　　　　　　　④ ㉡, ㉢

⑤ ㉠, ㉡, ㉢

02

농지의 정의

농지법령상 용어에 관한 설명으로 틀린 것은?

① 실제로 농작물 경작지로 이용되는 토지이더라도 법적지목이 과수원인 경우는 '농지'에 해당하지 않는다.

② 소가축 80두를 사육하면서 1년 중 150일을 축산업에 종사하는 개인은 '농업인'에 해당한다.

③ 3,000m²의 농지에서 농작물을 경작하면서 1년 중 80일을 농업에 종사하는 개인은 '농업인'에 해당한다.

④ 인삼의 재배지로 계속하여 이용되는 기간이 4년인 지목이 전(田)인 토지는 '농지'에 해당한다.

⑤ 농지 소유자가 타인에게 일정한 보수를 지급하기로 약정하고 농작업의 일부만을 위탁하여 행하는 농업경영도 '위탁경영'에 해당한다.

03

농업인

농지법령상 농업에 종사하는 개인으로서 농업인에 해당하지 않는 자는?

① 1년 중 150일을 축산업에 종사하는 자

② 1,200m²의 농지에서 다년생식물을 재배하면서 1년 중 80일을 농업에 종사하는 자

③ 대가축 3두를 사육하는 자

④ 가금 1,200수를 사육하는 자

⑤ 농업경영을 통한 농산물의 연간 판매액이 100만원인 자

04

농업인

농지법령상 용어정의에 대한 설명으로 틀린 것은?

① 전·답, 과수원, 그 밖에 법적 지목(地目)을 불문하고 실제로 농작물 경작지 또는 다년생식물 재배지로 이용되는 토지가 원칙적으로 농지이다.

② 농업법인에 속하는 농업회사법인은 대표자가 농업인이고 업무집행권을 가진 자 중 2분의 1 이상이 농업인이어야 한다.

③ 농업경영은 농업인이나 농업법인이 자기계산과 책임으로 농업을 영위하는 것을 말한다.

④ 농업인이 농지에서 농작물의 경작 또는 다년생식물의 재배에 상시 종사하거나 농작업의 2분의 1 이상을 자기의 노동력으로 경작 또는 재배하는 것은 자경에 속한다.

⑤ 주말·체험영농이란 농업인이 아닌 개인이 주말 등을 이용하여 취미생활이나 여가활동으로 농작물을 경작하거나 다년생식물을 재배하는 것을 말한다.

대표유형

농지법령상 주말·체험영농을 하려고 농지를 소유하는 경우에 관한 설명으로 틀린 것은?

① 농업인이 아닌 개인이 농업경영에 이용하지 않아도 농지를 소유할 수 있다.

② 세대원 전부가 소유한 면적을 합하여 총 1천 제곱미터 미만의 농지를 소유할 수 있다. 이 경우 면적 계산은 그 세대원 전부가 소유하는 총 면적으로 한다.

③ 개인이 소유하고 있는 농지 중 3년 이상 소유한 농지를 주말·체험영농을 하려는 사람에게 임대하는 것을 업(業)으로 하는 자에게 임대하는 경우에는 자신의 농지를 임대하거나 무상 사용하게 할 수 있다.

④ 주말·체험영농을 하려는 자는 주말·체험영농계획서를 작성하여야 하나, 농지취득자격증명을 발급받지는 아니한다.

⑤ 농지를 취득한 자가 질병, 징집, 취학, 선거에 따른 공직취임 등으로 인하여 그 농지를 주말·체험영농에 이용하지 못하게 되면 농지의 처분의무가 면제된다.

해설 ④ 주말·체험영농을 하려는 자는 주말·체험영농계획서를 작성하여 농지 소재지를 관할하는 시·구·읍·면의 장에게 농지취득자격증명을 발급받아야 한다. ◆정답 ④

Point

01 농지소유

농지법령상 농지는 자기의 농업경영에 이용하거나 이용할 자가 아니면 소유하지 못함이 원칙이다. 그 예외에 해당하지 않는 것은?

① 8년 이상 농업경영을 하던 사람이 이농한 후에도 이농 당시 소유 농지 중 1만제곱미터를 계속 소유하면서 농업경영에 이용되도록 하는 경우

② 농림축산식품부장관과 협의를 마치고 「공익사업을 위한 토지 등의 취득 및 보상에 관한 법률」에 따라 농지를 취득하여 소유하면서 농업경영에 이용되도록 하는 경우

③ 「공유수면 관리 및 매립에 관한 법률」에 따라 매립농지를 취득하여 소유하면서 농업경영에 이용되도록 하는 경우

④ 주말·체험영농을 하려고 농업진흥지역 내의 농지를 소유하는 경우

⑤ 주무부장관 또는 지방자치단체의 장이 농림축산식품부장관과 미리 농지전용협의를 완료한 농지를 소유하는 경우

02 농지법령상 농지의 소유에 대한 설명으로 틀린 것은?

농지의 소유

① 8년 이상 농업경영을 하던 자가 이농한 후에도 이농 당시 소유하고 있던 농지를 계속 소유하는 경우에는 자기의 농업경영에 이용하지 아니할지라도 농지를 소유할 수 있다.

② 농업인이 농지를 취득한 경우에는 농지취득자격증명을 받아야 한다.

③ 농지 소유에 관한 특례는 농지법에서 정한 경우 외에는 다른 법률에서 정할 수 있다.

④ 상속으로 농지를 취득한 자로서 농업경영을 하는 자는 그 상속 농지를 제한 없이 소유할 수 있다.

⑤ 농업법인은 농업경영목적으로 농업진흥지역의 농지를 제한 없이 소유할 수 있다.

03 농지법령상 농지의 소유상한에 관한 설명 중 틀린 것은?

농지 소유상한

① 농업인은 농업경영목적으로 농업진흥지역의 농지를 제한 없이 소유할 수 있다.

② 지방자치단체가 농지를 임대할 목적으로 소유하는 경우에는 총 1만m²까지 소유할 수 있다.

③ 8년 이상 농업경영을 한 후 이농한 자는 이농 당시 소유농지 중에서 10,000m² 이내까지 소유할 수 있으나, 소유상한을 초과하여 소유하고 있는 농지를 한국농어촌공사에게 위탁하여 임대하거나 사용대하는 경우에는 그 기간 중에는 계속하여 소유할 수 있다.

④ 주말·체험영농을 하고자 하는 자는 세대당 1,000m² 미만의 농지를 소유할 수 있다.

⑤ 상속에 의하여 농지를 취득한 후 농업경영을 하지 아니한 자는 상속농지 중에서 10,000m² 이내까지 소유할 수 있으나, 소유상한을 초과하여 소유하고 있는 농지를 한국농어촌공사에게 위탁하여 임대하거나 사용대하는 경우에는 그 기간 중에는 계속하여 소유할 수 있다.

04 농지법령상 농지취득자격증명을 발급받지 아니하고 농지를 취득할 수 있는 경우에 해당하지 않는 것은?

농지취득자격증명

① 농업법인의 합병으로 농지를 취득하는 경우

② 농지를 농업인 주택의 부지로 전용하려고 농지전용신고를 한 자가 그 농지를 취득하는 경우

③ 공유농지의 분할로 농지를 취득하는 경우

④ 상속으로 농지를 취득하는 경우

⑤ 시효의 완성으로 농지를 취득하는 경우

05

농지취득자격증명

농지법령상 농지취득자격증명을 발급받지 아니하고 농지를 취득할 수 있는 경우가 아닌 것은?

① 한국농어촌공사가 농지를 취득하여 소유하는 경우
② 공유 농지의 분할로 농지를 취득하는 경우
③ 농업법인의 합병으로 농지를 취득하는 경우
④ 국가나 지방자치단체가 농지를 소유하는 경우
⑤ 주말·체험영농을 하려고 농업진흥지역 외의 농지를 소유하는 경우

06

농지취득자격증명

농지법령상 농지취득자격증명에 관한 설명으로 틀린 것은?

① 국가나 지방자치단체가 농지를 소유하는 경우는 농지취득자격증명을 발급받지 않아도 된다.
② 농지 소유 상한을 위반하여 농지를 소유할 목적으로 거짓이나 그 밖의 부정한 방법으로 농지취득자격증명을 발급받은 자는 5년 이하의 징역 또는 해당 토지의 개별공시지가에 따른 토지가액에 해당하는 금액 이하의 벌금에 처한다.
③ 농업법인의 합병으로 농지를 취득하는 경우 농지취득자격증명을 발급받지 않아도 된다.
④ 농업인이나 농업법인이 농지를 취득하는 경우 농지를 취득하여 소유하는 경우 농지취득자격증명을 발급받지 않아도 된다.
⑤ 농업경영계획서 외의 농지취득자격증명 신청서류의 보존기간은 10년으로 한다.

07

농업경영계획서

농지법상 농지취득자격증명을 발급받으려는 자는 농업경영계획서 또는 주말·체험영농계획서를 작성하여 신청하여야 한다. 다음 중 농업경영계획서 또는 주말·체험영농계획서에 포함될 내용으로 농지법에서 명시적으로 규정하고 있는 것을 모두 고르면?

> ㉠ 취득 대상 농지의 면적(공유로 취득하려는 경우 공유 지분의 비율 및 각자가 취득하려는 농지의 위치도 함께 표시한다)
> ㉡ 취득 대상 농지에서 농업경영을 하는 데에 필요한 노동력 및 농업 기계·장비·시설의 확보 방안
> ㉢ 취득대상 농지의 소유권이전 시기
> ㉣ 취득대상 농지의 대리경작 또는 위탁경영에 관한 사항
> ㉤ 소유 농지의 이용 실태(농지 소유자에게만 해당한다)
> ㉥ 농지취득자격증명을 발급받으려는 자의 직업·영농경력·영농거리

① ㉠, ㉡, ㉤
② ㉠, ㉢, ㉣
③ ㉠, ㉡, ㉤, ㉥
④ ㉠, ㉢, ㉣, ㉤
⑤ ㉠, ㉡, ㉢, ㉣, ㉤, ㉥

08 농지법상 (   )안에 알맞은 것을 나열한 것은?

발급

> 시·구·읍·면의 장은 농지취득자격증명의 발급 신청을 받은 때에는 그 신청을 받은 날부터 (㉠)일[농업경영계획서를 작성하지 아니하고 농지취득자격증명의 발급신청을 할 수 있는 경우에는 (㉡)일, 농지위원회의 심의 대상의 경우에는 (㉢)일] 이내에 신청인에게 농지취득자격증명을 발급하여야 한다

① ㉠: 7, ㉡: 5, ㉢: 14   ② ㉠: 7, ㉡: 4, ㉢: 14

③ ㉠: 5, ㉡: 4, ㉢: 14   ④ ㉠: 7, ㉡: 4, ㉢: 12

⑤ ㉠: 5, ㉡: 4, ㉢: 12

09 다음은 농지법령상 농지취득자격증명을 발급신청시 농업경영계획서의 작성의무가 면제되는 사유에 대한 설명이다. 틀린 것은?

발급면제

① 「고등교육법」에 따른 학교가 그 목적사업을 수행하기 위하여 필요한 연구지로 농지를 소유하는 경우

② 농지전용협의를 마친 농지를 소유하는 경우

③ 농림축산식품부령으로 정하는 공공단체·농업연구기관 등이 그 목적사업을 수행하기 위하여 필요한 종묘생산지 또는 과수 인공수분용 꽃가루 생산지로 쓰기 위하여 농지를 취득하여 소유하는 경우

④ 농지전용신고를 한 자가 그 농지를 소유하는 경우

⑤ 농지전용허가를 받은 자가 그 농지를 소유하는 경우

10 농지법령상 농지 소유자가 소유 농지를 위탁경영할 수 있는 경우는?

위탁경영

① 1년간 국내 여행 중인 경우

② 농업법인이 소송 중인 경우

③ 농작업 중의 부상으로 2개월간 치료가 필요한 경우

④ 구치소에 수용 중이어서 자경할 수 없는 경우

⑤ 60세 이상의 고령자가 농지 중 자기의 농업경영에 이용한 기간이 5년을 초과하는 농지

11
위탁경영

농지법령상 농지의 소유자가 소유 농지를 위탁경영할 수 없는 경우만을 모두 고른 것은?

> ○ 과수를 가지치기 또는 열매솎기, 재배관리 및 수확하는 농작업에 1년 중 4주간을 직접 종사하는 경우
> ○ 6개월간 대한민국 전역을 일주하는 여행 중인 경우
> ○ 선거에 따른 공직취임으로 자경할 수 없는 경우

① ㉠　　　　　　　　　　　　　　② ㉡
③ ㉠, ㉡　　　　　　　　　　　　④ ㉡, ㉢
⑤ ㉠, ㉡, ㉢

12
위탁경영

농지법령상 농지 소유자가 소유 농지를 위탁경영할 수 있는 경우가 아닌 것은?

① 선거에 따른 공직 취임으로 자경할 수 없는 경우
② 「병역법」에 따라 징집 또는 소집된 경우
③ 농업법인이 청산 중인 경우
④ 농지이용증진사업 시행계획에 따라 위탁경영하는 경우
⑤ 농업인이 자기 노동력이 부족하여 농작업의 전부를 위탁하는 경우

13
처분명령 및 매수청구

농지법령상 농지의 처분명령 및 매수청구에 관한 설명으로 틀린 것은?

① 농지전용허가나 신고를 하고 농지를 취득한 날로부터 2년 이내에 그 목적사업에 착수하지 아니한 때에는 처분사유에 해당하며, 그 사유가 발생한 날로부터 1년 이내에 해당 농지를 그 사유가 발생한 날 당시 세대를 같이하는 세대원이 아닌 자에게 처분하여야 한다.
② 농지의 처분명령을 받은 후 정당한 사유 없이 지정기간까지 그 처분명령을 이행하지 아니한 자에게 해당 농지의 감정가격 또는 개별공시지가 중 더 높은 가액의 100분의 25에 해당하는 이행강제금을 부과한다.
③ 한국농어촌공사는 매수청구를 받으면 공시지가를 기준으로 해당 농지를 매수할 수 있다. 이 경우 인근 지역의 실제 거래 가격이 공시지가보다 낮으면 실제 거래 가격을 기준으로 매수할 수 있다.
④ 이행강제금 부과처분에 불복하는 자는 그 처분을 고지받은 날부터 10일 이내에 시장·군수 또는 구청장에게 이의를 제기할 수 있다.
⑤ 시장·군수 또는 구청장은 처분명령·원상회복 명령 또는 시정명령 이행기간이 만료한 다음 날을 기준으로 하여 그 처분명령·원상회복 명령 또는 시정명령이 이행될 때까지 이행강제금을 매년 1회 부과·징수할 수 있다.

Point
14

농지의 처분

농지법령상 농지의 처분에 대한 설명으로 틀린 것은?

① 시장·군수 또는 구청장은 처분의무 기간에 처분 대상 농지를 처분하지 아니한 농지 소유자가 해당 농지를 자기의 농업경영에 이용하는 경우에는 처분의무 기간이 지난 날 부터 3년간 처분명령을 직권으로 유예할 수 있다.

② 시장·군수 또는 구청장은 처분의무 기간에 처분 대상 농지를 처분하지 아니한 농지 소유자에게 6개월 이내에 그 농지를 처분할 것을 명할 수 있다.

③ 이행강제금은 해당 농지의 감정가격 또는 개별공시지가 중 더 높은 가액의 100분의 20에 해당하는 이행강제금을 부과한다.

④ 시장·군수 또는 구청장은 이행강제금을 부과하는 때에는 10일 이상의 기간을 정하여 이행강제금 처분대상자에게 의견제출의 기회를 주어야 한다

⑤ 이행강제금 부과처분을 받은 자가 이의제기를 하면 시장·군수 또는 구청장은 지체 없이 관할 법원에 그 사실을 통보하여야 하며, 그 통보받은 관할 법원은 비송사건절차법에 따른 과태료 재판에 준하여 재판을 한다.

PART

06

대표유형

농지법령상 농지의 대리경작 및 임대차에 관한 설명으로 틀린 것은?

① 유휴농지의 대리경작 기간은 따로 정하지 아니하면 3년으로 한다.

② 농업경영을 하려는 자에게 농지를 임대하는 경우 서면계약을 원칙으로 한다.

③ 임대차 기간을 정하지 아니하거나 3년보다 짧은 경우에는 3년으로 약정된 것으로 본다.

④ 시장·군수 또는 구청장은 대리경작자를 지정하기가 곤란한 경우에는 농업생산자단체, 학교나 그 밖의 해당 농지를 경작하려는 자를 대리경작자로 지정할 수 있다.

⑤ 개인이 소유하고 있는 농지 중 3년 이상 소유한 농지를 주말·체험영농을 하려는 사람에게 임대할 수 없다.

해설 ⑤ 개인이 소유하고 있는 농지 중 3년 이상 소유한 농지를 주말·체험영농을 하려는 사람에게 임대할 수 있다.

◆ 정답 ⑤

01 농지법령상 유휴농지에 대한 대리경작자의 지정에 관한 설명으로 옳은 것은?

대리경작자

① 지력의 증진이나 토양의 개량·보전을 위하여 필요한 기간 동안 휴경하는 농지에 대하여도 대리경작자를 지정할 수 있다.

② 대리경작자 지정은 유휴농지를 경작하려는 농업인 또는 농업법인의 신청이 있을 때에만 할 수 있고, 직권으로는 할 수 없다.

③ 대리경작자가 경작을 게을리하는 경우에는 대리경작 기간이 끝나기 전이라도 대리경작자 지정을 해지할 수 있다.

④ 대리경작자는 대리경작농지에서 경작한 농작물의 수확량의 100분의 20을 수확일부터 1월 이내에 그 농지의 소유권자나 임차권자에게 토지사용료로 지급하여야 한다.

⑤ 농지 소유권자를 대신할 대리경작자만 지정할 수 있고, 농지 임차권자를 대신할 대리경작자를 지정할 수는 없다.

02

임대차

농지법령상 농지의 임대차에 관한 설명으로 틀린 것은? (단, 농업경영을 하려는 자에게 임대하는 경우이며, 국유농지와 공유농지가 아님을 전제로 함)

① 임대차 기간을 정하지 아니하거나 5년보다 짧은 경우에는 5년으로 약정된 것으로 본다.

② 농지법에 위반된 약정으로서 임차인에게 불리한 것은 그 효력이 없다.

③ 소유하고 있는 농지를 주말·체험영농을 하려는 자에게 자신의 농지를 임대할 수 있다.

④ 임대 농지의 양수인은 농지법에 따른 임대인의 지위를 승계한 것으로 본다.

⑤ 임대차계약은 그 등기가 없는 경우에도 임차인이 농지소재지를 관할하는 시·구·읍·면의 장의 확인을 받고, 해당 농지를 인도받은 경우에는 그 다음 날부터 제3자에 대하여 효력이 생긴다.

03

임대차

농지법령상 농지의 임대차에 관한 설명으로 틀린 것은? (단, 농업경영을 하려는 자에게 임대하는 경우를 전제로 함)

① 농지의 임대차계약(농업경영을 하려는 자에게 임대하는 경우만 해당한다)은 서면계약을 원칙으로 한다.

② 농지를 임차한 임차인이 그 농지를 정당한 사유 없이 농업경영에 사용하지 아니할 때에는 시장·군수·구청장은 임대차의 종료를 명할 수 있다.

③ 임대차계약은 그 등기가 없는 경우에도 임차인이 농지소재지를 관할하는 시·구·읍·면의 장의 확인을 받고, 해당 농지를 인도받은 경우에는 그 다음 날부터 제3자에 대하여 효력이 생긴다.

④ 농지의 임차인이 농작물의 재배시설로서 비닐하우스를 설치한 농지의 임대차기간은 10년 이상으로 하여야 한다.

⑤ 임대인이 임대차 기간이 끝나기 3개월 전까지 임차인에게 임대차계약을 갱신하지 아니한다는 뜻이나 임대차계약 조건을 변경한다는 뜻을 통지하지 아니하면 그 임대차 기간이 끝난 때에 이전의 임대차계약과 같은 조건으로 다시 임대차계약을 한 것으로 본다.

PART

06

04
대리경작자

농지법령상 농지를 임대하거나 무상사용하게 할 수 있는 요건 중 일부이다. (   )에 들어갈 숫자로 옳은 것은?

> • (㉠)세 이상인 농업인이 거주하는 시 · 군에 있는 소유 농지 중에서 자기의 농업경영에 이용한 기간이 (㉡)년이 넘은 농지
> • (㉢)월 이상의 국외여행으로 인하여 일시적으로 농업경영에 종사하지 아니하게 된 자가 소유하고 있는 농지

① ㉠: 55, ㉡: 3, ㉢: 3   ② ㉠: 60, ㉡: 3, ㉢: 5
③ ㉠: 60, ㉡: 5, ㉢: 3   ④ ㉠: 65, ㉡: 4, ㉢: 5
⑤ ㉠: 65, ㉡: 5, ㉢: 1

05
대리경작자

농지법령상 국 · 공유재산이 아닌 A농지와 국유재산인 B농지를 농업경영을 하려는 자에게 임대차하는 경우에 관한 설명으로 옳은 것은?

① A농지의 임대차계약은 등기가 있어야만 제3자에게 효력이 생긴다.
② 임대인이 취학을 이유로 A농지를 임대하는 경우 임대차기간은 3년 이상으로 하여야 한다.
③ 임대인이 질병을 이유로 A농지를 임대하였다가 같은 이유로 임대차계약을 갱신하는 경우 임대차기간은 3년 이상으로 하여야 한다.
④ A농지의 임차인이 그 농지를 정당한 사유 없이 농업경영에 사용하지 아니할 경우 농지 소재지 읍 · 면장은 임대차의 종료를 명할 수 있다.
⑤ B농지의 임대차기간은 3년 미만으로 할 수 있다.

농업진흥지역

대표유형

농지법령상 농업진흥지역에 관한 설명으로 옳은 것은?

① 농업보호구역의 용수원 확보, 수질보전 등 농업 환경을 보호하기 위하여 필요한 지역을 농업진흥구역으로 지정할 수 있다.

② 광역시의 녹지지역은 농업진흥지역의 지정대상이 아니다.

③ 농업보호구역에서는 매장유산의 발굴행위를 할 수 없다.

④ 육종연구를 위한 농수산업에 관한 시험·연구시설로서 그 부지의 총면적이 3,000m² 미만인 시설은 농업진흥구역 내에 설치할 수 있다.

⑤ 녹지지역을 포함하는 농업진흥지역을 지정하는 경우 국토교통부장관의 승인을 요한다.

해설 ① 농업진흥구역의 용수원 확보, 수질보전 등 농업 환경을 보호하기 위하여 필요한 지역을 농업보호구역으로 지정할 수 있다.

② 녹지지역, 관리지역, 농림지역, 자연환경보전지역을 대상으로 농업진흥지역을 지정할 수 있으나, 서울특별시 녹지지역만 제외한다. 그러므로 광역시의 녹지지역은 농업진흥지역의 지정대상이다.

③ 농업보호구역에서는 농업진흥구역 안에서 할 수 있는 행위도 모두 가능하므로, 매장유산 발굴행위를 할 수 있다.

⑤ 농업진흥지역을 지정함에 있어서 농림축산식품부장관의 승인을 얻어야 한다. **◆정답 ④**

01
상
농업진흥지역

농지법령상 농업진흥지역에 관한 설명으로 틀린 것은?

① 농림축산식품부장관은 농지의 효율적인 이용·보전을 위하여 농업진흥지역을 지정한다.

② 농림축산식품부장관은 국토의 계획 및 이용에 관한 법률에 따른 녹지지역 또는 계획관리지역이 농업진흥지역에 포함될 경우에는 농업진흥지역의 지정을 승인하기 전에 국토교통부장관과 협의하여야 한다.

③ 농업진흥지역의 지정대상지역은 관리지역·농림지역 및 자연환경보전지역과 녹지지역(특별시의 녹지지역은 제외)이다.

④ 농업진흥지역의 농지를 소유하고 있는 농업인 또는 농업법인은 한국농어촌공사에 그 농지의 매수를 청구할 수 있다

⑤ 한국농어촌공사는 매수청구를 받으면 감정평가 및 감정평가사에 관한 법률에 따른 감정평가법인 등이 평가한 금액을 기준으로 해당 농지를 매수할 수 있다.

02 농지법령상 농업진흥지역에 관한 설명이다. 틀린 것은?

농업진흥지역

① 농업진흥지역은 농업진흥구역과 농업보호구역으로 구분된다.

② 농업진흥구역은 농업진흥을 도모해야 하는 지역으로 농지가 집단화되어 농업 목적으로 이용하는 것이 필요한 지역을 말한다.

③ 1필지의 토지가 농업진흥구역과 농업보호구역에 걸치는 경우에 농업진흥구역 안의 토지 부분이 330m² 이하인 경우에는 해당 토지 전부에 대하여 농업진흥구역의 행위제한이 적용된다.

④ 한 필지의 토지 일부가 농업진흥지역에 걸쳐 있으면서 농업진흥지역에 속하는 토지 부분의 면적이 330m² 이하이면 그 토지 부분에 대하여는 농업진흥구역 및 농업보호구역의 행위제한에 관한 규정을 적용하지 아니한다.

⑤ 농업진흥구역에서는 농업생산 또는 농지개량과 직접 관련되지 아니한 토지이용행위를 할 수 없다.

03 농지법령상 농업보호구역 안에서의 농업인의 소득증대 및 생활여건 개선을 위한 토지이용행위로서 설치할 수 있는 시설로서 틀린 것은?

농업보호구역

① 관광농원사업으로 설치하는 시설로서 그 부지가 1만m² 미만인 것

② 주말농원사업으로 설치하는 시설로서 그 부지가 3천m² 미만인 것

③ 단독주택, 일용품소매점으로서 그 부지가 1천m² 미만인 것

④ 양수장·정수장·대피소·공중화장실에 해당하는 시설로서 그 부지가 3천m² 미만인 것

⑤ 태양에너지 발전설비로서 농업보호구역 안의 부지 면적이 1만제곱미터 미만인 것

Chapter 05 농지전용

대표유형

농지법령상 농지의 전용에 관한 설명으로 옳은 것은?

① 농업진흥지역 밖의 농지를 마을회관 부지로 전용하려는 자는 농지전용허가를 받아야 한다.

② 농지전용허가를 받은 자가 관계 공사의 중지 등에 따른 조치명령을 위반한 경우에는 그 허가를 취소하여야 한다.

③ 농지의 타용도 일시사용허가를 받는 자는 농지보전부담금을 납입하여야 한다.

④ 농지전용허가권자는 농지보전부담금의 납입을 조건으로 농지전용허가를 할 수 없다.

⑤ 해당 농지에서 허용되는 주목적사업을 위하여 현장사무소를 설치하는 용도로 농지를 일시 사용하려는 자는 시장·군수 또는 자치구구청장에게 신고하여야 한다.

해설 ① 농업진흥지역 밖의 농지를 마을회관 부지로 전용하려는 자는 농지전용신고를 하여야 한다.
③ 농지의 타용도 일시사용허가를 받는 자는 농지보전부담금의 납입대상에서 제외한다.
④ 농지전용허가권자는 농지보전부담금을 미리 납입하게 하거나 그 납입을 해당 허가 등의 조건으로 하여야 한다.
⑤ 해당 농지에서 허용되는 주목적사업을 위하여 현장사무소를 설치하는 용도로 농지를 일시 사용하려는 시장·군수 또는 자치구구청장에게 허가를 받아야 한다. **◆ 정답 ②**

01 **농지법령상 농지에 대하여 농지전용허가를 받지 아니하고 전용할 수 있는 사유로 틀린 것은?**

⑧
농지전용허가

① 국토의 계획 및 이용에 관한 법률에 따른 도시지역에 있는 농지로서 농지전용협의를 거친 농지를 전용하는 경우

② 국토의 계획 및 이용에 관한 법률에 따른 계획관리지역에 있는 농지로서 농지전용협의 대상에서 제외되는 농지를 전용하는 경우

③ 농지전용신고를 하고 농지를 전용하는 경우

④ 산지관리법에 따른 산지전용허가를 받지 아니하거나 산지전용신고를 하지 아니하고 불법으로 개간된 농지를 산림으로 복구하는 경우

⑤ 하천법에 따라 하천관리청의 허가를 받고 농지의 형질을 변경하거나 공작물을 설치하기 위하여 농지를 전용하는 경우

02 농지법령상 농지전용신고에 의하여 시설부지로 전용하는 것으로 틀린 것은?

① 무주택인 세대의 세대주가 설치하는 세대당 660m² 이하의 농업인 주택의 설치를 위한 농지전용

② 농수산물유통·가공시설의 설치를 위한 농지전용

③ 농업생산기반시설이 정비되어 있는 지역에서의 농지전용

④ 양어장·양식장 등 어업용 시설의 설치를 위한 농지전용

⑤ 농업진흥지역 밖에 설치하는 어린이놀이터·마을회관 등 농업인의 공동생활 편의시설의 설치를 위한 농지전용

03 농지법령상 조문의 일부이다. 다음 (   )에 들어갈 숫자를 옳게 연결한 것은?

- 유휴농지의 대리경작자는 수확량의 100분의 (㉠)을 농림축산식품부령으로 정하는 바에 따라 그 농지의 소유권자나 임차권자에게 토지사용료로 지급하여야 한다.
- 농업진흥지역 밖의 농지를 농지전용허가를 받지 아니하고 전용한 자는 3년 이하의 징역 또는 해당 토지가액의 100분의 (㉡)에 해당하는 금액 이하의 벌금에 처한다.
- 군수는 농지처분명령을 받은 후 정당한 사유 없이 지정기간까지 그 처분명령을 이행하지 아니한 자에게 감정평가 및 감정평가사에 관한 법률에 따른 감정평가법인등이 감정평가한 감정가격 또는 부동산 가격공시에 관한 법률에 따른 개별공시지가(해당 토지의 개별공시지가가 없는 경우에는 표준지공시지가를 기준으로 산정한 금액을 말한다) 중 더 높은 가액의 100분의 (㉢)에 해당하는 이행강제금을 부과한다.

① ㉠: 10, ㉡: 20, ㉢: 50　　　② ㉠: 10, ㉡: 50, ㉢: 25

③ ㉠: 20, ㉡: 10, ㉢: 50　　　④ ㉠: 20, ㉡: 50, ㉢: 10

⑤ ㉠: 50, ㉡: 10, ㉢: 25

04 농지법령상 농지전용에 관한 설명으로 옳은 것은?

농지전용

① 과수원인 토지를 재해로 인한 농작물의 피해를 방지하기 위한 방풍림 부지로 사용하는 것은 농지의 전용에 해당하지 않는다.

② 전용허가를 받은 농지의 위치를 동일 필지 안에서 변경하는 경우에는 농지전용신고를 하여야 한다.

③ 산지전용허가를 받지 아니하고 불법으로 개간한 농지라도 이를 다시 산림으로 복구하려면 농지전용허가를 받아야 한다.

④ 농지를 농업인 주택의 부지로 전용하려는 경우에는 농림축산식품부장관에게 농지전용신고를 하여야 한다.

⑤ 농지전용신고를 하고 농지를 전용하는 경우에는 농지를 전·답·과수원 외의 지목으로 변경하지 못한다.

05 농지법령상 농지의 타용도 일시사용에 관한 다음 기술 중 틀린 것은?

타용도
일시사용

① 농지를 일시사용 하고자 하는 자는 일정기간동안 사용한 후 농지로 복구하는 조건으로 농림축산식품부장관의 허가를 받아야 한다.

② 건축법에 따른 건축허가 또는 건축신고 대상 시설이 아닌 농수산물의 간이 처리 시설을 설치하는 경우에 타용도 일시사용기간은 7년 이내이다.

③ 토석이나 광물, 골재등 채굴하려는 경우에 타용도 일시사용기간은 5년 이내이다.

④ 태양에너지 발전설비의 용도로 일시사용하는 경우 농지의 타용도 일시사용기간이 만료되기 전 18년을 초과하지 않는 범위에서 연장할 수 있다. 이 경우 1회 연장기간은 3년을 초과할 수 없다.

⑤ 농지를 간이농업용시설의 용도로 일시 사용하고자 하는 자는 농지보전부담금을 납부하지 아니한다.

06 농지법령상 농지전용허가의 취소사유에 관한 내용이다. 틀린 것은?

농지전용허가의
취소사유

① 거짓 기타 부정한 방법으로 허가를 받거나 신고한 것이 판명된 경우에는 농지전용허가를 취소하여야 한다.

② 농지보전부담금을 내지 아니한 경우 농지전용허가를 취소할 수 있다.

③ 허가를 받거나 신고 후 정당한 사유 없이 2년 이상 농지전용목적사업에 착수하지 않거나 사업에 착수한 후 1년 이상 공사를 중단한 경우 농지전용허가를 취소할 수 있다.

④ 허가를 받은 자 또는 신고를 한 자가 허가의 취소를 신청하거나 신고를 철회하는 경우 농지전용허가를 취소할 수 있다.

⑤ 농지전용허가를 받은 자가 관계 공사의 중지 등에 따른 조치명령을 위반한 경우에는 그 허가를 취소하여야 한다.

07 농지법령상 농지보전부담금을 납입하여야 하는 대상이 아닌 것은?

농지보전부담금

① 농지전용허가를 받은 자

② 농지를 타용도 일시사용 허가를 받은 자

③ 국토의 계획 및 이용에 관한 법률에 따른 계획관리지역에 지구단위계획구역을 지정할 때에 해당 구역 예정지에 농지가 포함되어 있는 경우에 농지전용에 관한 협의를 거친 구역 예정지에 있는 농지를 전용하려는 자

④ 농지전용신고를 하고 농지를 전용하려는 자

⑤ 옹지전용협의를 거친 농지를 전용하려는 자

Point

08
중
농지보전부담금

농지법령상 농지보전부담금에 관한 설명으로 틀린 것은?

① 농지를 전용하려는 자는 농지보전부담금의 전부 또는 일부를 농지전용허가·농지전용 신고 전까지 납부하여야 한다.

② 농림축산식품부장관은 농지보전부담금을 내야 하는 자가 납부기한까지 부담금을 내지 아니한 경우에는 납부기한이 지난 날부터 체납된 농지보전부담금의 100분의 3에 상당하는 금액을 가산금으로 부과한다.

③ 국가 또는 지방자치단체가 공용 또는 공공용의 목적으로 농지를 전용하는 경우에는 농지보전부담금을 납부하지 않는다.

④ 농림축산식품부장관은 농지보전부담금을 내야 하는 자가 납부기한까지 내지 아니하면 납부기한이 지난 후 10일 이내에 납부기한으로부터 30일 이내의 기간을 정한 독촉장을 발급하여야 한다.

⑤ 농림축산식품부장관은 농지보전부담금을 내야 하는 자가 독촉장을 받고 지정된 기한까지 부담금과 가산금 및 중가산금을 내지 아니하면 국세 또는 지방세 체납처분의 예에 따라 징수할 수 있다.

09
상
이행강제금

농지법령상 (   ) 안에 알맞은 것을 순서대로 나열한 것은?

- 농지보전부담금의 제곱미터당 금액은 부과기준일 현재 가장 최근에 공시된 「부동산 가격 공시에 관한 법률」에 따른 해당 농지의 개별공시지가에 다음의 구분에 따른 비율을 곱한 금액으로 한다.

   1. 농업진흥지역의 농지: 100분의 (㉠)
   2. 농업진흥지역 밖의 농지: 100분의 (㉡)

	㉠	㉡
①	20	30
②	30	20
③	30	50
④	50	30
⑤	50	50

부 록

제35회 기출문제

01 국토의 계획 및 이용에 관한 법령상 용어에 관한 설명으로 옳은 것은?

① 행정청이 설치하는 공동묘지는 "공공시설"에 해당한다.

② 성장관리계획구역에서의 난개발을 방지하고 계획적인 개발을 유도하기 위하여 수립하는 계획은 "공간재구조화계획"이다.

③ 자전거전용도로는 "기반시설"에 해당하지 않는다.

④ 지구단위계획구역의 지정에 관한 계획은 "도시·군기본계획"에 해당한다.

⑤ "기반시설부담구역"은 기반시설을 설치하기 곤란한 지역을 대상으로 지정한다.

02 국토의 계획 및 이용에 관한 법령상 지방자치단체의 장이 다른 법률에 따른 토지 이용에 관한 구역을 지정하는 경우에 관한 설명으로 틀린 것은?

① 지정하려는 구역의 면적이 1제곱킬로미터 미만인 경우 승인을 받지 않아도 된다.

② 농림지역에서 「수도법」에 따른 상수원보호구역을 지정하는 경우 국토교통부장관의 승인을 받아야 한다.

③ 지정하려는 구역이 도시·군기본계획에 반영된 경우에는 승인 없이 구역을 지정할 수 있다.

④ 승인을 받아 지정한 구역의 면적의 10퍼센트의 범위안에서 면적을 증감시키는 경우에는 따로 승인을 받지 않아도 된다.

⑤ 지정된 구역을 변경하거나 해제하려면 도시·군관리계획의 입안권자의 의견을 들어야 한다.

03 국토의 계획 및 이용에 관한 법령상 도시·군계획에 관한 설명으로 옳은 것은?

① 도시·군기본계획의 내용이 광역도시계획의 내용과 다를 때에는 도시·군기본계획의 내용이 우선한다.

② 도시·군기본계획의 수립권자가 생활권계획을 따로 수립한 때에는 해당 계획이 수립된 생활권에 대해서는 도시·군관리계획이 수립된 것으로 본다.

③ 시장·군수가 미리 지방의회의 의견을 들어 수립한 도시·군기본계획의 경우 도지사는 지방도시계획위원회의 심의를 거치지 않고 해당 계획을 승인할 수 있다.

④ 주민은 공공청사의 설치에 관한 사항에 대하여 도시·군관리계획의 입안권자에게 그 계획의 입안을 제안할 수 있다.

⑤ 광역도시계획이나 도시·군기본계획을 수립할 때 도시·군관리계획을 함께 입안할 수 없다.

04 국토의 계획 및 이용에 관한 법령상 도시·군관리계획의 결정에 관한 설명으로 옳은 것은?

① 도시·군관리계획 결정의 효력은 지형도면을 고시한 날의 다음 날부터 발생한다.

② 시가화조정구역의 지정에 관한 도시·군관리계획 결정 당시 이미 사업에 착수한 자는 그 결정에도 불구하고 신고 없이 그 사업을 계속할 수 있다.

③ 국토교통부장관이 도시·군관리계획을 직접 입안한 경우에는 시·도지사가 지형도면을 작성하여야 한다.

④ 시장·군수가 입안한 지구단위계획의 수립에 관한 도시·군관리계획은 시장·군수의 신청에 따라 도지사가 결정한다.

⑤ 시·도지사는 국가계획과 관련되어 국토교통부장관이 입안하여 결정한 도시·군관리계획을 변경하려면 미리 국토교통부장관과 협의하여야 한다.

05 국토의 계획 및 이용에 관한 법령상 해당 구역으로 지정되면 「건축법」 제69조에 따른 특별건축구역으로 지정된 것으로 보는 구역을 모두 고른 것은?

㉠ 도시혁신구역	㉡ 복합용도구역
㉢ 시가화조정구역	㉣ 도시자연공원구역

① ㉠

② ㉠, ㉡

③ ㉢, ㉣

④ ㉡, ㉢, ㉣

⑤ ㉠, ㉡, ㉢, ㉣

06 국토의 계획 및 이용에 관한 법령상 도시·군계획시설(이하 '시설'이라 함)에 관한 설명으로 옳은 것은?

① 시설결정의 고시일부터 10년 이내에 실시계획의 인가만 있고 시설사업이 진행되지 아니하는 경우 그 부지의 소유자는 그 토지의 매수를 청구할 수 있다.

② 공동구가 설치된 경우 쓰레기수송관은 공동구협의회의 심의를 거쳐야 공동구에 수용할 수 있다.

③ 「택지개발촉진법」에 따른 택지개발지구가 200만제곱미터를 초과하는 경우에는 공동구를 설치하여야 한다.

④ 시설결정의 고시일부터 20년이 지날 때까지 시설사업이 시행되지 아니하는 경우 그 시설결정은 20년이 되는 날에 효력을 잃는다.

⑤ 시설결정의 고시일부터 10년 이내에 시설사업이 시행되지 아니하는 경우 그 부지 내에 건물만을 소유한 자도 시설결정 해제를 위한 도시·군관리계획 입안을 신청할 수 있다.

07 국토의 계획 및 이용에 관한 법령상 개발행위허가(이하 '허가'라 함)에 관한 설명으로 옳은 것은?

① 도시·군계획사업에 의하여 10층 이상의 건축물을 건축하려는 경우에는 허가를 받아야 한다.

② 건축물의 건축에 대한 허가를 받은 자가 그 건축을 완료하고 「건축법」에 따른 건축물의 사용승인을 받은 경우 허가권자의 준공검사를 받지 않아도 된다.

③ 허가를 받은 건축물의 연면적을 5퍼센트 범위에서 축소하려는 경우에는 허가권자에게 미리 신고하여야 한다.

④ 허가의 신청이 있는 경우 특별한 사유가 없으면 도시계획위원회의 심의 또는 기타 협의 기간을 포함하여 15일 이내에 허가 또는 불허가의 처분을 하여야 한다.

⑤ 국토교통부장관이 지구단위계획구역으로 지정된 지역에 대하여 허가의 제한을 연장하려면 중앙도시계획위원회의 심의를 거쳐야 한다.

08 국토의 계획 및 이용에 관한 법령상 용도지역에 관한 설명으로 옳은 것은?

① 용도지역은 토지를 경제적·효율적으로 이용하기 위하여 필요한 경우 서로 중복되게 지정할 수 있다.

② 용도지역은 필요한 경우 도시·군기본계획으로 결정할 수 있다.

③ 주민은 상업지역에 산업·유통개발진흥지구를 지정하여 줄 것을 내용으로 하는 도시·군관리계획의 입안을 제안할 수 있다.

④ 바다인 공유수면의 매립구역이 둘 이상의 용도지역과 이웃하고 있는 경우 그 매립구역은 이웃하고 있는 가장 큰 용도지역으로 지정된 것으로 본다.

⑤ 관리지역에서 「농지법」에 따른 농업진흥지역으로 지정·고시된 지역은 「국토의 계획 및 이용에 관한 법률」에 따른 농림지역으로 결정·고시된 것으로 본다.

09 국토의 계획 및 이용에 관한 법령상 기반시설부담구역에 관한 설명으로 옳은 것은?

① 공원의 이용을 위하여 필요한 편의시설은 기반시설부담구역에 설치가 필요나 기반시설에 해당하지 않는다.

② 기반시설부담구역에서 기존 건축물을 철거하고 신축하는 경우에는 기존 건축물의 건축연면적을 포함하는 건축행위를 기반시설설치비용의 부과대상으로 한다.

③ 지구단위계획을 수립한 경우에는 기반시설설치계획을 수립한 것으로 본다.

④ 기반시설부담구역 내에서 신축된 「건축법 시행령」상의 종교집회장은 기반시설설치비용의 부과대상이다.

⑤ 기반시설부담구역으로 지정된 지역에 대해서는 개발행위허가의 제한을 연장할 수 없다.

10 국토의 계획 및 이용에 관한 법령상 개발진흥지구를 세분하여 지정할 수 있는 지구에 해당하지 <u>않는</u> 것은? (단, 조례는 고려하지 않음)

① 주거개발진흥지구

② 중요시설물개발진흥지구

③ 복합개발진흥지구

④ 특정개발진흥지구

⑤ 관광·휴양개발진흥지구

부록

11 국토의 계획 및 이용에 관한 법령상 개발밀도관리구역에 관한 설명으로 틀린 것은?

① 개발밀도관리구역의 변경고시는 당해 지방자치단체의 공보에 게재하는 방법에 의한다.

② 개발밀도관리구역으로 지정될 수 있는 지역에 농림지역은 포함되지 않는다.

③ 개발밀도관리구역의 지정은 해당 지방자치단체에 설치된 지방도시계획위원회의 심의대상이다.

④ 개발밀도관리구역에서는 해당 용도지역에 적용되는 건폐율의 최대한도의 50퍼센트 범위에서 건폐율을 강화하여 적용한다.

⑤ 개발밀도관리구역은 기반시설부담구역으로 지정될 수 없다.

12 국토의 계획 및 이용에 관한 법령상 성장관리계획구역에서 30퍼센트 이하의 범위에서 성장관리계획으로 정하는 바에 따라 건폐율을 완화하여 적용할 수 있는 지역이 아닌 것은? (단, 조례는 고려하지 않음)

① 생산관리지역   ② 생산녹지지역
③ 보전녹지지역   ④ 자연녹지지역
⑤ 농림지역

13 도시개발법령상 환지 방식의 도시개발사업에 대한 개발계획 수립에 필요한 동의자의 수를 산정하는 방법으로 옳은 것은?

① 도시개발구역의 토지면적을 산정하는 경우: 국공유지를 제외하고 산정할 것

② 1인이 둘 이상 필지의 토지를 단독으로 소유한 경우: 필지의 수에 관계없이 토지 소유자를 1인으로 볼 것

③ 둘 이상 필지의 토지를 소유한 공유자가 동일한 경우: 공유자 각각을 토지 소유자 1인으로 볼 것

④ 1필지의 토지 소유권을 여럿이 공유하는 경우: 「집합건물의 소유 및 관리에 관한 법률」에 따른 구분소유자인지 여부와 관계없이 다른 공유자의 동의를 받은 대표 공유자 1인을 해당 토지 소유자로 볼 것

⑤ 도시개발구역의 지정이 제안된 후부터 개발계획이 수립되기 전까지의 사이에 토지 소유자가 변경된 경우: 변경된 토지 소유자의 동의서를 기준으로 할 것

14 도시개발법령상 수용 또는 사용 방식으로 시행하는 도시개발사업의 시행자로 지정될 수 <u>없는</u> 자는?

① 「한국철도공사법」에 따른 한국철도공사
② 지방자치단체
③ 「지방공기업법」에 따라 설립된 지방공사
④ 도시개발구역의 국공유지를 제외한 토지면적의 3분의 2 이상을 소유한 자
⑤ 도시개발구역의 토지 소유자가 도시개발을 위하여 설립한 조합

15 도시개발법령상 한국토지주택공사가 발행하려는 토지상환채권의 발행계획에 포함되어야 하는 사항이 <u>아닌</u> 것은?

① 보증기관 및 보증의 내용
② 토지가격의 추산방법
③ 상환대상지역 또는 상환대상토지의 용도
④ 토지상환채권의 발행가액 및 발행시기
⑤ 토지상환채권의 발행총액

부록

16 도시개발법령상 환지 방식에 의한 사업 시행에 관한 설명으로 <u>틀린</u> 것은?

① 행정청이 아닌 시행자가 환지 계획을 작성하여 인가를 신청하려는 경우 토지 소유자와 임차권자등에게 환지 계획의 기준 및 내용 등을 알려야 한다.
② 「집합건물의 소유 및 관리에 관한 법률」에 따른 대지사용권에 해당하는 토지지분은 분할환지할 수 없다.
③ 환지 예정지가 지정되면 종전의 토지의 소유자는 환지 예정지 지정의 효력발생일부터 환지처분이 공고되는 날까지 종전의 토지를 사용할 수 없다.
④ 도시개발사업으로 임차권의 목적인 토지의 이용이 방해를 받아 종전의 임대료가 불합리하게 된 경우라도, 환지처분이 공고된 날의 다음 날부터는 임대료 감액을 청구할 수 없다.
⑤ 도시개발사업의 시행으로 행사할 이익이 없어진 지역권은 환지처분이 공고된 날이 끝나는 때에 소멸한다.

17 도시개발법령상 도시개발사업 조합에 관한 설명으로 옳은 것은?

① 조합을 설립하려면 도시개발구역의 토지 소유자 10명 이상이 정관을 작성하여 지정권자에게 조합 설립의 인가를 받아야 한다.

② 조합이 설립인가를 받은 사항 중 청산에 관한 사항을 변경하려는 경우에는 지정권자에게 신고하여야 한다.

③ 다른 조합원으로부터 해당 도시개발구역에 그가 가지고 있는 토지 소유권 전부를 이전받은 조합원은 정관으로 정하는 바에 따라 본래의 의결권과는 별도로 그 토지 소유권을 이전한 조합원의 의결권을 승계할 수 있다.

④ 조합은 총회의 권한을 대행하게 하기 위하여 대의원회를 두어야 한다.

⑤ 조합의 임원으로 선임된 자가 금고 이상의 형을 선고받으면 그 날부터 임원의 자격을 상실한다.

18 도시개발법령상 도시개발구역지정 이후 지정권자가 도시개발사업의 시행방식을 변경할 수 있는 경우를 모두 고른 것은? (단, 시행자는 국가이며, 시행방식 변경을 위한 다른 요건은 모두 충족됨)

> ㉠ 수용 또는 사용방식에서 전부 환지 방식으로의 변경
> ㉡ 수용 또는 사용방식에서 혼용방식으로의 변경
> ㉢ 혼용방식에서 전부 환지 방식으로의 변경
> ㉣ 전부 환지 방식에서 혼용방식으로의 변경

① ㉠, ㉢   ② ㉠, ㉣
③ ㉡, ㉣   ④ ㉠, ㉡, ㉢
⑤ ㉡, ㉢, ㉣

19 도시 및 주거환경정비법령상 "토지등소유자"에 해당하지 <u>않는</u> 자는?

① 주거환경개선사업 정비구역에 위치한 건축물의 소유자

② 재개발사업 정비구역에 위치한 토지의 지상권자

③ 재개발사업 정비구역에 위치한 건축물의 소유자

④ 재건축사업 정비구역에 위치한 건축물 및 그 부속토지의 소유자

⑤ 재건축사업 정비구역에 위치한 건축물 부속토지의 지상권자

20 도시 및 주거환경정비법령상 임대주택 및 주택규모별 건설비율에 관한 규정의 일부이다. (   )에 들어갈 숫자로 옳은 것은?

> 정비계획의 입안권자는 주택수급의 안정과 저소득주민의 입주기회 확대를 위하여 정비사업으로 건설하는 주택에 대하여 다음 각 호의 구분에 따른 범위에서 국토교통부장관이 정하여 고시하는 임대주택 및 주택규모별 건설비율 등을 정비계획에 반영하여야 한다.
> 1. 「주택법」에 따른 국민주택규모의 주택이 전체 세대수의 100분의 (㉠) 이하에서 대통령령으로 정하는 범위
> 2. 공공임대주택 및 「민간임대주택에 관한 특별법」에 따른 민간임대주택이 전체 세대수 또는 전체 연면적의 100분의 (㉡) 이하에서 대통령령으로 정하는 범위

① ㉠: 80, ㉡: 20
② ㉠: 80, ㉡: 30
③ ㉠: 80, ㉡: 50
④ ㉠: 90, ㉡: 30
⑤ ㉠: 90, ㉡: 50

21 도시 및 주거환경정비법령상 정비사업의 시행방법으로 허용되지 <u>않는</u> 것은?

① 주거환경개선사업: 환지로 공급하는 방법
② 주거환경개선사업: 인가받은 관리처분계획에 따라 주택 및 부대시설·복리시설을 건설하여 공급하는 방법
③ 재개발사업: 인가받은 관리처분계획에 따라 건축물을 건설하여 공급하는 방법
④ 재개발사업: 환지로 공급하는 방법
⑤ 재건축사업: 「국토의 계획 및 이용에 관한 법률」에 따른 일반주거지역인 정비구역에서 인가받은 관리처분계획에 따라 「건축법」에 따른 오피스텔을 건설하여 공급하는 방법

22 도시 및 주거환경정비법령상 조합설립 등에 관한 설명으로 옳은 것은?

① 재개발조합이 조합설립인가를 받은 날부터 3년 이내에 사업시행계획인가를 신청하지 아니한 때에는 시장·군수등은 직접 정비사업을 시행할 수 있다.
② 재개발사업의 추진위원회가 조합을 설립하려면 토지등소유자의 3분의 2 이상 및 토지면적의 2분의 1 이상의 토지소유자의 동의를 받아야 한다.
③ 토지등소유자가 30인 미만인 경우 토지등소유자는 조합을 설립하지 아니하고 재개발사업을 시행할 수 있다.
④ 조합은 재개발조합설립인가를 받은 때에도 토지등소유자에게 그 내용을 통지하지 아니한다.
⑤ 추진위원회는 조합설립인가 후 지체 없이 추정분담금에 관한 정보를 토지등소유자에게 제공하여야 한다.

23 도시 및 주거환경정비법령상 사업시행계획의 통합심의에 관한 설명으로 옳은 것은?

① 「경관법」에 따른 경관 심의는 통합심의 대상이 아니다.

② 시장·군수등은 특별한 사유가 없으면 통합심의 결과를 반영하여 사업시행계획을 인가하여야 한다.

③ 통합심의를 거친 경우 해당 사항에 대한 조정 또는 재정을 거친 것으로 보지 아니한다.

④ 통합심의위원회 위원장은 위원 중에서 호선한다.

⑤ 사업시행자는 통합심의를 신청할 수 없다.

24 도시 및 주거환경정비법령상 사업시행자가 관리처분계획이 인가·고시된 다음 날부터 90일 이내에 손실보상 협의를 하여야 하는 토지등소유자를 모두 고른 것은? (단, 분양신청기간 종료일의 다음 날부터 협의를 시작할 수 있음)

> ㉠ 분양신청기간 내에 분양신청을 하지 아니한 자
> ㉡ 인가된 관리처분계획에 따라 분양대상에서 제외된 자
> ㉢ 분양신청기간 종료 후에 분양신청을 철회한 자

① ㉠ 　　　　　　② ㉠, ㉡ 　　　　　　③ ㉠, ㉢

④ ㉡, ㉢ 　　　　　　⑤ ㉠, ㉡, ㉢

25 주택법령상 "기간시설"에 해당하지 <u>않는</u> 것은?

① 전기시설　　　　　② 통신시설　　　　　③ 상하수도

④ 어린이놀이터　　　⑤ 지역난방시설

26 주택법령상 사업계획의 승인 등에 관한 설명으로 틀린 것은?

① 승인받은 사업계획 중 공공시설 설치계획의 변경이 필요한 경우에는 사업계획승인권자로부터 변경승인을 받지 않아도 된다.

② 주택건설사업계획에는 부대시설 및 복리시설의 설치에 관한 계획 등이 포함되어야 한다.

③ 주택건설사업을 시행하려는 자는 전체 세대수가 600세대 이상인 주택단지를 공구별로 분할하여 주택을 건설·공급할 수 있다.

④ 주택건설사업계획의 승인을 받으려는 한국토지주택공사는 해당 주택건설대지의 소유권을 확보하지 않아도 된다.

⑤ 사업주체는 입주자 모집공고를 한 후 사업계획변경승인을 받은 경우에는 14일 이내에 문서로 입주예정자에게 그 내용을 통보하여야 한다.

27 주택법령상 수직증축형 리모델링의 허용 요건에 관한 규정의 일부이다. (   )에 들어갈 숫자로 옳은 것은?

> 시행령 제13조 ① 법 제2조제25호다목1)에서 "대통령령으로 정하는 범위"란 다음 각 호의 구분에 따른 범위를 말한다.
> 1. 수직으로 증축하는 행위(이하 "수직증축형 리모델링"이라 한다)의 대상이 되는 기존 건축물의 층수가 (㉠)층 이상인 경우: (㉡)개층
> 2. 수직증축형 리모델링의 대상이 되는 기존 건축물의 층수가 (㉢)층 이하인 경우: (㉣)개층

① ㉠: 10, ㉡: 3, ㉢: 9, ㉣: 2
② ㉠: 10, ㉡: 4, ㉢: 9, ㉣: 3
③ ㉠: 15, ㉡: 3, ㉢: 14, ㉣: 2
④ ㉠: 15, ㉡: 4, ㉢: 14, ㉣: 3
⑤ ㉠: 20, ㉡: 5, ㉢: 19, ㉣: 4

28 주택법령상 주택의 건설에 관한 설명으로 옳은 것은? (단, 조례는 고려하지 않음)

① 하나의 건축물에는 단지형 연립주택 또는 단지형 다세대주택과 소형 주택을 함께 건축할 수 없다.
② 국토교통부장관이 적정한 주택수급을 위하여 필요하다고 인정하는 경우, 고용자가 건설하는 주택에 대하여 국민주택규모로 건설하게 할 수 있는 비율은 주택의 75퍼센트 이하이다.
③ 「주택법」에 따라 건설사업자로 간주하는 등록사업자는 주택건설사업계획승인을 받은 주택의 건설공사를 시공할 수 없다.
④ 장수명 주택의 인증기준·인증절차 및 수수료 등은 「주택공급에 관한 규칙」으로 정한다.
⑤ 국토교통부장관은 바닥충격음 성능등급을 인정받은 제품이 인정받은 내용과 다르게 판매·시공한 경우에 해당하면 그 인정을 취소하여야 한다.

29 주택법령상 사전방문 등에 관한 설명으로 **틀린** 것은?

① 사전방문한 입주예정자가 보수공사 등 적절한 조치를 요청한 사항이 하자가 아니라고 판단하는 사업주체는 사용검사권자에게 하자 여부를 확인해줄 것을 요청할 수 있다.

② 사업주체는 사전방문을 주택공급계약에 따라 정한 입주지정기간 시작일 60일 전까지 1일 이상 실시해야 한다.

③ 사업주체가 사전방문을 실시하려는 경우, 사용검사권자에 대한 사전방문계획의 제출은 사전방문기간 시작일 1개월 전까지 해야 한다.

④ 사용검사권자는 사업주체로부터 하자 여부의 확인 요청을 받은 날부터 7일 이내에 하자 여부를 확인하여 해당 사업주체에게 통보해야 한다.

⑤ 보수공사 등의 조치계획을 수립한 사업주체는 사전방문기간의 종료일부터 7일 이내에 사용검사권자에게 해당 조치계획을 제출해야 한다.

30 주택법령상 입주자저축에 관한 설명으로 **틀린** 것은?

① 입주자저축정보를 제공하는 입주자저축취급기관의 장은 입주자저축정보의 명의인이 요구하더라도 입주자저축정보의 제공사실을 통보하지 아니할 수 있다.

② 국토교통부장관으로부터 「주택법」에 따라 입주자저축정보의 제공 요청을 받은 입주자저축취급기간의 장은 「금융실명거래 및 비밀보장에 관한 법률」에도 불구하고 입주자저축정보를 제공하여야 한다.

③ "입주자저축"이란 국민주택과 민영주택을 공급받기 위하여 가입하는 주택청약종합저축을 말한다.

④ 국토교통부장관은 입주자저축의 납입방식·금액 및 조건 등에 필요한 사항에 관한 국토교통부령을 제정하거나 개정할 때에는 기획재정부장관과 미리 협의해야 한다.

⑤ 입주자저축은 한 사람이 한 계좌만 가입할 수 있다.

31 주택법령상 「주택공급에 관한 규칙」으로 정하는 사항을 모두 고른 것은?

> ㉠ 법 제54조에 따른 주택의 공급
> ㉡ 법 제57조에 따른 분양가격 산정방식
> ㉢ 법 제60조에 따른 견본주택의 건축기준
> ㉣ 법 제65조 제5항에 따른 입주자자격 제한

① ㉠, ㉡, ㉢ ② ㉠, ㉡, ㉣
③ ㉠, ㉢, ㉣ ④ ㉡, ㉢, ㉣
⑤ ㉠, ㉡, ㉢, ㉣

32 건축법령상 건축물의 "대수선"에 해당하지 <u>않는</u> 것은? (단, 건축물의 증축·개축 또는 재축에 해당하지 않음)

① 보를 두 개 변경하는 것
② 기둥을 세 개 수선하는 것
③ 내력벽의 벽면적을 30제곱미터 수선하는 것
④ 특별피난계단을 변경하는 것
⑤ 다세대주택의 세대 간 경계벽을 증설하는 것

33 건축법령상 대지의 조경 등의 조치를 하지 아니할 수 있는 건축물이 <u>아닌</u> 것은? (단, 가설건축물은 제외하고, 건축법령상 특례, 기타 강화·완화조건 및 조례는 고려하지 않음)

① 녹지지역에 건축하는 건축물
② 면적 4천 제곱미터인 대지에 건축하는 공장
③ 연면적의 합계가 1천 제곱미터인 공장
④ 「국토의 계획 및 이용에 관한 법률」에 따라 지정된 관리 지역(지구단위계획구역으로 지정된 지역이 아님)의 건축물
⑤ 주거지역에 건축하는 연면적의 합계가 1천500제곱미터인 물류시설

34 건축법령상 공개공지등에 관한 설명으로 옳은 것은? (단, 건축법령상 특례, 기타 강화·완화조건은 고려하지 않음)

① 노후 산업단지의 정비가 필요하다고 인정되어 지정·공고된 지역에는 공개공지등을 설치할 수 없다.
② 공개 공지는 필로티의 구조로 설치할 수 없다.
③ 공개공지등을 설치할 때에는 모든 사람들이 환경친화적으로 편리하게 이용할 수 있도록 긴 의자 또는 조경시설 등 건축조례로 정하는 시설을 설치해야 한다.
④ 공개공지등에는 건축조례로 정하는 바에 따라 연간 최장 90일의 기간 동안 주민들을 위한 문화행사를 열거나 판촉활동을 할 수 있다.
⑤ 울타리나 담장 등 시설의 설치 또는 출입구의 폐쇄 등을 통하여 공개공지등의 출입을 제한한 경우 지체 없이 관할 시장·군수·구청장에게 신고하여야 한다.

35 건축법령상 건축물 안전영향평가에 관한 설명으로 옳은 것은?

① 초고층 건축물에 대하여는 건축허가 이후 지체 없이 건축물 안전영향평가를 실시하여야 한다.

② 안전영향평가기관은 안전영향평가를 의뢰받은 날부터 30일 이내에 안전영향평가 결과를 허가권자에게 제출하여야 하며, 이 기간은 연장될 수 없다.

③ 건축물 안전영향평가 결과는 도시계획위원회의 심의를 거쳐 확정된다.

④ 허가권자는 안전영향평가에 대한 심의 결과 및 안전영향평가 내용을 일간신문에 게재하는 방법으로 공개하여야 한다.

⑤ 안전영향평가를 실시하여야 하는 건축물이 다른 법률에 따라 구조안전과 인접 대지의 안전에 미치는 영향 등을 평가 받은 경우에는 안전영향평가의 해당 항목을 평가 받은 것으로 본다.

36 건축법령상 건축허가 제한 등에 관한 설명으로 옳은 것은?

① 도지사는 지역계획에 특히 필요하다고 인정하더라도 허가 받은 건축물의 착공을 제한할 수 없다.

② 시장·군수·구청장이 건축허가를 제한하려는 경우에는 주민의견을 청취한 후 도시계획위원회의 심의를 거쳐야 한다.

③ 건축허가를 제한하는 경우 제한기간은 2년 이내로 하며, 1회에 한하여 1년 이내의 범위에서 제한기간을 연장할 수 있다.

④ 건축허가를 제한하는 경우 국토교통부장관은 제한 목적·기간 등을 상세하게 정하여 지체 없이 공고하여야 한다.

⑤ 건축허가를 제한한 경우 허가권자는 즉시 국토교통부장관에게 보고하여야 하며, 보고를 받은 국토교통부장관은 제한 내용이 지나치다고 인정하면 직권으로 이를 해제하여야 한다.

37 건축법령상 건축물의 마감재료 등에 관한 규정의 일부이다. (   )에 들어갈 내용으로 옳은 것은?

> 대통령령으로 정하는 용도 및 규모의 건축물의 벽, 반자, 지붕(반자가 없는 경우에 한정한다) 등 내부의 (㉠)는 (㉡)에 지장이 없는 재료로 하되, 「실내공기질 관리법」 제5조 및 제6조에 따른 (㉢) 유지기준 및 권고기준을 고려하고 관계 중앙행정기관의 장과 협의하여 국토교통부령으로 정하는 기준에 따른 것이어야 한다.

① ㉠: 난연재료, ㉡: 방화, ㉢: 공기청정
② ㉠: 완충재료, ㉡: 내진, ㉢: 실내공기질
③ ㉠: 완충재료, ㉡: 내진, ㉢: 공기청정
④ ㉠: 마감재료, ㉡: 방화, ㉢: 실내공기질
⑤ ㉠: 마감재료, ㉡: 내진, ㉢: 실내공기질

38 건축법령상 건축허가 대상 건축물로서 내진능력을 공개하여야 하는 건축물에 해당하지 <u>않는</u> 것은? (단, 소규모건축구조기준을 적용한 건축물이 아님)

① 높이가 13미터인 건축물
② 처마높이가 9미터인 건축물
③ 기둥과 기둥 사이의 거리가 10미터인 건축물
④ 건축물의 용도 및 규모를 고려한 중요도가 높은 건축물로서 국토교통부령으로 정하는 건축물
⑤ 국가적 문화유산으로 보존할 가치가 있는 것으로 문화체육관광부령으로 정하는 건축물

부록

39 농지법령상 농지의 타용도 일시사용신고를 할 수 있는 용도에 해당하지 <u>않는</u> 것은? (단, 일시사용기간은 6개월 이내이며, 신고의 다른 요건은 충족한 것으로 봄)

① 썰매장으로 사용하는 경우
② 지역축제장으로 사용하는 경우
③ 해당 농지에서 허용되는 주목적사업을 위하여 물건을 매설하는 경우
④ 해당 농지에서 허용되는 주목적사업을 위하여 현장 사무소를 설치하는 경우
⑤ 「전기사업법」상 전기사업을 영위하기 위한 목적으로 「신에너지 및 재생에너지 개발·이용·보급 촉진법」에 따른 태양에너지 발전설비를 설치하는 경우

40 농지법령상 농지를 농축산물 생산시설의 부지로 사용할 경우 "농지의 전용"으로 보지 <u>않는</u> 것을 모두 고른 것은?

> ㉠ 연면적 33제곱미터인 농막
> ㉡ 연면적 33제곱미터인 간이저온저장고
> ㉢ 저장 용량이 200톤인 간이액비저장조

① ㉠   ② ㉡

③ ㉠, ㉢   ④ ㉡, ㉢

⑤ ㉠, ㉡, ㉢

MEMO

방송
시간표

방송대학 TV

- ▶ 기본이론 방송
- ▶ 문제풀이 방송
- ▶ 모의고사 방송

※ 본 방송기간 및 방송시간은 사정에
   의해 변동될 수 있습니다.

TV방송 편성표

기본이론 방송 (1강 30분, 총 75강)

순서	날짜	요일	과목	순서	날짜	요일	과목
1	1. 13	월	부동산학개론 1강	39	4. 9	수	부동산공시법령 7강
2	1. 14	화	민법·민사특별법 1강	40	4. 14	월	부동산세법 5강
3	1. 15	수	공인중개사법·중개실무 1강	41	4. 15	화	부동산학개론 8강
4	1. 20	월	부동산공법 1강	42	4. 16	수	민법·민사특별법 8강
5	1. 21	화	부동산공시법령 1강	43	4. 21	월	공인중개사법·중개실무 8강
6	1. 22	수	부동산학개론 2강	44	4. 22	화	부동산공법 8강
7	1. 27	월	민법·민사특별법 2강	45	4. 23	수	부동산공시법령 8강
8	1. 28	화	공인중개사법·중개실무 2강	46	4. 28	월	부동산세법 6강
9	1. 29	수	부동산공법 2강	47	4. 29	화	부동산학개론 9강
10	2. 3	월	부동산공시법령 2강	48	4. 30	수	민법·민사특별법 9강
11	2. 4	화	부동산학개론 3강	49	5. 5	월	공인중개사법·중개실무 9강
12	2. 5	수	민법·민사특별법 3강	50	5. 6	화	부동산공법 9강
13	2. 10	월	공인중개사법·중개실무 3강	51	5. 7	수	부동산공시법령 9강
14	2. 11	화	부동산공법 3강	52	5. 12	월	부동산세법 7강
15	2. 12	수	부동산공시법령 3강	53	5. 13	화	부동산학개론 10강
16	2. 17	월	부동산세법 1강	54	5. 14	수	민법·민사특별법 10강
17	2. 18	화	부동산학개론 4강	55	5. 19	월	공인중개사법·중개실무 10강
18	2. 19	수	민법·민사특별법 4강	56	5. 20	화	부동산공법 10강
19	2. 24	월	공인중개사법·중개실무 4강	57	5. 21	수	부동산공시법령 10강
20	2. 25	화	부동산공법 4강	58	5. 26	월	부동산세법 8강
21	2. 26	수	부동산공시법령 4강	59	5. 27	화	부동산학개론 11강
22	3. 3	월	부동산세법 2강	60	5. 28	수	민법·민사특별법 11강
23	3. 4	화	부동산학개론 5강	61	6. 2	월	부동산공법 11강
24	3. 5	수	민법·민사특별법 5강	62	6. 3	화	부동산세법 9강
25	3. 10	월	공인중개사법·중개실무 5강	63	6. 4	수	부동산학개론 12강
26	3. 11	화	부동산공법 5강	64	6. 9	월	민법·민사특별법 12강
27	3. 12	수	부동산공시법령 5강	65	6. 10	화	부동산공법 12강
28	3. 17	월	부동산세법 3강	66	6. 11	수	부동산세법 10강
29	3. 18	화	부동산학개론 6강	67	6. 16	월	부동산학개론 13강
30	3. 19	수	민법·민사특별법 6강	68	6. 17	화	민법·민사특별법 13강
31	3. 24	월	공인중개사법·중개실무 6강	69	6. 18	수	부동산공법 13강
32	3. 25	화	부동산공법 6강	70	6. 23	월	부동산학개론 14강
33	3. 26	수	부동산공시법령 6강	71	6. 24	화	민법·민사특별법 14강
34	3. 31	월	부동산세법 4강	72	6. 25	수	부동산공법 14강
35	4. 1	화	부동산학개론 7강	73	6. 30	월	부동산학개론 15강
36	4. 2	수	민법·민사특별법 7강	74	7. 1	화	민법·민사특별법 15강
37	4. 7	월	공인중개사법·중개실무 7강	75	7. 2	수	부동산공법 15강
38	4. 8	화	부동산공법 7강				

과목별 강의 수
부동산학개론: 15강 / 민법·민사특별법: 15강
공인중개사법·중개실무: 10강 / 부동산공법: 15강 / 부동산공시법령: 10강 / 부동산세법: 10강

TV방송 편성표

문제풀이 방송(1강 30분, 총 21강)

순서	날짜	요일	과목	순서	날짜	요일	과목
1	7. 7	월	부동산학개론 1강	12	7. 30	수	부동산세법 2강
2	7. 8	화	민법·민사특별법 1강	13	8. 4	월	부동산학개론 3강
3	7. 9	수	공인중개사법·중개실무 1강	14	8. 5	화	민법·민사특별법 3강
4	7. 14	월	부동산공법 1강	15	8. 6	수	공인중개사법·중개실무 3강
5	7. 15	화	부동산공시법령 1강	16	8. 11	월	부동산공법 3강
6	7. 16	수	부동산세법 1강	17	8. 12	화	부동산공시법령 3강
7	7. 21	월	부동산학개론 2강	18	8. 13	수	부동산세법 3강
8	7. 22	화	민법·민사특별법 2강	19	8. 18	월	부동산학개론 4강
9	7. 23	수	공인중개사법·중개실무 2강	20	8. 19	화	민법·민사특별법 4강
10	7. 28	월	부동산공법 2강	21	8. 20	수	부동산공법 4강
11	7. 29	화	부동산공시법령 2강				

과목별 강의 수
부동산학개론: 4강 / 민법·민사특별법: 4강
공인중개사법·중개실무: 3강 / 부동산공법: 4강 / 부동산공시법령: 3강 / 부동산세법: 3강

모의고사 방송(1강 30분, 총 18강)

순서	날짜	요일	과목	순서	날짜	요일	과목
1	8. 25	월	부동산학개론 1강	10	9. 15	월	부동산공법 2강
2	8. 26	화	민법·민사특별법 1강	11	9. 16	화	부동산공시법령 2강
3	8. 27	수	공인중개사법·중개실무 1강	12	9. 17	수	부동산세법 2강
4	9. 1	월	부동산공법 1강	13	9. 22	월	부동산학개론 3강
5	9. 2	화	부동산공시법령 1강	14	9. 23	화	민법·민사특별법 3강
6	9. 3	수	부동산세법 1강	15	9. 24	수	공인중개사법·중개실무 3강
7	9. 8	월	부동산학개론 2강	16	9. 29	월	부동산공법 3강
8	9. 9	화	민법·민사특별법 2강	17	9. 30	화	부동산공시법령 3강
9	9. 10	수	공인중개사법·중개실무 2강	18	10. 1	수	부동산세법 3강

과목별 강의 수
부동산학개론: 3강 / 민법·민사특별법: 3강
공인중개사법·중개실무: 3강 / 부동산공법: 3강 / 부동산공시법령: 3강 / 부동산세법: 3강

연구 집필위원

이경철	이석규	박희용	김희상	박종철
이재현	이영표	이유종	이재원	어상일
김광석	신세명	어준선	김용철	

제36회 공인중개사 시험대비 **전면개정판**

2025 박문각 공인중개사

합격예상문제 2차 부동산공법

초판인쇄 | 2025. 4. 1. **초판발행** | 2025. 4. 5. **편저** | 박문각 부동산교육연구소
발행인 | 박 용 **발행처** | (주)박문각출판 **등록** | 2015년 4월 29일 제2019-000137호
주소 | 06654 서울시 서초구 효령로 283 서경 B/D 4층 **팩스** | (02)584-2927
전화 | 교재 주문 (02)6466-7202, 동영상문의 (02)6466-7201

판 권
본 사
소 유

정가 31,000원
ISBN 979-11-7262-698-3 | ISBN 979-11-7262-696-9(2차 세트)

전면개정판 제36회 공인중개사 시험대비

방송대학TV 무료강의 | 첫방송 2025.7.7(월) 오전 7시

박문각
공인중개사

합격예상문제 2차
부동산공법
정답해설집

박문각 부동산교육연구소 편

브랜드만족
1위
박문각

근거자료
후면표기

2025

동영상강의
www.pmg.co.kr

합격까지 박문각
합격 노하우가 다르다!

박문각

CONTENTS

이 책의 차례

PART
01

국토의 계획 및
이용에 관한 법률

제1장 총 칙 · · · · 4
제2장 광역도시계획 · · · · 5
제3장 도시 · 군기본계획 · · · · 6
제4장 도시 · 군관리계획 · · · · 7
제5장 용도지역 · 용도지구 · 용도구역 · · · · 10
제6장 기반시설과 도시 · 군계획시설 · · · · 18
제7장 지구단위계획구역과 지구단위계획 · · · · 22
제8장 개발행위허가 등 · · · · 24
제9장 개발밀도관리구역 및 기반시설부담구역 · · · · 27
제10장 보칙 및 벌칙 · · · · 30

PART
02

도시개발법

제1장 개발계획의 수립 · · · · 31
제2장 도시개발구역의 지정 · · · · 32
제3장 도시개발사업의 시행자 · · · · 35
제4장 실시계획 · · · · 37
제5장 도시개발사업의 시행방식 · · · · 37
제6장 수용 또는 사용방식 · · · · 38
제7장 환지방식의 사업시행 · · · · 40
제8장 비용부담 등 · · · · 42

PART
03

도시 및
주거환경정비법

제1장 총 칙 · · · · 44
제2장 기본계획의 수립 · · · · 45
제3장 재건축진단 · · · · 46
제4장 정비계획의 수립 및 정비구역의 지정 · · · · 46
제5장 정비구역 등의 해제 · · · · 47
제6장 정비사업의 시행방법 · · · · 48
제7장 정비사업의 시행자 · · · · 48
제8장 조합설립추진위원회 및 조합의 설립 · · · · 50

제9장 사업시행계획 · · · · 52
제10장 정비사업시행을 위한 조치 · · · · 53
제11장 관리처분계획 등 · · · · 53
제12장 이전등기 및 청산금 · · · · 55

제1장 총 칙 · · · · 57
제2장 건축과 대수선 · · · · 58
제3장 용도변경 · · · · 59
제4장 건축물의 건축 등 · · · · 62
제5장 건축물의 대지와 도로 · · · · 64
제6장 건축물의 구조 및 재료 · · · · 67
제7장 지역 및 지구 안의 건축물 · · · · 68
제8장 특별건축구역 · · · · 71
제9장 보칙 및 벌칙 · · · · 73

제1장 총 칙 · · · · 74
제2장 주택의 건설 · · · · 76
제3장 주택조합 · · · · 78
제4장 주택건설자금 · · · · 80
제5장 주택건설사업의 시행 · · · · 80
제6장 주택의 공급 · · · · 83

제1장 총 칙 · · · · 88
제2장 농지의 소유 · · · · 88
제3장 농지의 이용 · · · · 90
제4장 농업진흥지역 · · · · 91
제5장 농지전용 · · · · 92

PART 04 건축법

PART 05 주택법

PART 06 농지법

제1장 총칙

Answer

01 ② 02 ④ 03 ② 04 ②

01 ① 광역도시계획은 광역계획권의 장기발전방향을 제시하는 계획이다.

③ 도시·군기본계획은 도시·군관리계획 수립의 지침이 되는 계획이고, 광역도시계획은 도시·군기본계획 수립의 지침이 되는 계획이다.

④ 도시·군계획시설은 기반시설 중 도시·군관리계획으로 결정된 시설을 말한다.

⑤ 강화(×) ⇨ 완화(○). 공간재구조화계획이란 토지의 이용 및 건축물이나 그 밖의 시설의 용도·건폐율·용적률·높이 등을 완화하는 용도구역의 효율적이고 계획적인 관리를 위하여 수립하는 계획을 말한다.

02 ① 도시·군계획은 도시·군기본계획과 도시·군관리계획으로 구분한다.

② 공공시설은 도로·공원·철도·수도, 그 밖에 대통령령으로 정하는 공공용 시설을 말한다. '도시·군계획시설'은 기반시설 중 도시·군관리계획으로 결정된 시설을 말한다.

③ 도시·군기본계획은 특별시·광역시·특별자치시·특별자치도·시 또는 군의 관할 구역에 대하여 기본적인 공간구조와 장기발전방향을 제시하는 종합계획으로서 도시·군관리계획 수립의 지침이 되는 계획을 말한다.

⑤ 용도구역은 토지의 이용 및 건축물의 용도·건폐율·용적률·높이 등에 대한 용도지역 및 용도지구의 제한을 강화 또는 완화하여 따로 정함으로써 시가지의 무질서한 확산방지, 계획적이고 단계적인 토지이용의 도모, 토지이용의 종합적 조정·관리 등을 위하여 국토교통부장관(수산자원보호구역의 지정: 해양수산부장관), 시·도지사, 대도시 시장이 도시·군관리계획으로 결정하는 지역을 말한다.

03 ② 옳은 것은 ⓒⓔ이다.

㉠ 지구단위계획은 도시·군계획 수립 대상지역의 일부에 대하여 토지이용을 합리화하고 그 기능을 증진시키며 미관을 개선하고 양호한 환경을 확보하며, 해당 지역을 체계적·계획적으로 관리하기 위하여 수립하는 도시·군관리계획을 말한다.

ⓒ 개발밀도관리구역은 이미 개발된 지역에 지정하고 기반시설부담구역은 개발밀도관리구역 외의 지역 중 개발이 예상되는 지역에 지정하므로 서로 중복 지정될 수 없다.

㉱ 용도지역과 용도지역은 중복지정이 안 된다. 그러므로 관리지역과 농림지역은 중복지정이 불가능하다.

04 ② 특별시장·광역시장·특별자치시장·특별자치도지사·시장 또는 군수가 관할 구역에 대하여 다른 법률에 따른 환경·교통·수도·하수도·주택 등에 관한 부문별 계획을 수립하는 때에는 도시·군기본계획의 내용과 부합되게 하여야 한다.

| 제2장 | **광역도시계획** |

Answer

01 ③   02 ⑤   03 ②   04 ⑤   05 ①   06 ⑤   07 ①   08 ①

01 ③ 광역계획권은 국토교통부장관 또는 도지사가 지정할 수 있다. 그러나 광역계획권의 지정은 도시·군관리계획 결정과 관련이 없다.

02 ① 광역도시계획은 광역계획권의 장기발전방향을 제시하는 계획을 말한다.
② 광역도시계획은 수립단위에 대한 명시적 규정이 없다.
③ 국토교통부장관, 시·도지사, 시장·군수는 광역도시계획을 수립·변경하려면 공청회를 열어 주민과 관계 전문가 등으로부터 의견을 들어야 하며, 경미한 사항일지라도 장기발전방향을 제시하는 계획이므로 생략할 수는 없다.
④ 국토교통부장관은 광역계획권을 지정하거나 변경하려면 관계 시·도지사, 시장 또는 군수의 의견을 들은 후 중앙도시계획위원회의 심의를 거쳐야 한다.

03 ② 국가계획과 관련된 광역도시계획의 수립이 필요한 경우에는 국토교통부장관이 수립하여야 한다.

04 ⑤ 국토교통부장관, 시·도지사, 시장 또는 군수가 기초조사정보체계를 구축한 경우에는 등록된 정보의 현황을 5년마다 확인하고 변동사항을 반영하여야 한다.

05 ① 국토교통부장관, 시·도지사, 시장·군수는 광역도시계획을 수립·변경하려면 공청회를 열어 주민과 관계 전문가 등으로부터 의견을 들어야 하며, 경미한 사항일지라도 장기발전방향을 제시하는 계획이므로 생략할 수는 없다.

06 ⑤ 광역계획권의 지정은 광역도시계획 수립의 전제조건이므로 광역도시계획의 수립보다도 선행하는 행위이다. 따라서 광역도시계획의 내용이 아니다.

07 ① 광역도시계획을 공동으로 수립하는 시·도지사는 그 내용에 관하여 서로 협의가 되지 아니하면 공동 또는 단독으로 국토교통부장관에게 조정을 신청할 수 있다.

08 ① 광역도시계획을 수립하려면 미리 인구·경제·사회·문화 등 해당 광역도시계획의 수립에 관하여 필요한 사항을 조사하거나 측량하여야 한다.

제3장 도시·군기본계획

Answer

01 ⑤ 02 ⑤ 03 ② 04 ⑤ 05 ⑤ 06 ④ 07 ③ 08 ②

---

01 ⑤ 도시·군기본계획을 변경하는 경우에도 공청회를 열어 주민 및 관계 전문가 등으로부터 의견을 들어야 하며, 타당한 의견은 도시·군기본계획에 반영하여야 한다.

02 ⑤ 공동수립은 없다. 도시·군기본계획의 수립권자는 특별시장·광역시장·특별자치시장·특별자치도지사·시장 또는 군수이다. 다만, 특별시장·광역시장·특별자치시장·특별자치도지사·시장 또는 군수는 인접한 특별시·광역시·특별자치시·특별자치도·시 또는 군의 관할 구역을 포함하여 도시·군기본계획을 수립하려면 미리 그 특별시장·광역시장·특별자치시장·특별자치도지사·시장 또는 군수와 협의하여야 한다.

03 ② 시·도지사, 시장 또는 군수는 기초조사의 내용에 토지적성평가와 재해취약성분석을 포함하여야 한다. 환경성검토는 도시·군관리계획의 기초조사 내용이다.

04 ① 도지사가 도시·군기본계획을 승인하면 관계 행정기관의 장과 시장 또는 군수에게 관계 서류를 송부하여야 하며, 관계 서류를 받은 시장 또는 군수는 그 계획을 공고하고, 일반인이 30일 이상 열람할 수 있도록 하여야 한다.
② 도시·군기본계획을 수립하거나 변경하는 경우 기초조사와 공청회 개최는 광역도시계획을 준용한다. 즉, 기초조사와 공청회 개최를 반드시 거쳐야 하며, 경미한 사항일지라도 생략할 수 없다.
③ 도시·군기본계획을 수립하려면 미리 그 특별시·광역시·특별자치시·특별자치도·시 또는 군의 의회의 의견을 들어야 한다.
단, 광역도시계획을 수립하려면 미리 관계 시·도의 의회, 시·군의회와 관계 시장 또는 군수의 의견을 들어야 한다.
④ 시장·군수는 도시·군기본계획을 수립하려면 도지사의 승인을 받아야 하나, 특별시장·광역시장·특별자치시장·특별자치도지사는 국토교통부장관의 승인 없이 직접 확정한다.

05 ⑤ 기반시설에 관한 사항은 도시·군기본계획의 내용이다. 단, 기반시설의 설치·정비 또는 개량에 관한 계획은 도시·군관리계획의 내용이다.

06 ① 수도권정비계획법에 의한 수도권에 속하지 아니하고 광역시와 경계를 같이하지 아니한 인구 10
만명 이하인 시 또는 군은 도시·군기본계획을 수립하지 아니할 수 있다.
② 시장·군수는 인접한 시·군의 시장·군수와 협의를 거쳐 그 인접 시·군의 관할 구역 전부를
포함하는 도시·군기본계획을 수립할 수 있다.
③ 도시·군기본계획의 입안일부터 5년 이내에 토지적성평가를 실시한 경우 등 대통령령으로 정하
는 경우에는 토지적성평가 또는 재해취약성분석을 하지 아니할 수 있다.
⑤ 특별시장·광역시장·특별자치시장·특별자치도지사·시장 또는 군수는 5년마다 관할 구역의
도시·군기본계획에 대하여 그 타당성 여부를 전반적으로 재검토하여 정비하여야 한다.

07 ① 시·군에서 시장·군수가 수립한 도시·군기본계획의 승인은 도지사가 한다. 그러나 특별시
장·광역시장·특별자치시장·특별자치도지사가 수립한 도시·군기본계획은 승인 없이 확정한다.
② 도시·군기본계획의 수립기준은 대통령령이 정하는 바에 따라 국토교통부장관이 정한다.
④ 도시·군기본계획은 지침적·추상적·포괄적·일반적·개괄적·거시적인 행정계획이지 구체
적인 계획이라 할 수 없다. 구체적인 계획은 도시·군관리계획을 말한다.
⑤ 시장 또는 군수는 5년마다 관할구역의 도시·군기본계획에 대하여 그 타당성 여부를 전반적으로
재검토하여 이를 정비하여야 한다.

08 ① 광역도시계획과 도시·군기본계획은 10년 단위라는 수립단위 규정이 없다.
③ 광역도시계획 수립시 기초조사와 공청회에 관한 규정은 도시·군기본계획 수립시에도 준용한다.
④ 광역도시계획을 수립하는 때에는 미리 관계 시·도의 의회, 시·군의 의회와 관계 시장 또는 군
수의 의견을 들어야 하고, 도시·군기본계획은 특별시·광역시·특별자치시·특별자치도·시 또는
군 의회의 의견을 들어야 하지만 관계 시장 또는 군수의 의견청취절차는 없다.
⑤ 광역도시계획의 승인권자는 도지사 또는 국토교통부장관이다. 도시·군기본계획은 시장 또는
군수가 수립 또는 변경시 도지사의 승인을 받아야 한다. 특별시장·광역시장·특별자치시장·특별
자치도지사가 도시·군기본계획을 수립하는 경우에 국토교통부장관의 승인 없이 직접 확정한다.

제 4 장   **도시 · 군관리계획**

Answer

01 ⑤	02 ⑤	03 ③	04 ④	05 ⑤	06 ⑤	07 ②	08 ①	09 ②	10 ①
11 ③	12 ⑤	13 ②	14 ④	15 ②	16 ⑤	17 ②	18 ⑤	19 ③	20 ④

01 ⑤ ㉠㉢㉣은 도시·군관리계획의 내용에 해당하고, ㉡ 개발밀도관리구역의 지정은 도시·군관리계
획의 내용에 해당하지 않는다.

🔔 **도시 · 군관리계획의 내용**

> 1. 용도지역 · 용도지구의 지정 또는 변경에 관한 계획
> 2. 개발제한구역 · 시가화조정구역 · 수산자원보호구역 · 도시자연공원구역의 지정 또는 변경에 관한 계획
> 3. 기반시설의 설치 · 정비 또는 개량에 관한 계획
> 4. 도시개발사업이나 정비사업에 관한 계획
> 5. 지구단위계획구역의 지정 또는 변경에 관한 계획과 지구단위계획
> 6. 도시혁신구역의 지정 또는 변경에 관한 계획과 도시혁신계획
> 7. 복합용도구역의 지정 또는 변경에 관한 계획과 복합용도계획
> 8. 도시 · 군계획시설입체복합구역의 지정 또는 변경에 관한 계획

02 ⑤ 도시 · 군관리계획은 광역도시계획 및 도시 · 군기본계획(제19조의2에 따른 생활권계획을 포함한다)에 부합하여야 한다.

03 ③ 공청회 절차는 원칙적으로는 없다. 도시 · 군관리계획을 입안하는 때에는 공고 및 열람을 통해 주민의 의견을 들어야 한다.

04 ① 도시 · 군관리계획의 입안권자는 원칙적으로 특별시장 · 광역시장 · 특별자치시장 · 특별자치도지사 · 시장 또는 군수이고, 예외적으로 국토교통부장관과 도지사이다. 구청장은 입안할 수 없다.
② 시가화조정구역 또는 수산자원보호구역의 지정에 관한 도시 · 군관리계획의 결정 당시 이미 사업 또는 공사에 착수한 자는 해당 사업 또는 공사를 계속하려는 경우에는 시가화조정구역 또는 수산자원보호구역의 지정에 관한 도시 · 군관리계획결정의 고시일부터 3개월 이내에 그 사업 또는 공사의 내용을 관할 특별시장 · 광역시장 · 특별자치시장 · 특별자치도지사 · 시장 또는 군수에게 신고하고 그 사업 또는 공사를 계속할 수 있다.
③ 광역도시계획이 수립되어 있는 시 · 군에서 수립하지 아니할 수 있는 것은 도시 · 군관리계획이 아니라 도시 · 군기본계획이다.
⑤ 도시 · 군관리계획의 내용 중에 일부를 주민이 입안제안할 수 있으나, 주민이 직접 입안하는 경우는 없다.

05 ⑤ 시 · 도지사가 지구단위계획(지구단위계획과 지구단위계획구역을 동시에 결정할 때에는 지구단위계획구역의 지정 또는 변경에 관한 사항을 포함할 수 있다)이나 지구단위계획으로 대체하는 용도지구 폐지에 관한 사항을 결정하려면 대통령령으로 정하는 바에 따라 건축법에 따라 시 · 도에 두는 건축위원회와 도시계획위원회가 공동으로 하는 심의를 거쳐야 한다.

06 ⑤ 광역계획권의 미래상과 이를 실현할 수 있는 체계화된 전략을 제시하고 국토종합계획 등과 서로 연계되도록 할 것은 광역도시계획의 수립기준을 정할 때 고려하여야 하는 사항이다.

07 ② 주민은 자연녹지지역, 생산관리지역, 계획관리지역에 산업 · 유통개발진흥지구를 지정하여 줄 것을 내용으로 하는 도시 · 군관리계획의 입안을 제안할 수 있다.

08 ① 주민은 용도지구 중 해당 용도지구에 따른 건축물이나 그 밖의 시설의 용도·종류 및 규모 등의 제한을 지구단위계획으로 대체하기 위한 용도지구의 지정에 관한 사항에 대하여 도시·군관리계획의 입안권자에게 그 입안을 제안할 수 있다.

09 ① 환경영향평가가 아니라 환경성 검토, 토지적성평가와 재해취약성분석을 포함하여야 한다.
③ 주민의 입안제안 대상은 기반시설의 설치·정비 또는 개량에 관한 사항과 지구단위계획구역의 지정 및 변경과 지구단위계획의 수립 및 변경에 관한 사항이다. 녹지지역인 용도지역은 입안제안할 수 없다.
④ 개발제한구역의 지정 및 변경에 관한 도시·군관리계획은 국토교통부장관이 결정한다.
⑤ 도시·군관리계획 결정의 효력은 지형도면을 고시한 날부터 발생한다.

10 ① 개발제한구역 안에 기반시설을 설치하는 경우에는 토지적성평가를 실시하지 아니할 수 있다.

11 ③ 시·도지사는 도시·군관리계획을 결정하려면 관계 행정기관의 장과 미리 협의하여야 한다. 국토교통부장관이 도시·군관리계획을 결정하려면 중앙행정기관의 장과 미리 협의하여야 한다.

☑ **도시·군관리계획 결정권자별 협의·심의**

결정권자	협 의	심 의
시·도지사, 대도시 시장, 시장·군수	관계 행정기관의 장과 협의	⇨ 지방도시계획위원회 심의
국토교통부장관	관계 중앙행정기관의 장과 협의	⇨ 중앙도시계획위원회 심의

12 ① 주거지역·상업지역 또는 공업지역에 도시·군관리계획을 입안하는 경우에는 토지적성평가를 실시하지 아니할 수 있다.
② 도시·군관리계획은 열람기간 제한이 없다. 그러므로 신청기간도 제한이 없다.
③ 특별시장·광역시장·특별자치시장·특별자치도지사·시장 또는 군수는 5년마다 관할 구역의 도시·군관리계획에 대하여 그 타당성 여부를 전반적으로 재검토하여 이를 정비하여야 한다.
④ 시가화조정구역의 지정에 관한 도시·군관리계획의 결정 당시 이미 사업 또는 공사에 착수한 자는 해당 사업 또는 공사를 계속하려면 시가화조정구역의 지정에 관한 도시·군관리계획결정의 고시일부터 3개월 이내에 그 사업 또는 공사의 내용을 관할 특별시장·광역시장·특별자치시장·특별자치도지사·시장 또는 군수에게 신고하여야 한다.

13 ② 도시·군관리계획 결정의 효력은 지형도면을 고시한 날부터 발생한다. 다음 날이 아니다.

14 ④ 도시·군관리계획 결정 당시 이 법 또는 다른 법률에 따라 허가·인가·승인 등을 받아 사업이나 공사에 착수한 자는 그 도시·군관리계획 결정에 관계없이 그 사업이나 공사를 계속할 수 있다.

15 ② 도시·군기본계획은 원칙적으로 특별시·광역시·특별자치시·특별자치도·시 또는 군에서 수립하여야 하지만 예외적으로 ㉠ 수도권에 속하지 아니하고 광역시와도 경계를 같이 하지 아니하는 인구 10만 이하인 시·군, ㉡ 관할 구역 전부에 대하여 광역도시계획이 수립되어 있고 해당 광역도시계획에 도시·군기본계획에 포함될 사항이 모두 포함되어 있는 시·군에서는 도시·군기본계획을 수립하지 아니할 수 있다. 그러므로 ②는 틀린 문장이다. 그러나 특별시·광역시·특별자치시·특별자치도는 예외가 없으므로 반드시 수립하여야 한다.

16 ⑤ 도시·군계획시설입체복합구역은 도시혁신구역 또는 복합용도구역과 함께 구역을 지정하거나 도시혁신계획 또는 복합용도계획을 함께 입안하는 경우로 한정한다.

17 ② 공간재구조화계획은 국토교통부장관, 시·도지사가 결정한다(대도시 시장 ×).

18 ⑤ 공간재구조화계획 입안권자는 제안자 또는 제3자와 협의하여 제안된 공간재구조화계획의 입안 및 결정에 필요한 비용의 전부 또는 일부를 제안자 또는 제3자에게 부담시킬 수 있다.

19 ③ ㉠: 3분의 2 이상 ㉡: 5분의 4 이상

20 ④ 시·도지사가 결정하는 공간재구조화계획 중 도시혁신구역의 지정 및 입지 타당성 등에 관한 사항은 중앙도시계획위원회의 심의를 거친다.

제5장	용도지역 · 용도지구 · 용도구역

Answer

01 ④	02 ③	03 ⑤	04 ②	05 ③	06 ④	07 ②	08 ①	09 ③	10 ③
11 ⑤	12 ③	13 ②	14 ③	15 ④	16 ①	17 ③	18 ③	19 ①	20 ③
21 ⑤	22 ①	23 ③	24 ④	25 ④	26 ③	27 ⑤	28 ①	29 ③	30 ④
31 ⑤	32 ④	33 ⑤	34 ④	35 ②	36 ⑤	37 ①	38 ④	39 ③	40 ②
41 ④	42 ②	43 ①							

01 ④ 도시지역에서 시·도지사 또는 대도시 시장은 해당 시·도 또는 대도시의 도시·군계획조례로 정하는 바에 따라 도시·군관리계획결정으로 세분된 주거지역·상업지역·공업지역·녹지지역을 추가적으로 세분하여 지정할 수 있다.

02 ① 편리한 주거환경을 조성 ⇨ 양호한 주거환경의 보호

② 양호한 주거환경의 보호 ⇨ 편리한 주거환경을 조성

④는 일반상업지역이고, 중심상업지역은 도심·부도심의 업무 및 상업기능의 확충을 위하여 필요한 지역이다.

⑤ 전용공업지역 : 주로 중화학공업·공해성공업 등을 수용하기 위하여 필요한 지역

준공업지역 : 경공업 기타 공업을 수용하되, 주거기능·상업기능 및 업무기능의 보완이 필요한 지역

03 ⑤ ㉠ : 제3종 일반주거지역, ㉡ : 일반공업지역, ㉢ : 자연녹지지역

04 ② 매립목적이 그 매립구역과 이웃하고 있는 용도지역의 내용과 같은 경우 그 매립준공구역은 이웃 용도지역으로 지정된 것으로 본다. 다만, 관계 특별시장·광역시장·특별자치시장·특별자치도지사·시장 또는 군수는 그 사실을 지체 없이 고시하여야 한다.

05 ③ 산업입지 및 개발에 관한 법률에 따른 국가산업단지, 일반산업단지 및 도시첨단산업단지는 도시지역으로 결정·고시된 것으로 본다. 농공단지는 도시지역으로 결정·고시된 것으로 보지 않는다.

06 ④ 관리지역(×) ⇨ 항만법 규정에 따른 항만구역으로서 도시지역에 연접한 공유수면으로 지정·고시된 지역은 도시지역으로 결정·고시된 것으로 본다.

07 ② 제2종 일반주거지역에서는 아파트를 건축할 수 있다. 아파트는 제2종 전용주거지역, 제2종 일반주거지역, 제3종 일반주거지역, 준주거지역, 상업지역(유통상업지역을 제외) 및 준공업지역에서만 건축할 수 있고, 아파트는 유통상업지역·전용공업지역·일반공업지역 및 녹지지역·관리지역·농림지역·자연환경보전지역·제1종 전용주거지역, 제1종 일반주거지역에는 건축할 수 없다.

08 ① '단독주택'은 유통상업지역 및 전용공업지역에서는 건축할 수 없다.

09 ③ 준공업지역(70%) = 준주거지역(70%) > 제2종 일반주거지역(60%) > 제3종 일반주거지역(50%)

10 ③ 준주거지역(70% 이하) - 유통상업지역(80% 이하)

① 제1종 전용주거지역(50% 이하) - 제3종 일반주거지역(50% 이하)

② 제1종 일반주거지역(60% 이하) - 제2종 일반주거지역(60% 이하)

④ 근린상업지역(70% 이하) - 일반공업지역(70% 이하)

⑤ 자연녹지지역(20% 이하) - 생산관리지역(20% 이하)

11 ⑤ 농공단지는 건폐율 70% 이하

구 분		도시·군계획조례에 따른 건폐율 (80% 이하로 제한)
개발진흥지구	도시지역 외의 지역에 지정된 경우	40% 이하. 다만, 계획관리지역에 산업·유통개발진흥지구가 지정된 경우에는 60% 이하로 한다.
	자연녹지지역에 지정된 개발진흥지구 경우	30% 이하
수산자원보호구역		40% 이하
자연공원법에 따른 자연공원		60% 이하
자연취락지구		60% 이하
농공단지		70% 이하
국가산업단지·도시첨단산업단지·일반산업단지·준산업단지		80% 이하

12

용적률 순서(최대한도)

중심상업지역(1,500% 이하) ⇨ 일반상업지역(1,300% 이하) ⇨ ⓒ 유통상업지역(1,100% 이하) ⇨ 근린상업지역(900% 이하) ⇨ ⓔ 준주거지역(500% 이하) ⇨ 준공업지역(400% 이하) ⇨ ⓜ 일반공업지역(350% 이하) ⇨ 전용공업지역, ⓗ 제3종 일반주거지역(300% 이하) ⇨ 제2종 일반주거지역(250% 이하) ⇨ 제1종 일반주거지역(200% 이하) ⇨ ⓛ 제2종 전용주거지역(150% 이하) ⇨ 제1종 전용주거지역, 생산녹지지역, 자연녹지지역, 계획관리지역(100% 이하) ⇨ ⊙ 보전녹지지역, 보전관리지역, 자연환경보전지역, 농림지역, 생산관리지역(80% 이하)

13 ② 생산관리지역(80% 이하) ① 제1종 전용주거지역(100% 이하) ③ 생산녹지지역(100% 이하) ④ 자연녹지지역(100% 이하) ⑤ 계획관리지역(100% 이하)

14 ③ ⊙ = 100, ⓛ = 200, ⓒ = 250, ⓔ = 300

15 ① 도시지역·관리지역·농림지역 또는 자연환경보전지역으로 용도가 지정되지 아니한 지역에서 건축제한, 건폐율·용적률에 관한 규정을 적용할 때에 자연환경보전지역에 관한 규정을 적용한다.
② 관리지역이 세분되지 아니한 경우에는 보전관리지역에서의 건축제한·건폐율 제한·용적률 제한을 적용한다. 그러므로 미세분된 관리지역에서는 건축물의 건축 등이 금지되는 것이 아니라 보전관리지역에서 허용되는 건축물의 건축 등을 할 수 있다.
③ 도시지역이 세분되지 아니한 경우에는 건축제한, 용도지역에서의 건폐율·용적률에 관한 규정을 적용할 때에 보전녹지지역에 관한 규정을 적용한다.
⑤ 도시지역 중 주거지역 안에서는 어떠한 경우라도 농지에 대한 거래시 「농지법」 제8조의 규정에 의한 농지취득자격증명을 필요로 하지 아니한다.

16 ① 건폐율 = 20퍼센트 이하, 용적률 = 20퍼센트 이상 80퍼센트 이하

17 ③ 고도지구 - 쾌적한 환경 조성 및 토지의 효율적 이용을 위하여 건축물 높이의 최고한도를 규제할 필요가 있는 지구이다.

18 ③ 자연취락지구는 녹지지역·관리지역·농림지역 또는 자연환경보전지역의 취락을 정비하기 위하여 필요한 지구다. 집단취락지구는 개발제한구역 안의 취락을 정비하기 위하여 필요한 지구로서, 개발제한구역에서만 지정할 수 있다.

19 ① 고도지구는 세분하여 지정할 수 없다.
② 방재지구 - 시가지방재지구, 자연방재지구로 세분하여 지정할 수 있다.
③ 경관지구 - 특화경관지구, 자연경관지구, 시가지경관지구로 세분하여 지정할 수 있다.
④ 보호지구 - 역사문화환경보호지구, 중요시설물보호지구, 생태계보호지구로 세분하여 지정할 수 있다.
⑤ 개발진흥지구 - 관광·휴양개발진흥지구, 복합개발진흥지구, 특정개발진흥지구, 산업·유통개발진흥지구, 주거개발진흥지구로 세분하여 지정할 수 있다.
취락지구 - 자연취락지구, 집단취락지구로 세분하여 지정할 수 있다.

20 ③ 중심상업지역에 방화지구를 중복하여 지정될 수 있다.

21 ⑤ 특정용도제한지구이다.

22 ① ㉠: 개발제한구역, ㉡: 공업기능이다.

23 ③ 용도지역·용도지구에서의 도시·군계획시설에 대하여는 용도지역·용도지구에서의 건축제한 규정을 적용하지 아니한다.

24 ④ 옳은 것은 ㉡㉢㉤이다.
㉠ 경관지구 안에서는 그 지구의 경관의 보전·관리·형성에 장애가 된다고 인정하여 도시·군계획조례로 정하는 건축물을 건축할 수 없다.
㉣ 자연취락지구 안에서는 4층 이하의 범위에서 운동시설을 건축할 수 있다.

25 ④ 복합용도지구를 지정할 수 있는 용도지역은 ㉢ 일반공업지역, ㉣ 계획관리지역, ㉤ 일반주거지역이다.

26 ③ 방송통신시설은 자연취락지구 안에서 건축할 수 있다.

🏠 **자연취락지구 안에서 건축할 수 있는 건축물**(4층 이하의 건축물에 한한다. 다만, 4층 이하의 범위 안에서 도시·군계획조례로 따로 층수를 정하는 경우에는 그 층수 이하의 건축물에 한한다)

> 가. 「건축법 시행령」 별표 1 제1호의 단독주택
> 나. 「건축법 시행령」 별표 1 제3호의 제1종 근린생활시설
> 다. 「건축법 시행령」 별표 1 제4호의 제2종 근린생활시설(동호 나목에 해당하는 것과 일반음식점·단란주점 및 안마시술소를 제외한다)
> 라. 「건축법 시행령」 별표 1 제13호의 운동시설
> 마. 「건축법 시행령」 별표 1 제18호 가목의 창고(농업·임업·축산업·수산업용만 해당한다)
> 바. 「건축법 시행령」 별표 1 제21호의 동물 및 식물관련시설
> 사. 「건축법 시행령」 별표 1 제23호의 교정시설
> 아. 「건축법 시행령」 별표 1 제23호의2 국방·군사시설
> 자. 「건축법 시행령」 별표 1 제24호의 방송통신시설
> 차. 「건축법 시행령」 별표 1 제25호의 발전시설

27 ⑤ 국가 또는 지방자치단체가 자연취락지구 안의 주민의 생활편익과 복지증진 등을 위하여 시행하거나 지원할 수 있는 사업

> 1. 자연취락지구 안에 있거나 자연취락지구에 연결되는 도로·수도공급설비·하수도 등의 정비
> 2. 어린이놀이터·공원·녹지·주차장·학교·마을회관 등의 설치·정비
> 3. 쓰레기처리장·하수처리시설 등의 설치·개량
> 4. 하천정비 등 재해방지를 위한 시설의 설치·개량
> 5. 주택의 신축·개량

28 ② 시가화조정구역(×) ⇨ 국방부장관의 요청이 있어 보안상 도시의 개발을 제한할 필요가 있다고 인정되는 경우에는 개발제한구역의 지정 또는 변경을 도시·군관리계획으로 결정할 수 있다.
③ 시가화조정구역(×) ⇨ 개발제한구역
④ 복합용도구역(×) ⇨ 도시자연공원구역
⑤ 국토교통부장관(×) ⇨ 해양수산부장관

29 ③ 국가계획과 연계하여 시가화조정구역의 지정 또는 변경이 필요한 경우에는 국토교통부장관이 직접 시가화조정구역의 지정을 도시·군관리계획으로 결정할 수 있다.

30 ④ 시가화조정구역의 지정에 관한 도시·군관리계획의 결정은 시가화유보기간(5 ~ 20년 이내에서 정한기간)이 끝난 날의 다음 날 그 효력을 잃는다.

31 ⑤ 시가화조정구역에 복합유통게임제공업의 시설은 제2종 근린생활시설로서 설치할 수 없다.
시가화조정구역에서 공익시설·공용시설 및 공공시설 등(119안전센터·공공도서관·국가유산관리용 건축물·사회복지시설·야외음악당·야외극장·보건소·연구소등)은 허가를 받아 설치를 할 수 있다.

32 ④ 노후 건축물 등이 밀집하여 단계적 정비가 필요한 지역은 복합용도구역으로 지정할 수 있다.

33 ⑤ 건축선지정에 관한 사항은 도시혁신구역의 내용이 아니다.

34 ④ 「건축법」 제40조에 따른 대지의 조경이 아니고 「건축법」 제43조에 따른 공개 공지 등의 확보이다. 도시혁신구역에 대하여는 다음의 법률 규정에도 불구하고 도시혁신계획으로 따로 정할 수 있다.

> 1. 「주택법」 제35조에 따른 주택의 배치, 부대시설·복리시설의 설치기준 및 대지조성기준
> 2. 「주차장법」 제19조에 따른 부설주차장의 설치
> 3. 「문화예술진흥법」 제9조에 따른 건축물에 대한 미술작품의 설치
> 4. 「건축법」 제43조에 따른 공개 공지 등의 확보
> 5. 「도시공원 및 녹지 등에 관한 법률」 제14조에 따른 도시공원 또는 녹지 확보기준
> 6. 「학교용지 확보 등에 관한 특례법」 제3조에 따른 학교용지의 조성·개발 기준

35 ② 다른 법률에서 공간재구조화계획의 결정을 의제하고 있는 경우에도 이 법에 따르지 아니하고 도시혁신구역의 지정과 도시혁신계획을 결정할 수 없다.

36 ⑤ 용도지역 및 용도지구에 따른 제한에도 불구하고 복합용도구역에서의 건축물이나 그 밖의 시설의 용도·종류 및 규모 등의 제한에 관한 사항은 대통령령으로 정하는 범위에서 복합용도계획으로 따로 정한다.

37 ① 도시·군관리계획의 결정권자는 도시·군계획시설 준공 후 10년이 경과한 경우로서 해당 시설의 개량 또는 정비가 필요한 경우에 도시·군계획시설이 결정된 토지의 전부 또는 일부를 도시·군계획시설입체복합구역으로 지정할 수 있다.

38 ④ 관리지역에서 농지법에 따른 농업진흥지역으로 지정·고시된 지역은 농림지역으로 결정·고시된 것으로 본다.

39 ③ 그 건축물과 대지 전부가 아니라 그 건축물 전부에 대하여 방화지구의 행위제한을 적용한다.

40 1. 하나의 대지가 둘 이상의 용도지역·용도지구 또는 용도구역(이하 이 항에서 "용도지역 등"이라 한다)에 걸치는 경우로서 각 용도지역 등에 걸치는 부분 중 가장 작은 부분의 규모가 330m² 이하인 경우에는 전체 대지의 건폐율 및 용적률은 각 부분이 전체 대지 면적에서 차지하는 비율을 고려하여 다음의 구분에 따라 각 용도지역 등별 건폐율 및 용적률을 가중평균한 값을 적용하고, 그 밖의 건축 제한 등에 관한 사항은 그 대지 중 가장 넓은 면적이 속하는 용도지역 등에 관한 규정을 적용한다.
2. 위 설문의 경우 가장 작은 부분의 규모가 330m² 이하인 경우이므로 전체 대지의 건폐율 및 용적률은 가중평균한 값을 적용한다.

1. 가중평균한 건폐율 = (f1 × 1 + f2 × 2 + ⋯ + fn × n) / 전체 대지면적. 이 경우 f1부터 fn까지는 각 용도지역 등에 속하는 토지 부분의 면적을 말하고, ×1부터 ×n까지는 해당 토지 부분이 속하는 각 용도지역 등의 건폐율을 말하며, n은 용도지역 등에 걸치는 각 토지 부분의 총 개수를 말한다.

2. 가중평균한 용적률 = (f1 × 1 + f2 × 2 + ⋯ + fn × n) / 전체 대지면적. 이 경우 f1부터 fn까지는 각 용도지역 등에 속하는 토지 부분의 면적을 말하고, ×1부터 ×n까지는 해당 토지 부분이 속하는 각 용도지역 등의 용적률을 말하며, n은 용도지역 등에 걸치는 각 토지 부분의 총 개수를 말한다.

3. 가중평균한 건폐율 = 53%이다.

$$\frac{제2종\ 일반주거지역(700m^2) \times 건폐율(50\%) + 제1종\ 일반주거지역(300m^2) \times 건폐율(60\%)}{전체대지면적(1,000m^2)}$$

= 53%이다.

4. 가중평균한 용적률 = 135%이다.

$$\frac{제2종\ 일반주거지역(700m^2) \times 용적률(150\%) + 제1종\ 일반주거지역(300m^2) \times 용적률(100\%)}{전체대지면적(1,000m^2)}$$

= 135%이다.

41
1. 하나의 대지가 둘 이상의 용도지역·용도지구 또는 용도구역(이하 '용도지역 등'이라 한다)에 걸치는 경우로서 각 용도지역 등에 걸치는 부분 중 가장 작은 부분의 규모가 330m² 이하인 경우에는 전체 대지의 건폐율 및 용적률은 각 부분이 전체 대지면적에서 차지하는 비율을 고려하여 다음의 구분에 따라 각 용도지역 등별 건폐율 및 용적률을 가중평균한 값을 적용하고, 그 밖의 건축제한 등에 관한 사항은 그 대지 중 가장 넓은 면적이 속하는 용도지역 등에 관한 규정을 적용한다.

2. 위 설문의 경우 한쪽은 330m² 초과, 한쪽은 330m² 이하인 경우이므로 면적 전체(1,000m²)에 가장 넓은 면적이 속하는 용도지역인 제2종 일반주거지역에 그 밖의 건축제한(건폐율, 용적률제한을 제외)규정을 적용한다. 그러나 최대건축 연면적 계산시 용적률은 각 부분이 전체 대지면적에서 차지하는 비율을 고려하여 각 용도지역 등별 용적률을 가중평균한 값을 적용하므로 용적률 = 135%이다.

$$\frac{제2종\ 일반주거지역(700m^2) \times 용적률(150\%) + 제1종\ 일반주거지역(300m^2) \times 용적률(100\%)}{전체대지면적(1,000m^2)}$$

= 135%이다.

3. 이 경우 용적률 135%란? : 최대건축 연면적이 대지면적의 1.35배가 되는 것을 말한다.

4. 그러므로 최대 건축 연면적은 1,350m²이다. $\dfrac{용적률 \times 대지면적}{100}$ 이므로 $\dfrac{135\% \times 1,000m^2}{100} = 1,350m^2$ 이다.

42 ② 하나의 대지가 녹지지역과 그 밖의 용도지역·용도지구 또는 용도구역에 걸쳐 있는 경우에는 각각의 용도지역·용도지구 또는 용도구역의 건축물 및 토지에 관한 규정을 적용한다.

제2종 일반주거지역	생산녹지지역
대지면적 1,000m²	
대지면적? 용적률 200%, 건축연면적 1,200m²	대지면적? 용적률 50%, 건축연면적?

첫째, 각 용도지역의 대지면적을 구해야 한다.

제2종 일반주거지역의 대지면적은 $\dfrac{1,200}{대지면적} \times 100 = 200\%$이므로 대지면적은 600m²이다.

그러므로 생산녹지지역의 대지면적의 400m²이다.

둘째, 생산녹지지역의 건축연면적을 구해야 한다. $\dfrac{건축연면적}{400} \times 100 = 50\%$이므로 건축연면적은 200m²이다.

셋째, 위 법률 규정에 따라 각각의 용도지역 적용에 따른 건축연면적을 합해야 한다.

그리하여 제2종 일반주거지역의 건축연면적 1,200m²에 생산녹지지역 건축연면적 200m²를 합치면 甲의 대지에 가능한 건물의 최대연면적은 1,400m²이다.

43 1. 하나의 대지가 둘 이상의 용도지역·용도지구 또는 용도구역(이하 '용도지역 등'이라 한다)에 걸치는 경우로서 각 용도지역 등에 걸치는 부분 중 가장 작은 부분의 규모가 330m² 이하인 경우에는 전체 대지의 건폐율 및 용적률은 각 부분이 전체 대지면적에서 차지하는 비율을 고려하여 각 용도지역 등별 건폐율 및 용적률을 가중평균한 값을 적용하고, 그 밖의 건축제한 등에 관한 사항은 그 대지 중 가장 넓은 면적이 속하는 용도지역 등에 관한 규정을 적용한다.

2. 위 설문의 경우 한쪽은 330m² 초과, 한쪽은 330m² 이하인 경우이므로 면적 전체(1,000m²)에 가장 넓은 면적이 속하는 용도지역인 제1종 일반주거지역에 그 밖의 건축제한(건폐율, 용적률제한을 제외)규정을 적용한다. 그러나 최대건축 연면적 계산시 용적률은 각 부분이 전체 대지면적에서 차지하는 비율을 고려하여 각 용도지역 등별 용적률을 가중평균한 값을 적용한다.

3. $\dfrac{가중\ 평균한\ 용적률 \times 대지면적}{100} = 최대\ 건축\ 연면적이므로\ \dfrac{가중\ 평균한\ 용적률(?) \times 1000m²}{100}$

$= 1,200m²$

그러므로 각 용도지역 등별 용적률을 가중평균한 값이 120%이다.

4. '가중평균한 값이 120%이다.'라는 의미는

$\dfrac{제2종\ 일반주거지역(200m²) \times 용적률(200\%) + 제1종\ 일반주거지역(800m²) \times 용적률(?)}{전체\ 대지면적(1,000m²)}$

$= 120\%$

그러므로 제1종 일반주거지역의 용적률은 100%이다.

제6장 기반시설과 도시·군계획시설

01 ④	02 ①	03 ③	04 ⑤	05 ⑤	06 ③	07 ②	08 ④	09 ①	10 ⑤
11 ⑤	12 ⑤	13 ②	14 ②	15 ⑤	16 ⑤	17 ⑤	18 ③	19 ②	20 ①
21 ④	22 ②	23 ③	24 ①	25 ④	26 ③				

01 🔺 도시·군계획시설의 관리

도시·군계획시설의 관리에 관하여 이 법 또는 다른 법률에 특별한 규정이 있는 경우를 제외하고는 다음과 같이 관리한다.

관리주체	관리방법
국가가 관리하는 경우	중앙관서의 장이 관리한다.
지방자치단체가 관리하는 경우	해당 지방자치단체의 조례로 정한다.

02 ① 폐차장·하수도·폐기물처리시설·수질오염방지시설은 환경기초시설에 해당한다.

03 ③ 하천은 방재시설이다.

04 ⑤ 폐기물처리 및 재활용시설은 환경기초시설이다.
- 보건위생시설: 장사시설·종합의료시설·도축장
- 환경기초시설: 하수도·폐기물처리 및 재활용 시설·빗물저장 및 이용시설·수질오염방지시설·폐차장

05 ⑤ 발전시설·옥외변전시설은 미리 도시·군관리계획으로 결정하여야 한다.
①②③④는 도시·군관리계획으로 결정하지 아니하고도 설치할 수 있는 기반시설이다.

06 ③ 공동구의 설치(개량하는 경우를 포함한다)에 필요한 비용은 이 법 또는 다른 법률에 특별한 규정이 있는 경우를 제외하고는 공동구 점용예정자와 사업시행자가 부담한다.

07 ㉠㉡㉢은 공동구를 설치하여야 하는 지역이다.
㉢ 산업입지 및 개발에 관한 법률에 따른 국가산업단지는 공동구를 설치하여야 하는 지역이 아니다.
🔺 공동구 설치의무자
다음에 해당하는 지역·지구·구역 등이 200만m²를 초과하는 경우에는 개발사업시행자가 공동구를 설치하여야 한다.

1. 「도시개발법」에 따른 도시개발구역
2. 「택지개발촉진법」에 따른 택지개발지구

3. 「경제자유구역의 지정 및 운영에 관한 특별법」에 따른 경제자유구역

4. 「도시 및 주거환경정비법」에 따른 정비구역

5. 「공공주택 특별법」제2조 제2호에 따른 공공주택지구

6. 「도청이전을 위한 도시건설 및 지원에 관한 특별법」제2조 제3호에 따른 도청이전신도시

08 ④ 가스관, 하수도관은 공동구협의회의 심의를 거쳐 수용할 수 있다.

09 ① 사업시행자는 공동구의 설치공사를 완료한 때에는 지체 없이 공동구에 수용할 수 있는 시설의 종류와 공동구 설치위치 및 설계도면 등을 공동구 점용예정자에게 개별적으로 통지하여야 한다.

10 ⑤ 국가계획으로 설치하는 광역시설은 해당 광역시설의 설치·관리를 사업목적으로 하거나 사업종 목으로 하여 다른 법률에 따라 설립된 법인이 이를 설치·관리할 수 있다.

11 ① 단계별 집행계획은 도시·군계획시설결정의 고시일부터 3개월 이내에 수립하여야 한다.
② 단계별 집행계획은 재원조달계획·보상계획 등을 포함하여 수립하여야 한다.
③ 특별시장·광역시장·특별자치시장·특별자치도지사·시장 또는 군수는 도시·군계획시설사 업에 대한 단계별 집행계획을 수립하여야 한다. 승인 규정은 없다.
④ 3년 이내에 시행하는 도시·군계획시설사업은 제1단계 집행계획에, 3년 이후에 시행하는 도시· 군계획시설사업은 제2단계 집행계획에 포함되도록 하여야 한다.

12 ⑤ 국토교통부장관 또는 시·도지사는 실시계획을 인가하고자 하는 때는 이를 공고하고 관계 서류 의 사본을 14일 이상 일반이 열람할 수 있도록 해야 한다.

13 ② 지방공사는 동의를 받지 아니하고도 도시·군계획시설사업의 시행자로 지정을 받을 수 있다.

14 ② 도시·군계획시설사업이 같은 도의 관할구역에 속하는 둘 이상의 시 또는 군에 걸쳐 시행되는 경우에는 관계 시장 또는 군수가 협의하여 시행자를 지정하며, 협의가 성립되지 않는 경우에는 관할 도지사가 시행자를 지정한다.
④ 실시계획의 내용
다음의 사항을 포함한 도시·군계획시설사업에 관한 실시계획을 작성하여야 한다.

1. 사업의 종류 및 명칭
2. 사업의 면적 또는 규모
3. 사업시행자의 성명 및 주소(법인인 경우에는 법인의 명칭 및 소재지와 대표자의 성명 및 주소)
4. 사업의 착수예정일 및 준공예정일

15 ⑤ 도시·군관리계획결정의 고시가 있는 때에는 국·공유지로서 도시·군계획시설사업에 필요한 토지는 해당 도시·군관리계획으로 정하여진 목적 외의 목적으로 이를 매각하거나 양도할 수 없고, 이에 위반한 행위는 무효(취소 ×)로 한다.

16 ⑤ 재결신청기간은 실시계획에서 정한 도시·군계획시설사업의 시행기간에 하여야 한다.

17

> **제130조【토지에의 출입 등】**① 국토교통부장관, 시·도지사, 시장 또는 군수나 도시·군계획시설사업의 시행자는 다음 각 호의 행위를 하기 위하여 필요하면 타인의 토지에 출입하거나 타인의 토지를 재료 적치장 또는 임시통로로 일시 사용할 수 있으며, 특히 필요한 경우에는 나무, 흙, 돌, 그 밖의 장애물을 변경하거나 제거할 수 있다.
> 1. 도시·군계획·광역도시계획에 관한 기초조사
> 2. (㉠ 개발밀도관리구역), (㉡ 기반시설부담구역) 및 제67조 제4항에 따른 기반시설설치계획에 관한 기초조사
> 3. (㉢ 지가의 동향 및 토지거래의 상황)에 관한 조사
> 4. 도시·군계획시설사업에 관한 조사·측량 또는 시행

18 ① 행정청인 도시·군계획시설사업의 시행자는 허가 없이 타인의 토지에 출입할 수 있다.
② 타인의 토지를 일시 사용하고자 하는 자는 토지를 사용하고자 하는 날의 3일 전까지 그 토지의 소유자·점유자 또는 관리인에게 통지하여야 한다.
④ 토지에의 출입 등의 행위로 인하여 손실을 받은 자가 있는 때에는 그 행위자가 속한 행정청 또는 도시·군계획시설사업의 시행자가 그 손실을 보상하여야 한다.
⑤ 허가를 받지 아니하고 타인의 토지에 출입한 자는 1천만원 이하의 과태료에 처한다.

19 ① 행정청이 아닌 자가 도시·군계획시설사업을 시행하는 경우 그에 관한 비용은 원칙적으로 그 자가 부담한다(시행자 부담의 원칙).
③ 시·도지사, 시장 또는 군수가 수립하는 광역도시계획 또는 도시·군계획에 관한 기초조사 또는 지형도면의 작성에 드는 비용은 그 비용의 80% 이하의 범위에서 국가예산으로 보조할 수 있다.
④ 행정청이 시행하는 도시·군계획시설사업에 대하여는 해당 도시·군계획시설사업에 소요되는 비용(조사·측량비, 설계비 및 관리비를 제외한 공사비와 감정비를 포함한 보상비를 말한다)의 50% 이하의 범위에서 국가예산으로 보조 또는 융자할 수 있다.
⑤ 행정청이 아닌 자가 시행하는 도시·군계획시설사업에 대하여는 해당 도시·군계획시설사업에 소요되는 비용의 3분의 1 이하의 범위에서 국가 또는 지방자치단체가 보조 또는 융자할 수 있다.

20 ① 매수의무자가 매수하기로 결정한 토지는 매수결정을 알린 날부터 2년 이내에 매수하여야 한다.

21 ④ 도시·군계획시설결정의 고시일부터 10년 이내에 해당 도시·군계획시설사업이 시행되지 않으면 매수청구할 수 있다. 다만, 도시·군계획시설결정의 고시일부터 10년 이내에 해당 도시·군계획시설사업이 시행되지 아니한 경우라도 그 사업의 실시계획인가가 행하여진 경우에는 매수청구할 수 없다.

22 ① 도시·군계획시설채권은 매수청구 받은 지방자치단체가 발행할 수 있다.
③ 도시·군계획시설채권의 상환기간은 10년 이내로 조례로 결정한다.
④ 채권 발행 당시 은행법에 따른 인가를 받은 은행 중 전국을 영업으로 하는 은행이 적용하는 1년 만기 정기예금금리의 평균 이상으로 한다.
⑤ 도시·군계획시설채권에 관한 사항은 국토의 계획 및 이용에 관한 법률에 특별한 규정이 있는 경우 외에는 지방재정법에서 정하는 바에 따른다. 단, 매수가격 및 매수절차에 관하여 국토의 계획 및 이용에 관한 법률에 특별한 규정이 있는 경우 외에는 공익사업을 위한 토지 등의 취득 및 보상에 관한 법률을 준용한다.

23 ① 특별시장·광역시장·특별자치시장·특별자치도지사·시장 또는 군수에게 매수를 청구한다.
② 도시·군계획 시설부지에 대한 매수청구권은 형성권이 아니고 단순 청구권이다. 주의할 점은 공법상 매수청구권은 모두 단순 청구권이다.
④ 매수대금은 현금으로 지급하는 것을 원칙으로 하되, 지방자치단체는 일정한 경우에 도시·군계획시설채권을 발행하여 지급할 수 있다.
⑤ 매수가격 및 매수절차에 관하여 국토의 계획 및 이용에 관한 법률에 특별한 규정이 있는 경우 외에는 공익사업을 위한 토지 등의 취득 및 보상에 관한 법률 준용한다.

24 ① 매수청구할 수 있는 토지의 지목은 해당 도시·군계획시설의 부지로 되어 있는 토지 중 지목이 대인 토지에 한한다. 그러므로 해당 부지 중 지목이 임야인 토지의 소유자는 매수청구를 할 수 없다.

25 ① 도시·군계획시설결정이 고시된 도시·군계획시설에 대하여 그 고시일부터 20년이 지날 때까지 그 시설의 설치에 관한 도시·군계획시설사업이 시행되지 아니하는 경우 그 도시·군계획시설결정은 고시일부터 20년이 되는 날의 다음 날에 효력을 잃는다.
② 특별시장·광역시장·특별자치시장·특별자치도지사·시장 또는 군수는 도시·군계획시설결정이 고시된 도시·군계획시설(국토교통부장관이 결정·고시한 도시·군계획시설은 제외한다)을 설치할 필요성이 없어진 경우 또는 그 고시일부터 10년이 지날 때까지 해당 시설의 설치에 관한 도시·군계획시설사업이 시행되지 아니하는 경우에는 매년 해당 지방의회의 정례회의 기간 중에 그 현황과 단계별 집행계획을 해당 지방의회에 보고하여야 한다.
③ 장기미집행 도시·군계획시설결정의 해제를 권고받은 시장 또는 군수는 그 시설의 해제를 위한 도시·군관리계획의 결정을 국토교통부장관이 아니라 도지사에게 신청하여야 한다.
⑤ 국토교통부장관, 시·도지사, 대도시 시장은 도시·군계획시설결정이 효력을 잃으면 지체 없이 그 사실을 고시하여야 한다. 시장 또는 군수가 고시하는 것은 아니다.

26 ① 시설결정의 고시일부터 10년 이내에 실시계획의 인가만 있고 시설사업이 진행되지 아니하는 경우 그 부지의 소유자는 그 토지의 매수를 청구할 수 없다.

② 공동구가 설치된 경우 하수도관, 가스관은 공동구협의회의 심의를 거쳐야 공동구에 수용할 수 있다.

④ 도시·군계획시설결정이 고시된 도시·군계획시설에 대하여 그 고시일부터 20년이 지날 때까지 그 시설의 설치에 관한 도시·군계획시설사업이 시행되지 아니하는 경우 그 도시·군계획시설결정은 그 고시일부터 20년이 되는 날의 다음 날에 그 효력을 잃는다.

⑤ 시설결정의 고시일부터 10년 이내에 그 시설의 설치에 관한 시설사업이 시행되지 아니한 경우로서 단계별 집행계획상 해당 시설의 실효시까지 집행계획이 없는 경우에는 그 시설 부지로 되어 있는 토지의 소유자는 대통령령으로 정하는 바에 따라 해당 시설에 대한 도시·군관리계획 입안권자에게 그 토지의 시설결정 해제를 위한 도시·군관리계획 입안을 신청할 수 있다.

제7장 지구단위계획구역과 지구단위계획

Answer

01 ③   02 ③   03 ③   04 ①   05 ④   06 ①   07 ③   08 ⑤   09 ④   10 ③
11 ③

---

01 ③ 개발제한구역·도시자연공원구역·시가화조정구역·공원에서 해제되는 구역 중 계획적인 개발 또는 관리가 필요한 지역의 전부 또는 일부에 대하여는 지구단위계획구역으로 지정할 수 있다.

02 ③ 도시개발구역에서 시행되는 사업이 끝난 후 10년이 지난 지역은 지구단위계획으로 지정할 수 있다.

📌 **지구단위계획구역으로 지정하여야 하는 대상 지역**

1. 정비구역(개발구역✕) 또는 택지개발지구에서 시행되는 사업이 끝난 후 10년이 지난 지역
2. 체계적·계획적 개발 또는 관리가 필요한 지역으로서 그 면적이 30만m² 이상인 지역
   ㉠ 시가화조정구역 또는 공원에서 해제되는 지역
   ㉡ 녹지지역에서 주거지역·상업지역·공업지역으로 변경되는 지역

03 ① 30만m² 이상인 공원이 해제된 경우 해당 지역은 지구단위계획구역으로 지정하여야 한다.

② 지구단위계획구역은 국토교통부장관, 시·도지사, 시장 또는 군수가 도시·군관리계획으로 결정한다.

④ 3년이 아니라 3년이 되는 날의 다음 날에 그 지구단위계획구역의 지정에 관한 도시·군관리계획 결정은 그 효력을 잃는다.

⑤ 지구단위계획수립을 통해서 복합개발진흥지구를 산업·유통개발진흥지구로 변경할 수 있다.

🏠 **용도지역이나 용도지구를 대통령령으로 정하는 범위에서 세분하거나 변경하는 사항**

> 시행령상 세분된 용도지역 또는 용도지구(고도지구를 제외한다)를 그 경계의 범위(도시·군계획조례로 세분되는 용도지구를 포함) 안에서 세분 또는 변경하는 것

04 ① 계획관리지역 외 지구단위계획구역으로 포함할 수 있는 나머지 용도지역은 생산관리지역 또는 보전관리지역일 것. 다만, 지구단위계획구역에 포함되는 보전관리지역의 면적은 다음의 면적 요건을 충족하여야 한다.

> 1. 전체 지구단위계획구역 면적이 10만m² 이하 ⇨ 20% 이내
> 2. 전체 지구단위계획구역 면적이 10만m² 초과 20만m² 이하인 경우 ⇨ 2만제곱미터
> 3. 전체 지구단위계획구역 면적이 20만m² 초과 ⇨ 10% 이내

05 ④ 특정개발진흥지구가 계획관리지역에 위치할 것

06 지구단위계획에는 다음 사항을 포함한 2 이상의 사항이 포함되어야 한다.

> 1. 대통령령으로 정하는 기반시설의 배치와 규모
> 2. 건축물의 용도제한, 건축물의 건폐율 또는 용적률, 건축물 높이의 최고한도 또는 최저한도

07 ③ 건축법상의 대지의 공지, 대지의 분할제한 규정과 건축선의 규정은 완화적용 대상이 아니다.

08 ⑤ 도시지역 내 지구단위계획구역의 지정이 한옥마을의 보존을 목적으로 하는 경우 지구단위계획으로 주차장법 제19조 제3항의 규정에 의한 주차장 설치기준을 100퍼센트까지 완화하여 적용할 수 있다.

09 ① 일반음식점을 불허하고 있는 지구단위계획구역은 상업지역이라 하더라도 일반음식점을 건축할 수 없다.
② 지구단위계획에는 대통령령으로 정하는 기반시설의 배치와 규모, 건축물의 용도제한, 건축물의 건폐율 또는 용적률, 건축물 높이의 최고한도 또는 최저한도가 반드시 포함되어야 한다.
③ 택지개발사업이 끝난 후 10년이 지난 지역은 지구단위계획구역으로 지정하여야 한다.
⑤ 지구단위계획구역의 지정권자는 국토교통부장관, 시·도지사, 시장 또는 군수이며, 지정 이후 3년 이내에 지구단위계획이 결정·고시되어야 한다.

10 ③ 높이제한의 완화는 도시지역 외가 아니라 도시지역의 지구단위계획구역에서 지구단위계획으로 당해 용도지역에 적용되는 건축물 높이의 120% 이내에서 높이제한을 완화하여 적용할 수 있다.

11 ③ 지구단위계획(주민이 입안을 제안한 것에 한정한다)에 관한 도시 · 군관리계획결정의 고시일부터 (5)년 이내에 「국토의 계획 및 이용에 관한 법률」 또는 다른 법률에 따라 허가 · 인가 · 승인 등을 받아 사업이나 공사에 착수하지 아니하면 그 (5)년이 된 날의 다음 날에 그 지구단위계획에 관한 도시 · 군관리계획결정은 효력을 잃는다.

제8장 개발행위허가 등

Answer

01 ③	02 ①	03 ④	04 ⑤	05 ④	06 ⑤	07 ③	08 ⑤	09 ②	10 ①
11 ⑤	12 ②	13 ③	14 ③	15 ②	16 ④	17 ②	18 ③	19 ⑤	20 ①

01 ① 도시 · 군계획사업에 의하는 경우 개발행위 허가 없이 허용된다.
② 경작을 위한 토지의 형질변경은 개발행위에서 제외되어 허가 없이 허용된다.
④ 농림지역에 1개월 이상 쌓아 놓는 행위는 개발행위 허가대상이 아니다.
⑤ 토지의 일부가 도시 · 군계획시설로 지형도면고시가 된 당해 토지의 분할은 개발행위 허가대상이 아니다.

02 ① 자연환경보전지역에서 농림어업용 비닐하우스를 설치하는 개발행위를 하고자 하는 자는 특별시장 · 광역시장 · 특별자치시장 · 특별자치도지사 · 시장 또는 군수의 허가를 받아야 한다.
② 허가사항이 아니다.
③ 허가사항이 아니다.
④ 허가사항이 아니다.
⑤ 허가사항이 아니다.

03 ① 도시 · 군계획사업은 개발행위 허가대상이 아니다.
② 개발행위에 따른 기반시설의 설치 또는 그에 필요한 용지의 확보 · 위해방지 · 환경오염방지 · 경관 · 조경 등에 관한 조치를 할 것을 조건으로 개발행위허가를 할 수 있다.
③ 관리지역과 농림지역에서 토지의 형질변경허가를 할 수 있는 규모는 원칙적으로 3만㎡ 미만에서 도시 · 군계획조례로 따로 정할 수 있다.
⑤ 동의를 받아야 하는 것이 아니라 도시 · 군계획사업 시행자의 의견을 들어야 한다.

04 ⑤ 허가권자가 개발행위허가를 하려는 경우에는 개발행위가 시행되는 지역에서 이미 시행되고 있는 도시 · 군계획사업 시행자의 의견을 들어야 한다.

05 ④ 보전관리지역은 관리지역이므로 3만m² 미만, 주거지역, 상업지역, 자연녹지지역, 생산녹지지역은 1만m² 미만, 공업지역, 관리지역, 농림지역은 3만m² 미만이다.

06 🏠 **이행보증금 예치 사유(영 제59조)**

> 1. 토지의 굴착으로 인하여 인근 토지가 붕괴될 우려가 있거나 인근 건축물 또는 공작물이 손괴될 우려가 있는 경우
> 2. 토지의 형질변경이나 토석채취가 완료된 후 비탈면에 조경을 할 필요가 있는 경우
> 3. 토석의 발파로 인한 낙석 또는 먼지 등에 의하여 인근지역에 피해가 발생할 우려되는 경우
> 4. 토석을 운반하는 차량의 통행으로 인하여 통행로 주변의 환경이 오염될 우려가 있는 경우
> 5. 건축물의 건축 또는 공작물의 설치, 토지의 형질변경, 토석채취에 해당하는 개발행위로서 해당 개발행위로 인하여 도로, 수도공급설비·하수도 등 기반시설의 설치가 필요한 경우

07 ③ 유보 용도 : 도시계획위원회의 심의를 통하여 개발행위허가의 기준을 강화 또는 완화하여 적용할 수 있는 계획관리지역·생산관리지역 및 녹지지역 중 자연녹지지역이고, 녹지지역 중 생산녹지지역은 보전 용도이다.

08 ⑤ 토지 분할은 준공검사 대상이 아니다.
건축물의 건축 또는 공작물의 설치, 토지의 형질변경, 토석의 채취에 대한 개발행위허가를 받은 자는 그 개발행위를 완료한 때에는 국토교통부장관이 정하는 바에 따라 특별시장·광역시장·특별자치시장·특별자치도지사·시장 또는 군수의 준공검사를 받아야 한다.

09 ② 지구단위계획구역으로 지정된 지역에서는 최장 5년 동안 개발행위허가를 제한할 수 있다.

10 🏠 **개발행위허가의 제한**
국토교통부장관, 시·도지사, 시장 또는 군수는 1회에 한하여 3년 이내의 기간 동안 개발행위허가를 제한할 수 있다. 다만, 3.부터 5.에 해당하는 지역에 대하여는 1회에 한하여 2년 이내의 기간 동안 개발행위허가의 제한을 연장할 수 있다.

> 1. 녹지지역이나 계획관리지역으로서 수목이 집단적으로 자라고 있거나 조수류 등이 집단적으로 서식하고 있는 지역 또는 우량 농지 등으로 보전할 필요가 있는 지역
> 2. 개발행위로 인하여 주변의 환경·경관·미관·국가유산기본법에 따른 국가유산 등이 크게 오염되거나 손상될 우려가 있는 지역
> 3. 도시·군기본계획 또는 도시·군관리계획을 수립하고 있는 지역으로서 그 도시·군기본계획 또는 도시·군관리계획이 결정될 경우 용도지역·용도지구 또는 용도구역의 변경이 예상되고 그에 따라 개발행위허가의 기준이 크게 달라질 것으로 예상되는 지역
> 4. 지구단위계획구역으로 지정된 지역
> 5. 기반시설부담구역으로 지정된 지역

11 ⑤ 개발행위허가로 의제되는 사항이 있으면 관계 행정기관의 장과 미리 협의하여야 하며, 협의 요청받은 관계 행정기관의 장은 요청을 받은 날부터 20일 이내에 의견을 제출하여야 한다.
① 도시·군계획사업(도시·군계획시설사업, 도시개발사업, 정비사업)은 허가받지 아니한다.

12 ① 허가가 필요한 개발행위는 용도지역이 지정되지 아니한 지역에서도 허가를 받아야 한다.
③ 지방자치단체의 개발행위에 대하여는 이행보증금을 예치하게 하지 아니한다.
④ 성장관리계획이나 지구단위계획을 수립한 지역에서 하는 개발행위는 도시계획위원회의 심의를 거치지 아니한다.
⑤ 개발행위허가를 받은 부지면적 및 건축물 연면적을 5% 범위 안에서 축소하는 경우에는 경미한 변경에 해당하여 별도의 변경허가를 받을 필요가 없으며, 경미한 사항을 변경한 때에는 지체 없이 그 사실을 특별시장·광역시장·특별자치시장·특별자치도지사·시장 또는 군수에게 알려야 한다. 그러나 연장이나 확장하는 경우에는 변경허가를 받아야 한다.

13 ① 「사방사업법」에 따른 사방사업을 위한 개발행위를 허가 하려면 지방도시계획위원회의 심의를 거치지 아니한다.
② 토지의 일부가 도시·군계획시설로 지형도면고시가 된 당해 토지의 분할은 개발행위허가를 받지 아니한다.
④ 시·도지사는 기반시설부담구역으로 지정된 지역에 대해서는 3년간 개발행위허가를 제한할 수 있다.
⑤ 토지분할을 위한 개발행위허가를 받은 자는 그 개발행위를 마치면 특별시장·광역시장·특별자치시장·특별자치도지사·시장 또는 군수의 준공검사를 받지 아니한다.

14 ③ 지구단위계획구역으로 지정된 지역은 중앙도시계획위원회나 지방도시계획위원회의 심의를 거쳐 한 차례만 3년 이내의 기간 동안 개발행위허가를 제한할 수 있다. 다만, 중앙도시계획위원회나 지방도시계획위원회의 심의를 거치지 아니하고 한 차례만 2년 이내의 기간 동안 개발행위허가의 제한을 연장할 수 있다.

15 ① 도시·군계획사업에 의하여 10층 이상의 건축물을 건축하려는 경우에는 허가를 받지 아니한다.
③ 허가를 받은 건축물의 연면적을 5퍼센트 범위에서 축소하려는 경우에는 허가권자에게 미리 통지하여야 한다.
④ 허가의 신청이 있는 경우 특별한 사유가 없으면 도시계획위원회의 심의 또는 기타 협의 기간을 제외한 15일 이내에 허가 또는 불허가의 처분을 하여야 한다.
⑤ 국토교통부장관이 지구단위계획구역으로 지정된 지역에 대하여 허가의 제한을 연장하려면 중앙도시계획위원회의 심의를 거치지 아니한다.

16 ④ ⓒⓒ은 옳다.
ⓒ 기반시설의 배치와 규모에 관한 사항은 성장관리계획에 포함되는 내용이다.

17 ① 특별시장·광역시장·특별자치시장·특별자치도지사·시장 또는 군수는 녹지지역, 관리지역, 농림지역 및 자연환경보전지역 중 향후 시가화가 예상되는 지역의 전부 또는 일부에 대하여 성장관리계획구역을 지정할 수 있다. 공업지역은 성장관리계획구역을 지정할 수 없다.

③ 성장관리계획구역 내 계획관리지역에서는 125퍼센트 이하의 범위에서 성장관리계획으로 정하는 바에 따라 용적률을 완화하여 적용할 수 있다.

④ 시장 또는 군수는 성장관리계획구역을 지정할 수 있다. 성장관리계획구역을 도시·군관리계획으로 지정하는 것은 아니다.

⑤ 시장 또는 군수는 성장관리계획구역을 지정하려면 성장관리계획구역안을 14일 이상 일반이 열람할 수 있도록 해야 한다.

18 ③ 성장관리계획구역에서 생산관리지역·농림지역 및 자연녹지지역과 생산녹지지역은 30퍼센트 이하의 범위에서 성장관리계획으로 정하는 바에 따라 건폐율을 완화하여 적용할 수 있는 지역이다.

19 ⑤ 개발행위허가를 받은 자가 행정청이 아닌 경우 개발행위로 용도가 폐지되는 공공시설은 대체되는 공공시설의 설치비용에 상당하는 범위 안에서 개발행위허가를 받은 자에게 무상으로 양도될 수 있다.

20 ② 개발행위허가를 받은 자가 행정청인 경우 개발행위로 용도가 폐지되는 공공시설은 개발행위허가를 받은 자에게 무상으로 귀속된다.

③ 공공시설의 관리청이 불분명한 경우 하천에 대하여는 환경부장관을, 도로 등에 대하여는 국토교통부장관을 관리청으로 보고, 그 외의 재산에 대하여는 기획재정부장관을 관리청으로 본다.

④ 개발행위허가를 받은 자가 행정청인 경우 관리청에 귀속되거나 개발행위허가를 받은 자에게 양도될 공공시설은 세목을 통지한 날에 해당 시설을 관리할 관리청과 개발행위허가를 받은 자에게 각각 귀속된 것으로 본다.

⑤ 개발행위허가를 받은 자가 행정청인 경우 개발행위허가를 받은 자는 그에게 귀속된 공공시설의 처분으로 인한 수익금을 도시·군계획사업 외의 목적에 사용하여서는 아니 된다.

제9장 **개발밀도관리구역 및 기반시설부담구역**

Answer

01 ⑤	02 ⑤	03 ⑤	04 ④	05 ③	06 ③	07 ①	08 ②	09 ③	10 ②
11 ④									

01 ⑤ 개발밀도관리구역을 지정하려는 경우 주민의 의견을 듣지 아니하고 지방도시계획위원회의 심의를 거쳐 이를 지방자치단체의 공보와 인터넷 홈페이지에 고시하여야 한다.

02 ⑤ 개발밀도관리구역과 기반시설부담구역은 중복 지정할 수 없으므로 개발밀도관리구역에 기반시설부담구역을 지정할 수 없다.

03 ⑤ 향후 2년 이내에 해당 지역의 학생수가 학교 수용능력의 20% 이상을 초과할 것으로 예상되는 지역이어야 한다.

04 ④ 개발밀도관리구역에서는 해당 용도지역에 적용되는 용적률의 최대한도의 50퍼센트 범위에서 용적률을 강화하여 적용한다.

05 ③ 개발밀도관리구역 지정대상이다.
🔖 특별시장·광역시장·특별자치시장·특별자치도지사·시장 또는 군수는 다음에 해당하는 지역에 대하여는 기반시설부담구역으로 지정하여야 한다. 다만, 개발행위가 집중되어 특별시장·광역시장·특별자치시장·특별자치도지사·시장 또는 군수가 해당 지역의 계획적 관리를 위하여 필요하다고 인정하는 경우에는 다음에 해당하지 아니하는 경우라도 기반시설부담구역으로 지정할 수 있다.

> 1. 이 법 또는 다른 법령의 제정·개정으로 인하여 행위제한이 완화되거나 해제되는 지역
> 2. 이 법 또는 다른 법령에 따라 지정된 용도지역 등이 변경되거나 해제되어 행위제한이 완화되는 지역
> 3. 해당 지역의 전년도 개발행위허가 건수가 전전년도 개발행위허가 건수보다 20% 이상 증가한 지역
> 4. 해당 지역의 전년도 인구증가율이 그 지역이 속하는 특별시·광역시·특별자치시·특별자치도·시 또는 군(광역시의 관할 구역에 있는 군은 제외)의 전년도 인구증가율보다 20% 이상 높은 지역

06 ③ 이 법 또는 다른 법령에 따라 지정된 용도지역 등이 변경되거나 해제되어 행위제한이 완화되는 지역이 대상이다. 근린상업지역에서 계획관리지역으로 변경되는 지역은 행위제한이 강화되는 지역이므로 틀린 문장이다.
특별시장·광역시장·특별자치시장·특별자치도지사·시장 또는 군수는 다음에 해당하는 지역에 대하여는 기반시설부담구역으로 지정하여야 한다.

> 1. 이 법 또는 다른 법령의 제정·개정으로 인하여 행위제한이 완화되거나 해제되는 지역
> 2. 이 법 또는 다른 법령에 따라 지정된 용도지역 등이 변경되거나 해제되어 행위제한이 완화되는 지역
> 3. 해당 지역의 전년도 개발행위허가 건수가 전전년도 개발행위허가 건수보다 20% 이상 증가한 지역
> 4. 해당 지역의 전년도 인구증가율이 그 지역이 속하는 특별시·광역시·특별자치시·특별자치도·시 또는 군의 전년도 인구증가율보다 20% 이상 높은 지역

07 ① 기반시설부담구역은 기반시설이 적절하게 배치될 수 있는 규모로서 최소 10만㎡ 이상의 규모가 되도록 지정한다.

08 ② 타인 소유의 토지를 임차하여 건축행위를 하는 경우에는 그 행위자(임차인)가 납부의무자가 된다.

09 ③ 건축물별 기반시설유발계수는 다음과 같다.
㉠ 제2종 근린생활시설 = 1.6 ㉡ 종교시설 = 1.4 ㉢ 판매시설 = 1.3 ㉣ 위락시설 = 2.1

🔖 기반시설유발계수

- 단독주택, 공동주택, 운동시설, 업무시설, 교육연구시설 : 0.7
- 의료시설 : 0.9
- 숙박시설 : 1.0
- 판매시설, 제1종 근린생활시설 : 1.3
- 제2종 근린생활시설 : 1.6
- 문화 및 집회시설, 종교시설, 운수시설 : 1.4
- 위락시설 : 2.1

10 ① 특별시장·광역시장·특별자치시장·특별자치도지사·시장 또는 군수는 이 법 또는 다른 법률의 제정으로 인하여 행위제한이 완화되거나 해제되는 지역에 대하여는 기반시설부담구역으로 지정하여야 한다.
③ 기반시설부담구역에서 기반시설설치비용의 부과대상인 건축행위는 단독주택 및 숙박시설 등의 시설로서 원칙적으로 200㎡를 초과하는 건축물의 신축·증축 행위로 한다.
④ 기반시설부담구역이 아니라 개발밀도관리구역 안에서는 해당 용도지역에 적용되는 용적률의 최대한도의 50% 범위 안에서 용적률을 강화하여 적용한다.
⑤ 기반시설부담구역의 지정·고시일로부터 1년이 되는 날까지 기반시설설치계획을 수립하지 아니하면 그 1년이 되는 날의 다음 날에 기반시설부담구역의 지정은 해제된 것으로 본다.

11 ① 시장 또는 군수가 개발밀도관리구역을 변경하는 경우 관할 지방도시계획위원회의 심의를 거쳐야 한다.
② 기반시설부담구역의 지정고시일부터 1년이 되는 날까지 기반시설설치계획을 수립하지 아니하면 그 1년이 되는 날의 다음 날에 기반시설부담구역의 지정은 해제된 것으로 본다.
③ 시장 또는 군수는 기반시설설치비용 납부의무자가 지방자치단체로부터 건축허가를 받은 날부터 2개월 이내에 기반시설설치비용을 부과하여야 한다.
⑤ 기반시설설치비용 납부의무자는 사용승인 신청시까지 그 비용을 내야 한다.

제10장 보칙 및 벌칙

Answer

01 ⑤　02 ②　03 ①　04 ③

01 ⑤ 국토교통부장관은 도시·군기본계획과 도시·군관리계획이 국가계획 및 광역도시계획의 취지에 부합하지 아니하다고 판단하는 경우에는 특별시장·광역시장·특별자치시장·특별자치도지사·시장 또는 군수에게 기한을 정하여 도시·군기본계획과 도시·군관리계획의 조정을 요구할 수 있다.

02 국토교통부장관, 시·도지사, 시장·군수 또는 구청장은 다음에 해당하는 처분을 하려면 청문을 실시하여야 한다.

> 1. 개발행위허가의 취소
> 2. 도시·군계획시설사업의 시행자 지정의 취소
> 3. 실시계획인가의 취소

03 ① 공동구에 수용하여야 하는 시설을 공동구에 수용하지 아니한 경우에는 2년 이하의 징역 또는 2,000만원 이하의 벌금에 처한다.
② 1,000만원 이하의 과태료에 처한다.
③ 500만원 이하의 과태료에 처한다.
④ 1,000만원 이하의 과태료에 처한다.
⑤ 1,000만원 이하의 과태료에 처한다.

04 ③ 시가화조정구역에서 허가를 받지 아니하고 마을공동시설, 공익시설·공공시설 등을 건축하는 행위를 한 자는 3년 이하의 징역 또는 3,000만원 이하의 벌금에 처한다.
다음은 2년 이하의 징역 또는 2,000만원 이하의 벌금에 처한다.

> 1. 도시·군계획시설의 설치·관리규정에 위반하여 도시·군관리계획의 결정이 없이 기반시설을 설치한 자
> 2. 공동구수용 의무규정에 위반하여 공동구에 수용하여야 하는 시설을 공동구에 수용하지 아니한 자
> 3. 지구단위계획구역 안에서 지구단위계획에 맞게 건축해야 할 의무를 위반하여 지구단위계획에 맞지 아니하게 건축물을 건축하거나 용도를 변경한 자
> 4. 용도지역 또는 용도지구에서의 건축물이나 그 밖의 시설의 용도·종류 및 규모 등의 제한을 위반하여 건축물을 건축하거나 건축물의 용도를 변경한 자

제 **1** 장 **개발계획의 수립**

01 ⑤   02 ①   03 ③   04 ④   05 ④   06 ②

01 ⑤ 해당 도시개발구역에 포함되는 주거지역·상업지역·공업지역의 면적 합계가 전체 30% 이하인 지역이다.

다음은 도시개발구역 지정 후에 개발계획을 수립할 수 있다.

> 1. 자연녹지지역, 생산녹지지역(생산녹지지역이 개발구역의 30% 이하인 지역에 한한다)
> 2. 도시지역 외의 지역
> 3. 국토교통부장관이 지역균형발전을 위하여 중앙행정기관장과 협의하여 도시개발구역으로 지정하려는 지역(자연환경보전지역은 제외)
> 4. 주거지역·상업지역·공업지역의 면적 합계가 전체 30% 이하인 지역
> 5. 개발계획 공모시

02 ① 지구단위계획은 실시계획의 내용이다. 개발계획의 내용이 아니다.

03 ③ 계획관리지역은 도시개발구역을 지정한 후에 개발계획을 수립할 수 있다.

04 ④ 사업시행지구를 분할하거나 분할된 사업시행지구를 통합하는 경우에는 환지방식으로 시행하기 위하여 개발계획을 변경할 때 동의를 받아야 한다.

개발계획의 경미한 변경으로 토지소유자의 동의가 필요 없는 경우

> 1. 도시개발구역의 명칭 변경
> 2. 너비가 12미터 미만인 도로를 신설 또는 폐지하는 경우
> 3. 시행자의 변경
> 4. 수용예정인구가 종전보다 100분의 10 미만 증감하는 경우(변경 이후 수용예정인구가 3천명 미만)
> 5. 보건의료시설면적 및 복지시설면적의 100분의 10 미만의 변경
> 6. 도로를 제외한 기반시설의 면적이 종전보다 100분의 10 미만으로 증감하거나 신설되는 기반시설의 총면적이 종전 기반시설 면적의 100분의 5 미만인 경우
> 7. 기반시설을 제외한 도시개발구역의 용적률이 종전보다 100분의 5 미만 증가하는 경우

05 다음 사항은 도시개발구역의 지정 후에 이를 개발계획에 포함시킬 수 있다.

> 1. 도시개발구역 밖의 지역에 기반시설을 설치하여야 하는 경우에는 그 시설의 설치에 필요한
>   비용의 부담계획
> 2. 수용 또는 사용의 대상이 되는 토지·건축물 또는 토지에 정착한 물건과 이에 관한 소유권
>   외의 권리, 광업권, 어업권, 물의 사용에 관한 권리가 있는 경우에는 그 세부목록
> 3. 임대주택건설계획 등 세입자 등의 주거 및 생활 안정 대책
> 4. 순환개발 등 단계적 사업추진이 필요한 경우 사업추진 계획 등에 관한 사항

06 ① 집합건물의 소유 및 관리에 관한 법률에 따른 구분소유자는 구분소유자 각각을 토지소유자로
본다.
③ 개발구역의 지정이 제안된 후부터 개발계획이 수립되기 전까지의 사이에 토지소유자가 변경된
경우 변경 전(기존) 토지소유자의 동의서를 기준으로 한다.
④ 개발계획의 변경을 요청받은 후부터 개발계획이 변경되기 전까지의 사이에 토지소유자가 변경
된 경우 변경 전(기존) 토지소유자의 동의서를 기준으로 한다.
⑤ 도시개발구역의 토지면적을 산정하는 경우 국공유지는 포함한다.

제2장 도시개발구역의 지정

Answer

01 ④	02 ④	03 ①	04 ⑤	05 ④	06 ②	07 ①	08 ③	09 ③	10 ⑤
11 ②	12 ④	13 ④							

01 ④ ㉠㉡㉢

🏠 **도시개발구역의 지정권자**

> 1. 원칙: 시·도지사, 대도시 시장[특별시장·광역시장·도지사, 특별자치도지사(시·도지사), 대도시 시
>   장]은 도시개발구역을 지정할 수 있다.
> 2. 예외: 국토교통부장관이 지정할 수 있다.

02 ④ 2 이상의 시·도 또는 대도시에 걸치면 시·도지사와 대도시 시장이 협의하여 지정할 자를 정한
다. 협의가 이루어지지 않을 때 국토교통부장관이 도시개발구역을 지정할 수 있다.

03 ① 주거지역: 10,000m² 이상
② 상업지역: 10,000m² 이상
③ 공업지역: 30,000m² 이상

④ 보전녹지지역 : 도시개발사업을 하지 못한다.

　　도시지역 안의 자연녹지지역, 생산녹지지역 : 10,000m² 이상

⑤ 도시지역 외의 지역 : 원칙적으로 300,000m² 이상, 예외적으로 100,000m²도 가능하다.

04 ⑤ 자연녹지지역은 도시개발구역을 지정한 후에 개발계획을 수립할 수 있다.

🔔 **규모규정의 적용제외**(계획 수립 여부 불문)

> 1. 취락지구 · 개발진흥지구 및 지구단위계획구역으로서 지정권자가 계획적 개발이 필요하다고 인정하는 지역
> 2. 국토교통부장관이 지역균형발전을 위하여 관계 중앙행정기관의 장과 협의하여 도시개발구역으로 지정하고자 하는 지역(자연환경보전지역을 제외한다)

05 ④ 시장 또는 군수는 도시개발법령상 도시개발구역의 지정권자가 될 수 없다.

🔔 **도시개발구역의 지정권자**

> 1. 원칙 : 시 · 도지사, 대도시 시장
> 2. 예외 : 국토교통부장관

06 ② 도시개발구역의 지정을 제안받은 국토교통부장관 · 특별자치도지사 · 시장 · 군수 · 구청장은 제안 내용의 수용 여부를 1개월 이내에 제안자에게 통보하여야 한다. 다만 불가피한 사유가 있는 경우에는 1개월 이내의 범위에서 통보기간을 연장할 수 있다.

07 ① 국가 · 지방자치단체 · 조합을 제외한 도시개발사업의 시행자가 될 수 있는 자는 특별자치도지사, 시장 · 군수 또는 구청장에게 도시개발구역의 지정을 제안할 수 있다. 그러므로 도시개발조합은 도시개발구역의 지정을 제안할 수 없다.

08 ③ 취락지구로 지정된 지역인 경우에는 도시지역과 지구단위계획구역으로 보지 않는다.

⑤ 국토교통부장관이 지역균형발전을 위하여 중앙행정기관의 장과 협의하여 도시개발구역으로 지정하려는 지역(자연환경보전지역은 제외) 즉, 자연환경보전지역은 국토교통부장관이 지역균형발전을 위하여 중앙행정기관의 장과 협의하여도 도시개발구역으로 지정할 수 없다.

09 ③ 도시개발구역에서 죽목의 벌채 및 식재, 건축물의 건축 · 공작물의 설치, 토지형질의 변경, 토석 채취, 토지의 분할, 물건을 쌓아 놓는 행위 등 대통령령이 정하는 행위를 하고자 하는 자는 특별시장 · 광역시장 · 특별자치도지사 · 시장 · 군수의 허가를 받아야 한다.

10 도시개발구역에서 특별시장·광역시장·특별자치도지사·시장 또는 군수의 허가를 받아야 하는 행위로는 건축물의 건축, 공작물의 설치, 토지의 형질변경, 토석의 채취, 토지분할, 물건을 쌓아놓는 행위, 죽목의 벌채 및 식재 등이 있다.

🔔 다음의 행위는 도시개발구역에서 허가를 받지 아니하고 이를 할 수 있다.

> 1. 재해복구 또는 재난수습을 위한 응급조치
> 2. 농림수산물의 생산에 직접 이용되는 것으로서 국토교통부령이 정하는 간이공작물의 설치(비닐하우스)
> 3. 경작을 위한 토지의 형질변경
> 4. 도시개발구역의 개발에 지장을 주지 아니하고 자연경관을 손상하지 아니하는 범위에서의 토석의 채취
> 5. 도시개발구역에 남겨두기로 결정된 대지에서 물건을 쌓아놓는 행위
> 6. 관상용 죽목의 임시식재(경작지에서의 임시식재를 제외한다 - 허가사항)

11 ② ㉠: 2, ㉡: 3, ㉢: 5

도시개발구역을 지정한 후 개발계획을 수립하는 경우에는 아래에 규정된 날의 다음 날에 도시개발구역의 지정이 해제된 것으로 본다.

- 도시개발구역이 지정·고시된 날부터 (2)년이 되는 날까지 개발계획을 수립·고시하지 아니하는 경우에는 그 (2)년이 되는 날. 다만, 도시개발구역의 면적이 330만제곱미터 이상인 경우에는 5년으로 한다.
- 개발계획을 수립·고시한 날부터 (3)년이 되는 날까지 실시계획 인가를 신청하지 아니하는 경우에는 그 (3)년이 되는 날. 다만, 도시개발구역의 면적이 330만제곱미터 이상인 경우에는 (5)년으로 한다.

12 ④ 도시개발구역 지정 후 개발계획을 수립하는 경우에 도시개발구역의 면적규모가 500만㎡인(330만㎡ 이상) 경우에는 도시개발구역을 지정·고시한 날부터 5년이 되는 날까지 개발계획을 수립·고시하지 아니하는 경우에는 그 5년이 되는 날의 다음 날에 해제된 것으로 본다(이 경우 실시계획도 330만㎡ 이상인 경우에는 실시계획인가 신청이 5년 이내 없으면 5년이 되는 날의 다음 날에 해제된 것으로 본다).

13 ① 지구단위계획으로는 의제되지 아니한다. 도시개발구역이 지정·고시된 경우 해당 도시개발구역은 국토의 계획 및 이용에 관한 법률에 의한 도시지역과 지구단위계획구역으로 결정·고시된 것으로 본다.

② 재해복구 또는 재난수습을 위한 응급조치는 허가를 받지 않고 할 수 있다. 1개월 이내에 신고는 국토의 계획 및 이용에 관한 법률에 규정되어 있고 도시개발법은 신고도 하지 아니한다.

③ 도시개발구역이 지정·고시된 날부터 3년이 되는 날까지 도시개발사업에 관한 실시계획의 인가를 신청하지 아니하는 경우에는 그 3년이 되는 날 다음 날에 해제된 것으로 본다.

⑤ 도시개발구역은 도시개발사업의 공사완료(환지방식에 따른 사업인 경우에는 환지처분)에 따라 도시개발구역의 지정이 해제의제된 경우에는 그러하지 아니하다.

제3장 | 도시개발사업의 시행자

Answer

01 ③	02 ②	03 ①	04 ③	05 ②	06 ③	07 ③	08 ④	09 ④	10 ②
11 ③	12 ⑤	13 ②							

01 ③ 토지소유자 또는 도시개발조합은 전부를 환지방식으로 시행하는 경우에 우선적으로 시행자로 지정될 수 있다.

02 ② 한국부동산원법에 따른 한국부동산원은 도시개발사업 시행자로 지정될 수 없다.

03 ① 국가는 지정할 수 없다.

지정권자는 다음에 해당하는 사유가 있으면 지방자치단체 등(지방자치단체, 한국토지주택공사, 지방공사, 신탁업자)을 시행자로 지정할 수 있다. 이 경우 도시개발사업을 시행하는 자가 시·도지사 또는 대도시 시장인 경우 국토교통부장관이 지정한다.

> 1. 토지 소유자나 조합이 개발계획의 수립·고시일부터 1년(다만, 지정권자가 시행자 지정 신청 기간의 연장이 불가피하다고 인정하여 6개월의 범위에서 연장한 경우에는 그 연장된 기간) 이내에 시행자 지정을 신청하지 아니한 경우 또는 지정권자가 신청된 내용이 위법하거나 부당하다고 인정한 경우
> 2. 지방자치단체의 장이 집행하는 공공시설에 관한 사업과 병행하여 시행할 필요가 있다고 인정한 경우
> 3. 도시개발구역의 국공유지를 제외한 토지면적의 2분의 1 이상에 해당하는 토지 소유자 및 토지 소유자 총수의 2분의 1 이상이 지방자치단체 등의 시행에 동의한 경우

04 ③ 도시개발구역 전부를 환지방식으로 시행하는 경우, 시행자로 지정된 자(토지 소유자 또는 조합)가 도시개발구역 지정의 고시일부터 1년(다만, 지정권자가 실시계획의 인가신청기간의 연장이 불가피하다고 인정하여 6개월의 범위에서 연장한 경우에는 그 연장된 기간) 이내에 도시개발사업에 관한 실시계획의 인가를 신청하지 아니하는 경우

05 ② 조합설립인가 받은 사항을 변경하려는 경우에는 지정권자의 변경인가를 받아야 한다. 다만, 정관 기재사항인 주된 사무소의 소재지, 공고방법의 변경 등 경미한 사항을 변경하려는 경우에는 신고하여야 한다.

06 ③ 대의원회는 총회의 의결사항 중 정관의 변경, 개발계획의 수립 및 변경, 조합임원의 선임, 조합의 합병 또는 해산에 관한 사항의 사항, 환지계획 작성을 제외한 총회의 권한을 대행할 수 있다.

① 도시개발조합의 조합원은 도시개발구역의 토지소유자로 한다. 그러므로 건축물의 소유자 또는 그 지상권자는 조합원이 될 수 없다.

② 의결권을 가진 조합원의 수가 50인 이상인 조합은 총회의 권한을 대행하게 하기 위하여 대의원회를 둘 수 있다.
④ 조합 설립시 조합설립의 인가를 신청하려는 경우에는 해당 도시개발구역의 토지면적의 3분의 2 이상에 해당하는 토지소유자와 그 구역의 토지소유자 총수의 2분의 1 이상의 동의를 받아야 한다.
⑤ 주민대표회의는 도시개발법에는 규정이 없다. 주민대표회의는 도시 및 주거환경정비법상의 규정이다.

07 ③ 토지소유자는 조합설립인가의 신청 전에 동의를 철회할 수 있다. 이 경우 그 토지소유자는 동의자 수에서 제외한다.

🏠 **동의자 수의 산정방법 등**

> 1. 도시개발구역의 토지면적을 산정하는 경우, 국공유지를 포함하여 산정할 것
> 2. 토지소유권을 여러 명이 공유하는 경우, 다른 공유자의 동의를 받은 대표 공유자 1명만을 해당 토지소유자로 볼 것. 다만, 집합건물의 소유 및 관리에 관한 법률에 따른 구분소유자는 각각을 토지소유자 1명으로 본다.
> 3. 구역지정을 위한 주민의 의견청취 공람·공고일 후에 집합건물의 소유 및 관리에 관한 법률에 따른 구분소유권을 분할하게 되어 토지소유자의 수가 증가하게 된 경우, 공람·공고일 전의 토지소유자의 수를 기준으로 산정하고, 증가된 토지소유자의 수는 토지소유자 총수에 추가 산입하지 말 것
> 4. 국공유지를 제외한 전체 사유 토지면적 및 토지소유자에 대하여 동의 요건 이상으로 동의를 받은 후에 그 토지면적 및 토지소유자의 수가 법적 동의 요건에 미달하게 된 경우에는 국공유지 관리청의 동의를 받아야 한다.
> 5. 토지소유자는 조합설립인가의 신청 전에 동의를 철회할 수 있다. 이 경우 그 토지소유자는 동의자 수에서 제외한다.
> 6. 조합설립인가에 동의한 자로부터 토지를 취득한 자는 조합의 설립에 동의한 것으로 본다. 다만, 토지를 취득한 자가 조합설립인가 신청 전에 동의를 철회한 경우에는 그러하지 아니하다.

08 ④ 조합설립인가신청의 요건은 도시개발구역 안의 토지면적의 3분의 2 이상에 해당하는 토지소유자와 토지소유자 총수의 2분의 1 이상의 동의이다. 이 경우 토지면적 산정에는 국·공유지를 포함하여 산정하는 면적으로 한다. 따라서 최소한의 토지면적은 전체면적 20,000m²의 2/3인 13,334m² 이상의 동의를 받아야 하고, 토지소유자 수는 2,000m² 토지를 소유한 자 6인과 1,000m² 토지를 소유한 자 2인이 동의하면 14,000m²이므로 최소한의 토지소유자 수는 8인과 토지소유자 총수(국토교통부, 서울시를 포함한 14명)의 2분의 1 이상(7명)의 동의의 요건을 모두 충족해야 하므로 최소인원은 8명이 된다.

09 ①②③⑤는 총회의 권한 중 대의원회가 대행할 수 없는 사항이다.

🏠 **대의원회가 총회권한 대행 불가능 사유**

> 1. 정관 변경
> 2. 개발계획의 수립·변경(개발계획의 경미한 변경 및 실시계획의 수립·변경은 제외)
> 3. 조합임원의 선임
> 4. 조합의 합병 또는 해산
> 5. 환지계획의 작성(환지계획의 경미한 변경은 제외)

10 ② 의결권을 가진 조합원의 수가 50인 이상인 조합은 총회의 권한을 대행하게 하기 위하여 대의원회를 둘 수 있다.

11 ③ 조합원은 보유토지의 면적에 관계없이 평등한 의결권을 갖는다.

12 ⑤ 조합장 또는 이사의 자기를 위한 조합과의 계약이나 소송에 관하여는 감사가 조합을 대표한다.

13 ⓒ 조합이 조합 설립의 인가를 받은 사항 중 공고방법을 변경하려는 경우 지정권자로부터 변경신고를 한다.
ⓒ 조합장 또는 이사의 자기를 위한 조합과의 계약이나 소송에 관하여는 감사가 조합을 대표한다.

제4장 실시계획

Answer

01 ③   02 ④

---

01 ③ 실시계획을 고시한 경우 종전에 도시·군관리계획으로 결정된 사항 중 고시 내용에 저촉되는 사항은 고시된 내용으로 변경된 것으로 본다.

02 ④ 고시된 실시계획의 내용 중 국토의 계획 및 이용에 관한 법률에 따라 도시·군관리계획으로 결정하여야 하는 사항이 종전에 도시·군관리계획으로 결정된 사항 중 고시내용에 저촉되는 사항은 고시된 내용으로 변경된 것으로 본다.

제5장 도시개발사업의 시행방식

Answer

01 ②   02 ⑤

---

01 ② 공공시설의 정비나 사업시행지역의 지가가 인근지역에 비하여 현저히 높은 경우에는 환지방식을 채택하는 것이 용이하다.

www.pmg.co.kr

02 ⑤ 사업시행방식 변경(개발계획 변경) ⇨ 조합은 사업시행방식을 변경하지 못한다.
① 사업시행방식을 변경하려면 개발계획을 변경하여야 한다.
② 지방자치단체인 시행자가 도시개발사업의 시행방식을 수용 또는 사용방식에서 전부 환지방식으로 변경하는 것은 가능하다.
③ 정부출연기관인 시행자가 도시개발사업의 시행방식을 혼용방식에서 전부 환지방식으로 변경하는 것은 가능하다.
④ 토지소유자인 시행자가 수용 또는 사용 방식에서 혼용방식으로 변경하는 것은 가능하다.
🔖 지정권자는 도시개발구역 지정 이후 지가상승 등 지역개발 여건의 변화로 도시개발사업 시행방식 지정 당시의 요건을 충족하지 못하나 다른 사업시행방식의 요건을 충족하는 경우에는 다음에 따라 해당 요건을 충족하는 도시개발사업의 시행방식으로 변경할 수 있다.

> 1. 공공사업시행자가 도시개발사업의 시행방식을 수용 또는 사용방식에서 전부 환지방식으로 변경하는 경우
> 2. 공공사업시행자가 도시개발사업의 시행방식을 혼용방식에서 전부 환지방식으로 변경하는 경우
> 3. 조합을 제외한 시행자가 도시개발사업의 시행방식을 수용 또는 사용 방식에서 혼용방식으로 변경하는 경우

제6장 수용 또는 사용방식

Answer

01 ⑤	02 ⑤	03 ⑤	04 ③	05 ③	06 ②	07 ③	08 ④	09 ④	10 ③
11 ⑤	12 ⑤								

01 ① 시행자 모두(도시개발조합은 제외) 도시개발사업에 필요한 토지 등을 수용 또는 사용할 수 있다.
② 수용 또는 사용방식의 사업 시행시 한국토지주택공사인 시행자는 동의가 필요 없다. 민간시행자(도시개발조합은 제외)는 사업대상 토지면적의 3분의 2 이상에 해당하는 토지를 소유하고 토지소유자 총수의 2분의 1 이상에 해당하는 자의 동의를 얻은 경우에 한해 수용권이 인정된다.
③ 토지 등의 수용 또는 사용에 관하여 이 법에 특별한 규정이 있는 경우를 제외하고는 공익사업을 위한 토지 등의 취득 및 보상에 관한 법률을 준용한다.
④ 개발계획 수립내용 중 수용 또는 사용의 대상이 되는 토지 등의 세부목록을 고시한 때에는 공익사업을 위한 토지 등의 취득 및 보상에 관한 법률에 따른 사업인정 및 그 고시가 있었던 것으로 본다.

02 ① 지방공사인 시행자는 토지소유자의 동의 없이 도시개발사업에 필요한 토지 등을 수용 또는 사용할 수 있다.
② 지방공사(공공부문 시행자)인 시행자는 금융기관의 지급보증을 받지 아니하고 토지상환채권을 발행할 수 있다.
③ 개발계획 수립내용 중 수용 또는 사용의 대상이 되는 토지 등의 세부목록을 고시한 때에는 공익사업을 위한 토지 등의 취득 및 보상에 관한 법률에 따른 사업인정 및 그 고시가 있었던 것으로 본다.

④ 토지상환채권의 이율은 발행 당시의 금융기관의 예금금리 및 부동산수급상황을 고려해서 발행자가 정한다.

03 ⑤ 토지상환채권은 기명식 증권으로 발행되며 이전이 가능하다.

🔒 **토지상환채권의 이전 등**

> 토지상환채권을 이전하는 경우 취득자는 그 성명과 주소를 토지상환채권원부에 기재하여 줄 것을 요청하여야 하며, 취득자의 성명과 주소가 토지상환채권에 기재되지 아니하면 취득자는 발행자 그 밖에 제3자에게 대항하지 못한다. 즉, 토지상환채권의 이전이 가능하다.

04 ③ 토지상환채권을 이전하는 경우 취득자는 그 성명과 주소를 토지상환채권원부에 기재하여 줄 것을 요청하여야 한다.

05 ③ 정부출연기관은 원형지의 공급대상이 아니다.

06 ② 원형지는 도시개발구역 전체 토지 면적의 3분의 1 이내의 면적으로만 공급될 수 있다.

07 ③ 시행자 또는 원형지개발자가 이행조건을 이행하는 경우에는 원형지 공급계약을 해제할 수 없다.

🔒 시행자는 다음에 해당하는 경우 대통령령으로 정하는 바에 따라 원형지 공급계약을 해제할 수 있다.

> 1. 원형지개발자가 세부계획에서 정한 착수 기한 안에 공사에 착수하지 아니하는 경우
> 2. 원형지개발자가 공사 착수 후 세부계획에서 정한 사업 기간을 넘겨 사업 시행을 지연하는 경우
> 3. 공급받은 토지의 전부나 일부를 시행자의 동의 없이 제3자에게 매각하는 경우
> 4. 그 밖에 공급받은 토지를 세부계획에서 정한 목적대로 사용하지 아니하는 등 공급계약의 내용을 위반한 경우

08 ④ 원형지 공급가격은 개발계획이 반영된 원형지의 감정가격에 시행자가 원형지에 설치한 기반시설 등의 공사비를 더한 금액을 기준으로 시행자와 원형지개발자가 협의하여 결정한다.

09 ① 도시개발사업을 시행하는 지방자치단체는 도시개발구역지정 이후 그 시행 방식을 혼용방식에서 전부 환지방식으로 변경할 수 있다. 수용 또는 사용방식으로 변경할 수 없다.
공공부문 시행자(국가, 지방자치단체, 공공기관, 정부출연기관, 지방공사)가 수용 또는 사용방식에서 전부 환지방식으로 변경할 수 있다.
② 도시개발사업을 시행하는 정부출연기관이 그 사업에 필요한 토지를 수용하려면 동의를 받지 아니한다. 민간시행자(조합을 제외한)는 그 사업에 필요한 토지를 수용하려면 사업대상 토지면적의 3분의 2 이상에 해당하는 토지를 소유하고 토지 소유자 총수의 2분의 1 이상에 해당하는 자의 동의를 받아야 한다.
③ 도시개발사업을 시행하는 공공기관도 토지상환채권을 발행할 수 있다.
⑤ 원형지가 공공택지 용도인 경우 원형지개발자의 선정은 수의계약의 방법으로 할 수 있다.

10 ③ 330m² 이하의 단독주택용지, 국민주택규모 이하의 주택건설용지 및 공장용지, 공공택지, 수의계약의 방법으로 조성토지를 공급하기로 하였으나 공급신청량이 공급 계획에서 제한된 면적을 초과하는 경우에 대하여는 추첨의 방법으로 분양할 수 있다.

11 ⑤ 토지상환채권은 수의계약의 방법으로 공급한다. 주택법에 따른 국민주택규모 이하의 주택건설용지(임대주택건설용지 포함), 주택법에 따른 공공택지, 국토교통부령으로 정하는 면적(330m²) 이하의 단독주택용지 및 공장용지, 수의계약의 방법으로 조성토지를 공급하기로 하였으나 공급신청량이 공급 계획에서 제한된 면적을 초과하는 경우에 대하여는 추첨의 방법으로 분양할 수 있다.

12 ⑤ 시행자는 사회복지시설(행정기관 및 사회복지사업법에 따른 사회복지법인이 설치하는 사회복지시설을 말한다)을 설치하기 위한 조성토지 등과 이주단지의 조성을 위한 토지를 공급하는 경우에는 해당 토지의 가격을 감정평가 및 감정평가사에 관한 법률에 따른 감정평가법인 등이 감정평가한 가격 이하로 정할 수 있다. 다만, 사회복지사업법에 따른 사회복지시설의 경우에는 유료시설을 제외한 시설로서 관할 지방자치단체의 장의 추천을 받은 경우로 한정한다. 공공시행자에게 임대주택 건설용지를 공급하는 경우에는 해당 토지의 가격을 감정평가한 가격 이하로 정하여야 한다.

제7장 | 환지방식의 사업시행

Answer

| 01 ⑤ | 02 ④ | 03 ① | 04 ② | 05 ① | 06 ① | 07 ① | 08 ② | 09 ① | 10 ⑤ |
| 11 ⑤ | 12 ② | 13 ① | 14 ① | 15 ④ | | | | | |

01 ⑤ 청산금이 아니라 필지별과 권리별로 된 청산 대상 토지 명세이다.
⌂ 시행자는 도시개발사업의 전부 또는 일부를 환지방식에 따라 시행하고자 하는 경우에는 다음의 사항이 포함된 환지계획을 작성하여야 한다.

> 1. 환지 설계
> 2. 필지별로 된 환지 명세
> 3. 필지별과 권리별로 된 청산 대상 토지 명세
> 4. 체비지 또는 보류지의 명세
> 5. 입체 환지를 계획하는 경우에는 입체 환지용 건축물의 명세와 입체 환지에 따른 공급 방법·규모에 관한 사항

02 ① 종전의 토지 및 환지의 위치·지목·면적·토질·수리·이용상황·환경 등을 종합적으로 고려하여 합리적으로 정하여야 한다(지번 ×).
② 시행자는 토지면적의 규모를 조정할 특별한 필요가 있으면 면적이 넓은 토지는 그 면적을 줄여서 환지를 정할 수 있다. 그러나 환지 대상에서 제외할 수 없다.

③ 토지소유자의 동의를 얻어(×) "토지 또는 건축물 소유자의 신청을 받아" 환지의 목적인 토지에 갈음하여 건축물의 일부와 해당 토지의 공유지분을 부여할 수 있다(입체환지).

시행자는 도시개발사업을 원활히 시행하기 위하여 특히 필요한 경우에는 토지 또는 건축물 소유자의 신청을 받아 건축물의 일부와 그 건축물이 있는 토지의 공유지분을 부여할 수 있다.

⑤ 공공시설의 용지에 대하여는 환지계획의 작성기준 중 위치·면적 등을 적용하지 아니할 수 있다.

03 ① ㉠ 평면환지, ㉡ 입체환지에 해당한다.

04 ② 환지계획의 작성에 따른 환지계획의 기준, 보류지(체비지·공공시설 용지)의 책정 기준 등에 관하여 필요한 사항은 국토교통부령으로 정할 수 있다.

05 ① 시행자는 도시개발사업을 원활히 시행하기 위하여 특히 필요한 경우에는 토지 또는 건축물 소유자의 신청을 받아 건축물의 일부와 그 건축물이 있는 토지의 공유지분을 부여할 수 있다.

06 ① 행정청이 아닌 시행자가 환지계획을 작성한 때에는 특별자치도지사, 시장·군수 또는 구청장의 인가를 받아야 한다.

07 ① 환지예정지가 지정되더라도 소유권은 변동이 없다. 다만, 환지예정지 지정에 따라 이미 처분된 체비지는 해당 체비지를 매입한 자가 소유권이전등기를 마친 때에 이를 취득한다.

08 ① 시행자가 도시개발사업의 시행을 위해 필요한 경우에는 도시개발구역의 토지에 대하여 환지예정지를 지정할 수 있다.

③ 시행자는 체비지의 용도로 환지예정지가 지정된 때에는 도시개발사업에 소요되는 비용을 충당하기 위하여 이를 사용 또는 수익하게 하거나 처분할 수 있다.

④ 종전 토지의 임차권자는 환지예정지 지정 이후에도 환지처분이 공고되는 날까지 종전의 토지를 사용하거나 수익할 수 없다.

⑤ 임차료 등의 목적인 토지에 관하여 환지예정지가 지정된 경우 임대료·지료 기타 사용료 등의 증감이나 권리의 포기 등의 행사는 환지예정지의 지정의 효력발생일부터 60일 내 행사할 수 있다.

09 ① 공사완료의 공고 ⇨ 공사관계서류의 공람 ⇨ 의견제출 ⇨ 환지처분의 공고

10 ⑤ 준공검사 전 또는 공사완료 공고 전에는 조성토지 등(체비지는 제외한다 - 즉, 체비지는 허가 없이 준공검사 전 또는 공사완료 공고 전에도 사용할 수 있다)을 사용할 수 없다. 다만, 사업 시행의 지장 여부를 확인받는 등 대통령령으로 정하는 바에 따라 지정권자로부터 사용허가를 받은 경우에는 그러하지 아니하다.

11 ⑤ 도시개발사업의 시행으로 임차권 등 목적을 달성할 수 없게 되면 환지처분이 공고된 날부터 60일이 지나면 권리를 포기하거나 계약을 해지할 수 없다.

12 ② 환지처분은 행정상 처분이나 재판상 처분으로서 종전의 토지에 전속하는 것에 관하여는 영향을 미치지 아니한다.

13 ① 시행자는 환지처분이 공고되면 공고 후 14일 이내에 관할 등기소에 이를 알리고 토지와 건축물에 관한 등기를 촉탁하거나 신청하여야 한다.

14 ① 청산금은 환지처분을 하는 때에 결정하여야 한다.

15 ① 청산금의 징수는 부당이득반환의 성격이며, 교부는 손실보상금의 성격을 가진다.
② 청산금은 환지처분의 공고가 있은 날의 다음 날에 확정되며, 행정청인 시행자는 청산금을 납부하여야 할 자가 이를 납부하지 아니하는 때에는 국세체납처분 또는 지방세체납처분의 예에 따라 이를 징수할 수 있으며, 행정청이 아닌 시행자는 시장·군수 또는 구청장에게 청산금의 징수를 위탁할 수 있다(위탁 수수료 : 4/100).
③ 시행자는 환지처분의 공고된 후에 확정된 청산금은 시행자가 원칙적으로 일괄징수, 일괄교부하나 이자를 붙여 분할징수하거나 분할교부할 수 있다.
⑤ 청산금을 받을 권리 또는 징수할 권리는 5년간 이를 행사하지 아니하는 때에는 시효로 인하여 소멸한다.

제8장 비용부담 등

Answer

01 ①   02 ①   03 ④   04 ④

01 ㉠은 옳다.
㉡ 도시개발구역 안의 전기시설을 사업시행자가 지중선로로 설치할 것을 요청하는 경우에는 전기를 공급하는 자와 지중에 설치할 것을 요청하는 자가 각각 2분의 1의 비율로 그 설치비용을 부담(전부 환지방식으로 도시개발사업을 시행하는 경우에는 전기시설을 공급하는 자가 3분의 2, 지중에 설치할 것을 요청하는 자가 3분의 1의 비율로 부담한다)한다.
㉢ 지정권자인 시행자는 그가 시행한 사업으로 이익을 얻는 시·도에 비용의 일부(전부 ×)를 부담시킬 수 있다.

02 ① 시·도지사는 도시개발채권을 발행하려는 경우에는 발행방법, 총액, 조건, 이율 등에 대하여 행정안전부장관의 승인을 받아야 한다.

03 ④ 도시개발채권의 상환기간은 5년부터 10년의 범위에서 지방자치단체의 조례로 정한다. 그러므로 도시개발채권의 상환기간은 5년보다 짧게 정할 수는 없다.
① 국토의 계획 및 이용에 관한 법률에 따른 토지의 형질변경허가를 받은 자는 도시개발채권을 매입하여야 한다.
② 도시개발채권의 이율은 채권의 발행 당시의 국채·공채 등의 금리와 특별회계의 상황 등을 고려하여 해당 시·도조례로 정한다.
③ 도시개발채권을 발행하려는 시·도지사는 행정안전부장관의 승인을 받은 후 채권의 발행총액 등을 공고하여야 한다.
⑤ 도시개발채권은 시·도지사가 발행할 수 있다.

04 ① 도시개발조합은 도시·군계획시설사업에 필요한 자금을 조달하기 위하여 도시개발채권을 발행할 수 없다. 도시개발채권은 시·도조례가 정하는 바에 따라 시·도지사(지방자치단체장)가 도시개발사업 또는 도시·군계획시설사업에 필요한 자금을 조달하기 위하여 발행할 수 있다.
② 토지상환채권은 질권의 목적으로 할 수 있다.
③ 도시개발채권은 공사채등록법에 따른 등록기관에 등록하여 발행하거나 무기명으로 발행할 수 있으며, 발행방법에 필요한 세부적인 사항은 시·도의 조례로 정한다.
⑤ 도시개발채권의 소멸시효는 상환일부터 기산하여 원금은 5년, 이자는 2년으로 한다.

도시 및 주거환경정비법

Answer

01 ①   02 ①   03 ⑤   04 ④   05 ②   06 ③   07 ④

01 ① 광장은 정비기반시설에 해당한다. 정비기반시설은 도로·상하수도·구거(溝渠: 도랑)·공원·공용주차장·공동구(국토의 계획 및 이용에 관한 법률의 규정에 따른 공동구를 말한다) 그 밖에 주민의 생활에 필요한 열·가스 등의 공급시설로서 대통령령으로 정하는 시설을 말한다.

🏠 공동이용시설은 주민이 공동으로 사용하는 놀이터·마을회관·공동작업장 그 밖에 대통령령이 정하는 시설(공동으로 사용하는 구판장·세탁장·화장실 및 수도, 탁아소·어린이집·경로당 등 노유자시설)을 말한다.

02 ① 유치원은 공동이용시설이 아니다. 공동이용시설이란 주민이 공동으로 사용하는 놀이터·마을회관·공동작업장, 탁아소·어린이집·경로당 등 노유자시설, 공동으로 사용하는 구판장·세탁장·화장실 및 수도를 말한다.

03 ⑤ 재건축사업은 정비기반시설은 양호하나 노후·불량건축물에 해당하는 공동주택이 밀집한 지역에서 주거환경을 개선하기 위한 사업을 말한다.

04 ④ 재건축사업의 토지등소유자란 정비구역의 건축물 및 그 부속토지의 소유자를 말한다.

🏠 **재건축사업의 토지등소유자**

1. 정비구역에 위치한 건축물 및 그 부속토지의 소유자
2. 정비구역이 아닌 구역에 위치한 대통령령이 정하는 주택 및 그 부속토지의 소유자 와 부대시설·복리시설 및 그 부속토지의 소유자

05 ② 노후·불량건축물이란 ㉠ 주변 토지의 이용상황 등에 비추어 주거환경이 불량한 곳에 소재할 것, ㉡ 건축물을 철거하고 새로운 건축물을 건설하는 경우 그에 소요되는 비용에 비하여 효용의 현저한 증가가 예상될 것에 해당하는 건축물로서 다음의 시·도조례로 정하는 건축물

1. 건축법에 따라 당해 지방자치단체의 조례가 정하는 면적에 미달되거나 도시·군계획시설 등의 설치로 인하여 효용을 다할 수 없게 된 대지에 있는 건축물
2. 공장의 매연·소음 등으로 인하여 위해를 초래할 우려가 있는 지역 안에 있는 건축물
3. 해당 건축물을 준공일 기준으로 40년까지 사용하기 위하여 보수·보강하는데 드는 비용이 철거 후 새로운 건축물을 건설하는 데 드는 비용보다 클 것으로 예상되는 건축물

06 ③ 재건축사업의 경우 지상권자는 토지등소유자에 해당하지 않는다.

🔖 "토지등소유자"라 함은 다음의 자를 말한다. 다만, 제8조 제4항에 따라 자본시장과 금융투자업에 관한 법률 제8조 제7항에 따른 신탁업자(이하 "신탁업자"라 한다)가 사업시행자로 지정된 경우 토지등소유자가 정비사업을 목적으로 신탁업자에게 신탁한 토지 또는 건축물에 대하여는 위탁자를 토지등소유자로 본다.

> 1. 주거환경개선사업·재개발사업의 경우
>   정비구역에 위치한 토지 또는 건축물의 소유자 또는 그 지상권자
> 2. 재건축사업의 경우
>   • 정비구역에 위치한 건축물 및 그 부속토지의 소유자
>   • 정비구역이 아닌 구역에 위치한 대통령령이 정하는 주택 및 그 부속토지의 소유자 와 부대시설·복리시설 및 그 부속토지의 소유자

07 정비사업의 시행절차는 다음과 같다.
도시·주거환경기본계획 수립 ⇨ 정비계획 입안 ⇨ 정비구역 지정 ⇨ 조합설립추진위원회 승인 ⇨ 조합설립인가 ⇨ 사업시행계획인가 ⇨ 분양신청 ⇨ 관리처분계획인가·고시 ⇨ 사업시행(철거) ⇨ 준공인가 ⇨ 소유권이전고시 ⇨ 청산

제 2 장 | 기본계획의 수립

Answer

01 ⑤   02 ①   03 ②

01 ⑤ 정비사업조합 조합원의 권리·의무는 조합정관에 정할 사항에 해당한다. 도시·주거환경정비기본계획을 수립하는 단계에는 아직 조합이 구성되어 있지 않으므로 조합원의 권리·의무는 도시·주거환경정비기본계획의 내용이 될 수 없다.

02 ① 특별시장·광역시장·특별자치시장·특별자치도지사·시장은 도시·주거환경정비기본계획을 10년 단위로 수립하여야 한다. 군수는 수립하지 못한다.

03 ① 기본계획을 수립 또는 변경하고자 하는 때에는 14일 이상 주민에게 공람하고 지방의회의 의견을 들은 후 지방도시계획위원회의 심의를 거쳐야 한다.
③ 기본계획의 작성기준 및 작성방법은 국토교통부장관이 이를 정한다.
④ 시장은 기본계획을 수립하거나 변경한 때에는 국토교통부령이 정하는 방법 및 절차에 따라 국토교통부장관에게 보고하여야 한다.
⑤ 특별시장·광역시장·특별자치시장·특별자치도지사·시장은 기본계획에 대하여 5년마다 그 타당성 여부를 검토하여 그 결과를 기본계획에 반영하여야 한다.

제3장 재건축진단

01 ①　　02 ④

01　② 재건축사업의 재건축진단은 주택단지(연접한 단지를 포함한다)의 건축물을 대상으로 한다.
　　③ 주택의 구조안전상 사용금지가 필요하다고 시장·군수 등이 인정하는 건축물은 재건축진단에서
　　제외할 수 있다.
　　④ 시장·군수등은 재건축사업 정비계획의 입안을 위하여 정비예정구역별 정비계획의 수립시기가
　　도래한 때부터 사업시행계획인가 전까지 재건축진단을 실시하여야 한다.
　　⑤ 국토교통부장관은 시·도지사에게 재건축진단 결과보고서의 제출을 요청할 수 있으며, 필요한
　　경우 시·도지사에게 재건축진단 결과의 적정성에 대한 검토를 요청할 수 있다.

02　① 재건축진단의 실시가 요청된 경우, 시장·군수 등은 재건축진단에 드는 비용을 해당 재건축진단
　　의 실시를 요청한 자에게 부담하게 할 수 있다.
　　② 천재지변 등으로 주택이 붕괴되어 신속히 재건축을 추진할 필요가 있다고 시장·군수가 인정하
　　는 경우에는 재건축진단 대상에서 제외할 수 있다.
　　③ 입안을 제안하기 전에 해당 정비구역에 위치한 건축물 및 그 부속토지의 소유자 10분의 1 이상의
　　동의를 받아 재건축진단의 실시를 요청하면 재건축진단을 실시하여야 한다.
　　⑤ 특별시장·광역시장·도지사는 적정성 검토결과에 따라 필요한 경우 시장·군수등에게 재건축
　　진단에 대한 시정요구 등 대통령령으로 정하는 조치를 요청할 수 있다.

제4장 정비계획의 수립 및 정비구역의 지정

01 ②　　02 ④　　03 ⑤　　04 ③　　05 ①

01　② 정비계획의 입안권자는 제안이 있는 경우에는 제안일로부터 60일 이내에 정비계획에의 반영여
　　부를 제안자에게 통보하여야 한다.

02　④ 관상용 죽목의 임시식재(경작지에서의 임시식재 제외)는 허가를 받지 아니하고 이를 할 수 있다.
　　그러나 경작지에서의 관상용 죽목의 임시식재는 허가를 받아야 한다.

- 재해복구 또는 재난수습에 필요한 응급조치를 위하여 하는 행위
- 농림수산물의 생산에 직접 이용되는 것으로서 국토교통부령이 정하는 간이공작물의 설치(종 묘배양장, 탈곡장, 비닐하우스, 버섯재배사, 퇴비장)
- 경작을 위한 토지의 형질변경
- 정비구역의 개발에 지장을 주지 아니하고 자연경관을 손상하지 아니하는 범위에서의 토석의 채취
- 정비구역에 남겨두기로 결정된 대지에서 물건을 쌓아놓는 행위
- 관상용 죽목의 임시식재(경작지에서의 임시식재 제외)

03 ⑤ ㉠㉡㉢㉣ 정비구역에서 건축물(가설건축물)의 건축, 공작물의 설치, 토지의 형질변경(공유수면 의 매립), 토석의 채취, 토지분할, 이동이 용이하지 아니한 물건을 1월 이상 쌓아놓는 행위, 죽목의 벌채 및 식재하는 행위는 시장·군수 등에게 허가를 받아야 한다.

04 ③ 재해복구 또는 재난수습에 필요한 응급조치를 위하여 하는 행위는 시장·군수 등의 허가를 받지 아니하고 이를 할 수 있다(1개월 이내 시장·군수 등에게 신고 ×).

05 ① 허가사항: 건축물의 건축 등 / 허가의 구체적인 내용: 「건축법」 제2조 제1항 제2호에 따른 건축 물(가설건축물을 포함한다)의 건축, 용도변경
② 허가사항: 공작물의 설치 / 허가사항이 아닌 것: 농림수산물의 생산에 직접 이용되는 것으로서 국토교통부령으로 정하는 간이공작물의 설치
③ 허가사항: 토석의 채취 / 허가사항이 아닌 것: 정비구역의 개발에 지장을 주지 아니하고 자연경 관을 손상하지 아니하는 범위에서의 토석의 채취
④ 허가사항: 물건을 쌓아놓는 행위 / 허가사항이 아닌 것: 정비구역에 존치하기로 결정된 대지에 물건을 쌓아놓는 행위
⑤ 허가사항: 죽목의 벌채 및 식재 / 허가사항이 아닌 것: 관상용 죽목의 임시식재(경작지에서의 임시식재는 제외한다)

제5장 **정비구역 등의 해제**

Answer

01 ⑤   02 ⑤

01 ⑤ 정비구역 등이 해제·고시된 경우 추진위원회 구성승인 또는 조합설립인가는 취소된 것으로 본다.

02 ⑤ 정비구역 등이 해제된 경우에는 정비계획으로 변경된 용도지역, 정비기반시설 등은 정비구역 지정 이전의 상태로 환원된 것으로 본다.

제6장 정비사업의 시행방법

Answer

01 ④   02 ④   03 ⑤   04 ⑤

01 ④ 주거환경개선사업은 사업시행자가 정비구역에서 인가받은 관리처분계획에 따라 주택 및 부대시설·복리시설(공동주택 외 건축물 ×)을 건설하여 공급하는 방법

02 ④ ㉠㉡이다.
㉠ 주거환경개선사업은 정비구역에서 인가받은 관리처분계획에 따라 주택 및 부대·복리시설을 건설하여 공급하거나, 환지로 공급하는 방법 등에 따른다.
㉡ 재개발사업은 정비구역에서 인가받은 관리처분계획에 따라 건축물을 건설하여 공급하거나, 환지로 공급하는 방법에 따른다.

03 ⑤ ㉠㉡㉢ 모두 주거환경개선사업에 관한 설명으로 옳은 문장이다.

04 ⑤ 재건축사업에 따라 건축물을 건설하여 공급하는 경우 주택, 부대시설 및 복리시설을 제외한 건축물(이하 "공동주택 외 건축물"이라 한다)은 「국토의 계획 및 이용에 관한 법률」에 따른 준주거지역 및 상업지역에서만 건설할 수 있다. 이 경우 공동주택 외 건축물의 연면적은 전체 건축물 연면적의 100분의 30 이하이어야 한다.

제7장 정비사업의 시행자

Answer

01 ①   02 ④   03 ②   04 ①

01 ② 3분의 2 이상이 아니라 과반수의 동의를 얻어 시장·군수 등, 토지주택공사 등과 공동으로 이를 시행할 수 있다.

③ 시장·군수 등은 천재지변으로 건축물의 붕괴우려가 있어 긴급히 주거환경개선사업을 시행할 필요가 있을 경우에는 토지등소유자의 동의 없이 직접 시행하거나 토지주택공사 등으로 하여금 시행하게 할 수 있다.

④ 조합은 조합설립인가 받은 후 조합총회에서 국토교통부장관이 정하는 경쟁입찰의 방법 또는 수의계약(2회 이상 경쟁입찰이 유찰된 경우로 한정한다)의 방법으로 건설업자 또는 등록사업자를 시공자로 선정하여야 한다.

재개발사업은 토지등소유자가 시행하는 경우에는 사업시행계획인가를 받은 후 규약으로 정하는 바에 따라 건설업자 또는 등록사업자를 시공자로 선정하여야 한다.

⑤ 재건축사업은 조합이 시행하거나, 조합이 조합원의 과반수 동의를 받아 시장·군수 등, 토지주택공사 등, 건설업자 또는 등록사업자(신탁업자 ×, 한국부동산원 ×)와 공동으로 시행할 수 있다.

02 ④ 3분의 2 - 과반수 - 2분의 1

03 ② 해당 정비구역 안의 국·공유지 면적이 전체 토지면적의 2분의 1 이상으로서 토지등소유자의 과반수가 시장·군수 등 또는 토지주택공사 등을 사업시행자로 지정하는 것에 동의하는 때에는 시장·군수 등이 사업을 시행할 수 있다.

시장·군수 등은 재개발사업 및 재건축사업이 다음에 해당하는 때에는 직접정비사업을 시행하거나 토지주택공사 등(토지주택공사 등이 건설업자 또는 등록사업자와 공동으로 시행하는 경우를 포함한다)을 사업시행자로 지정하여 정비사업을 시행하게 할 수 있다.

1. 천재·지변, 재난 및 안전관리 기본법 또는 시설물의 안전 및 유지관리에 관한 특별법에 따른 사용제한·사용금지, 그 밖의 불가피한 사유로 인하여 긴급히 정비사업을 시행할 필요가 있다고 인정하는 때
2. 고시된 정비계획에서 정한 정비사업시행 예정일부터 2년 이내에 사업시행계획인가를 신청하지 아니하거나 인가를 신청한 내용이 위법 또는 부당하다고 인정하는 때(재건축사업은 제외한다)
3. 추진위원회가 시장·군수 등의 구성 승인을 받은 날부터 3년 이내에 조합의 설립인가를 신청하지 아니하거나, 조합이 설립인가를 받은 날부터 3년 이내에 사업시행계획인가를 신청하지 아니한 때
4. 지방자치단체의 장이 시행하는 도시·군계획사업과 병행하여 정비사업을 시행할 필요가 있다고 인정하는 때
5. 순환정비방식으로 정비사업을 시행할 필요가 있다고 인정하는 때
6. 사업시행계획인가가 취소된 때
7. 해당 정비구역의 국·공유지 면적 또는 국·공유지와 토지주택공사 등이 소유한 토지를 합한 면적이 전체 토지면적의 1/2 이상으로서 토지등소유자의 과반수가 시장·군수 등 또는 토지주택공사 등을 사업시행자로 지정하는 것에 동의하는 때
8. 정비구역 안의 토지면적 1/2 이상의 토지소유자와 토지등소유자의 2/3 이상에 해당하는 자가 시장·군수 등 또는 토지주택공사 등을 사업시행자로 지정할 것을 요청하는 때

04 ① 토지등소유자가 재개발사업을 시행하는 경우에는 사업시행계획인가를 받은 후 규약에 따라 건설업자 또는 등록사업자를 시공자로 선정하여야 한다.

제8장 조합설립추진위원회 및 조합의 설립

Answer

01 ②	02 ①	03 ⑤	04 ③	05 ⑤	06 ②	07 ②	08 ①	09 ④	10 ⑤
11 ①	12 ④	13 ③	14 ③	15 ②	16 ⑤				

01 ② 재건축진단 신청업무는 조합설립추진위원회의 업무사항에서 삭제되었다.

02 ① 재건축조합을 설립하고자 하는 경우에는 토지등소유자 과반수의 동의를 얻어 위원장을 포함한 5인 이상의 위원으로 추진위원회를 구성하여 시장·군수 등의 승인을 얻어야 한다.

03 ⑤ ㉠: 4분의 3, ㉡: 2분의 1, ㉢: 3분의 2, ㉣: 과반수 ㉤: 100분의 70

04 ③ 틀린 것은 ㉠㉡㉤이다.
㉠ 조합에는 조합장 1인, 이사, 감사를 둔다.
㉡ 조합임원이 결격사유에 해당되어 퇴임되더라도 퇴임 전에 관여한 행위는 그 효력을 잃지 않는다.
㉤ 조합에 관하여는 이 법에 규정된 것을 제외하고는 민법 중 사단법인에 관한 규정을 준용한다.

05 ⑤ 주거환경개선사업, 재개발사업의 토지등소유자는 정비구역에 위치한 토지 또는 건축물의 소유자 또는 그 지상권자가 조합의 구성원이 될 수 있다.

06 ② 주거환경개선사업, 재개발사업은 토지의 소유자와 해당 토지의 지상권자를 대표하는 1인을 토지등소유자로 산정할 것

07 ② 지번 1,4에서 1명(A) - 지번 1과 4는 1인(A)이 다수 필지의 토지 또는 다수의 건축물을 소유하고 있는 경우에는 필지나 건축물의 수에 관계없이 토지등소유자를 1인으로 산정할 것.
지번2, 1명(B, C, D, E 토지의 소유자와 해당 토지의 지상권자를 대표하는 1인) - B, C의 공유이므로 대표하는 1인과 지상권자인 D, E 를 모두 합친 자 중에서 대표하는 1인을 토지등소유자로 산정하므로 B, C, D, E 중에 1인이 토지등소유자이다.
지번3, 2명(F, G) - 토지소유자 F와 건축물소유자 G를 각각 토지등소유자로 본다.
따라서 토지등소유자는 A, F, G와 지번2의 B, C, D, E 대표자 1인으로 4인이 된다.

08 ① 조합이 대의원회 수 및 선임절차를 변경하려면 조합원 과반수의 동의를 받아야 한다.

09 ① 조합에는 조합장 1인, 이사, 감사를 둔다. 감사는 필수규정이므로 토지등소유자의 수가 100명 미만인 조합에도 감사를 둔다(감사의 수는 1명 이상 3명 이하의 범위에서 정관으로 정한다).
② 조합임원이 결격사유에 해당되어 퇴임되더라도 퇴임 전에 관여한 행위는 그 효력을 잃지 않는다.
③ 조합장 또는 이사의 자기를 위한 조합과의 계약이나 소송에 관하여는 감사가 조합을 대표한다.
⑤ 조합장이 아닌 조합임원(이사, 감사)은 조합의 대의원이 될 수 없다. 즉. 조합장은 조합의 대의원이 될 수 있다.

10 ⑤ 도시 및 주거환경정비법을 위반하여 벌금 100만원 이상의 형을 선고받고 10년이 지나지 아니한 자는 임원이 될 수 없다.

11 ① 조합원의 수가 100인 이상인 조합에는 대의원회를 "두어야 한다."

12 • 정관의 기재사항 중 조합임원의 권리·의무·보수·선임방법·변경 및 해임에 관한 사항을 변경하기 위한 총회의 경우는 조합원 (⊙ 10)분의 1 이상의 요구로 조합장이 소집한다.
• 총회를 소집하려는 자는 총회가 개최되기 (ⓒ 7)일 전까지 회의 목적·안건·일시 및 장소와 의결권의 행사기간 및 장소 등 의결권 행사에 필요한 사항을 정하여 조합원에게 통지하여야 한다.

13 ③ ⓒ 시공자의 선정을 의결하는 총회의 경우에는 조합원의 과반수가 직접 출석하여야 하고, 시공자 선정 취소를 위한 총회의 경우에는 조합원의 20/100 이상이 직접 출석하여야 한다.
시공자의 선정을 의결하는 총회의 경우에는 조합원의 과반수가 직접 출석하여야 하고, 창립총회, 시공자 선정 취소를 위한 총회, 사업시행계획서의 작성 및 변경, 관리처분계획의 수립 및 변경, 정비사업비의 사용 및 변경을 위하여 개최하는 총회의 경우에는 조합원의 100분의 20 이상이 직접 출석하여야 한다.

14 ③ ⊙ⓒ② 은 대의원회가 대행할 수 없는 사항이다.
ⓒ 사업완료로 인한 조합의 해산의 경우에는 대행할 수 있다.

🔑 **대의원회가 대행할 수 없는 사항(총회만 권한행사)**

1. 정관의 변경에 관한 사항
2. 조합임원과 대의원의 선임 및 해임에 관한 사항, 조합장의 보궐 선임
3. 정비사업전문관리업자의 선정 및 변경, 시공자·설계자·감정평가법인 등의 선임
4. 조합의 합병 또는 해산(사업완료로 인한 조합의 해산의 경우에는 제외한다)
5. 사업시행계획서, 관리처분계획의 수립 및 변경에 관한 사항
6. 정비사업전문관리업자의 선정 및 변경에 관한 사항

15 ① 토지등소유자가 의무적으로 재건축사업의 조합원이 되는 것이 아니라, 재건축사업에 동의한 자에 한해서만 재건축사업의 조합원이 된다.

③ 금고 이상의 형의 집행유예를 받고 그 유예기간 중에 있는 자는 조합의 임원이 될 수 없다(조합임원의 결격사유).

④ 설립인가를 받은 날로부터 30일 이내 주된 사무소의 소재지에 등기함으로써 성립한다.

⑤ 조합임원은 같은 목적의 정비사업을 하는 다른 조합의 임원 또는 직원을 겸할 수 없다.

16 ⑤ 주민대표회의 또는 세입자(상가세입자를 포함한다)는 사업시행자가 건축물의 철거의 사항에 관하여 시행규정을 정하는 때에 의견을 제시할 수 있다.

제9장 사업시행계획

Answer

01 ③

01 ③ 임대주택의 건설계획(재건축사업의 경우는 제외한다)은 사업시행계획서에 포함되어야 한다.

🔔 사업시행자는 정비계획에 따라 다음을 포함하여 사업시행계획서를 작성하여야 한다.

> 1. 토지이용계획(건축물배치계획을 포함한다)
> 2. 정비기반시설 및 공동이용시설의 설치계획
> 3. 임시거주시설을 포함한 주민이주대책
> 4. 세입자의 주거 및 이주 대책
> 5. 사업시행기간 동안 정비구역 내 가로등 설치, 폐쇄회로 텔레비전 설치 등 범죄예방대책
> 6. 제10조(임대주택 및 주택규모별 건설비율)에 따른 임대주택의 건설계획(재건축사업의 경우는 제외한다)
> 7. 국민주택규모 주택의 건설계획(주거환경개선사업의 경우는 제외한다)
> 8. 공공지원민간임대주택 또는 임대관리 위탁주택의 건설계획(필요한 경우 한함)
> 9. 건축물의 높이 및 용적률 등에 관한 건축계획
> 10. 정비사업의 시행과정에서 발생하는 폐기물의 처리계획
> 11. 교육시설의 교육환경 보호에 관한 계획(정비구역부터 200미터 이내에 교육시설이 설치되어 있는 경우로 한정한다)
> 12. 정비사업비

제 10 장 정비사업시행을 위한 조치

Answer

01 ⑤　　02 ①　　03 ④

01　⑤ 공공단체(지방자치단체는 제외) 또는 개인의 시설이나 토지를 일시 사용함으로써 손실을 입은자가 있는 경우에는 손실을 보상하여야 한다.

02　① 대지 또는 건축물을 현물보상하는 경우에는 준공인가 이후에도 할 수 있다.

03　④ 주거환경개선구역은 관리처분방법으로 시행되는 경우에는 제3종 일반주거지역으로 결정·고시된 것으로 본다.

제 11 장 관리처분계획 등

Answer

01 ②　　02 ④　　03 ③　　04 ②　　05 ④　　06 ③　　07 ②　　08 ③　　09 ②　　10 ②
11 ①　　12 ①　　13 ④

01　② 분양신청기간은 통지한 날부터 30일 이상 60일 이내로 하여야 한다.

02　④ ㉠: 90, ㉡: 60

03　㉢ 분양신청기간 종료 이전에 분양신청을 철회한 자이다.
　　사업시행자는 관리처분계획이 인가·고시된 다음 날부터 90일 이내에 다음에서 정하는 자와 토지, 건축물 또는 그 밖의 권리의 손실보상에 관한 협의를 하여야 한다. 다만, 사업시행자는 분양신청기간 종료일의 다음 날부터 협의를 시작할 수 있다.

> 1. 분양신청을 하지 아니한 자
> 2. 분양신청기간 종료 이전에 분양신청을 철회한 자
> 3. 투기과열지구의 정비사업에서 관리처분계획에 따라 분양대상자 및 그 세대에 속한 자는 분양대상자 선정일부터 5년 이내에는 투기과열지구에서 분양신청을 할 수 없는 자
> 4. 인가된 관리처분계획에 따라 분양대상에서 제외된 자

04 ② 정비사업비의 추산액(재건축사업의 경우에는 재건축 초과이익 환수에 관한 법률에 따른 재건축 부담금에 관한 사항을 포함한다) 및 그에 따른 조합원 분담규모 및 분담시기

05 ④ 계산착오·오기·누락 등에 따른 조서의 단순정정인 경우로서 불이익을 받는 자가 없는 경우에는 관리처분계획을 변경하고자 할 때 시장·군수 등에게 신고하여야 한다.

🔔 **관리처분계획의 경미한 변경(시장·군수 등에게 신고사항)**

> 1. 계산착오·오기·누락 등에 따른 조서의 단순정정인 경우(불이익을 받는 자가 없는 경우에만 해당한다)
> 2. 권리·의무의 변동이 있는 경우로서 분양설계의 변경을 수반하지 아니하는 경우
> 3. 정관 및 사업시행계획인가의 변경에 따라 관리처분계획을 변경하는 경우
> 4. 매도청구에 대한 판결에 따라 관리처분계획을 변경하는 경우
> 5. 주택분양에 관한 권리를 포기하는 토지등소유자에 대한 임대주택의 공급에 따라 관리처분계획을 변경하는 경우
> 6. 민간임대주택에 관한 특별법에 따른 임대사업자의 주소(법인인 경우에는 법인의 소재지와 대표자의 성명 및 주소)를 변경하는 경우

06 ③ 재개발사업 × ⇨ 과밀억제권역 안에 위치하지 아니하는 재건축사업의 토지등소유자에 대하여는 소유한 주택 수만큼 공급할 수 있다.

07 ② 2인 이상이 1주택이 아니라 1토지를 공유한 경우로서 시·도조례로 주택공급에 관하여 따로 정하고 있는 경우에는 조례로 정하는 바에 따라 주택을 공급할 수 있다.

08 ㉠ 3개 = 수도권정비계획법의 과밀억제권역에서 위치한 재건축사업의 경우에는 3주택까지 공급할 수 있다. 즉, 최대 3개 공급할 수 있다.
㉡ 5개 = 과밀억제권역에 위치하지 아니한 재건축사업은 소유한 주택의 수만큼 공급할 수 있다. 즉, 최대 5개 공급할 수 있다.

09 ① 관리처분계획의 인가·고시가 있는 때에는 종전 토지의 임차권자는 사업시행자의 동의를 받아 종전의 토지를 사용할 수 있다.
③ 재건축사업의 경우 분양대상자별 분양예정인 대지 또는 건축물의 추산액은 시장·군수 등이 선정·계약한 1인 이상의 감정평가법인 등과 조합총회의 의결로 선정·계약한 1인 이상의 감정평가법인 등이 평가한 금액을 산술평균하여 산정한다.
주거환경개선사업 또는 재개발사업의 경우 분양대상자별 분양예정인 대지 또는 건축물의 추산액는 감정평가업자 중 시장·군수 등이 선정·계약한 감정평가업자 2인 이상이 평가한 금액을 산술평균하여 산정한다.
④ 주거환경개선사업 또는 재개발사업의 관리처분은 정비구역 안의 토지 등의 소유자(지상권자에 대한 분양을 제외)에게 분양한다.

⑤ 재건축사업의 경우 법령상 관리처분의 기준은 조합이 조합원 전원의 동의를 받아 따로 정한 경우에는 그에 따른다.

10 ① 사업시행자는 관리처분계획의 인가를 받은 후 기존의 건축물을 철거하여야 한다.

③ 대지 또는 건축물을 분양받을 자에게 소유권을 이전한 경우 종전의 토지 또는 건축물에 설정된 지상권·전세권·저당권·임차권·가등기담보권·가압류 등 등기된 권리 및 주택임대차보호법에 따른 대항요건을 갖춘 임차권은 소유권을 이전받은 대지 또는 건축물에 설정된 것으로 본다.

④ 관리처분계획의 인가·고시가 있은 때에는 종전의 토지 또는 건축물의 소유자·지상권자·전세권자·임차권자 등 권리자는 소유권이전의 고시가 있은 날까지 종전의 토지 또는 건축물에 대하여 이를 사용하거나 수익할 수 없다.

⑤ 주거환경관리사업의 사업시행자는 관리처분계획에 따라 토지등소유자에게 공급하는 방법으로 시행하지 못한다. 주거환경관리사업의 사업시행자가 정비구역에서 정비기반시설 및 공동이용시설을 새로 설치하거나 확대하고 토지등소유자가 스스로 주택을 보전·정비하거나 개량하는 방법으로 한다.

11 ② 분양신청기간의 연장은 20일의 범위에서 한 차례만 할 수 있다.

③ 같은 세대에 속하지 아니하는 3명이 1토지를 공유한 경우에는 1주택을 공급하여야 한다.

④ 사업시행자는 정비사업의 시행으로 건설된 건축물을 제74조에 따라 인가받은 관리처분계획에 따라 토지등소유자에게 공급하여야 한다.

⑤ 지분형주택의 규모는 주거전용면적 60제곱미터 이하인 주택으로 한정한다.

12 ① ㉠: 90, ㉡: 40

13 ④ 준공인가에 따른 정비구역의 해제는 조합의 존속에 영향을 주지 아니한다.

제**12**장 **이전등기 및 청산금**

Answer

01 ②   02 ④   03 ④

01 ② 등기가 아니라 사업시행자는 소유권이전고시가 있은 후 청산금을 분양받은 자로부터 징수하거나 분양받은 자에게 지급하여야 한다.

02 ① 정관 등에서 분할징수 및 분할지급에 대하여 정하고 있거나 총회의 의결을 거쳐 따로 정한 경우에는 관리처분계획인가 후부터 이전의 고시일까지 일정기간별로 분할징수하거나 분할지급할 수 있다.

② 청산금을 지급받을 권리는 소유권이전고시일 다음 날부터 5년간 이를 행사하지 아니하면 소멸한다.

③ 원칙적으로 일괄징수하거나 일괄지급하나, 예외적으로 분할징수하거나 분할지급할 수 있다.

⑤ 청산금을 납부할 자가 이를 납부하지 아니하는 경우 시장·군수 등인 사업시행자는 지방세체납처분의 예에 의하여 이를 징수할 수 있다.

03 ① 14일 이내(도시개발법의 환지 등기규정). 사업시행자는 소유권이전고시가 있은 때에는 지체 없이 대지 및 건축물에 관한 등기를 지방법원지원 또는 등기소에 촉탁 또는 신청하여야 한다.

② 정비사업에 관하여 소유권이전고시가 있은 날부터 대지 및 건축물에 관한 등기가 있을 때까지는 저당권 등의 다른 등기를 하지 못한다.

③ 원칙적으로 일괄징수하거나 일괄지급하나, 예외적으로 분할징수하거나 분할지급할 수 있다.

⑤ 청산금을 지급받을 권리 또는 이를 징수할 권리는 소유권이전의 고시일 다음 날부터 5년간 이를 행사하지 아니하면 소멸한다.

제1장 **총 칙**

01 ③   02 ①   03 ①   04 ③   05 ②   06 ②   07 ④   08 ⑤

01 다중이용 건축물은 다음의 건축물을 말한다.

> 1. 문화 및 집회시설(동물원·식물원은 제외한다), 종교시설, 판매시설, 운수시설 중 여객용 시설, 의료시설 중 종합병원, 숙박시설 중 관광숙박시설에 해당하는 용도로 쓰는 바닥면적의 합계가 5천㎡ 이상인 건축물을 말한다.
> 2. 16층 이상인 건축물을 말한다.

02 ① 교육연구시설에 해당하는 용도로 쓰는 바닥면적의 합계가 1천㎡ 이상인 건축물은 준다중이용 건축물이다.

03 ② 건축물은 토지에 정착하는 공작물 중 지붕과 기둥 또는 벽이 있는 것과 이에 부수되는 시설물을 말한다.

③ 건축이라 함은 건축물을 신축·증축·개축·재축 또는 건축물을 이전하는 것을 말한다.

④ 대수선이란 건축물의 주요구조부에 대한 수선 또는 변경을 의미하며 건축물의 외부형태의 변경도 포함한다.

⑤ 부속건축물은 같은 대지에서 주된 건축물과 분리된 부속용도의 건축물로서 주된 건축물의 이용 또는 관리에 필요한 건축물을 말한다.

04 ③ 고층건축물은 층수가 30층 이상이거나 높이가 120m 이상인 건축물을 말한다.

05 ② 2/4 미만, 즉 1/2 미만이다. 1/2 이상이어야 지하층에 해당한다. 건축물의 바닥이 지표면 아래에 있는 층으로서 그 바닥에서 지표면까지 평균 높이가 해당층 높이의 2분의 1 이상인 것을 말한다.

06 주요구조부라 함은 내력벽·기둥·바닥·보·지붕틀 및 주계단을 말한다. 다만, 사이기둥·최하층 바닥·작은보·차양·옥외계단 그 밖에 이와 유사한 것으로 건축물의 구조상 중요하지 아니한 부분을 제외한다.

07 ④ 담장은 높이가 2m를 넘어야 한다. 그러므로 높이 3m의 담장은 축조신고를 하여야 한다.
공작물 축조신고대상: 특별자치시장·특별자치도지사·시장·군수·구청장에게 신고하여야 한다.

범 위	규 모
1. 옹벽, 담장	높이 2m를 넘는 것
2. 장식탑, 기념탑, 첨탑, 광고탑, 광고판, 그 밖에 이와 비슷한 것	높이 4m를 넘는 것
3. 굴뚝, 골프연습장 등의 운동시설을 위한 철탑, 주거지역·상업지역에 설치하는 통신용 철탑, 그 밖에 이와 비슷한 것	높이 6m를 넘는 것
4. 고가수조	높이 8m를 넘는 것
5. 기계식 주차장 및 철골 조립식 주차장(바닥면이 조립식이 아닌 것을 포함한다)으로서 외벽이 없는 것	높이 8m 이하인 것
6. 태양에너지를 이용하는 발전설비와 그 밖에 이와 비슷한 것	높이 5미터를 넘는 것
7. 지하대피호	바닥면적이 30m²를 넘는 것
8. 제조시설, 저장시설(시멘트사일로를 포함), 유희시설, 그 밖에 이와 비슷한 것 9. 건축물의 구조에 심대한 영향을 줄 수 있는 중량물	건축조례로 정하는 것

08 ⑤ 높이 4미터를 넘는 장식탑이므로 높이 3미터의 장식탑은 특별자치시장·특별자치도지사 또는 시장·군수·구청장에게 신고하여야 하는 공작물에 해당하지 아니한다.

제2장 건축과 대수선

Answer

01 ④　　02 ②　　03 ①　　04 ⑤

01 ④ 건축물이 재해로 멸실된 경우 그 대지에 연면적 합계는 종전 규모 이하이고 동수, 층수 및 높이가 모두 종전 규모 이하로 다시 축조하는 것은 재축이다.

02 ① 증축에 해당한다. ③ 증축에 해당한다. ④ 재축에 해당한다. ⑤ 개축에 해당한다.

03 ① 보를 세 개 이상 변경하는 것이 대수선에 해당한다.

04 ① 내력벽 면적을 30m² 이상 수선 또는 변경하는 것은 대수선에 해당된다.
② 방화벽 또는 방화구획을 위한 바닥 또는 벽을 증설하거나 해체하여 수선 또는 변경하는 것은 대수선이다.

③ 기존건축물이 있는 대지에 건축물의 연면적, 건축면적 및 층수를 늘리는 것은 증축이다.

④ 건축물의 전면부 창문틀을 해체하여 변경하는 행위는 대수선이 아니다.

제3장 용도변경

Answer

| 01 ② | 02 ③ | 03 ① | 04 ① | 05 ② | 06 ② | 07 ⑤ | 08 ⑤ | 09 ④ | 10 ⑤ |

01 ① 카지노 – 위락시설

③ 오피스텔 – 업무시설

④ 유스호스텔 – 수련시설

⑤ 자동차운전학원 – 자동차관련시설

02 ③ 야외극장, 야외음악당, 어린이회관은 관광휴게시설에 해당한다.

03 ① 전기자동차충전소 용도로 쓰는 바닥면적의 합계가 1,000m² 미만인 것은 제1종 근린생활시설이고, 1,000m² 이상인 것은 자동차 관련 시설이다.

04 ①은 허가대상이다. ②③④⑤는 신고사항이다.

시설군	용도군	허 가	신 고
1. **자동차관련시설군**	자동차관련시설	하위 시설군에서 상위 시설군 용도 변경시	상위 시설군에서 하위 시설군 용도 변경시
2. **산업등시설군**	가. 운수시설 나. 창고시설 다. 공장 라. 위험물저장 및 처리시설 마. 묘지관련시설 바. 자원순환관련시설 사. 장례시설		
3. **전기통신시설군**	가. 방송통신시설 나. 발전시설		
4. **문화집회시설군**	가. 종교시설 나. 문화 및 집회시설 다. 위락시설 라. 관광휴게시설		

5. 영업시설군	가. 판매시설	
	나. 운동시설	
	다. 숙박시설(500m² 이상)	
	라. 제2종 근린생활시설인 다중생활시설(500m² 미만)	
6. 교육 및 복지시설군	가. 의료시설	
	나. 교육연구시설	
	다. 노유자시설	
	라. 수련시설	
	마. 야영장시설	
7. 근린생활시설군	가. 제1종 근린생활시설	
	나. 제2종 근린생활시설(다중생활시설 제외)	
8. 주거 및 업무시설군	가. 단독주택	
	나. 공동주택	
	다. 업무시설	
	라. 교정시설	
	마. 국방·군사시설	
9. 그 밖의 시설군	동물 및 식물관련시설	

05 ① 특별시나 광역시에 소재하는 건축물인 경우에는 구청장의 허가를 받거나 신고하여야 한다.
③ 교육 및 복지시설군에서 전기통신시설군으로 용도변경하는 경우에는 허가를 받아야 한다.
④ 원칙적으로 시설군 중 같은 시설군 안에서 용도를 변경하려는 경우에는 특별자치시장·특별자치도지사·시장·군수·구청장에게 건축물대장 기재내용의 변경을 신청하여야 한다.
⑤ 용도변경하려는 부분의 바닥면적의 합계가 100m² 이상인 신고대상인 용도변경을 하는 경우에는 건축물의 사용승인을 받아야 한다.

06 ① 연면적이 200제곱미터 미만이고 3층 미만인 건축물의 대수선은 건축사가 아니어도 설계할 수 있다. 甲이 용도변경을 위하여 건축물을 대수선할 경우 4층 건축물이므로 그 설계는 건축사가 아니면 할 수 없다.
③ 甲은 서점에 다른 용도를 추가하여 복수용도로 용도변경 신청을 할 수 있다.
④ 甲의 병원이 준주거지역에 위치하고 있다면 서점으로 용도변경을 할 수 있다.
⑤ 근린생활시설인 서점은 피난 용도로 쓸 수 있는 광장을 옥상에 설치하지 아니한다.

07 건축법이 전면적으로 적용되는 지역이 아닌 지역에서는 다음의 건축법 규정은 적용하지 아니한다.

1. 제44조(대지와 도로의 관계)
2. 제45조(도로의 지정·폐지 또는 변경)
3. 제46조(건축선의 지정)
4. 제47조(건축선에 따른 건축제한)

>   5. 제51조(방화지구의 건축물)
>   6. 제57조(대지의 분할 제한)

08 ⑤ 국토의 계획 및 이용에 관한 법률 제51조 제3항(도시지역 외의 지역)에 따른 지구단위계획구역이 아닌 계획관리지역으로서 동이나 읍이 아닌 지역에서는 건축법상 용적률 규정은 적용된다.

🔔 국토의 계획 및 이용에 관한 법률에 따른 도시지역 및 같은 법 제51조 제3항(도시지역 외의 지역)에 따른 지구단위계획구역 외의 지역으로서 동이나 읍(동이나 읍에 속하는 섬의 경우에는 인구가 500명 이상인 경우만 해당)이 아닌 지역은 다음을 적용하지 아니한다.

>   1. 대지와 도로의 관계(제44조)
>   2. 도로의 지정·폐지 또는 변경(제45조)
>   3. 건축선의 지정(제46조)
>   4. 건축선에 따른 건축제한(제47조)
>   5. 방화지구의 건축물(제51조)
>   6. 대지의 분할제한(제57조)

09 ④ 지역자치센터는 건축법의 규정이 적용되는 건축물에 해당한다.

🔔 **건축법의 적용을 받지 않는 건축물**

>   1. 문화유산의 보존 및 활용에 관한 법률에 따른 지정문화유산이나 임시지정문화유산 또는 자연유산의 보존 및 활용에 관한 법률에 따라 지정된 천연기념물 등이나 임시지정천연기념물, 임시지정명승, 임시지정시·도자연유산, 임시자연유산자료
>   2. 철도 또는 궤도의 선로부지에 있는 다음 시설
>   ① 운전보안시설
>   ② 철도 선로의 위나 아래를 가로지르는 보행시설
>   ③ 플랫폼
>   ④ 해당 철도 또는 궤도사업용 급수·급탄 및 급유시설
>   3. 고속도로 통행료 징수시설
>   4. 컨테이너를 이용한 간이창고(산업집적활성화 및 공장설립에 관한 법률에 따른 공장의 용도로만 사용되는 건축물의 대지에 설치하는 것으로서 이동이 쉬운 것만 해당된다)
>   5. 하천법에 따른 하천구역 내의 수문조작실

10 ⑤ ㉠㉡㉢㉣ 모두 적용 제외대상이다.

제**4**장 건축물의 건축 등

01 ③	02 ③	03 ④	04 ④	05 ③	06 ⑤	07 ①	08 ②	09 ⑤	10 ②
11 ⑤	12 ⑤	13 ②	14 ③	15 ②	16 ④	17 ⑤			

01 ③ ㉠㉡㉢은 사전결정 통지를 받은 경우에 허가를 받은 것으로 본다.
㉣ 사전결정 통지를 받은 경우에는 도시지역의 「산지관리법」 제14조에 따른 보전산지는 산지전용 허가를 받은 것으로 본다.

02 ① A도(道) B시(市)에서 30층의 건축물을 건축하려는 자는 건축허가신청 전에 B시장(허가권자)에 게 그 건축물의 건축이 법령에서 허용되는지에 대한 사전결정을 신청할 수 있다.
② 허가권자는 사전결정이 신청된 건축물의 대지면적이 소규모 환경영향평가 대상사업인 경우 환경부장관이나 지방환경관서의 장과 소규모 환경영향평가에 관한 협의를 하여야 한다.
④ 도로점용허가와 건축허가는 의제되지 아니한다.
⑤ 사전결정의 신청자는 그 신청시 건축위원회의 심의와 교통영향평가서의 검토를 동시에 신청할 수 있다.

03 ④ 서울특별시 A구에서 연면적의 합계가 20만m²인 창고를 건축하려는 경우에는 A구청장이 허가권 자이다.

04 🏠 시장·군수가 도지사의 사전승인을 받아야 하는 건축물
④ 교육환경 또는 주거환경 등 주변환경의 보호상 필요하다고 인정하여 도지사가 지정·공고하는 구역에 건축하는 위락시설 및 숙박시설의 건축물
①② 특별시·광역시 이외의 지역에서 층수가 21층 이상인 건축물, 연면적의 합계가 10만m² 이상인 건축물을 건축하는 경우(연면적 3/10 이상 되는 증축으로 인하여 21층 이상이 되거나 연면적 합계 10만m² 이상이 되는 경우), 다만 공장, 창고 및 지방건축위원회의 심의(초고층 건축물은 제외한다)를 거친 건축물, 도시환경, 광역교통 등을 고려하여 해당 도의 조례로 정하는 건축물은 제외한다. 즉, 사전승인대상이 아니다.
③⑤ 자연환경 또는 수질보호를 위하여 도지사가 지정·공고하는 구역에 건축하는 3층 이상 또는 연면적 합계 1천m² 이상의 건축물로서 위락시설 및 숙박시설, 공동주택, 일반업무시설, 일반음식점에 해당하는 건축물

05 ③ 제2종 근린생활시설(일반음식점만 해당한다)

06 ① 건축물을 건축하거나 대수선하려는 자는 원칙적으로 특별자치시장·특별자치도지사 또는 시장·군수·구청장를 받아야 하나, 예외적으로 특별시장 또는 광역시장의 허가를 받는 경우도 있다. 국토교통부장관과 도지사(특별자치도지사 제외)는 허가권자가 아니다.

② 건축위원회의 심의를 받은 자가 결과를 통지 받은 날부터 2년 이내에 건축허가를 신청하지 아니하면 건축위원회 심의의 효력이 상실된다.

③ 시장·군수 또는 구청장 × ⇨ 시장·군수

④ 허가를 받은 날부터 2년(공장의 신설·증설 또는 업종변경의 승인을 받은 공장은 3년) 이내에 공사에 착수하지 아니한 경우에는 그 허가를 취소하여야 한다. 다만, 정당한 사유가 있다고 인정되면 1년의 범위에서 공사의 착수기간을 연장할 수 있다.

07 ① 분양을 목적으로 하는 공동주택의 건축주가 그 대지를 사용할 수 있는 권원을 확보한 경우에도 건축허가를 받으려면 해당 대지의 소유권을 확보하여야 한다.

08 ② 교육감이 교육환경의 개선을 위하여 특히 필요하다고 인정하여 요청하는 경우는 국토교통부장관이 허가권자의 건축허가나 착공을 제한할 수 있는 사유에 해당하지 않는다.

국토교통부장관은 국토관리를 위하여 특히 필요하다고 인정하거나 주무부장관이 국방, 국가유산기본법에 따른 국가유산의 보존, 환경보전 또는 국민경제를 위하여 특히 필요하다고 인정하여 요청하면 허가권자의 건축허가나 허가를 받은 건축물의 착공을 제한할 수 있다.

09 ⑤ 허가권자는 건축허가를 받은 자가 그 허가를 받은 날부터 2년(공장의 신설·증설 또는 업종변경의 승인을 받은 공장은 3년) 이내에 공사를 착수하지 않거나 공사를 착수하였으나 공사의 완료가 불가능하다고 인정하는 경우에는 허가를 취소하여야 한다.

10 ② 허가권자는 연면적이 1천m² 이상으로서 지방자치단체의 조례로 정하는 건축물에 대하여는 착공신고를 하는 건축주에게 장기간 건축물의 공사현장이 방치되는 것에 대비하여 미리 미관개선 및 안전관리에 필요한 비용을 건축공사비의 1%의 범위 안에서 예치하게 할 수 있다.

11 ⑤ 안전영향평가를 실시하여야 하는 건축물이 다른 법률에 따라 구조안전과 인접 대지의 안전에 미치는 영향 등을 평가받은 경우에는 안전영향평가의 해당 항목을 평가받은 것으로 본다.

12 ⑤ ㉠: 초고층, ㉡: 10, ㉢: 16

13 ② 건축물의 높이를 3m 이하의 범위 안에서 증축은 신고사항이다.

14 ③ 연면적이 200제곱미터 미만이고 3층 미만인 대수선은 신고사항이다. 연면적이 150제곱미터인 3층 건축물의 피난계단 증설인 대수선은 허가사항이다.

15 ② 신고해야 하는 가설건축물의 존치기간은 3년 이내로 하며, 존치기간의 연장이 필요한 경우에는 횟수별 3년의 범위에서 가설건축물별로 건축조례로 정하는 횟수만큼 존치기간을 연장할 수 있다. 다만, 공사용 가설건축물 및 공작물의 경우에는 해당 공사의 완료일까지의 기간으로 한다.

16 ④ 허가대상 가설건축물의 존치기간은 3년 이내일 것. 다만 도시·군계획사업이 시행될 때까지 그 기간을 연장할 수 있다.

17 ⑤ 건축주는 허가대상의 건축물, 신고대상의 건축물, 허가대상의 가설건축물의 규정에 따라 허가를 받았거나 신고를 한 건축물의 건축공사를 완료한 후 그 건축물을 사용하고자 하는 경우에는 공사감리자가 작성한 감리완료보고서(공사감리자를 지정한 경우에 한한다) 및 국토교통부령이 정하는 공사완료도서를 첨부하여 허가권자에게 사용승인을 신청하여야 한다.

제5장 건축물의 대지와 도로

Answer

01 ①	02 ⑤	03 ④	04 ③	05 ②	06 ①	07 ③	08 ③	09 ③	10 ③
11 ⑤	12 ③	13 ②							

01 ① 원칙적으로 건축물의 대지는 이와 인접하는 도로면보다 낮아서는 아니 된다. 대지의 배수에 지장이 없거나 건축물의 용도상 방습의 필요가 없는 경우에는 인접한 도로면보다 낮아도 된다.

02 ⑤ 지구단위계획구역으로 지정된 자연환경보전지역인 대지는 조경을 하여야 한다.
🔑 다음에 해당하는 건축물에 대하여는 조경 등의 조치를 하지 아니할 수 있다.

> 1. 녹지지역에 건축하는 건축물
> 2. 면적 5천m² 미만인 대지에 건축하는 공장
> 3. 연면적의 합계가 1,500m² 미만인 공장
> 4. 산업집적활성화 및 공장설립에 관한 법률에 따른 산업단지의 공장
> 5. 대지에 염분이 함유되어 있는 경우 또는 건축물 용도의 특성상 조경 등의 조치를 하기가 곤란하거나 조경 등의 조치를 하는 것이 불합리한 경우로서 건축조례가 정하는 건축물
> 6. 축사
> 7. 허가대상 가설건축물
> 8. 연면적의 합계가 1,500m² 미만인 물류시설(주거지역 또는 상업지역에 건축하는 것을 제외한다)로서 국토교통부령이 정하는 것
> 9. 국토의 계획 및 이용에 관한 법률에 따라 지정된 자연환경보전지역·농림지역 또는 관리지역(지구단위계획구역으로 지정된 지역을 제외한다)의 건축물

03 ⑩ 주거지역 또는 상업지역에 건축하는 연면적 합계가 1천 500제곱미터인 물류시설은 조경을 하여야 한다.

04 ③ 옥상부분의 조경면적의 2/3에 해당하는 면적을 대지 안의 조경면적으로 산정할 수 있되, 조경면적으로 산정하는 면적은 의무적 조경면적의 50/100을 초과할 수 없다. 따라서 600m² × 2/3 = 400m²이나 조경면적으로 산정하는 면적은 의무적 조경면적의 50/100을 초과할 수 없으므로 200m²이다.

05 ① 도시·군계획시설에서 건축하는 연면적의 합계가 1천500m² 이상인 가설건축물에 대하여는 조경 등의 조치를 하지 아니할 수 있다.
③ 바닥면적의 합계가 5,000m² 이상인 판매시설 중 농수산물유통시설은 공개공지를 확보하지 아니한다.
④ 상업지역의 건축물에 설치하는 공개공지 등의 면적은 대지면적의 100분의 10 이하의 범위에서 건축조례로 정한다.
⑤ 공개공지 등을 설치하는 경우 건축물의 건폐율과 용적률 및 건축물의 높이 제한은 완화하여 적용할 수 있다.

06 ① 일반공업지역에 있는 종합병원은 공개공지 또는 공개공간을 설치하여야 하는 건축물에 해당하지 않는다.

공개공지 확보 대상지역	
1. 일반주거지역	2. 준주거지역
3. 상업지역	4. 준공업지역
5. 특별자치시장·특별자치도지사 또는 시장·군수·구청장이 인정하여 도시화의 가능성이 크다고 인정하여 지정·공고하는 지역	

07 ① 노후 산업단지의 정비가 필요하다고 인정되어 지정·공고된 지역에는 공개공지 등을 설치할 수 있다.
② 공개공지는 필로티의 구조로 설치할 수 있다.
④ 공개공지를 설치하는 경우에는 건폐율과 용적률 및 건축물의 높이의 규정을 완화하여 적용하고자 하는 경우에는 다음 범위 안에서 건축조례가 정하는 바에 따른다[건폐율의 1.2배 이하의 범위에서 완화(×)].

> 1. 용적률은 해당 지역에 적용되는 용적률의 1.2배 이하
> 2. 높이제한은 해당 건축물에 적용되는 높이기준의 1.2배 이하

⑤ 울타리나 담장 등의 시설을 설치하거나 출입구를 폐쇄하는 등 공개공지 등의 출입을 차단하는 행위 등 공개공지 등의 활용을 저해하는 행위를 하여서는 아니 된다.

08 ③ 실제로 개설되어 있지 아니한 계획상의 도로란 예정도로를 뜻하는데 이것도 건축법상의 도로에 포함된다.

건축법상 도로란 보행 및 자동차통행이 가능한 너비 4m 이상의 다음의 도로 또는 예정도로를 말한다.

> 1. 국토의 계획 및 이용에 관한 법률·도로법·사도법 그 밖에 관계 법령에 따라 신설 또는 변경에 관한 고시가 된 도로
> 2. 건축허가 또는 신고시 특별시장·광역시장·특별자치시장·도지사·특별자치도지사(이하 '시·도지사'라 한다) 또는 시장·군수·구청장(자치구의 구청장을 말한다)이 그 위치를 지정·공고한 도로

09 ③ 연면적 합계가 3,000m² 이상인 공장인 경우에는 대지는 너비 6m 이상의 도로에 4m 이상 접하여야 한다.

10 ③ 건축선과 도로 사이의 대지면적은 건축물의 대지면적 산정시 제외한다.

11 ⑤ 도로면으로부터 높이 4.5m 이하에 있는 출입구·창문 그 밖의 이와 유사한 구조물은 열고 닫을 때 건축선의 수직면을 넘지 아니하는 구조로 하여야 한다. 그러므로 높이 4m의 甲의 건축물은 창문을 열었을 때 건축선의 수직면을 넘어서는 아니 된다.

12 ③ 위의 문제는 해당 도로의 반대쪽에 선로부지가 있는 경우로서 선로부지가 있는 쪽 도로경계선에서 소요너비(4m)에 상당하는 수평거리의 선이 건축선이 된다. 즉 대지가 접한 도로로부터 대지 쪽으로 1m 후퇴한 선이 건축선이 된다. 그러므로 대지면적을 산정할 때에는 도로경계선으로부터 건축선까지의 대지부분은 제외한다.

대지면적 = $(7 - 1)$m × 10m + 7m × 20m = 60m² + 140m² = 200m²이다.

13 ② 대지면적은 190m²(그림의 건축선은 지정건축선이므로 대지면적을 계산할 때에는 본래적 의미의 건축선을 다시 찾아야 한다), 해당도로의 반대쪽에 경사지, 하천, 철로, 선로부지 및 공원 기타 이와 유사한 것이 있는 경우 해당 경사지 등이 있는 쪽 도로경계선에서 소요너비(4m)에 상당하는 수평거리의 선이 건축선이다. 그러므로 대지면적은 $(20m - 1m = 19m)$ × 10m이므로 190m²이다.

최대건축면적 = 대지면적 × 건폐율/100 = 190 × 70/100 = 133m²

최대건축 연면적 = 대지면적 × 용적률/100 = 190 × 300/100 = 570m²

제6장 건축물의 구조 및 재료

01 ③   02 ③   03 ②   04 ③   05 ②   06 ⑤   07 ①

01 ⓒ 건축물의 처마높이 : 9미터 이상인 건축물의 건축주는 해당 건축물의 설계자로부터 구조 안전의 확인 서류를 받아 착공신고를 하는 때에 그 확인 서류를 허가권자에게 제출하여야 한다.

02 ③ 판매시설 중 상점 간에는 건축물의 가구·세대 등 소음 방지를 위한 경계벽을 설치하여야 하는 경우에 해당하지 않는다.

소음 방지를 위하여 다음에 해당하는 건축물의 경계벽은 국토교통부령으로 정하는 기준에 따라 설치해야 한다.

1. 단독주택 중 다가구주택의 각 가구 간 또는 공동주택(기숙사는 제외한다)의 각 세대간 경계벽 (제2조 제14호 후단에 따라 거실·침실 등의 용도로 쓰지 아니하는 발코니 부분은 제외한다)
2. 공동주택 중 기숙사의 침실, 의료시설의 병실, 교육연구시설 중 학교의 교실 또는 숙박시설의 객실 간 경계벽
3. 제1종 근린생활시설 중 산후조리원의 다음의 어느 하나에 해당하는 경계벽
    ㉠ 임산부실 간 경계벽
    ㉡ 신생아실 간 경계벽
    ㉢ 임산부실과 신생아실 간 경계벽
4. 제2종 근린생활시설 중 다중생활시설의 호실 간 경계벽
5. 노유자시설 중 노인복지법 제32조 제1항 제3호에 따른 노인복지주택(이하 "노인복지주택"이라 한다)의 각 세대 간 경계벽
6. 노유자시설 중 노인요양시설의 호실 간 경계벽

03 ② 노유자시설 중 노인요양시설, 교육연구시설 중 도서관은 건축물의 층간바닥은 국토교통부령으로 정하는 기준에 따라 설치하여야 하는 대상이 아니다.

소음 방지용 바닥의 설치 : 소음 방지를 위하여 다음에 해당하는 건축물의 층간바닥(화장실의 바닥은 제외한다)은 국토교통부령으로 정하는 기준에 따라 설치해야 한다.

1. 단독주택 중 다가구주택
2. 공동주택(주택법 제15조에 따른 주택건설사업계획승인 대상은 제외한다)
3. 업무시설 중 오피스텔
4. 제2종 근린생활시설 중 다중생활시설
5. 숙박시설 중 다중생활시설

04 ③ 옥상광장 또는 2층 이상인 층에 있는 노대(露臺)나 그 밖에 이와 비슷한 것의 주위에는 높이 1.2m 이상의 난간을 설치하여야 한다.

05 ② 초고층 건축물에는 피난층 또는 지상으로 통하는 직통계단과 직접 연결되는 피난안전구역을 지상층으로부터 최대 30개 층마다 1개소 이상 설치하여야 한다.

06 ⑤ 2대 이상의 비상용 승강기를 설치하는 경우에는 화재가 났을 때 소화에 지장이 없도록 일정한 간격을 두고 설치하여야 한다.

07 ① 문화 및 집회시설 중 동·식물원은 제외한다.
다음에 해당하는 대통령령으로 정하는 건축물은 범죄예방 기준에 따라 건축해야 한다.

> 1. 다가구주택, 아파트, 연립주택, 다세대주택
> 2. 제1종 근린생활시설 중 일용품을 판매하는 소매점
> 3. 제2종 근린생활시설 중 다중생활시설
> 4. 문화 및 집회시설(동·식물원은 제외한다)
> 5. 교육연구시설(연구소 및 도서관은 제외한다)
> 6. 노유자시설
> 7. 수련시설
> 8. 업무시설 중 오피스텔
> 9. 숙박시설 중 다중생활시설

| 제7장 | 지역 및 지구 안의 건축물 |

Answer

01 ⑤	02 ⑤	03 ②	04 ①	05 ⑤	06 ④	07 ④	08 ②	09 ③	10 ③
11 ④	12 ②	13 ②	14 ③	15 ②	16 ②				

01 ⑤ 특별자치시장·특별자치도지사 또는 시장·군수·구청장이 지정하는 지정건축선의 경우에는 대지면적에 포함된다.

02 ⑤ 지하주차장의 경사로, 생활폐기물 보관함은 건축면적에 산입하지 않는다.

03 ② 벽·기둥의 구획이 없는 건축물에 있어서는 그 지붕 끝부분으로부터 수평거리 1m를 후퇴한 선으로 둘러싸인 수평투영면적으로 한다.

04 ① 주택의 발코니 등 건축물의 노대나 그 밖에 이와 비슷한 것(이하 '노대 등'이라 한다)의 바닥은 난간 등의 설치 여부에 관계없이 노대 등의 면적(외벽의 중심선으로부터 노대 등의 끝부분까지의 면적을 말한다)에서 노대 등이 접한 가장 긴 외벽에 접한 길이에 1.5m를 곱한 값을 **뺀** 면적을 바닥면적에 산입한다.

05 ⑤ 공동주택에 설치하는 주민공동시설의 면적은 용적률의 산정에 있어서는 연면적에 포함한다.

06 ④ 연면적 : 하나의 건축물의 각층의 바닥면적의 합계로 한다. 다만, 용적률의 산정에 있어서는 다음에 해당하는 면적을 제외한다.
  1. 지하층의 면적(ⓒⓓ 제외)
  2. 지상층의 주차용(해당 건축물의 부속용도인 경우만 해당)으로 쓰는 면적(ⓔ은 제외)
  3. 초고층 건축물과 준초고층 건축물에 설치하는 피난안전구역의 면적
  4. 건축물의 경사지붕 아래에 설치하는 대피공간의 면적
  그러므로 ⓒⓓⓔ을 제외하고 대지면적은 1,000m², 연면적은 지상 2층 주민공동시설의 면적은 포함한다. 지상 2, 3, 4, 5, 6, 7층 − 600m²이므로 3,600m²이다.

$$용적률 = \frac{건축물의\ 지상층\ 연면적}{대지면적} \times 100$$

$$용적률 = \frac{3,600m^2}{1,000m^2} \times 100 = 360\%$$

07 최대 건축연면적은 용적률(200%) × 대지면적(200m²) / 100 = 400m²이다. 현 건축물의 연면적은 지상층의 주차용(건축물의 부속용도인 경우에 한함)으로 사용되는 면적과 다락은 층고가 1.5m(경사진 지붕형태 1.8m) 이하이면 바닥면적에서 제외하고 주민공동시설의 면적은 연면적에 포함하므로 현 건축물의 연면적은 1층의 주민공동시설(40m²)와 2층(100m²)과 3층(100m²)을 합한 240m²다. 증축 가능한 최대 면적은 최대 건축연면적(400m²) − 현 건축물의 연면적(240m²)이므로 160m²이다.

🔔 연면적은 하나의 건축물의 각 층의 바닥면적의 합계로 한다. 다만, 용적률의 산정에 있어서는 다음에 해당하는 면적을 제외한다.

> 1. 지하층의 면적
> 2. 지상층의 주차용(해당 건축물의 부속용도인 경우만 해당)으로 쓰는 면적
> 3. 초고층 건축물과 준초고층 건축물에 설치하는 피난안전구역의 면적
> 4. 건축물의 경사지붕 아래에 설치하는 대피공간의 면적

08 ② 3층(지하층은 제외), 5,000m²(연면적에는 지하층 포함), 150%(용적률의 산정에 있어서 연면적에는 지하층의 면적을 제외한다. 그러므로 용적률의 산정시 연면적 3,000m²이다. 용적률은 대지면적에 대한 연면적의 비율이므로 3000/2000 × 100 = 150%)

09 건축물이 있는 대지는 다음의 해당 용도지역의 규모 범위 안에서 해당 지방자치단체의 조례가 정하는 면적에 못 미치게 분할할 수 없다.
① 제1종 전용주거지역 : 60㎡
② 그 밖에 지역(관리지역, 농림지역, 자연환경보전지역) : 60㎡
④ 일반공업지역 : 150㎡
⑤ 자연녹지지역 : 200㎡

10 ③ 지표면으로부터 해당 건축물의 상단까지의 높이로 한다. 다만, 옥상에 설치되는 승강기탑·계단탑·망루·장식탑·옥탑 등으로서 그 수평투영면적의 합계가 해당 건축물의 건축면적의 1/8 이하인 경우(주택법의 규정에 따른 사업계획승인 대상인 공동주택 중 세대별 전용면적이 85㎡ 이하인 경우에는 6분의 1)로서 그 부분의 높이가 12m를 넘는 경우에는 그 넘는 부분에 한하여 해당 건축물의 높이에 산입한다.

11 ④ 층의 구분이 명확하지 아니한 건축물은 그 건축물의 높이 4m마다 하나의 층으로 보고 그 층수를 산정한다.

12 ② 건축물의 옥상에 설치되는 승강기탑·계단탑·망루·장식탑·옥탑 등으로서 그 수평투영면적의 합계가 해당 건축물 건축면적의 1/8(주택법에 따른 사업계획승인 대상인 공동주택 중 세대별 전용면적이 85㎡ 이하인 경우에는 1/6) 이하인 경우로서 그 부분의 높이가 12m를 넘는 경우에는 그 넘는 부분만 해당 건축물의 높이에 산입한다. 그러므로 주어진 조건에서 승강기탑의 수평투영면적의 합계가 건축면적의 1/8 이하에 속하므로 건축물의 높이는 옥상바닥까지의 높이 40m에 옥탑의 높이(17m − 12m) = 5m를 더한 45m가 된다.

13 ㉠㉢이 옳은 문장이다.
㉡ 용적률을 산정할 때에는 해당 건축물의 부속용도로서 지상층의 주차용으로 쓰는 면적은 연면적에서 제외한다.
㉣ 사용승인을 받은 후 15년 이상이 된 건축물을 리모델링하는 경우로서 열의 손실 방지를 위하여 외벽에 부가하여 마감재를 설치하는 부분은 바닥면적에 산입하지 아니한다.

14 ③ 건축물의 높이는 지표면으로부터 해당 건축물의 상단까지의 높이로 한다. 다만, 옥상에 설치되는 승강기탑·계단탑·망루·장식탑·옥탑 등으로서 그 수평투영면적의 합계가 해당 건축물의 건축면적의 1/8 이하인 경우(주택법의 사용승인 대상인 공동주택 중 세대별 전용면적이 85㎡ 이하인 경우에는 1/6)로서 그 부분의 높이가 12m를 넘는 경우에는 그 넘는 부분에 한하여 해당 건축물의 높이에 산입한다. 층의 구분이 명확하지 아니한 건축물에 있어서는 그 건축물의 높이 4m마다 하나의 층으로 산정하므로, 이 건축물의 옥상에는 별도의 설치물이 없으므로 높이가 12m인 경우에는 12m ÷ 4m = 3층이 되고, 높이가 16m인 경우에는 16m ÷ 4m = 4층이 되는데, 건축물의 부분에 따라 그 층수를 달리하는 경우에는 그중 가장 많은 층수로 보기 때문에 해당 건축물의 층수는 4층이 된다.

15 ① 전용주거지역이나 일반주거지역에서 건축물을 건축하는 경우에는 건축물의 높이 10m 이하인 부분은 각 부분을 정북방향으로의 인접 대지경계선으로부터 1.5m 이상을 띄어 건축하여야 한다.
③ 15일 이상 공람은 삭제되었다. 허가권자는 가로구역별 건축물의 높이를 지정·공고하려면 지방건축위원회의 심의를 거쳐야 한다. 이 경우 주민의견청취절차 등은 토지이용규제기본법 제8조에 따른다.
④ 시장은 건축물의 용도 및 형태에 관계 없이 같은 가로구역 안에서는 건축물의 높이를 다르게 정할 수 있다.
⑤ 특별시장이나 광역시장은 도시의 관리를 위하여 필요하면 가로구역별 건축물의 높이를 특별시나 광역시의 조례로 정할 수 있다.
특별자치시장·특별자치도지사 또는 시장·군수·구청장은 가로구역의 높이를 완화하여 적용할 필요가 있다고 판단되는 대지에 대하여는 건축위원회의 심의를 거쳐 높이를 완화하여 적용할 수 있다.

16 ② 일반상업지역과 중심상업지역에 건축하는 공동주택으로서 하나의 대지에 두 동(棟) 이상을 건축하는 경우에는 채광의 확보를 위한 높이 제한이 적용되지 아니한다.

제8장 특별건축구역

Answer

01 ③   02 ②   03 ④   04 ⑤   05 ③   06 ①   07 ⑤   08 ①   09 ④   10 ④
11 ③

01 ③ 개발제한구역, 자연공원, 접도구역, 보전산지, 군사기지 및 군사시설 보호구역에는 특별건축구역을 지정할 수 없다. 단, 군사기지 및 군사시설 보호구역은 국방부장관과 사전협의하여야 한다.

02 ② 특별건축구역 지정일로부터 5년 이내에 특별건축구역 지정목적에 부합하는 건축물의 착공이 이루어지지 아니한 경우에는 특별건축구역 지정을 해제할 수 있다.

03 ④ 특별건축구역에 건축하는 건축물에 대하여는 다음의 규정을 적용하지 아니할 수 있다.

> 제42조(대지 안의 조경), 제55조(건축물의 건폐율), 제56조(건축물의 용적률), 제58조(대지 안의 공지), 제60조(건축물의 높이 제한), 제61조(일조 등의 확보를 위한 건축물의 높이 제한)

04 ⑤ 국토교통부장관 또는 시·도지사는 필요한 경우 직권으로 특별건축구역을 지정할 수 있으나 직권으로 해제할 수는 없다.

05 ③ ⓒ 계단의 설치는 건축협정구역을 대상으로 통합하여 적용할 수 없다.

🏠 **통합적용의 특례**

인가를 받은 건축협정구역에서는 다음의 규정을 개별 건축물마다 적용하지 아니하고 전부 또는 일부를 대상으로 통합하여 적용할 수 있다.

> 1. 대지의 조경, 대지와 도로와의 관계
> 2. 지하층의 설치, 건폐율
> 3. 주차장법 제19조에 따른 부설주차장의 설치
> 4. 하수도법 제34조에 따른 개인하수처리시설의 설치

06 ① 토지 또는 건축물의 소유자, 지상권자 등은 전원의 합의로 건축물의 건축·대수선 또는 리모델링에 관한 협정(건축협정)을 체결할 수 있다.

07 ① 토지 또는 건축물의 소유자, 지상권자 등 대통령령으로 정하는 자(이하 "소유자등"이라 한다)는 전원의 합의로 건축협정을 체결할 수 있다.
② 건축협정 체결 대상 토지가 둘 이상의 특별자치시 또는 시·군·구에 걸치는 경우 건축협정 체결 대상 토지면적의 과반이 속하는 건축협정인가권자에게 인가를 신청할 수 있다.
③ 협정체결자는 인가받은 건축협정을 변경하려면 건축협정인가권자에게 변경인가를 받아야 한다.
④ 건축협정을 폐지하려면 협정체결자 과반수의 동의를 받아 건축협정인가권자의 인가를 받아야 한다.

08 ① 건축물의 용적률을 완화하여 적용하는 경우에는 건축위원회의 심의와 국토의 계획 및 이용에 관한 법률에 따른 지방도시계획위원회의 심의를 통합하여 거쳐야 한다.

09 ④ 결합건축협정서에 따른 협정체결 유지기간은 최소 30년으로 한다.

10 ①②③⑤ 간의 분쟁은 조정 및 재정의 대상이 아니다.
건축분쟁전문위원회 : 건축 등과 관련된 다음의 분쟁의 조정 및 재정을 하기 위하여 국토교통부에 건축분쟁전문위원회("분쟁위원회")를 둔다.

> 1. 건축관계자와 해당 건축물의 건축 등으로 피해를 입은 인근주민 간의 분쟁
> 2. 관계전문기술자와 인근주민 간의 분쟁
> 3. 건축관계자와 관계전문기술자 간의 분쟁
> 4. 건축관계자(건축주, 설계자, 공사시공자, 공사감리자) 간의 분쟁
> 5. 인근주민 간의 분쟁
> 6. 관계전문기술자 간의 분쟁

11　③ 조정위원회는 조정안을 작성하면 지체 없이 각 당사자에게 조정안을 제시하여야 하며 조정안을 제시받은 당사자는 제시를 받은 날부터 15일 이내에 수락 여부를 조정위원회에 알려야 하고 당사자가 조정안을 수락하고 조정서에 기명날인하면 조정서의 내용은 재판상 화해와 동일한 효력을 갖는다.

제9장 보칙 및 벌칙

Answer

01 ④　　02 ①

01　④ ㄹ (100%) − ㄱ (90%) − ㄴ (80%) − ㄷ (70%)

02　ㄴ 동일인이 「건축법」에 따른 명령을 최근 3년 내에 2회 위반한 경우 부과될 금액을 100분의 100의 범위에서 가중하여야 한다.

ㄷ 허가권자는 최초의 시정명령이 있었던 날을 기준으로 하여 1년에 최대 2회 이내의 범위에서 그 시정명령이 이행될 때까지 반복하여 이행강제금을 부과·징수할 수 있다.

ㄹ 허가권자는 허가대상 건축물을 허가받지 아니하고 건축하여 벌금이 부과된 자에게는 이행강제금을 부과할 수 있다.

Part 05 주택법

제1장 총칙

Answer

01 ④	02 ③	03 ④	04 ⑤	05 ⑤	06 ②	07 ②	08 ④	09 ①	10 ⑤
11 ②	12 ③	13 ⑤	14 ③	15 ④					

01 ④ ㉡㉣㉤은 주택법상의 주택이 아니다.
- 주택법령상 단독주택 : 단독주택, 다중주택, 다가구주택이다.
- 주택법령상 공동주택 : 아파트, 연립주택, 다세대주택이다.
㉤의 오피스텔은 준주택으로 주택이 아니다.

02 ① 주택이란 세대의 구성원이 장기간 독립된 주거생활을 영위할 수 있는 구조로 된 건축물의 전부 또는 일부를 말하며, 그 부속토지를 포함한다.
② 주택에 딸린 시설 또는 설비로서 주차장·관리사무소·담장·주택단지 안의 도로는 부대시설이고, 어린이놀이터·근린생활시설은 복리시설이다.
④ 국민주택을 제외한 주택을 민영주택이라 한다.
⑤ 300세대 미만의 국민주택규모에 해당하는 주택으로서 도시지역에 건설하는 아파트형 주택, 단지형 연립주택, 단지형 다세대주택은 도시형 생활주택에 해당한다.

03 ㉠ 하나의 세대가 통합하여 사용할 수 있도록 세대 간에 연결문 또는 경량구조의 경계벽 등을 설치할 것은 사업계획의 승인을 받아 건설하는 세대구분형 공동주택이 충족하여야 하는 요건이다.

04 ⑤ 세대구분형 공동주택의 건설과 관련하여 주택건설기준 등을 적용하는 경우 세대구분형 공동주택의 세대수는 그 구분된 공간의 세대에 관계없이 하나의 세대로 산정한다.

05 ⑤ 준주택이란 주택 외의 건축물과 그 부속토지로서 주거시설로 이용가능한 시설 등을 말하며, 그 범위와 종류는 대통령령(오피스텔, 노인복지주택, 제2종 근린생활시설 또는 숙박시설에 속하는 다중생활시설, 기숙사)으로 정한다.

06 ① 도시형 생활주택이란 300세대 미만의 국민주택규모에 해당하는 단지형 연립주택, 단지형 다세대주택, 아파트형 주택을 말한다. 기숙사형 주택은 해당되지 않는다.
③ 도시형 생활주택은 분양가상한제 규정을 적용하지 아니한다.

④ 단지형 다세대주택은 건축법에 따른 건축위원회의 심의를 받은 경우에는 주택으로 쓰는 층수를 5개층까지 건축할 수 있다.

⑤ 하나의 건축물에는 도시형 생활주택과 그 밖의 주택을 함께 건축할 수 없으며 단지형 연립주택 또는 단지형 다세대주택과 아파트형 주택을 함께 건축할 수 없다.

07 ㉠ 세대별 주거전용면적은 85제곱미터 이하일 것
㉢ 도시형 생활주택과 주거전용면적이 85제곱미터 를 초과하는 주택 1세대를 함께 건축하는 경우와 국토의 계획 및 이용에 관한 법령에 따른 상업지역 또는 준주거지역에서는 아파트형 주택과 도시형 생활주택 외의 주택을 함께 건축할 수 있다.

08 ④ 주택에 딸린 자전거보관소는 부대시설에 해당한다.
부대시설이란 주택에 딸린 다음의 시설 또는 설비를 말한다.

> 1. 주차장, 관리사무소, 담장 및 주택단지 안의 도로
> 2. 건축법 제2조 제1항 제4호에 따른 건축설비
> 3. 대통령령으로 정하는 시설 또는 설비: 보안등, 대문, 경비실 및 자전거보관소, 조경시설, 옹벽 및 축대, 안내표지판 및 공중화장실, 저수시설, 지하양수시설 및 대피시설, 쓰레기 수거 및 처리시설, 오수처리시설, 정화조, 소방시설, 냉난방공급시설(지역난방공급시설은 제외한다) 및 방범설비

09 ① 폭 20m 이상인 일반도로로 분리된 토지는 각각 별개의 주택단지로 본다. 그러므로 폭 12m의 일반도로로 분리된 주택단지는 하나의 주택단지로 본다.
주택단지라 함은 주택건설사업계획 또는 대지조성사업계획의 승인을 받아 주택과 그 부대시설 및 복리시설을 건설하거나 대지를 조성하는 데 사용되는 일단의 토지를 말한다. 다만, 다음의 시설로 분리된 토지는 이를 각각 별개의 주택단지로 본다.

> 1. 철도·고속도로·자동차전용도로
> 2. 폭 20m 이상인 일반도로
> 3. 폭 8m 이상인 도시·군계획예정도로
> 4. 국토의 계획 및 이용에 관한 법률에 따른 도시·군계획시설인 도로로서 국토교통부령이 정하는 도로
> 5. 도로법에 따른 일반국도·특별시도·광역시도 또는 지방도
> 6. 그 밖에 관계 법령에 의하여 설치된 도로로서 제1호 및 제2호에 준하는 도로

10 ⑤는 삭제되었다.

11 ② 주택에 딸린 주차장은 부대시설에 속한다.

부대시설	1. 주차장·관리사무소·담장 및 주택단지 안의 도로
	2. 건축설비(승강기, 피뢰침, 국기게양대, 공동시청안테나, 우편물수취함)
복리시설	어린이놀이터·근린생활시설·유치원·주민운동시설 및 경로당
간선시설	도로·상하수도·전기시설·가스시설·통신시설 및 지역난방시설 등 주택단지 안의 기간시설을 해당 주택단지 밖에 있는 동종의 기간시설에 연결시키는 시설을 말한다. 다만, 가스시설·통신시설 및 지역난방시설의 경우에는 주택단지 안의 기간시설을 포함한다.

12 ③ 간선시설이란 도로·상하수도·전기시설·통신시설 및 지역난방시설 등 주택단지 안의 기간시설을 주택단지 밖에 있는 기간시설에 연결시키는 시설을 말한다. 다만, 가스시설·통신시설 및 지역난방시설의 경우에는 주택단지 안의 기간시설을 포함한다.

13 ⑤ 어린이놀이터는 복리시설에 속한다.

14 ③ 관리사무소는 부대시설에 속한다.

15 ④ 공공택지란 공공사업에 의하여 개발·조성되는 공동주택건설용지를 말한다.
① 국민주택건설을 위한 대지조성사업에 의해 개발·조성되는 공동주택건설용지이다.
② 도시 및 주거환경정비법에 따른 재개발조합이 시행하는 개발사업에 의해 개발·조성되는 공동주택건설용지는 민간택지이다.
③ 건설업자가 시행하는 사업은 민간택지이다.
⑤ 도시개발조합이 시행하는 도시개발사업에 의해 개발·조성되는 공동주택건설용지는 민간택지이다. 환지방식이 아니라 수용 또는 사용의 방식으로 시행하는 사업과 혼용방식 중 수용 또는 사용 방식이 적용되는 구역에서 시행하는 사업에 한한다.

제2장 주택의 건설

Answer

01 ③	02 ⑤	03 ①	04 ②	05 ③

01 ①②④⑤의 경우 국토교통부장관에게 등록하지 않아도 된다.
③ 등록사업주체와 비등록사업주체: 연간 단독주택의 경우에는 20호, 공동주택의 경우에는 20세대 이상의 주택건설사업을 시행하고자 하는 자 또는 연간 1만㎡ 이상의 대지조성사업을 시행하고자 하는 자는 국토교통부장관에게 등록하여야 한다. 다만, 국가·지방자치단체·한국토지주택공사·

지방공사·공익법인·주택조합(등록사업자와 공동으로 주택건설사업을 하는 경우에 한한다)·근로자를 고용하는 자(등록사업자와 공동으로 주택건설사업을 시행하는 경우에 한한다)인 사업주체의 경우에는 국토교통부장관에게 등록하지 않아도 된다.

02 ⑤ 등록 결격사유

1. 미성년자·피성년후견인 또는 피한정후견인
2. 파산선고를 받은 자로서 복권되지 아니한 자
3. 부정수표단속법 또는 이 법을 위반하여 금고 이상의 실형을 선고받고 그 집행이 끝나거나(집행이 끝난 것으로 보는 경우를 포함한다) 집행이 면제된 날부터 2년이 지나지 아니한 자
4. 부정수표단속법 또는 이 법을 위반하여 금고 이상의 형의 집행유예를 선고받고 그 유예기간 중에 있는 자
5. 등록이 말소된 후 2년이 지나지 아니한 자
6. 임원 중에 1.부터 5.까지의 규정 중에 해당하는 자가 있는 법인

03 ② 고용자가 그 근로자의 주택을 건설하는 경우에는 등록사업자와 공동으로 사업을 시행하여야 한다.
③ 토지소유자가 등록사업자와 공동으로 주택건설사업을 시행하는 경우 토지소유자와 등록사업자는 공동사업주체로 본다.
④ 리모델링주택조합은 등록사업자와 공동으로 사업을 시행할 수 없다. 설립된 주택조합(세대수를 증가하지 아니하는 리모델링주택조합을 제외한다)이 그 구성원의 주택을 건설하는 경우에는 등록사업자(지방자치단체·한국토지주택공사 및 지방공사를 포함한다)와 공동으로 사업을 시행할 수 있다.
⑤ 거짓이나 그 밖의 부정한 방법으로 등록한 경우 또는 등록증 대여한 경우에는 등록을 말소하여야 한다.

04 ② 연간 20호 이상의 단독주택건설사업을 시행하려는 자 또는 연간 1만 제곱미터 이상의 대지조성사업을 시행하려는 자는 국토교통부장관에게 등록하여야 한다.

05 ① 「공익법인의 설립·운영에 관한 법률」에 따라 주택건설사업을 목적으로 설립된 공익법인이 연간 20호 이상의 단독주택 건설사업을 시행하려는 경우 국토교통부장관에게 등록하지 아니한다.
② 국가와 공동으로 사업을 시행할 수는 없다. 세대수를 증가하는 리모델링주택조합이 그 구성원의 주택을 건설하는 경우에는 등록사업자, 지방자치단체, 한국토지주택공사 및 지방공사와 공동으로 사업을 시행할 수 있다.
④ 국토교통부장관은 등록사업자가 타인에게 등록증을 대여한 경우에는 그 등록을 말소하여야 한다.
⑤ 영업정지 처분을 받은 등록사업자는 그 처분 전에 사업계획승인을 받은 사업을 계속 수행할 수 있다.

제3장 **주택조합**

01 ① 관할 시장·군수·구청장에게 신고하여야 한다.
② 지역주택조합은 임대주택으로 건설·공급하는 세대수는 제외하고, 주택건설예정세대수의 50% 이상 조합원으로 구성하여야 한다.
③ 수인의 공유는 그 수인을 대표하는 1명을 조합원으로 본다.
④ 조합원이 사망한 경우에는 충원할 수 있다.

02 ③ 주택조합은 주택건설 예정 세대수의 50% 이상의 조합원으로 구성하되, 조합원은 20명 이상이어야 한다.

03 ④ 조합설립 인가 후에 조합원으로 추가모집되는 자가 조합원 자격 요건을 갖추었는지를 판단할 때에는 조합의 설립인가 신청일을 기준으로 한다.

04 ③ 총회의 의결을 하는 경우에는 조합원의 100분의 10 이상이 직접 출석하여야 한다. 다만, 창립총회 또는 조합임원의 선임 및 해임, 사업비의 조합원별 분담 명세, 자금의 차입과 그 방법·이자율 및 상환방법 등을 의결하는 총회의 경우에는 조합원의 100분의 20 이상이 직접 출석하여야 한다.
① 조합설립에 동의한 조합원은 조합설립인가가 있은 이후에 자신의 의사에 의해 조합을 탈퇴할 수 있다.
② 총회의 의결로 제명된 조합원은 조합에 자신이 부담한 비용의 환급을 청구할 수 있다.
④ 조합원을 공개모집한 이후 조합원의 자격상실로 인한 결원을 충원하려면 시장·군수·구청장에게 신고하지 아니하고 선착순의 방법으로 조합원을 모집할 수 있다.
⑤ 조합의 임원이 금고 이상의 실형을 받아 당연퇴직을 하더라도 그가 퇴직 전에 관여한 행위는 그 효력을 상실하지 아니한다.

05 ② 조합원 동의를 받은 정산서는 해산인가의 경우에 첨부하는 서류이다.
지역주택조합 또는 직장주택조합의 설립·변경 또는 해산의 인가를 받으려는 자는 신청서에 다음의 구분에 따른 서류를 첨부하여 주택건설대지를 관할하는 시장·군수·구청장에게 제출해야 한다.

> 1. 설립인가의 경우
>   ㉠ 창립총회 회의록
>   ㉡ 조합장선출동의서
>   ㉢ 조합원 전원이 자필로 연명한 조합규약
>   ㉣ 조합원 명부
>   ㉤ 사업계획서

  ⓗ 해당 주택건설대지의 80% 이상에 해당하는 토지의 사용권원을 확보하였음을 증명하는 서류
  ⓐ 해당 주택건설대지의 15% 이상에 해당하는 토지의 소유권을 확보하였음을 증명하는 서류
  ⓞ 고용자가 확인하는 근무확인서(직장주택조합의 경우만 해당)
  ⓩ 조합원 자격이 있는 자임을 확인하는 서류
 2. 해산인가의 경우 : 조합해산의 결의를 위한 총회의 의결정족수에 해당하는 조합원의 동의를 받은 정산서

06 ④ 조합원의 탈퇴 등으로 조합원 수가 주택건설 예정 세대 수의 50퍼센트 미만이 되는 경우에는 설립인가를 받은 후 조합원을 결원의 범위에서 충원할 수 있다.

지역주택조합 또는 직장주택조합은 설립인가를 받은 후에는 해당 조합의 구성원을 교체하거나 신규로 가입하게 할 수 없다. 다만, 조합원수가 주택건설예정세대수를 초과하지 아니하는 범위에서 시장·군수·구청장으로부터 조합원 추가모집의 승인을 받은 경우와 다음에 해당하는 사유로 결원이 발생한 범위에서 충원하는 경우에는 그러하지 아니하다.

 1. 조합원의 사망
 2. 사업계획승인 이후에 입주자로 선정된 지위가 양도·증여·판결 등으로 변경된 경우. 다만, 주택의 전매행위 제한 등에 따라 전매가 금지되는 경우는 제외한다.
 3. 조합원의 탈퇴 등으로 조합원수가 주택건설예정세대수의 50% 미만이 되는 경우
 4. 조합원이 무자격자로 판명되어 자격을 상실하는 경우
 5. 사업계획승인 과정 등에서 주택건설예정세대수가 변경되어 조합원수가 변경된 세대수의 50% 미만이 되는 경우

07 ① 세대수를 증가하지 아니하는 리모델링주택조합은 등록사업자와 공동으로 주택건설사업을 시행할 수 없다.
② 등록사업자와 공동으로 주택건설사업을 하려는 주택조합은 국토교통부장관에게 등록하지 아니한다.
④ 주택조합의 발기인은 조합원 모집 신고가 수리된 날부터 2년이 되는 날까지 주택조합 설립인가를 받지 못하는 경우 대통령령으로 정하는 바에 따라 주택조합 가입 신청자 전원으로 구성되는 총회 의결을 거쳐 주택조합 사업의 종결 여부를 결정하도록 하여야 한다.
⑤ 주택조합은 주택조합의 설립인가를 받은 날부터 3년이 되는 날까지 사업계획승인을 받지 못하는 경우 대통령령으로 정하는 바에 따라 총회의 의결을 거쳐 해산 여부를 결정하여야 한다.

08 ④ 모집주체는 조합가입계약서에 대해 설명한 내용을 주택조합 가입 신청자가 이해하였음을 국토교통부령으로 정하는 바에 따라 서면으로 확인을 받아 주택조합 가입 신청자에게 교부하여야 하며, 그 사본을 5년간 보관하여야 한다.

09 ② 주택조합의 가입을 신청한 자는 가입비 등을 예치한 날부터 30일 이내에 주택조합 가입에 관한 청약을 철회할 수 있다.

Answer

01 ③   02 ②   03 ③   04 ①

---

01 ③ 주택상환사채의 발행에 대한 승인권자는 국토교통부장관이다.

02 ① 한국토지주택공사와 자본금 5억원 이상인 등록사업자는 주택상환사채를 발행할 수 있다.
③ 주택상환사채의 상환기간은 '3년'을 초과할 수 없다.
④ 등록사업자의 등록이 말소되어도 그가 발행한 주택상환사채의 효력에 영향이 없다.
⑤ 등록사업자 주택상환사채 발행요건은 법인으로서 자본금 5억 이상, 건설업 등록한 자일 것, 최근 3년간 연평균 주택건설 실적이 300세대 이상일 것이다.

03 ③ 세대원의 근무로 인하여 세대원 일부가 아니라 전원이 다른 행정구역으로 이전하는 경우에는 양도하거나 중도에 해약할 수 있다.
🔔 주택상환사채는 이를 양도하거나 중도에 해약할 수 없다. 다만, 해외이주 등 부득이한 사유가 있는 경우로서 국토교통부령이 정하는 다음의 경우에는 그러하지 아니하다(양도하거나 중도에 해약할 수 있다).

> 1. 세대원(세대주가 포함된 세대의 구성원을 말한다)의 근무 또는 생업상의 사정이나 질병치료·취학·결혼으로 인하여 세대원 전원이 다른 행정구역으로 이전하는 경우
> 2. 세대원 전원이 상속에 의하여 취득한 주택으로 이전하는 경우
> 3. 세대원 전원이 해외로 이주하거나 2년 이상 해외에 체류하고자 하는 경우

04 ① 입주자저축정보를 제공하는 입주자저축취급기관의 장은 입주자저축정보의 명의인이 요구하더라도 입주자저축정보의 제공사실을 통보하여야 한다.

Answer

01 ①   02 ②   03 ⑤   04 ③   05 ④   06 ④   07 ⑤   08 ③   09 ④   10 ③
11 ②   12 ⑤   13 ①   14 ①

---

01 • 한국토지주택공사인 사업주체는 국토교통부장관으로부터 사업계획승인을 받아야 한다.
• 지역균형발전을 위하여 국토교통부장관이 지정고시하는 지역 안에 50호의 한옥건설사업을 시행하려는 경우에는 국토교통부장관으로부터 사업계획승인을 받아야 한다.

- 330만m² 이상의 규모로 택지개발촉진법에 따른 택지개발사업 또는 도시개발법에 따른 도시개발 사업을 추진하는 지역 중 국토교통부장관이 지정·고시하는 지역에서 주택건설사업을 시행하는 경우 국토교통부장관으로부터 사업계획승인을 받아야 한다.

02 ② 구청장은 사업계획승인권자가 되지 못한다. 광역시에서 대지면적이 5만m²인 대지조성사업을 시 행하는 등록사업자는 원칙적으로 광역시장에게 사업계획의 승인을 받아야 한다.

☑ **사업계획승인권자**

주택건설사업 또는 대지조성사업으로서 해당 대지면적이 10만m² 미만인 경우	특별시장·광역시장·특별자치시장·특별자치도지사 또는 시장·군수
주택건설사업 또는 대지조성사업으로서 해당 대지면적이 10만m² 이상인 경우	시·도지사, 대도시의 시장

03 ⑤ 한국토지주택공사, 지방공사 또는 등록사업자는 동일한 규모의 주택을 대량으로 건설하려는 경 우에는 국토교통부령으로 정하는 바에 따라 국토교통부장관에게 주택의 형별(型別)로 표본설계도 서를 작성·제출하여 승인을 받을 수 있다.

04 ③ 최초로 공사를 진행하는 공구에서 공사를 착수했으므로 최초로 공사를 진행하는 공구 외의 공구 는 해당 주택단지에 대한 최초 착공신고일부터 2년 이내 공사를 시작하지 아니한 경우에도 그 사업 계획의 승인을 취소할 수 없다.

05 ④ 해당 사업시행지에 대한 소유권 분쟁(소송절차가 진행 중인 경우만 해당한다)으로 인하여 공사 착수가 지연되는 경우에는 사업주체의 신청을 받아 그 사유가 없어진 날부터 1년의 범위에서 공사 의 착수기간을 연장할 수 있다.

06 ① 주택건설대지에 사용권원을 확보하지 못한 건축물이 있는 경우 그 건축물도 매도청구대상에 포 함된다.
② 사업주체는 매도청구를 하기 전에 3개월 이상 협의를 하여야 한다.
③ 사업주체가 주택건설대지면적 중 100분의 95 이상에 대하여 사용권원을 확보한 경우, 사용권원 을 확보하지 못한 대지의 모든 소유자에게 매도청구를 할 수 있다.
⑤ 사업주체가 리모델링주택조합인 경우 리모델링 결의에 찬성하지 아니한 자의 주택에 대하여는 매도청구를 할 수 있다.

07 ① 사업계획승인권자는 사업주체가 사업계획승인 받은 날부터 5년 이내 공사에 착수하지 아니하는 경우에는 그 사업계획의 승인을 취소할 수 있다.
② 사업계획승인권자는 사업계획을 승인할 때 사업주체가 제출하는 사업계획에 해당 주택건설사업 또는 대지조성사업과 직접적으로 관련이 없는 공공청사 등의 용지의 기부채납이나 간선시설 등의 설치에 관한 계획을 포함하도록 요구하여서는 아니 된다.

③ 사업계획승인권자는 사업계획의 승인신청을 받은 때에는 정당한 사유가 없는 한 60일 이내에 그 승인 여부를 사업주체에게 통보하여야 한다.

④ 사업주체는 매도청구대상 대지의 소유자에게 그 대지를 시가로 매도할 것을 청구할 수 있다.

08 ③ 사업주체가 국민주택용지로 사용하기 위하여 도시개발사업 시행자에게 체비지의 매각을 요구한 때에는 그 도시개발사업시행자는 체비지의 총면적의 2분의 1(50%)의 범위 안에서 이를 우선적으로 사업주체에게 매각할 수 있다.

09 ④ 사업계획승인을 공익사업을 위한 토지 등의 취득 및 보상에 관한 법률에 따른 사업인정으로 본다. 고시가 없다는 것에 주의하여야 한다.

10 ③ 도시개발사업시행자가 체비지를 사업주체에게 국민주택용지로 매각하는 경우에는 경쟁입찰의 방법에 따르지만, 매각을 요구하는 사업주체가 하나인 경우에는 수의계약을 할 수 있다.

11 ① 국민주택규모의 주택 비율을 50% 이상으로 건설하는 주택의 건설을 위해 국·공유지의 매수를 원하는 자에게 국가 또는 지방자치단체는 해당 토지를 우선 매각할 수 있다.

③ 국·공유지를 임차한 자가 임차일부터 2년 이내에 국민주택규모의 주택을 건설하기 위한 대지조성사업을 시행하지 아니한 경우 국가 또는 지방자치단체는 임대계약을 취소할 수 있다.

④ 체비지의 양도가격은 국토교통부령으로 정하는 바에 따라 감정평가 및 감정평가사에 관한 법률에 따른 감정평가법인 등이 감정평가한 감정가격을 기준으로 한다. 다만, 임대주택을 건설하는 경우 등 국토교통부령으로 정하는 경우에는 국토교통부령으로 정하는 조성원가를 기준으로 할 수 있다.

⑤ 인가를 받아 설립된 리모델링주택조합은 그 리모델링 결의에 찬성하지 아니하는 자의 주택 및 토지에 대하여 매도를 청구할 수 있다.

12 ⑤ 임시사용의 승인대상이 공동주택인 경우에는 세대별로 임시사용승인을 받는다.

13 ① 사업주체는 공사를 완료한 경우 시장·군수·구청장(사업계획승인권자가 국토교통부장관인 경우에는 국토교통부장관)으로부터 사용검사를 받아야 한다.

14 ① 주택(복리시설을 포함한다)의 소유자들은 주택단지 전체 대지에 속하는 일부의 토지에 대한 소유권이전등기 말소소송 등에 따라 사용검사(동별 사용검사를 포함한다)를 받은 이후에 해당 토지의 소유권을 회복한 자(실소유자)에게 해당 토지를 시가(市價)로 매도할 것을 청구할 수 있다.

제6장 주택의 공급

Answer

01 ③	02 ③	03 ③	04 ①	05 ②	06 ③	07 ①	08 ①	09 ⑤	10 ④
11 ②	12 ⑤	13 ④	14 ③	15 ⑤	16 ④	17 ①	18 ②	19 ⑤	20 ②
21 ③	22 ③								

01 ③ 사업주체는 공공택지에서 공급하는 분양가상한제 적용주택에 대하여 입주자모집승인을 받았을 때에는 분양가격을 공시하여야 한다.

02 ③ 도시 및 주거환경정비법에 따른 주거환경개선사업 및 공공재개발사업에서 건설·공급하는 주택은 분양가상한제를 적용하지 아니한다.

다음에 해당하는 경우에는 분양가상한제를 적용하지 아니한다.

1. 도시형 생활주택
2. 경제자유구역의 지정 및 운영에 관한 특별법에 따라 지정·고시된 경제자유구역에서 건설·공급하는 공동주택으로서 같은 법에 따른 경제자유구역위원회에서 외자유치 촉진과 관련이 있다고 인정하여 다음에 따른 분양가격 제한을 적용하지 아니하기로 심의·의결한 경우
3. 관광진흥법에 따라 지정된 관광특구에서 건설·공급하는 공동주택으로서 해당 건축물의 층수가 50층 이상이거나 높이가 150m 이상인 경우
4. 한국토지주택공사 또는 지방공사가 다음의 정비사업의 시행자(도시 및 주거환경정비법 제2조 제8호 및 빈집 및 소규모주택 정비에 관한 특례법 제2조 제5호에 따른 사업시행자를 말한다)로 참여하는 등 대통령령으로 정하는 공공성 요건을 충족하는 경우로서 해당 사업에서 건설·공급하는 주택
   ① 도시 및 주거환경정비법 제2조 제2호에 따른 정비사업으로서 면적, 세대수 등이 대통령령으로 정하는 요건에 해당되는 사업
      ⓐ 도시 및 주거환경정비법 제2조 제1호의 정비구역 면적이 2만제곱미터 미만인 사업
      ⓑ 해당 정비사업에서 건설·공급하는 주택의 전체 세대수가 200세대 미만인 사업
   ② 빈집 및 소규모주택 정비에 관한 특례법 제2조 제3호에 따른 소규모주택정비사업
5. 도시 및 주거환경정비법에 따른 주거환경개선사업 및 공공재개발사업에서 건설·공급하는 주택
6. 도시재생 활성화 및 지원에 관한 특별법에 따른 주거재생혁신지구에서 시행하는 혁신지구재생사업에서 건설·공급하는 주택
7. 공공주택 특별법에 따른 도심 공공주택 복합사업에서 건설·공급하는 주택

03 ③ 국토교통부장관은 분양가상한제 적용 지역으로 계속 지정할 필요가 없다고 인정하는 경우에는 주거정책심의위원회 심의를 거쳐 분양가상한제 적용 지역의 지정을 해제하여야 한다.

04 ① ㉠: 2, ㉡: 20, ㉢: 5, ㉣: 10

05 ② ㉠㉡은 옳다.
㉢ 사업주체는 분양가상한제 적용주택으로서 공공택지에서 공급하는 주택에 대하여 입주자 모집 공고에 분양가격을 공시해야 하는데, 간접비, 택지비, 공사비등은 공시해야 하는 분양가격에 포함된다.

06 ㉠㉡의 상속·저당은 가능하다.
상속·저당은 주택공급질서의 교란을 방지하기 위하여 금지되는 행위가 아니다.

07 ① 주택을 공급받을 수 있는 조합원의 지위를 상속, 저당하는 행위는 주택공급질서 교란행위에 해당하지 아니한다.

08 ① 사업주체는 사업계획승인을 받아 시행하는 주택건설사업에 따라 건설된 주택 및 대지에 대하여는 입주자모집공고 승인신청일(주택조합의 경우에는 사업계획승인 신청일을 말한다) 이후부터 입주예정자가 그 주택 및 대지의 소유권이전등기를 신청할 수 있는 날 이후 60일까지의 기간 동안 입주예정자의 동의 없이 해당 주택 및 대지에 전세권·지상권 또는 등기되는 부동산임차권을 설정하는 행위를 하여서는 아니 된다. 다만, 그 주택의 건설을 촉진하기 위하여 대통령령으로 정하는 경우에는 그러하지 아니하다.

09 ⑤ 저당권 설정제한 규정을 위반한 자에 대하여는 2년 이하의 징역 또는 2천만원 이하의 벌금에 처한다.

10 ④ 투기과열지구로 지정된 지역의 시·도지사, 시장, 군수 또는 구청장(해당 지역에 거주하는 법령이 정한 수 이상의 토지소유자 ×)은 투기과열지구 지정 후 해당 지역의 주택가격이 안정되는 등 지정 사유가 없어졌다고 인정되는 경우에는 국토교통부장관 또는 시·도지사에게 투기과열지구 지정의 해제를 요청할 수 있다.

11 ② 신도시 개발이나 주택의 전매행위 성행 등으로 투기 및 주거불안의 우려가 있는 곳으로서 해당 지역이 속하는 시·도별 주택보급률이 전국 평균 이하인 경우에는 투기과열지구로 지정할 수 있다.

12 ① 주택공급이 있었던 2개월 동안 해당 지역에서 공급되는 주택의 월별 평균 청약경쟁률이 모두 5대 1을 초과했거나 국민주택규모 주택의 월별 평균 청약경쟁률이 모두 10대 1을 초과한 곳이어야 한다.
② 국토교통부장관은 주택가격, 주택거래량, 미분양주택의 수 및 주택보급률 등을 고려하여 주택의 분양·매매 등 거래가 위축되어 있거나 위축될 우려가 있는 지역을 주거정책심의위원회의 심의를 거쳐 조정대상지역으로 지정할 수 있다.

③ 투기과열지구의 지정기간은 규정된 바 없다.

④ 직전 월이 아니라 직전 연도보다 급격하게 감소한 곳이어야 한다.

13 ㉠ 시장·군수·구청장의 요청을 받아 국토교통부장관이 임대주택의 인수자를 지정하는 경우에는 주거정책심의위원회의 심의를 거치지 아니한다.

14 ① 세대주의 근무상 사정으로 인하여 세대원 전원이 다른 광역시, 특별자치시, 특별자치도, 시 또는 군(광역시의 관할구역에 있는 군은 제외한다)으로 이전하는 경우에는 전매가 가능하다. 다만, 수도권 안에서 이전하는 경우는 제외한다.

② 세대원 전원이 2년 이상 해외에 체류하고자 하는 경우에는 전매가 가능하다.

④ 세대원 전원이 해외로 이주하는 경우에는 전매가 가능하다.

⑤ 상속에 의하여 취득한 주택으로 세대원 전원이 이전하는 경우에는 전매가 가능하다.

15 ⑤ 甲이 주택의 일부를 배우자에게 증여하는 경우에는 전매할 수 있다.

① 세대원인 甲의 아들의 결혼으로 서다른 광역시, 특별자치시, 특별자치도, 시 또는 군(광역시의 관할구역에 있는 군은 제외한다)으로 이전하는 경우에는 전매가 가능하다. 다만, 수도권 안에서 이전하는 경우는 제외한다. 그러므로 甲의 세대원 전원이 서울특별시로 이전하는 경우에는 전매할 수 없다.

② 甲은 상속에 의하여 취득한 주택으로 이전하면서, 甲을 제외한 나머지 세대원은 다른 새로운 주택으로 이전하는 경우에는 전매할 수 없다. 상속에 의하여 취득한 주택으로 세대원 전원이 이전하는 경우에는 전매할 수 있다.

③ 甲의 세대원 전원이 1년 6개월간 해외에 체류하려는 경우에는 전매할 수 없다. 2년 이상의 기간 해외에 체류하려는 경우에는 전매할 수 있다.

④ 세대원인 甲의 가족은 국내에 체류하고, 甲은 해외로 이주하려는 경우에는 전매할 수 없다. 세대원 전원이 해외로 이주 하는 경우에는 전매할 수 있다.

16 ④ 세대수 증가형 리모델링은 각 세대의 증축 가능 면적을 합산한 면적의 범위에서 기존 세대수의 100분의 15 이내에서 세대수를 증가하는 증축 행위를 말한다.

17 ② 리모델링주택조합을 제외한 지역·직장주택조합의 설립인가를 받으려는 자는 인가신청서에 해당 주택건설대지의 80% 이상에 해당하는 토지의 사용권원을 확보하고 해당 주택건설대지의 15% 이상에 해당하는 토지의 소유권을 확보하여 관할 시장·군수 또는 구청장에게 제출하여야 한다.
리모델링 주택조합설립인가의 결의: 주택을 리모델링하기 위하여 주택조합을 설립하려는 경우에는 다음에 따른 구분소유자와 의결권의 결의를 증명하는 서류를 첨부하여 시장·군수·구청장의 인가를 받아야 한다.

> 1. 동을 리모델링하는 경우에는 그 동의 구분소유자 및 의결권의 각 2/3 이상의 결의
> 2. 주택단지 전체를 리모델링하려는 경우에는 주택단지 전체의 구분소유자 및 의결권의 각 2/3 이상의 결의 및 각 동의 구분소유자와 의결권의 각 과반수의 결의

③ 소유자 전원의 동의를 받은 입주자대표회의는 시장·군수·구청장에게 허가를 받아 리모델링을 할 수 있다.

④ 수직증축형 리모델링의 경우 리모델링주택조합의 설립인가신청서에 당해 주택이 사용검사를 받은 후 15년 이상의 기간이 경과하였음을 증명하는 서류를 첨부하여야 한다.

⑤ 리모델링주택조합이 시공자를 선정하는 경우 경쟁입찰의 방법으로 하여야 한다.

18 ① 대수선은 리모델링에 포함된다.

③ 주택단지 전체를 리모델링하고자 주택조합을 설립하기 위해서는 주택단지 전체의 구분소유자와 의결권의 각 3분의 2 이상의 결의 및 각 동의 구분소유자와 의결권의 각 과반수의 결의가 필요하다.

④ 공동주택 리모델링의 허가는 시장·군수·구청장이 한다.

⑤ 리모델링주택조합의 설립에 동의한 자로부터 건축물을 취득한 자는 리모델링주택조합의 설립에 동의한 것으로 본다.

19 ⑤ 사업주체가 국가·지방자치단체·한국토지주택공사·지방공사 또는 대통령령으로 정하는 자인 경우에는 감리자를 지정하지 아니한다.

① 리모델링이라 함은 건축물의 노후화 억제 또는 기능향상 등을 위하여 대수선 또는 증축을 하는 행위를 말한다.

② 리모델링을 통한 건축물의 증축은 사용검사일로부터 15년이 경과된 공동주택에 대해서 허용된다.

③ 리모델링을 위해 안전진단을 실시한 결과 재건축사업의 시행이 필요하다고 결정된 경우에는 사업시행계획의 인가를 받아 재건축이 가능하다.

④ 리모델링주택조합은 시장·군수·구청장의 허가를 받아 리모델링을 할 수 있다. 이 경우 리모델링주택조합은 주택단지 전체를 리모델링하려는 경우에는 주택단지 전체 구분소유자 및 의결권의 각 75% 이상의 동의와 각 동별 구분소유자 및 의결권의 50% 이상의 동의를 받아야 하며, 동을 리모델링하려는 경우에는 그 동의 구분소유자 및 의결권의 각 75% 이상의 동의를 얻어야 한다.

리모델링 주택조합설립인가의 결의: 주택을 리모델링하기 위하여 주택조합을 설립하려는 경우에는 다음에 따른 구분소유자와 의결권의 결의를 증명하는 서류를 첨부하여 시장·군수·구청장의 인가를 받아야 한다.

> 1. 동을 리모델링하는 경우에는 그 동의 구분소유자 및 의결권의 각 2/3 이상의 결의
> 2. 주택단지 전체를 리모델링하려는 경우에는 주택단지 전체의 구분소유자 및 의결권의 각 2/3 이상의 결의 및 각 동의 구분소유자와 의결권의 각 과반수의 결의

20 ② 리모델링에 동의한 소유자는 리모델링 결의를 한 리모델링주택조합이나 소유자 전원의 동의를 받은 입주자대표회의가 시장·군수·구청장에게 리모델링 허가신청서를 제출하기 전까지 서면으로 동의를 철회할 수 있다.

21 ① 토지임대부 분양주택의 토지에 대한 임대차기간이 40년 이내로 한다. 이 경우 토지임대부 분양주택 소유자의 75퍼센트 이상이 계약갱신을 청구하면 40년의 범위에서 이를 갱신할 수 있다.
② 토지임대부 분양주택을 공급받은 자가 토지소유자와 임대차계약을 체결한 경우 해당 주택의 구분소유권을 목적으로 그 토지 위에 임대차기간 동안 지상권이 설정된 것으로 본다.
④ 주택을 공급받은 자는 토지소유자와 합의하여 토지임대료를 선납하거나 보증금으로 전환하여 납부할 수 있다.
⑤ 토지임대부 분양주택에 관하여 「주택법」에서 정하지 아니한 사항에 대하여는 「집합건물의 소유 및 관리에 관한 법률」, 「민법」순으로 적용한다.

22 ① 토지임대부 분양주택의 토지에 대한 임대차기간은 40년 이내로 한다.
② 토지임대부 분양주택의 토지에 대한 임대차기간을 갱신하기 위해서는 토지임대부 분양주택 소유자의 75% 이상이 계약갱신을 청구하여야 한다.
④ 토지임대부 분양주택을 공급받은 자가 토지임대부 분양주택을 양도하려는 경우에는 한국토지주택공사에게 해당 주택의 매입을 신청하여야 한다.
⑤ 토지임대료는 월별(분기별 ×) 임대료를 원칙으로 하되, 토지소유자와 주택을 공급받은 자가 합의한 경우에는 임대료를 선납하거나 보증금으로 전환(3년 만기 정기예금 평균이자율 이상)하여 납부할 수 있다.

제1장 총 칙

01 ③   02 ①   03 ⑤   04 ②

01 ⓛ 관상용 수목의 묘목을 조경목적으로 식재한 재배지로 실제로 이용되는 토지는 농지가 아니다.
조경 또는 관상용 수목과 그 묘목(조경목적으로 식재한 것을 제외한다)을 식재한 재배지로 실제로
이용되는 토지는 농지이다.

02 ① 실제로 농작물의 경작에 이용되는 토지는 법적지목불문하고 농지에 해당한다.

03 ⑤ 농업경영을 통한 농산물의 연간 판매액이 120만원 이상인 자

🏠 농업인이란 농업에 종사하는 개인으로서 다음의 자를 말한다(영 제3조).

1. 1,000㎡ 이상의 농지에서 농작물 또는 다년생식물을 경작 또는 재배하거나 1년 중 90일 이상 농업에
   종사하는 자
2. 농지에 330㎡ 이상의 고정식온실·버섯재배사·비닐하우스 그 밖에 농림축산식품부령이 정하는 농업
   생산에 필요한 시설을 설치하여 농작물 또는 다년생식물을 경작 또는 재배하는 자
3. 대가축 2두, 중가축 10두, 소가축 100두, 가금 1천수 또는 꿀벌 10군 이상을 사육하거나 1년 중 120일
   이상 축산업에 종사하는 자
4. 농업경영을 통한 농산물의 연간 판매액이 120만원 이상인 자

04 ② 농업법인에 속하는 농업회사법인은 대표자가 농업인이고 업무집행권을 가진 자 중 1/3 이상이
농업인이어야 한다.

제2장 농지의 소유

01 ④   02 ③   03 ②   04 ②   05 ⑤   06 ④   07 ③   08 ②   09 ②   10 ④
11 ③   12 ⑤   13 ④   14 ③

01 ④ 주말·체험영농을 하려고 농업진흥지역 외의 농지를 소유하는 경우에는 자기의 농업경영에 이용하지 아니하여도 농지를 소유할 수 있다.

02 ③ 농지법에서 허용된 경우 외에는 농지 소유에 관한 특례를 정할 수 없다. 즉, 다른 법률에서는 정할 수 없다.

03 ② 농업인, 농업법인, 국가, 지방자치단체의 경우에는 농지 소유상한 제한을 받지 아니한다.

☑ **농지의 소유상한**

상 속	농업경영을 하는 자	무제한	
	농업경영을 하지 아니하는 자	10,000m² 이내	한국농어촌공사 등에 위탁하여 임대하거나 사용대하는 경우에는 제한이 없다.
이 농	8년 이상 농업경영 후 이농자	10,000m² 이내	
주말농장	세대원 전부 소유하는 총면적	1,000m² 미만	

04 ② 농지를 농업인 주택의 부지로 전용하려고 농지전용신고를 한 자가 그 농지를 취득하는 경우에는 시장·구청장·읍장·면장으로부터 농지취득자격증명을 발급받아야 한다.

05 ⑤ 주말·체험영농을 하려고 농업진흥지역 외의 농지를 소유하는 경우에는 주말·체험영농계획서를 작성하여 농지취득자격증명을 발급받아야 한다.
①②③④는 농지취득자격증명을 발급받지 아니하고 농지를 취득할 수 있다.

06 ④ 농업인이나 농업법인이 농지를 취득하는 경우 농지를 취득하여 소유하는 경우 농지취득자격증명을 발급받아야 한다.

07 ③ 농지취득자격증명을 발급받으려는 자는 다음의 사항이 모두 포함된 농업경영계획서 또는 주말·체험영농계획서를 작성하고 농림축산식품부령으로 정하는 서류를 첨부하여 농지 소재지를 관할하는 시·구·읍·면의 장에게 발급신청을 하여야 한다.

> 1. 취득 대상 농지의 면적(공유로 취득하려는 경우 공유 지분의 비율 및 각자가 취득하려는 농지의 위치도 함께 표시한다)
> 2. 취득 대상 농지에서 농업경영을 하는 데에 필요한 노동력 및 농업 기계·장비·시설의 확보 방안
> 3. 소유 농지의 이용 실태(농지 소유자에게만 해당한다)
> 4. 농지취득자격증명을 발급받으려는 자의 직업·영농경력·영농거리

08 ② ㉠: 7, ㉡: 4, ㉢: 14

09 ② 농지전용협의를 마친 농지를 소유하는 경우에는 농지취득자격증명을 발급받지 아니하고 농지를 취득할 수 있다.

10 ① 3개월 이상 국내가 아니라 국외 여행 중인 경우 위탁경영사유이다.
② 농업법인이 소송 중인 경우는 농지의 위탁경영사유가 아니다.
③ 농작업 중의 부상으로 3개월 이상 치료가 필요한 경우는 위탁경영사유이다.
⑤ 60세 이상의 고령자가 농지 중 자기의 농업경영에 이용한 기간이 5년을 초과하는 농지농지는 임대하거나 사용대할 수 있다. 위탁경영사유가 아니다.

11 ㉠ 과수를 가지치기 또는 열매솎기, 재배관리 및 수확하는 농작업에 1년 중 30일(4주 ×) 이상을 직접 종사하는 경우에는 위탁경영할 수 있다.
㉡ 3개월 이상의 국내여행이 아니라 국외 여행 중인 경우에는 위탁경영할 수 있다.

12 ⑤ 농업인이 자기 노동력이 부족하여 농작업의 일부를 위탁하는 경우에는 위탁경영할 수 있다.

13 ④ 이행강제금의 부과처분에 불복이 있는 자는 그 처분의 고지를 받은 날부터 30일 이내에 시장·군수 또는 구청장에게 이의를 제기할 수 있다.

14 ③ 이행강제금은 해당 농지의 감정가격 또는 개별공시지가 중 더 높은 가액의 100분의 25에 해당하는 이행강제금을 부과한다.

제 **3** 장 **농지의 이용**

Answer

01 ③   02 ①   03 ④   04 ③   05 ⑤

01 ① 지력의 증진이나 토양의 개량·보전을 위하여 필요한 기간 동안 휴경하는 농지에 대하여도 대리 경작자를 지정할 수 없다.
② 대리경작자 지정은 유휴농지를 경작하려는 농업인 또는 농업법인의 신청이 있을 때 지정할 수 있고, 직권으로도 지정할 수 있다.
④ 대리경작자는 대리경작농지에서 경작한 농작물의 수확량의 100분의 10을 수확일부터 2월 이내에 그 농지의 소유권자나 임차권자에게 토지사용료로 지급하여야 한다.
⑤ 농지 소유권자나 임차권자를 대신할 대리경작자를 지정할 수 있다.

02 ① 임대차 기간을 정하지 아니하거나 3년보다 짧은 경우에는 3년으로 약정된 것으로 본다.

03 ④ 농지의 임대차 기간은 3년 이상으로 하여야 한다. 다만, 다년생식물 재배지, 고정식온실 또는 비닐하우스를 설치한 농지의 경우에는 5년 이상으로 하여야 한다.

04 ③ ㉠: 60, ㉡: 5, ㉢: 3

05 ① A농지의 임대차계약은 그 등기가 없는 경우에도 임차인이 농지소재지를 관할하는 시·구·읍·면의 장의 확인을 받고, 해당 농지를 인도받은 경우에는 그 다음 날부터 제삼자에 대하여 효력이 생긴다.
② 임대인이 질병, 징집 등 대통령령으로 정하는 불가피한 사유가 있는 경우에는 A농지를 임대하는 경우 임대차기간은 3년 미만으로 정할 수 있다.
③ 임대인이 질병, 징집 등 대통령령으로 정하는 불가피한 사유가 있는 경우에는 A농지를 임대하였다가 같은 이유로 임대차계약을 갱신하는 경우 임대차기간은 3년 미만으로 정할 수 있다.
④ A농지의 임차인이 그 농지를 정당한 사유 없이 농업경영에 사용하지 아니할 경우 농지소재지 시장·군수·구청장이 임대차의 종료를 명할 수 있다.

제4장 농업진흥지역

Answer

01 ①   02 ③   03 ①

---

01 ① 시·도지사는 농지의 효율적인 이용·보전을 위하여 농업진흥지역을 지정한다.

02 ③ 1필지의 토지가 농업진흥구역과 농업보호구역에 걸치는 경우에 농업진흥구역 안의 토지부분이 $330m^2$ 이하인 경우에는 해당 토지 전부에 대하여 농업보호구역의 행위제한이 적용된다.

03 ① 관광농원사업으로 설치하는 시설로서 그 부지가 2만m^2 미만인 것이 타당하다.
🏠 **농업보호구역 허용사항**

> 농업진흥구역에서 허용되는 것은 모두 가능하며 다음의 내용도 가능하다.
> 1. 농업인의 소득증대를 위하여 필요한 건축물·공작물 그 밖의 시설의 설치
>   ㉠ 관광농원사업으로 설치하는 시설: 부지가 2만m^2 미만인 것
>   ㉡ 주말농원사업으로 설치하는 시설: 부지가 3천m^2 미만인 것
>   ㉢ 태양에너지 발전설비로서 농업보호구역 안의 부지 면적이 1만제곱미터 미만인 것
> 2. 농업인의 생활여건 개선을 위하여 필요한 시설의 설치
>   ㉠ 1천m^2 미만: 단독주택 / 제1종 근린생활시설 / 제2종 근린생활시설(일반음식점·골프연습장 제외)
>   ㉡ 3천m^2 미만: 양수장·정수장·대피소·공중화장실

제5장 **농지전용**

01 ⑤	02 ③	03 ②	04 ①	05 ①	06 ①	07 ②	08 ③	09 ②

01 ⑤ 하천법에 따라 하천관리청의 허가를 받고 농지의 형질을 변경하거나 공작물을 설치하기 위하여 농지를 전용하는 경우는 농지전용허가를 받지 아니하고 전용할 수 있는 사유에서 삭제되었다.

02 ③ 농업인 주택, 어업인 주택, 농축산업용 시설(농지의 개량시설과 농축산물 생산시설은 제외), 농수산물유통·가공시설, 어린이놀이터, 마을회관, 농수산관련 연구시설과 양어장·양식장 등 어업용시설은 신고대상이다.

03 ② ㉠: 10, ㉡: 50, ㉢: 25

04 ① 방풍림 부지는 농지개량시설부지로서 농지이다. 그러므로 과수원인 토지를 방풍림 부지로 사용하는 것은 농지의 전용에 해당하지 않는다.
② 전용허가를 받은 농지의 위치를 동일 필지 안에서 변경하는 경우에는 농지전용허가를 받아야 한다.
③ 산지전용허가를 받지 아니하고 불법으로 개간한 농지라도 이를 다시 산림으로 복구하려면 농지전용허가를 받지 아니한다.
④ 농지를 농업진흥지역 밖에 무주택인 세대주가 설치하는 세대당 660제곱미터 이하의 농업인 주택의 부지로 전용하려는 경우에는 시장·군수 또는 자치구 구청장에게 농지전용신고를 하여야 한다.
⑤ 농지전용허가나 농지전용협의 및 농지전용신고를 하고 농지를 전용한 경우에는 농지를 전답·과수원 외의 지목으로 변경할 수 있다.

05 ① 타용도 일시사용허가는 농림축산식품부장관 ⇨ 시장·군수·자치구구청장의 허가를 받아야 한다.

06 ① 취소할 수 있다.

07 ② 타용도 일시사용은 농지보전부담금 부과대상이 아니다.

08 ③ 국가 또는 지방자치단체가 공용 또는 공공용의 목적으로 농지를 전용하는 경우에는 농지보전부담금을 감면할 수 있다.

09 ② ㉠ 30, ㉡ 20

MEMO

MEMO

연구 집필위원

이경철	이석규	박희용	김희상	박종철
이재현	이영표	이유종	이재원	어상일
김광석	신세명	어준선	김용철	

제36회 공인중개사 시험대비 **전면개정판**

2025 박문각 공인중개사

합격예상문제 **2차** 부동산공법 정답해설집

초판인쇄 | 2025. 4. 1. **초판발행** | 2025. 4. 5. **편저** | 박문각 부동산교육연구소
발행인 | 박 용 **발행처** | (주)박문각출판 **등록** | 2015년 4월 29일 제2019-000137호
주소 | 06654 서울시 서초구 효령로 283 서경 B/D 4층 **팩스** | (02)584-2927
전화 | 교재 주문 (02)6466-7202, 동영상문의 (02)6466-7201

판 권
본 사
소 유

비매품
ISBN 979-11-7262-698-3 | ISBN 979-11-7262-696-9(2차 세트)